应用型高等教育财经类专业“十三五”规划教材
武汉理工大学“十三五”规划教材

创业融资：理论、工具及实践

沈　俊　编著

上海财经大学出版社

图书在版编目(CIP)数据

创业融资:理论、工具及实践/沈俊编著. —上海:上海财经大学出版社,2020.9
(应用型高等教育财经类专业"十三五"规划教材)
ISBN 978-7-5642-3593-2/F・3593

Ⅰ.①创… Ⅱ.①沈… Ⅲ.①企业融资-高等学校-教材
Ⅳ.①F275.1

中国版本图书馆 CIP 数据核字(2020)第 124780 号

□ 责任编辑 徐 超
□ 联系信箱 1050102606@qq.com
□ 封面设计 张克瑶

创业融资:理论、工具及实践

沈 俊 编著

上海财经大学出版社出版发行
(上海市中山北一路 369 号 邮编 200083)
网 址:http://www.sufep.com
电子邮箱:webmaster @ sufep.com
全国新华书店经销
上海新文印刷厂印刷装订
2020 年 9 月第 1 版 2020 年 9 月第 1 次印刷

787mm×1092mm 1/16 17.75 印张(插页:2) 454 千字
印数:0 001—3 000 定价:56.00 元

前　言

“大众创业、万众创新”的政策激发了有志青年的创业热情，大学生变成了创业的主力军。他们创意新颖，创业热情澎湃；他们希望在创新创业的浪潮中尽显风流，勇立潮头。但是，很多创意和想法却因资金问题裹步不前，也有创业者不知道如何去寻找资金的来源和渠道，或者因缺少创业融资的敲门砖——一本打动人心的商业计划书而不能施展自己的才能和抱负，甚至使创业理想折戟断翼。

作者长期以来从事“创业融资”课程的教学，辅导各级各类的创新创业比赛，并对多家创业企业进行融资辅导，发现目前市面上几乎没有满足创业者，特别是大学生创业者需求的《创业融资》教材。于是，在教学、研究和服务社会的过程中，不断积累教学素材、案例和比赛文件，形成了这本富有时代性、实用性和创新性特色的教材。

本教材分上、中、下三篇共11章。上篇为创业融资基础理论，包括第一章和第二章。中篇为创业融资工具及创新，包括第三章、第四章、第五章、第六章和第七章。下篇为创业融资实践与案例，包括第八章、第九章、第十章和第十一章。每一章都由附带案例启示与思考的引导案例开始，在明确的教学目的下，介绍创业融资有关知识。每一章进行了本章小结，列出了本章关键词的中英文对照、课后思考题以及综合性分析案例。整本教材力求以学习者为中心，满足创业者获取创业融资知识的需求，而且能将所学知识应用于创业实践。通过相应课后思考题、案例及其思考题，力求提高教材使用者的思辨能力和读写能力。

另外，与教材配套的在线课程“创业融资”也已在爱课程平台中国大学MOOC上线运行，极大满足教材使用者的学习需求。

这本教材是在众多人士的参与和支持下并参考了大量文献完成的。我的几届研究生在收集素材、整理文档、协助编写等方面做了大量的工作，他们是魏志华、赵铎、唐晨、张海丽、田洁欣、齐胜、李一帆、陈欣怡、刘小艳。其中，田洁欣主要参与编写第一章、第二章以及附录部分，齐胜主要参与编写第三章和第四章，李一帆主要参与编写第五章和第六章，陈欣怡主要参与编写第七章和第八章,刘小艳主要参与编写第九章和第十章。感谢“创业融资”在线课程教学团队王超、晏文胜、罗玲、闵剑在课程建设和教材编写过程中的支持和付出。同时感谢大信博文公司和上海财经大学出版社的编辑、策划和相关人员。也感谢此教材作为讲义在使用过程中为我提出修改建议的所有学生。

尽管本教材几经修改,但错谬在所难免,希望在日后的更新中不断完善!

编　者

2020年6月

目　录

前言 …………………………………………………………………………………… 1

上篇　创业融资基础理论

第一章　创业基础 …………………………………………………………………… 3
【引导案例】 ………………………………………………………………………… 3
【本章学习目标】 …………………………………………………………………… 5
第一节　创业的内涵 ………………………………………………………………… 5
第二节　创业模型及创业过程 ……………………………………………………… 16
第三节　创业成本及创业风险 ……………………………………………………… 24
【本章小结】 ………………………………………………………………………… 26
【本章中英文关键词】 ……………………………………………………………… 27
【复习思考题】 ……………………………………………………………………… 27
【综合分析案例】 …………………………………………………………………… 27

第二章　创业融资基础 ……………………………………………………………… 31
【引导案例】 ………………………………………………………………………… 31
【本章学习目标】 …………………………………………………………………… 32
第一节　企业融资动机 ……………………………………………………………… 32
第二节　企业融资渠道和融资方式 ………………………………………………… 35
第三节　资金需求量预测 …………………………………………………………… 37
第四节　企业融资决策 ……………………………………………………………… 41
【本章小结】 ………………………………………………………………………… 60
【本章中英文关键词】 ……………………………………………………………… 60
【复习思考题】 ……………………………………………………………………… 61

【综合分析案例】…… 61

中篇　创业融资工具及创新

第三章　风险投资 …… 67
【引导案例】…… 67
【本章学习目标】…… 68
第一节　风险投资的内涵 …… 68
第二节　风险投资的管理 …… 71
第三节　风险投资的获取策略 …… 75
【本章小结】…… 76
【本章中英文关键词】…… 77
【复习思考题】…… 77
【综合分析案例】…… 77

第四章　互联网金融 …… 79
【引导案例】…… 79
【本章学习目标】…… 80
第一节　互联网金融概念及特点 …… 80
第二节　互联网金融的主要模式 …… 81
第三节　互联网金融风险及其防范 …… 87
【本章小结】…… 90
【本章中英文关键词】…… 90
【复习思考题】…… 90
【综合分析案例】…… 90

第五章　科技金融 …… 93
【引导案例】…… 93
【本章学习目标】…… 94
第一节　科技金融概述 …… 94
第二节　中国科技金融发展现状及模式 …… 98
第三节　中国科技金融的发展探索 …… 103

【本章小结】…… 104
【本章中英文关键词】…… 104
【复习思考题】…… 105
【综合分析案例】…… 105

第六章 融资租赁…… 107
【引导案例】…… 107
【本章学习目标】…… 107
第一节 融资租赁概念及意义…… 108
第二节 融资租赁种类及程序…… 109
【本章小结】…… 116
【本章中英文关键词】…… 116
【复习思考题】…… 117
【综合分析案例】…… 117

第七章 信用借款…… 119
【引导案例】…… 119
【本章学习目标】…… 120
第一节 信用借款的种类…… 120
第二节 信用借款的成本与程序…… 122
第三节 信用借款关系管理…… 128
【本章小结】…… 130
【本章中英文关键词】…… 131
【复习思考题】…… 131
【综合分析案例】…… 131

下篇 创业融资实践与案例

第八章 商业计划书概述及撰写策略…… 137
【引导案例】…… 137
【本章学习目标】…… 138
第一节 商业计划书概述…… 138

第二节　商业计划书的撰写策略…………………………………………………… 141
【本章小结】…………………………………………………………………………… 144
【本章中英文关键词】……………………………………………………………… 144
【复习思考题】……………………………………………………………………… 145
【综合分析案例】…………………………………………………………………… 145

第九章　商业计划书的内容…………………………………………………………… 147
【引导案例】…………………………………………………………………………… 147
【本章学习目标】……………………………………………………………………… 150
第一节　封面和摘要………………………………………………………………… 150
第二节　公司及产品………………………………………………………………… 151
第三节　行业与市场………………………………………………………………… 154
第四节　公司组织和人力资源……………………………………………………… 157
第五节　营销管理…………………………………………………………………… 162
第六节　生产运营…………………………………………………………………… 167
第七节　财务预测与分析…………………………………………………………… 169
第八节　投资分析…………………………………………………………………… 179
第九节　创业风险及管控…………………………………………………………… 181
第十节　商业计划书附件…………………………………………………………… 184
【本章小结】…………………………………………………………………………… 185
【本章中英文关键词】……………………………………………………………… 185
【复习思考题】……………………………………………………………………… 185
【综合分析案例】…………………………………………………………………… 186

第十章　商业计划的演示……………………………………………………………… 189
【引导案例】…………………………………………………………………………… 189
【本章学习目标】……………………………………………………………………… 190
第一节　商业计划演示概述………………………………………………………… 190
第二节　商业计划演示 PPT 的设计与制作 ……………………………………… 191
第三节　商业计划演示实践………………………………………………………… 195
【本章小结】…………………………………………………………………………… 196
【本章中英文关键词】……………………………………………………………… 197

【复习思考题】…… 197
【综合分析案例】…… 197

第十一章 “创业融资”相关案例…… 198
案例一 康达尔“两虎”怒争控制权,公司价值受牵连 …… 198
案例二 控制与收益:私募股权投资 KKR 对圣农发展公司治理的影响 …… 206
案例三 苏宁易购收购“红孩子”…… 215
案例四 风险投资:是天使还是魔鬼——蒙牛的融资之路 …… 226
案例五 纳斯达克上市的“成熟孩子”:斗鱼 TV 的商业模式演化之路 …… 238

附录 A 创新创业大赛文件…… 249
A.1 关于举办第六届中国国际“互联网+”大学生创新创业大赛的通知 …… 249
A.2 关于组织开展第十六届“挑战杯”全国大学生课外学术科技作品竞赛的通知 …… 255

附录 B 国家支持创新创业资金的政策和法规(节选相关部分)…… 263
B.1 关于有效发挥政府性融资担保基金作用切实支持小微企业和“三农”发展的指导意见 …… 263
B.2 关于新时期支持科技型中小企业加快创新发展的若干政策措施(相关部分)…… 267
B.3 关于促进新型研发机构发展的指导意见(相关部分) …… 268
B.4 国务院关于推动创新创业高质量发展打造“双创”升级版的意见(相关部分)…… 269
B.5 关于推动民营企业创新发展的指导意见(相关部分) …… 271

参考文献…… 272

上　篇

创业融资基础理论

第一章　创业基础

【引导案例】

张茵，中国女企业家，玖龙造纸有限公司董事长。只用了17年，55岁的张茵已将玖龙纸业（控股）有限公司（下称“玖龙”）打造成了亚洲最大、世界第二的包装用纸制造集团，但她依然强调：事业尚在征途，仍在继续努力。

张茵的创业经历并不复杂：1985年，她来到中国香港，从收购废纸开始赚到第一桶金；1990年，她到美国创办公司，把废纸贸易国际化；1995年底，她成立玖龙，经过不断的战略拓展，使之成为中国包装纸板之王。10年后，她荣登2006年胡润榜中国首富，胡润称她为“世界上最富有的女白手起家者”。

“人生的价值并非追求更多的物质财富，而是坚定地做好自己的事业。当你实现了自身的价值，财富自然就会到来。如果东一把西一把的，看到哪个行业赚的钱多就奔过去，累心累肺的，觉都睡不好，别说赚钱了。”张茵说完放声大笑。张茵有远见，她坚持自己的选择并一以贯之，她关心如何保持产品的质量并做到最好，打造一个被世界认可的百年品牌，关心如何能把自己的事业一代代地传承下去。“我要让玖龙成为百年传承的企业，这就是我追求的成就感。”张茵喜欢看阿信的故事。阿信这个20多年前日本电视剧中的主人公，出身贫困，曾遭遇生活中的不幸和生意上的灭顶之灾，但始终对人生充满希望，最终“铸造了”日本百货第一企业。“阿信坚持卖鱼，跟我在香港做废纸贸易很相似。”

20世纪50年代，张茵出生在广东省一个军人家庭。“文革”期间父亲被迫入狱。张茵身为8个兄弟姐妹中的老大，小小年纪就挑起家庭的重担，但正是这种艰苦的环境，塑造了她独立、坚强、大度的个性。1982年父亲平反，张茵有机会攻读了她喜爱的财会专业。毕业后她到深圳闯荡，并曾在工厂做过工业会计，在深圳一家合资企业担任过财务部部长和贸易部部长。按理说，一切都在按她之前认为的较为理想的职业规划方向运行。20多岁时，张茵在一家公司掌管会计和贸易部门，在此期间，结识了一位年长的造纸厂厂长，建议张茵进入香港废纸贸易行业。去一个大都市以收破烂为生？张茵心存疑虑。但这位老厂长说：“别小瞧这些废纸，它们可是森林，将来造纸业肯定要从资源造纸向再生纸发展。”

带着攒下的3万元钱，27岁的张茵去了香港，她与两位合作伙伴成立了一家公司，业务是将香港等地的废纸运到内地的造纸厂。受到内地造纸厂的委托，张茵想把纸的水分控制好。

当时市场盛行废纸水分比例为30%,她想把它降到10%~15%。这种做法触犯了同行的利益,被认为是违反了行规,她因此接到过黑社会的恐吓电话。"人都说,初生牛犊不怕虎,我当时是一个刚到香港的内地孩子,并不知道害怕。"张茵说。一方面,张茵不卑不亢地应对着复杂的环境;另一方面,张茵的豪爽和公道让公司的信誉越来越好,收废纸的人都愿意跟她做生意,愿意把收来的废纸卖给她。"在创业的过程中,信誉是最重要的。必须要做到大家都认可你,相信你,用广东话说,就是,'牙齿要当金使'。"张茵说。

"我觉得自己的性格跟阿信很像,在困难中我会努力顶过去,不会老是想我当时很困难。"张茵的观点未曾改变,人不能放弃自己的个性,觉得对的就要坚持,不管需要付出多少代价,战争中也会有人牺牲。这种从创业之初就确立的行业价值观,她延续至今。"我们要做稳定的、客户信赖的产品,品质至上,在市场上要做到龙头。"

与很多企业家频频试水新的掘金点不同,张茵很执着,她的眼光从不旁移。"不能身在这山望那山高,我们是白手起家的创业者,不是含着金锁头出世的,一个铜钱,不掰好几瓣去用,哪能做大做强?"张茵第一次进入全国公众的视线是在2003年,这一年胡润将玖龙的张茵列入富豪榜。一直以来,东莞经济总量位居全国地级城市前茅,但东莞的财富故事大多呈现出低调致富、藏富于民的特点,因此,在张茵入榜之前,没有任何一位东莞企业家进入过富豪榜。收到了胡润发来的关于核实财富数字等信息的邮件后,张茵婉拒了胡润的要求。不过,胡润最终还是把张茵列入榜单,2003年,张茵以25亿元的财富排在胡润百富榜第17位。3年以后,张茵登顶财富榜,这个名字被全国知晓。然而,张茵依然选择低调,把大量的时间都花在工作上。玖龙的员工宿舍小区里有一栋12层的楼房,张茵就住在这栋楼的顶层。300多平方米的房子,除了一些金色的装饰物,没有多少奢华气息。"下班后,站在阳台上,就能看到员工们在运动场上锻炼、跳舞、领着一家大小散步玩耍的场景,这是让我最开心的。"张茵说。她把精力投入到促进环保的循环经济上,"没有环保就没有造纸!"的大字标语刷在公司的最外墙上,展示着玖龙最核心的企业理念和对环保的态度。管理透明化是她管理公司的一种方式,一如她用玻璃进行隔断的办公室,一览无遗。在这里,每年年底她都会抽出时间亲自和部分员工进行一次一对一的谈心,在每两周一次的集团例会上,除了讨论公司正常的生产、经营情况,还有一个固定的话题就是各基地的负责人要汇报近期在员工吃住行等方面福利的完善情况。张茵对员工的关爱细致入微,除了对油、米等食堂物资要求定点采购外,还倡导食堂做菜要讲究酸碱平衡,有利于员工的健康。

张茵喜欢读历史类书籍,"我觉得中国有很多历史书要读一读,读了以后能受到启发,受益匪浅;古代人很聪明,他们很多经验对我们很有用"。她很喜欢明朝、清朝的历史故事,最喜欢到北京旅游,她说在故宫里有很多神秘的中国历史值得挖掘,怎么看都不厌,但目前她表示还没有这么多时间。"现在首先要保证休息,然后保证运动,最后才保证读书。"

(资料来源:邹锡兰,黄振鹏. 张茵:白手起家的全球女首富[J]. 人才资源开发,2013,02:42—43).

案例启示与思考:

创业,是一个发现和捕获机会并由此创造出新颖的产品、服务或实现其潜在价值的过程。然而,若想要创业成功,并非那么简单。请思考:

1. 你认为张茵创业成功的原因有哪些?
2. 你身边有创业成功的例子吗?

【本章学习目标】

1. 使学习者理解创业的定义、不同创业模型及核心要素和类型。
2. 增加学习者对创业的一般过程的认知。
3. 提高学习者分析创业成本、创业精神等内涵的能力。

第一节　创业的内涵

一、创业的定义、特点和意义

(一)创业的定义

1987年《管理学期刊》(Journal of Management)正式开辟创业研究,创业开始进入学术研究领域,此后许多学者开始对这一领域给予关注,并加入创业研究的行业,创业研究得以迅速发展。20世纪80年代以来,美国管理学会将创业作为一个单独的领域正式纳入管理学科,许多学校也开设了创业学课程。但一直以来,学术界对于创业的概念没有形成一个统一的意见,以下是不同学者从不同角度对创业的定义。

杰弗里·蒂蒙斯(Jeffry A. Timmons)在其所著的创业教育领域的经典教科书《创业创造》(*New Venture Creation*)中给出创业的定义:创业是一种思考、推理结合运气的行为方式,它为运气带来的机会所驱动,需要在方法上全盘考虑并拥有和谐的领导能力。

美国著名管理学家德鲁克(Drucker)认为创业是一种可以组织并且需要组织的系统性的工作。只有那些能够创造出一些新的、与众不同的事情并能创造价值的活动才是创业。

奥地利经济学家熊彼特(Schumpeter)认为创业是实现创新的过程,这个创新过程主要包括新产品、新工艺、采用新的生产原料、进入新市场以及制度创新等。

哈佛商学院工商管理教授史蒂文森(Howard H. Stevenson)认为:创业是不拘泥于当前资源条件的限制下对机会的追寻,将不同的资源组合以利用和开发机会并创造价值的过程。创业是个人追踪和捕捉机会的过程,这一过程与当时所控制的资源无关。

科尔(Cole)则把创业定义为:创业是以发起、维持和发展利润为导向的企业的有目的性的行为。

美国管理学会认为创业概念可以被解释为新企业、小企业和家族企业的开创和管理,以及创业者的特征和特殊问题。

综上所述,创业可以指在动态的时间与环境中,个体通过一定的组织形式发现和捕获机会并由此创造出新颖的产品或服务和实现其潜在价值的过程。创业必须要贡献时间和付出努力,承担相应的财务的、精神的和社会的风险,并获得金钱的回报、个人的满足和独立的自主。

表1—1列举了一些典型的国外学者对创业的定义,如康纳(Conner)从识别机会的能力和创业家个性/心理特质定义创业,拜格雷夫(Bygrave)从识别机会的能力、创业家个性与心理特质和获取创业机会三方面来定义创业,可以看出,虽然每种定义都描述了创业的一个或几个侧面,但至今仍然没有人给出一个反映创业全貌的完整概念。比较这些定义可以发现,大多数研究者都是根据谁是创业家、他/她干什么来单独界定创业的研究领域,尤其是基于识别机会和创业家活动的研究。分类虽然不是十分精确,但我们却不难发现,这些有影响和有代表性的创业定义主要立足于四个方面,即创业家个性与心理特质、识别机会的能力、获取机会、创建新

组织与开展新业务的活动,而其中的两个方面涉及创业机会。

表 1—1 **国外学者对创业的定义**

定义焦点	作 者	定义/解释	关键修饰词
识别机会的能力	Knight(1921)	成功地预测未来的能力	成功;预测未来
	Kirzner(1973)	成功地预测下一个不完全市场和不均衡现象在何处发生的套利行为与能力	正确;预测;不完全市场和不均衡现象
	Leibenstein(1978)	比你的竞争对手更明智、更努力地工作的能力	更明智、更努力地工作
	Stevenson, Roberts and Grousbeck(1958)	是洞察机会的能力,而不是已控制的资源,驱动了创业	洞察机会
	Conner(1991)	按资源观点,从根本上来说,辨识合适投入的能力属于创业家的远见和直觉。但在目前,这种远见下的创造性行为却还没成为资源理论发展的重点	资源观点;辨识合适的投入;远见和直觉
创业家个性与心理特质	William Bygrave(1989)	首创精神、想象力、灵活性、创造性、乐于理性思考和在变化中发现机会的能力	在变化中发现机会
获取机会	Stevenson, Roberts and Grousbeck(1994)	根据已控制的资源去获取机会	根据已控制的资源
	Shane and Venkataraman (2000)	创业就是发现和利用有利可图的机会	发现和利用;有利可图
	the US National Commission on Entrepreneurship (2003)	不断的变化会产生创造财富的新机会,(创业就是)经济(主体)利用这些新机会的方式	利用;不断的变化
创建新组织与开展新业务的活动	Schumpeter(1934)	进行新的结合	新;结合
	Cole(1968)	发起、维持和开展以利润为导向的有目的的业务活动	发起、维持和开展;有目的
	Vesper(1983)	开展独立的新业务	新;独立的
	Gartner(1985)	建立新组织	建立;新
	The Academy of Management(1987)	创办和管理新业务、小企业和家族企业,创业家特征和创业家的特殊问题	创办和管理;新、小、家族、创业家;特殊
	Low and MacMillan (1988)	创办新企业	创办;新

资料来源:朱仁宏.创业研究前沿理论探讨——定义、概念框架与研究边界[J].管理科学,2004,04:71—77.

从这些定义产生的时间先后顺序分析,可以发现创业研究的大体趋势,从关注谁是创业家、他/她干什么逐渐发展到创业家如何在变化的环境中发现和利用机会。综合以上定义我们认为，一个能全面反映所有创业特征的定义应该是商业行为者在一定的创业环境中如何识别机会并利用机会、动员资源、创建新组织和开展新业务的活动。

我国一些学者认为，创业是创业者对自己拥有的资源或通过努力能够拥有的资源进行优化整合，从而创造出更大经济或社会价值的过程。

郁义鸿等人认为，创业是一个发现和捕获机会并由此创造出新颖的产品、服务或实现其潜在价值的过程；雷家骊、冯婉玲认为，发现、创造和利用商业机会，组合生产要素，创立自己的事业，以获得商业成功的过程或活动称为创业；刘健钧认为，创业活动是一个为适应产品创新与营销模式创新的需要，而构建企业制度体系尤其是企业组织管理体系的动态过程，他还认为没有创新的活动不是创业活动，这与德鲁克的观点是一致的。

综合中外学者的研究来看，创业的概念分为两个层次：狭义的创业概念和广义的创业概念。狭义的创业是指“创办新企业的生产经营活动”，广义的创业是指“社会生活各个领域中人们开创新事业的实践活动”，即所有开创新事业的活动都是创业。

综合以上的定义，可以认为创业是这样的一种过程：某一个人或一个团队，去寻求机遇、去创造价值和谋求发展，并通过创新和特立独行来满足个人愿望和社会需求的过程。

（二）创业的特点

创业是一种受机会推动的劳动方式，是一种需要创业者组织、运用服务、技术、器物作业的思考、推理、判断的行为。创业必须要贡献出时间、付出努力，承担相应的财务的、精神的和社会的风险，并获得金钱的回报、个人的满足和独立自主。

（1）具有独创性与创新性。它创造出某种有价值的新事物。这种新事物必须是有价值的，不仅对创业者本身有价值，而且对社会也要有价值。价值属性是创业的重要社会性属性，同时也是创业活动的意义和价值。

（2）必须要付出必要的时间和大量的精力。要完成整个创业过程，要创造新的有价值的事物，就需要大量的时间，而要获得成功，没有极大的努力是不可能的，而且很多创业活动的创业初期是在非常艰苦的环境下实现的。

（3）要承担必然的风险。创业的风险可能有各种不同的形式，取决于创业的领域和创业团队的资源。但通常的创业风险主要是人力资源风险、市场风险、财务风险、技术风险、外部环境风险、合同风险、精神方面的风险等几个方面。创业者应具备超人的胆识，甘冒风险，勇于承担多数人望而却步的风险事业。

（4）将给创业者带来收益（或成长）。作为一个创业者，最重要的回报可能是其从中获得的独立自主，以及随之而来的个人物质财富的满足。对于追求利润的创业者，金钱的回报无疑是重要的，对其中的许多人来说，物质财富是衡量成功的一种尺度。通常，风险与收益成正相关关系。创业带来的收益，既包括物质的收益也包括精神的收益，它是创业者进行创业的动机和动力。

小思考　以下李红莉的创业过程哪些方面体现了创业的特点？

李红莉，大学毕业后进一家工厂上班，工作没到一年就被炒鱿鱼。一气之下，她索性做起旧书生意。读大学时，李红莉就发现许多二手书店通常是将人家卖不出去的书籍抱到店里来销售，却忽视了顾客究竟要什么读物。而随着图书市场格局的变化，现存的正规旧书店已为数不多，无形中导致旧书业的现状已无法满足市场和读者的实际需求。加上近年来纸价飞涨，包装精美的新书更是价格不菲，这无疑给二手书市场留下了巨大的交易空间。

李红莉认为做旧书生意的定位就在于——业精于专。根据现实情况,她打算主营社会、科学、文革类书籍,从而形成自己的特色。她首先看书的内容,其次是出版社。她收购到100多本财富类书籍,没想到新学期开学没几天,就被大学生抢购一空。书店开张没多久,为增加有效的交易渠道,李红莉还开设了网上交易(主要是学术类著作),意在便于与同行交流,现在,网上交易量已占到书店业务总量的15%。增设"寄卖"业务,是李红莉的新招。现在李红莉的书店每月有3万元的纯利。

(三)创业的意义与作用

1996年,硅谷平均每5天有一家公司挂牌上市,每24小时增加62个新的富翁,创造了5万多个就业机会。据调查,创业活跃度高的美国、加拿大,经济增长率和就业率也较高;创业活跃度低的丹麦、芬兰等,经济增长率和就业率也较低。由此可见,创业对社会经济增长的贡献不容小觑。

在社会层面上,创业活动产生了大量的中小企业,催生出一批优秀的企业成为国家经济的中流砥柱,同时一些成熟的企业也凭借二次创业活动和创新精神获得了新生。创业在社会中的作用如图1—1所示。

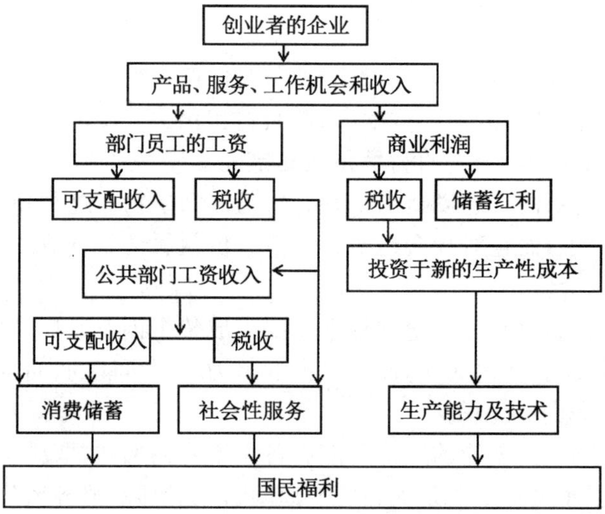

图1—1 创业在社会中的作用

除了在产值和就业等多方面做出贡献,创业活动最主要的贡献是有力推动创新和促进技术进步,这将促使产业升级,促进新兴产业的发展,甚至改变人们的生活。

根据美国心理学家马斯洛的需求层次理论,人的需求分为生理需要、安全需要、爱与归属的需要、尊重的需要和自我实现的需要。创业者创业动机的激发因素可以归结为经济的需要和社会的需要:经济的需要主要是指满足生理和安全方面的需要,社会需要主要是指受人尊重和自我实现的需要,包括地位、认可、赞赏、独立、自信等。

创业会给个人一种完全控制自己命运的感觉,这十分令人兴奋,表现如下:

(1)你会感到特别能干,你可以充分支配自己的时间,这通常意味着每周工作六天,每天从早到晚地干,但如果想到了这样做都是为了你自己,你就不会痛苦。

(2)你获得了远远大于货币收入的个人满足感,它给了你自信心,让你更沉着,并比以前更善于面对风险。

(3)不必再被办公室的条条框框束缚,这使你感到自由。

(4)你的成就感与你的购买力与物质财富在增长。

案例思考　阅读下面一段案例,体会一个创业者内心的感受。

一个连续创业者的自白:创业不苦,但寂寞

出生于1983年的姚宗场,已经连续创业三次。2005年创立贝恩广告,这让他赚到200万元人民币的创业本金。2009年成立针对学生的P2P借贷平台哈哈贷,让他身无分文。2012年,他开始了第三次创业——在线洗衣网站泰笛洗涤。

泰笛洗涤位于上海,2014年7月从投资过顺丰快递的投资机构"元禾原点"获得1 000万元人民币A轮融资。全球第一家在线洗衣网站,2014年6月获得1 050万美元A轮融资的美国洗衣应用Washio也是在泰笛洗涤之后才出现。姚宗场是一个很喜欢琢磨且擅长借助外力的人。他的顾问团队目前有3人,都比他年长,包括他的天使投资人23Seed创始人施旦霁、前雅虎奇摩CEO何英圻。每周姚宗场都会跟他们通一次电话讨论如何解决问题,而且这个顾问团队还在扩大。他还靠自己摸索建立了一套仓库选址模型,每次用这套模型选出来的地址都在麦当劳、星巴克附近(交通便利)。以下是姚宗场自述:

第一次创业

我大学学的是美术,学美术是一项很费钱的专业,因此大学期间我就已经开始在外面做兼职。那个时候什么都做过,还在大夏天去刷过广告牌。毕业之后我在两家广告公司待过,但发现国内没有做创意的公司。于是在2003年、2004年左右,我就开始自己创业,做了一家广告创意公司。由于我念书比较早,创业的时候20岁左右。当时很多广告公司找客户的方式都是找关系、给回扣。我们的特点就是创意牛,但缺点就是没办法找关系、给回扣。于是我们就想了一个主意,给自己做广告。我们在《福布斯》杂志、《经济观察报》投放了自己的广告。因为创意很好,一些外资企业主动找上门来让我们做广告。给外资企业做创意,是一个不错的办法。因为国际广告公司在中国的动作太慢,改一下就要两三天;而且太贵,一个页面几千元,做大案子报价上百万元。为解决语言问题我们找了一些从国外回来的人。我们就靠着跟其他公司比创意,结果到2009年的时候,法国旅游局、加拿大牧业协会、花旗银行,大多数世界五百强企业都成了我们的客户。但到2009年底的时候,我就想做一些别的了。因为就整个行业来说,创意环境不好,什么事都要听甲方的,没有什么尊严。而且广告业的可复制性不强,增加项目就得增加人手,很难做大。那正是传统广告经受互联网广告冲击的时候。其间一些国际广告公司还跑来要收购我们,但是钱给得很少,而且卖掉之后还要在里面继续做。我不想继续在这个行业做了。于是把公司留给其他同事,拿着分到的200多万元人民币准备做一些别的。

第二次创业

做广告公司的时候,跟花旗银行的接触中我们发现很多人需要钱。离开广告公司后,我的第一个想法是做互联网金融,就是国内最早的P2P借贷平台哈哈贷。我的不少同事拿着赚到的钱买了房。我把我在广告公司赚的200万元全部投进了哈哈贷。第一年的时候还拿了一个天使轮,占股60%。做哈哈贷的时候虽然我没有金融经验,但因为进行严格的风控,居然把坏账率做到了零。不过那个时候我没有太多公司经营经验,第二年我烧光了所有的钱。第二年本来是投资人想投A轮,但由于天使轮让股太大,要做A轮很难。当时有投资人建议我另起炉灶再做一个P2P平台,但我不愿意这样做,就完全退出了哈哈贷。

第三次创业

2012年底做泰笛洗涤的时候,我身无分文。在经过几个月调查确定做在线洗衣泰笛洗涤后,面临的一个问题居然是找不到人做网站。我爷爷是抗美援朝老军,受爷爷的感染,我从小就崇拜毛泽东,觉得没有干不了的事。我就下载了几个教学视频,跟着视频写了3个月代码,做出了泰笛洗涤最早版本。那个版本下单人数过多就会崩溃。2013年是我们最缺钱的时候,但没人投。为了做泰笛洗涤,我在外面帮人做设计来养公司。因为那个时候我在广告圈里面比较有名了,做一个LOGO(商标)就可以要价十几万元。顺便说一句,永和豆浆、姚酒的品牌形象都是我设计的。就是靠这样把公司撑到2014年。结果2014年一开年元禾原点就给了我们1 000万元人民币的A轮融资。这下公司总算是补给了弹药。我们立马再增设仓库点,研发App,去北京、南京等地铺渠道,还打了一场公关战,被同行围剿。

创业不苦,但寂寞

要说创业有多苦,其实我觉得创业的过程中没有最苦的时候,但是有寂寞的时候。创始人是站在趋势的前面,但大多数人对于趋势都是后知后觉。家人、投资人、同事的不理解,就会让创始人产生寂寞感。不过在创业的过程中也让我的性格发生了一些变化。我变得越来越理性,开始学会用数据说话。做广告公司的时候,我想做一件事情时就是大、快、干。但现在做地推,我会先做一个试点,计算出一个试点价格需要多少人、多少钱,不断找出一个正确的模式,再进行大规模复制。

我觉得要想创业成功就要耐得住寂寞,另外就是坚持到底。

(资料来源:一个连续创业者的自白:创业不苦,但寂寞. https://weibo.com/2922972682/BvBj8jTnZ? type=comment#_rnd1597799658748)

二、创业的类型

随着创业活动的活跃,创业活动的类型也呈现出多样化的趋势。学者们在长期观察创业活动的基础上,从不同角度对创业活动进行了分类,具有代表性的分类如下。

(一)基于初始动机的分类

美国宾夕法尼亚大学沃顿学院管理学与创业学教授拉斐尔·阿米特(Raphael Amit)从创业动机的角度将创业分为"推动型创业"和"拉动型创业"。

推动型创业是指创业者对当前现状不满,并受到了一些非创业者特征因素的推动而从事创业的行为;拉动型创业指创业者在"新创一个企业的想法"以及"开始一个新企业活动"的吸引下,由于创业者的个人特质和商业机会本身的吸引而产生的创业行为。

全球创业观察(GEM)在2001年第一次提出生存型创业与机会型创业的概念。这一概念的提出是建立在前人对推动型创业和拉动型创业的研究基础之上的。报告中,雷诺兹(Reynolds)等人指出生存型创业就是那些由于没有其他就业选择或对其他就业选择不满而从事创业的创业活动;机会型创业是指那些为了追求商业机会而从事创业的创业活动。

在GEM研究的基础上,南开大学的张玉利教授通过1 500份调研问卷,根据创业动机的差异性,把创业行为分成三类:机会拉动型创业,创业的动机在于个人抓住现有机会的强烈愿望,是一个个体的偏好,并将创业作为实现某种目标(如实现自我价值、追求理想等)的手段;贫穷推动型创业,创业的动机出于别无其他更好的选择,是一种被迫的选择,而不是个人自愿行为;混合型创业,是介于机会拉动型和贫穷推动型创业之间的创业行为。

Madhushree Nanda Agarwal(2004)将创业类型划分为五种:

(1)机会型创业：由经济利益上的预期而驱动的创业行为；

(2)推动型创业：由生存推动驱使的创业行为；

(3)管理型创业：拥有很高的领导权、管理权，为了获得经济回报而进行的创业；

(4)新工匠型创业：既有高独立工作的需求，又同时希望从事实现产品或服务想法的工作；

(5)想法驱动机会型创业：由想法驱动创业与机会驱动创业混合而成的创业类型。

池仁勇教授(2001)在对日本创业主体分类的研究中，根据创业动机产生的时期不同将创业划分为早熟型创业和晚熟型创业。早熟型创业者主要来自中小企业的职工，有积极的创业动机、对事业的追求和扩大经营事业的愿望较强烈，对新兴产业有较高的创业热情；晚熟型创业者主要来自大中型企业，创业念头没有青年时期所萌发的来得强烈，但是，由于人生阅历丰富，对创业的行业选择、创业时机的把握等方面显得更加成熟。

(二)基于初始资源的分类

芝加哥大学教授阿玛尔·毕海德(Amar V. Bhide)曾在哈佛商学院讲授创业课程，他强调创业并不单纯指企业家或创业团队创建新的企业，大企业同样有创业行为，并将创业分为冒险型的创业、与风险投资融合的创业、大公司的内部创业、革命性的创业这四种创业类型，如表1—2所示。

表1—2　　不同创业类型的对比

因　素	冒险型的创业	与风险投资融合的创业	大公司的内部创业	革命性的创业
创业的有利因素	创业的机会成本低、技术进步等因素使得创业机会增多	有竞争力的管理团队、清晰的创业计划	拥有大量的资金、创新绩效直接影响晋升、市场调研能力强、对R&D的大量投资	无与伦比的创业计划、财富与创业精神集于一体
创业的不利因素	缺乏信用、难以从外部筹措资金、缺乏技术管理和创业经验	尽力避免不确定性、追求短期快速回报、市场机会有限、资源的限制	企业的大系统不鼓励创新精神、缺乏对不确定性机会的识别和把握能力	大量的资金需求、大量的前期投资
获取资源	固定成本低、竞争不是很激烈	个人的信誉、股票及个人所得激励措施	良好的信誉和承诺、资源提供者的转移成本低	富有野心的创业计划
吸引顾客的途径	上门销售和服务、了解顾客的真正需求、全力满足顾客需要	目标市场清晰	信誉、广告宣传、关于质量服务等多方面的承诺	集中全力吸引少数的大客户
成功基本因素	企业家及其团队的智慧、面对面的销售技巧	企业家团队的创业计划和专业化管理能力	组织能力、跨部门的协调及团队精神	创业者的超强能力、确保成功的创业计划
创业的特点	关注不确定性程度高但投资需求少的市场机会	关注不确定性程度低的、广阔而且发展快速的市场和产品或技术	有丰厚利润的市场机会，会比不确定性程度大的市场几率高	技术生产经营过程方面实现巨大创新、向顾客提供超额价值的产品和服务

资料来源：Bhide A V. The Origin and Evolution of New Business. Oxford University Press，2003.

(三)基于价值创造的分类

克里斯汀(B. Christian)等人依照创业对市场和个人的影响程度，把创业分为四种基本类型，即复制型创业、模仿型创业、安家型创业和冒险型创业。

1. 复制型创业

这种创业模式是在现有经营模式基础上的简单复制。例如某人原先担任某家电公司部门主管，后来他自行离职，创建了一家与原家电公司相似的新家电公司，且新组建公司的经营风格也基本与离职前的那家公司相同。现实中这种复制型创业的例子特别多，且由于前期生产经营经验的积累而使得新组建公司成功的可能性更高，但这种类型的创业模式中，创新贡献较低，也缺乏创业精神的内涵，并不是创业管理研究的主流。

2. 模仿型创业

模仿型创业虽然也很少给顾客带来新创造的价值，创新的成分并不算太高，但对创业者本身命运的改变还是较大的。如某煤矿公司的经理辞职后，模仿别人新组建一家网络公司。相对来说，这种创业具有较大的不确定性，学习过程较长，经营失败的可能性也比较大。不过，如果是那些具备创新精神的创业者，只要能够得到专门化的系统培训，注意把握市场进入契机，创业成功的可能性也比较大。

3. 安家型创业

这种形式的创业，创业者个人命运的改变并不大，所从事的仍旧是原先熟悉的工作，但他的确不断地在为市场创造新的价值，为消费者带来实惠。例如，企业内部的研发小组在开发完成一项新产品后，继续在该公司开发另一种新产品。安家型创业所强调的是个人创业精神的最大程度实现，而并不对原有组织结构进行重新设计和调整。

4. 冒险型创业

冒险型创业模式，有可能会改变个人的命运，从事一项全新的产品经营，个人前途的不确定性也很大，并且由于是创造新价值的活动，失败的可能性也很大。尽管如此，因为这种创业预期的报酬较高，对那些充满创新精神的人来说仍旧极富有诱惑力。但是，它需要创业者较强的个人能力、适当的创业时机、合理的创业方案、科学的创业管理，具备这几个条件才有可能获得成功。

（四）基于创业者的分类

创业活动根据创业者不同还可以分为个体创业和公司创业。个体创业主要指与原有组织实体不相关的个体或团队的创业行为；而公司创业主要是指由公司自己组织发起的组织创造、更新与创新的活动。

个体创业与公司创业的主要差异点如表1—3所示。

表1—3　个体创业与公司创业的对比

个体创业	公司创业
创业者承担风险	公司承担风险，而不是与个体相关的风险
创业者拥有商业概念	公司拥有概念特别是与商业概念有关的知识产权
创业者拥有全部或大部分事业	创业者或许拥有公司的权益，但可能只是很小的部分
理论而言，对创业者的潜在回报是无限的	在公司内，回报是有限的
个体的一次失误可能意味着生涯失败	公司具有更多的容错空间
受外部环境波动的影响较大	受外部环境波动的影响较小
创业者具有相对独立性	公司内部的创业者更多受团队的牵扯
在过程、实验和方向上的改变具有灵活性	公司内部的规则、程序和官僚体系会阻碍策略调整

续表

个体创业	公司创业
决策迅速	决策周期长
缺乏安全网	有一系列安全网
低保障	高保障

三、创业者与创业精神

(一)创业者的定义及素质

创业者是创业活动的核心，国外学者从不同的角度对创业者进行了阐述。创业者(Entrepreneur)一词由法国经济学家坎蒂隆(Cantillon)于1755年首次引入经济学。1800年，法国经济学家萨伊(Say)首次给出了创业者的定义：将经济资源从生产率较低的区域转移到生产率较高区域的人，并认为创业者是经济活动过程中的代理人。著名经济学家熊彼特则认为创业者应为创新者。这样，创业者概念中又加了一条，即具有发现和引入新的更好的能赚钱的产品、服务和过程的能力。

中国香港创业学院院长张世平对创业者的定义为：是一种主导劳动方式的领导人，是一种无中生有的创业现象，是一种需要具有使命、荣誉、责任能力的人，是一种组织、运用服务、技术、器物作业的人，是一种具有思考、推理、判断的人，是一种能使人追随并在追随的过程中获得利益的人，是一种具有完全权利能力和行为能力的人。

在对创业者特质的研究过程中，学者们都毫不例外地将创业者定义为一组多维度的个性特征，他们认为正是这些素质，导致了一系列后续的创业行为。根据我国的创业环境，创业者的基本素质主要包括创业意识、创业心理品质、创业能力和创业知识结构等四大要素。如图1—2所示。

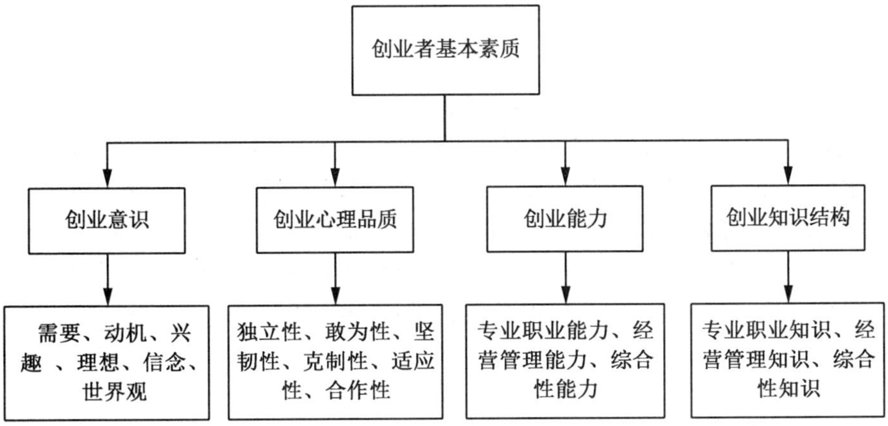

图1—2　创业者的基本素质构成

以上四个方面的要素中，每一项要素均有其独特的地位与功能，任何一个要素发生变化或残缺不全，都会影响其他要素的形成和发展，影响其他要素的功能和作用的发挥，乃至影响创业的成功。创业意识、创业心理品质、创业能力、创业知识结构要素之间既相互独立，又相互影响,形成相互制约的一个有机的整体。因此,一个未来的创业者,不仅要注意在环境和教育的双重影响下培养自己的创业素质,而且要重视其整体结构的优化,在创业实践中不断提高自己的创业素质。

(二)创业者的类型

综合现有资料对创业者的分类,本书对创业者的分类如下:

1. 从创业的背景和动机角度分

(1)生存型创业者。生存型创业者指自主创业的下岗工人、失去土地或不愿困守乡村的农民及毕业找不到工作的大学生。

(2)变现型创业者。变现型创业者是指过去在党政机关掌握一定权力或者在国有企业、民营企业当经理人期间积累了大量市场关系并在适当时机自己开办企业,从而将过去的权力和市场关系等无形资源变现为有形财富的创业者。目前,后一类变现者是主体,前一类变现者在增加,而且一些地方政府的政策对此起到了推波助澜的作用,如鼓励公务员带薪下海,允许政府官员创业失败之后重新回到原工作岗位。但是,这种做法有可能造成市场竞争环境公平性的人为破坏。

2. 从在创业过程中所处的角色和所发挥的作用角度分

(1)独立创业者。独立创业者是指自己出资、自己管理的创业者。其创业动机和实践受很多因素影响,如发现很好的商业机会,失去工作或找不到工作,对目前的工作缺乏兴趣,对循规蹈矩的工作模式和个人前途感到无望,受他人创业成功的影响等。独立创业充满挑战和机遇:可以自由发挥创业者的想象力、创造力,充分发挥主观能动性、聪明才智和创新能力;可以主宰自己的工作和生活,按照个人意愿追求自身价值,实现创业的理想和抱负。但是,独立创业的难度和风险较大,可能缺乏管理经验,缺少资金、技术资源、社会资源、客户资源等,生存压力大。

(2)主导创业者与跟随创业者。主导创业者与跟随创业者是相对的。在一个创业团队中,带领大家创业的人就是团队的领导者,即主导创业者,其他成员就是跟随创业者,也叫参与创业者。

(三)创业精神

创业精神(Entrepreneurship Spirit)的概念最早出现于18世纪,此后其含义一直在不断演化。20世纪的经济学家约瑟夫·熊彼特专门研究了创业者创新和求进步的积极性所导致的动荡和变化,并将创业精神看作是一股"创造性的破坏"力量。创业者采用的"新组合"使旧产业遭到淘汰,原有的经营方式被新的、更好的方式所摧毁。管理学家彼得·德鲁克将这一理念更推进了一步,称创业者是主动寻求变化、对变化做出反应并将变化视为机会的人。

当今大多数经济学家认为:创业精神是在各类社会中刺激经济增长和创造就业机会的一个必要因素。

1. 创业精神的特征

(1)高度的综合性。创业精神是由多种精神特质综合作用而成的。诸如创新精神、拼搏精神、进取精神、合作精神等都是形成创业精神的特质精神。

(2)三维整体性。无论是创业精神的产生、形成和内化,还是创业精神的外显、展现和外化,都是由哲学层次的创业思想和创业观念,心理学层次的创业个性和创业意志,行为学层次的创业作风和创业品质三个层面所构成的整体,缺少其中任何一个层面,都无法构成创业精神。

（3）超越历史的先进性。创业精神的最终体现就是开创前无古人的事业，创业精神本身必然具有超越历史的先进性，想前人之不敢想、做前人之不敢做。

（4）鲜明的时代特征。不同时代的人们面对着不同的物质生活和精神生活条件，创业精神的物质基础和精神营养也就各不相同，创业精神的具体内涵也就不同。创业精神对创业实践有重要意义，它是创业理想产生的原动力，是创业成功的重要保证。

2. 创业精神的表现

我们看到那些有名的创业者的故事：在他们还没有运作百万美元规模的公司之前，借着在街边售卖饮料、在车库里生产些小玩意，逐步培养起自己的经商技能。看起来似乎每一位成功的大人物都是为了商业而生的。但实则他们身上确实是有一些与众不同之处的，那么，是什么令某些人能够充满自信地积极面对失败挫折，先人一步达成自己的目标？

（1）激情（Passion）。没有人能比维京集团（Virgin Group）创始人理查德·布兰森（Richard Branson）更理解“激情”一词的含义。布兰森的激情，从他对创建公司的强烈欲望中可窥一斑。始建于1970年的维京集团，目前旗下拥有超过200家公司，业务范围涵盖音乐、出版、移动电话，甚至太空旅行。布兰森曾打过一个比方，“生意就好像公共汽车，总会有下一班车过来”。

（2）积极性（Positivity）。亚马逊（Amazon.com）创始人杰夫·贝索斯（Jeff Bezos）非常清楚积极思考的能量。他以“每个挑战都是一次机会”为座右铭。事实上，贝索斯把一家很小的互联网创业公司，发展成全球最大的书店。

亚马逊于1995年7月正式启动，两个月内就轻松实现每周2万美元的销售额。20世纪90年代末，互联网公司纷纷倒闭，亚马逊股价也从100美元降至6美元。雪上加霜的是，一些评论家预测，美国最大的书店巴诺（Barnes & Nobles）启动在线业务，这将彻底击垮亚马逊。紧要关头贝索斯挺身而出，向外界表达了乐观和信心，针对批评言论，他还一一列举公司的积极因素，包括已经完成的和准备实施的计划。

贝索斯带领亚马逊不断壮大，出售从图书到衣服、玩具等各种商品。今天，亚马逊年度营收已超过百亿美元，这很大程度上要得益于贝索斯的积极思考。

（3）适应性（Adaptability）。具备适应能力是企业家应具备的最重要的特质之一。每个成功的企业主，都乐于改进、提升或按照客户意愿定制服务，以持续满足客户所需。

谷歌（Google）创办人谢尔盖·布林（Sergey Brin）和拉里·佩奇（Larry Page）更进一步，他们不仅对变化及时反应，还引领发展方向。凭借众多新创意，谷歌不断引领互联网发展，将人们的所见所为提升到一个前所未有的新境界，你可以想想 Google Earth 技术带来的变化。拥有这种先锋精神，也无怪乎谷歌能跻身最强大的网络公司行列。

（4）领导力（Leadership）。好的领导人一定具有很强的个人魅力和感召力，有道德感，有在组织里树立诚信原则的意愿；他也可能是个热心人，具有团队协作精神。在已近迟暮之年的玫琳凯·艾施女士（Mary Kay Ash）身上我们可以发现所有这些元素。她创建了玫琳凯（Mary Kay Cosmetics）品牌，帮助超过50万名女性开创了自己的事业。

很早以前，身为单亲母亲的艾施为一个家用产品公司做销售。虽然25年间她的销售业绩一直名列前茅，但是由于性别歧视，艾施无法在晋升和加薪时获得和男同事一样的待遇。艾施终于受够了这种待遇，1963年她用5 000美元创办了玫琳凯公司。

艾施以具有强大驱动力和富于灵感的领导风格闻名，她创办公司的态度是“你能做到！”她甚至会用卡迪拉克轿车奖给顶尖的销售者。由于其强大的领导力技巧，艾施被认为是近35年来最具影响力的25位商业领袖之一,而玫琳凯也被评为美国最适合工作的企业之一。

(5)雄心壮志(Ambition)。20岁时,戴比·菲尔兹(Debbi Fields)几乎一无所有。作为一个年轻的家庭主妇,她毫无商业经验,但她拥有绝佳的巧克力甜饼配方,并梦想全世界的人都能分享到。

1977年,菲尔兹开设了自己第一家店(Mrs. Field's),尽管很多人认为她仅靠卖甜饼无法将业务维持下去。菲尔兹的果断决定和雄心壮志使得小小甜饼店变成了一家大公司,600多个销售点遍布美国和其他10个国家。[①]

小测试 创业基本素质自测。请你根据自己的实际情况,回答"是"或"否"

(1)你在学校是个成绩优异的学生吗?(是:+4,否:-4)

(2)你在学生时代是否喜欢参加集体活动?(是:+1,否:-1)

(3)你在少年时是否常常喜欢独处?(是:+1,否:-1)

(4)你在童年时是否做过报童,或帮人做过小生意?(是:+2,否:-2)

(5)你儿时是否很倔强?(是:+1,否:-1)

(6)你少年时是否很谨慎,在活动时是否喜欢最后上场?(是:+4,否:-4)

(7)你是否在乎别人对你的看法?(是:+1,否:-1)

(8)你是否对每天都一样的例行工作感到厌倦?(是:+2,否:-2)

(9)你会孤注一掷经营生意,即使亏本也在所不惜吗?(是:+2,否:-2)

(10)你的新事业失败了,是否会立即另起炉灶?(是:+4,否:-4)

(11)你是否属于乐天派?(是:+1,否:-1)

测试结果:请你把各题的得分加起来,用总积分与下面的分析相对照。

19~23分:表明你已具备了成为创业家的一切特质。

0~18分:表明虽然你创业成功希望微弱,但仍有强劲的创业精神。

-10~0分:表明你能自行创业成功的机会很勉强。

-11分以下:表明你不具备创业能力,不是这方面的人才。因此,如果你目前并不是自己做老板,你值得庆幸!如果你的得分虽然如此低,但你已在自己经营生意而且相当成功的话,那么请记住:你是一个难得的幸运者!

第二节 创业模型及创业过程

一、创业模型及其核心要素

创业是一个复杂的工程,这个工程由许多相互联系、相互作用的要素组成。那么在创业过程中,核心要素包括哪些?不同的学者有不同的观点。

(一)国外研究观点介绍

1. 蒂蒙斯的创业核心要素模型

美国著名的创业管理专家蒂蒙斯教授在1999年提出了经典的创业管理模型——蒂蒙斯模型。在这个模型中,蒂蒙斯教授指出,影响创业的主要因素是团队、机会和资源。而创业过

---

① 资料来源:创业指南,http://www.yda360.cn/blog/post/243.html,2015.1.23。

程也就是团队整合、利用资源，识别、开发机会的过程，也是不断调试、平衡、整合“机会、资源、团队”的动态过程。如图 1—3 所示。

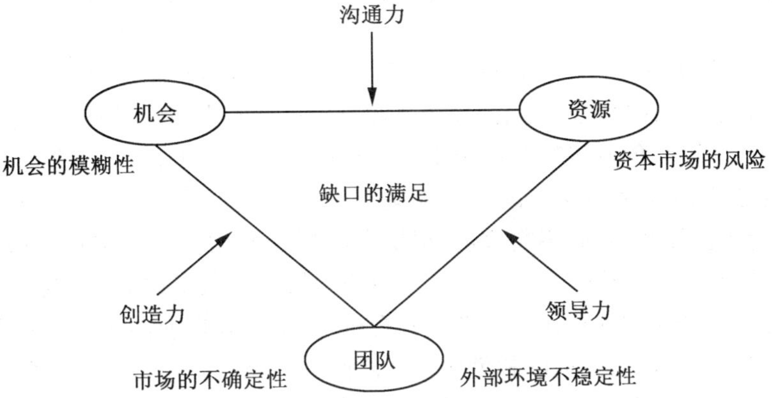

图 1—3　蒂蒙斯创业核心要素组合模型[①]

在这个过程中，首先创业由机会所激活，在取得必要的资源与组成创业团队之后，创业计划才顺利开展。在创业过程中，领导者及团队的任务就是反复探求更大的商机和资源的合理运用，使整个三角保持平衡，其中，领导者的作用至关重要，其本质任务就是有效处理机会、资源和组织之间的关系。

2. 威克姆(Wickham)的创业核心要素组合模型

威克姆以创业者为核心，提出了创业过程模型，如图 1—4。在模型中，威克姆认为创业活动包括创业者、机会、组织和资源四个核心要素。

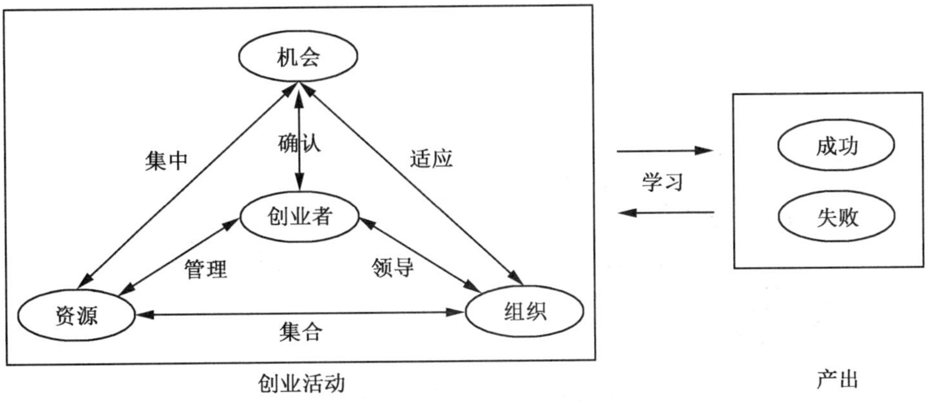

图 1—4　威克姆的创业模型[②]

创业者处于创业活动过程的中心。其在创业中的职能体现在与其他三个要素之间的关系上：发现和确认有利的创业机会；管理创业资源，包括人员、资金和社会网络等；建立创业组织。创业者任务的本质就是有效处理机会、资源和组织之间的关系。机会、资源和组织三者之间的

① 这个模型是蒂蒙斯于 1989 年在他的博士论文中提出的。

② 威克姆在其论文《战略型创业》中提出了基于学习过程的创业模型。

关系为:资本、人力、技术等资源要集中于机会的利用上,且要注意资源的成本和风险;资源的集合形成组织,包括组织的资本结构、组织结构、程序和制度,以及组织文化;组织的资产、结构、程序和文化等作为一个有机的整体,来适应所开发的机会,为此组织需要根据机会的变化而不断调整。

因此,创业活动包括以下三个方面:组织适合于所开发的机会;集合资源以形成组织;将资源集中于追逐的机会。在这三种关系中,创业者起着关键的作用。另外,威克姆认为创业过程是一个不断学习的过程,创业组织是一个学习型组织。这就是说,组织必须不仅对机会和挑战做出反应,而且还要根据这种反应的结果来调整和修正未来的反应,即组织的资产、结构、程序、文化等要随着组织的发展而不断改进,组织在不断的成功与失败中得到锻炼,从而获得更大的成功,得以发展壮大。从图 1—4 可知,威克姆发展了蒂蒙斯的观点,他比蒂蒙斯更强调创业者在创业过程中的核心作用,认为是创业者把机会、资源和创业团队三种要素集合在一起进行创业,由创业者来平衡机会、资源和创业团队之间的关系;另外,威克姆强调创业过程是一个学习的过程,创业型企业都应该是学习型组织,因此,组织的学习能力是决定创业成败的关键,而在实际工作中,传统企业要想成为创业型企业必须在组织结构上进行相应的改造,提高自身的学习能力。

3. 萨尔曼(Sahlman)的创业核心要素模型

萨尔曼认为,在企业创业过程中,为了更好地开发商业机会,提升企业价值,创业者需要把握四个关键要素:人和资源、机会、外部环境以及创业者的交易行为,如图 1—5 所示。

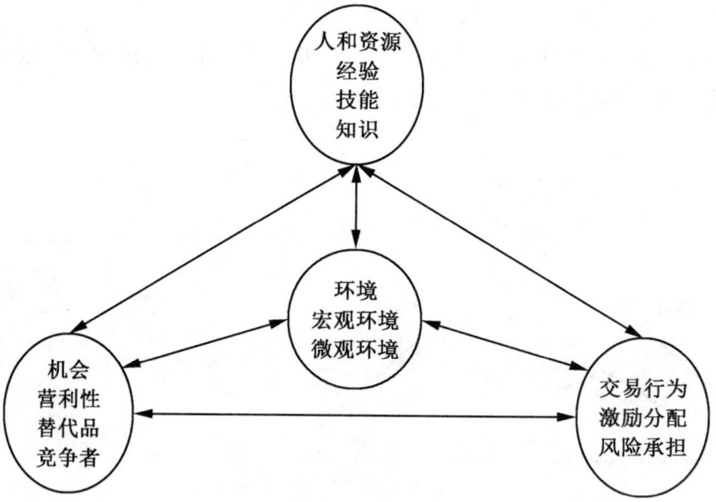

图 1—5 萨尔曼的创业模型

(1)人和资源:指为创业提供服务或资源的人员,包括经理、员工、律师、会计师、资金提供者、零件供应商等与新创企业直接、间接相关的人员;他们所提供的资源包括工作经验或非工作经验、经营管理及技术技能等相关的知识。

(2)机会:指任何需要投入资源的活动,这种活动不单是企业亟待开发的技术、市场,也包括创业过程中所有需要创业者投入资源的事物,当然,投入资源的根本目的是为了企业将来的赢利。

(3)外部环境:包括宏观环境和微观环境两部分,指所有影响机会产出,又在管理者的直接控制之外的因素，诸如银行利率水平、相关政策法规、宏观经济形势以及一些行业因素如替代品的威胁等。

(4)创业者的交易行为：指创业者与所有资源供应者之间的直接或间接关系。创业者的交易行为应该既包括创业者作为管理者对创业团队成员和员工的管理行为(管理交易)，还包括创业者与外部资源提供者的市场交易行为，以及与社会网络成员的长期契约交易行为。

萨尔曼分析模型的核心思想是要素之间的适应性，也就是人、机会、交易行为以及外部环境能否协调整合，共同促进创业的成功。根据这一模型，较容易识别成功的创业——配置良好的人才资源，管理团队拥有所需要的知识和技能，拥有盈利前景良好的商业模式，容易获取高额利润又能防止其他人进入市场，市场环境良好，交易方式能够给所有的利益相关者以充分的激励等，这些要素使得新创企业能够紧密结合，朝着同一个目标前进。①

(二)国内研究观点介绍

综合国内专家的研究成果，创业成功的核心要素主要有以下几项：

1. 创业需要足够的资源

很多人在初次创业的时候，都是资源十分欠缺的。资源不足，使企业创业成功的概率降低，但要有完全充分的资源也是不可能的。一般情况下，创业资源条件主要包括几个方面：业务资源：赚钱的模式是什么？客户资源：谁来购买？技术资源：凭什么赢取客户的信赖？经营管理资源：经营能力如何？财务资源：是否有足够的启动资金？行业经验资源：对该行业资讯与常识的积累；行业准入条件：某些行业受到一些政策保护与限制，需要进入资格条件；人力资源条件：是否有合适的专业人才？

以上资源创业者也不需要100%的具备，但至少应具备其中一些重要条件，其他条件可以通过市场化方式来获取。创业者如有足够的财务资源，其他资源欠缺也可以弥补；如果有足够的客户资源，其他资源的欠缺也容易改变。

2. 创业之前需要慎思

创业前要认真思考、反复评估、考虑成熟再行动。除了要足够的资源准备外，心理准备最重要。以下几个方面问题，值得好好思考。

第一，我为什么要创业？是否有足够的决心，愿意承担风险吗？过去的利益是否舍得放弃？

第二，我是否具备创业者应有的能力与素质，是否能承受挫折，是否具有综合全面的素质，还是有专项技术特长？

第三，我创业成功的核心资源优势是什么？我具备的条件是：足够的资本？行业经验？客户资源？技术创新？商业运作能力？与即将面对的竞争对手相比有明显的优势？

第四，是否有足够的耐心与耐力度过创业期的消耗？估计通过多长时间走过创业瓶颈阶段，自己有多长时间的准备。

第五，创业最大的风险是什么，最坏的结果是什么，我是否能承受？不要只想到乐观的一方面，对风险一定要有充分的心理准备，否则，碰到现实状况与想象不一样，容易造成信心动摇。

回答清楚以上问题之后，再决定是否创业不迟。很多创业者的失败，都是因为创业前心理准备不够，匆匆忙忙进行创业，最后失败得一塌糊涂。假如准备不足，条件不具备，晚一点创业

---

① 葛宝山，王立志，姚梅芳，董保宝．经典创业模型比较研究[J]．管理现代化，2008，01：10－12.

也不迟。

(1)先有业务再创业。

很多人创业是迫于生存的压力,希望多赚点钱,过上较好的生活。因此,在创业之初,是无所谓事业的,创业选择极具盲目性,为创业而创业,在刚开始创业之前,进入什么行业,以什么为盈利模式,都是一片茫然。很多创业者,先将公司注册好了,再考虑业务范畴。

创业者在创业之前,一定要有明确的创业方向,再决定创业。假如,选择了某一个行业,创业前一定要积累一些该行业的经验,收集相关的资讯,如果有可能,可以先考虑进入该行业为别人打工,通过打工的经历来积累经验与资源。那么"学费"自然由别的老板给你付了,也就用不着自己交学费,行业知识、客户资源渠道、盈利模式都有了,再创业,成功就指日可待了。

(2)经营能力最重要。

经营赚钱的能力是最重要的,只要有非常出色的经营能力,自然会找到投资者,很多投资家天天都在找好项目投资。

在创业初期,创业者个人的能力非常重要,事无巨细,都要自己亲自动手,创业不是一件很轻松的事情。在创业者的个人能力中业务能力、开发客户能力、综合应变能力十分重要。创业者其实很多时候就是一个业务经理,能够拿到订单什么都好办了。很多创业成功者,都是做业务出身。有了客户,有了订单,自然事情都变得容易了。

对于有志创业者而言,不断打造好自己的经营能力是至关重要的。从学做业务开始,是一个好办法,当能力有了,创业机会自然很多,特别是今天,进入靠能力赚钱的时代,经营能力更是重中之重。

(3)内部创业更容易。

在创业者中,有自己从零开始独立创业成功者,有技术与他人合作成功者,有在企业内部创业成功者。研究认为,第三种模式更容易成功。

一个创业者比较好的选择就是有计划与策略地进入一家成功公司,先取得老板的信任,再找准机会,建议老板从公司发展角度投资新项目,这样创业的机会就有了,作为项目的提出者,自然会被老板赋予重任。从企业内部创业,有很多有利条件:雄厚资本实力的支持、管理的指导、综合资源的共享、业务资源的利用、品牌形象借助等,如果创业公司的业务与母体公司的业务有延续性,或关联性,创业起来更容易成功。

(三)其他研究观点介绍

(1)古德温:创业者的人格特征、管理技巧、人际关系以及环境因素。

(2)杜特里豪斯:外部环境的配合性、创业团队的经营能力、创业策略的适当性。

(3)弗莱文:创业容易失败的原因有四,缺乏资金、缺乏财务控制及会计信息、缺乏管理技巧及经验、无法弹性适应市场的变化。

(4)约瑟夫:下列因素是影响创业成功的关键:良好的管理能力、政府的支持、市场因素、教育培训水平。

从以上所列观点可以看出,不同人从不同角度总结出的创业成功要素有所不同,但有一点可以肯定,创业要获得成功必须同时具备多方面的因素,包括完善的创业计划、有满足市场需求的新技术或新服务、比较畅通的融资渠道、较强的创新能力、较强的市场开拓能力、支撑企业成长的管理制度和组织机构、高素质的创业团队和员工队伍等。

拓展资料　创业思维的五大原则

创业思维是一种行动导向的方法,体现了实用主义的哲学思想,认为新的投入(知识、信息、资源、网络和行动)会拓展我们对机会的认识,强调创业团队中所有成员的共同创造。诺贝尔经济学奖得主赫伯特·西蒙教授的关门弟子萨拉斯(Saras D. Sarasvathy)经过十余年的研究总结,提炼了创业思维的五大原则,对于创业者具有重要指导作用。

原则1:二鸟在林,不如一鸟在手。按照这种原则,创业并非起始于对机会的识别和发现,或者预先设定目标,而是首先分析你是谁、你知道什么以及你知道谁,即了解你自己目前手中拥有的手段有哪些。创业行动应该是手段驱动,而不是目标驱动;创业者应该运用各种已有手段或手头资源来创造新企业,而不是在既定目标下寻找新手段。

原则2:可承受损失。创业者必须首先确定自己可以承担的损失以及愿意承担的损失有多大,然后才投入相应的资源,而不是根据创业项目的预期回报来投入资源。在采取每一步行动之前,创业者都应该只付出自己能够承担并且愿意负担的投入,否则就跟赌徒差不多了。在考虑投入时,应该综合权衡各种成本,包括金钱、时间、职业和个人声誉、心理成本和机会成本等。

原则3:吸引更多的人加入进来。寻找愿意为创业项目实际投入资源的利益相关者,通过谈判、磋商来缔结创业联盟,建立一个自我选定的利益相关者网络,而不是把精力花在机会成本分析上,更不要做竞争分析。联盟的构成决定创业目标,随着联盟网络的扩大,创业目标也会不断发生变化。

原则4:柠檬水原则。西方有一句谚语:"如果生活给了你柠檬,就把它榨为柠檬汁。"这实际上是要求创业者以积极的心态主动接纳和巧妙利用各种意外事件和偶发事件,它们在创业途中无法避免,不应消极规避或应付。在创业过程中,你采取的行动很可能不会带来你期望的结果,这时需要友好对待,否则将会错失某些重要的东西。很多时候,意外同时也意味着新的机会。当然,意外也可能意味着问题。如果可能,解决这个问题,你的解决方案会变成你的资产。假如这个问题会永久存在并且你无法排除,那么它将成为你采取下一步行动的已知事实基础。

原则5:飞行导航员原则。创业者不应把主要精力花在预测未来,而是要采取行动。未来取决于你现在做了什么,很多看似不可避免的发展趋势或许是可以改变的,但前提是你得采取行动。当然,并非全部创业者都要采用创业思维来开展行动,毕竟不是所有创业活动都会面临高度不确定性。很多时候,需要把管理思维和创业思维结合起来。

二、创业一般过程

(一)创业过程的相关理论

创业过程看似简单,但实践过程却很复杂,其含义可从狭义和广义进行理解。

狭义的创业过程往往只是指新企业的创建过程,本书研究的是广义上的创业过程,不仅包括新企业的创建过程,还包括企业的成长管理过程,即创业过程"是从最初的一个创业者一个创业理念发展成为一个具有核心竞争力的可持续发展的成功企业的过程"。由于环境的不确定性、人的有限理性及活动的创新,使得创业过程同样还是一个不断积累学习的过程,是创业者商业构思不断修正,创业团队信息量不断增加,解决问题的能力不断提高,社会网络不断扩张及对风险认知及掌控能力提高的过程。

(二)创业的一般过程

创业是围绕机会识别、开发、利用的行为过程,通过这一过程,创业者将商机或创意转化为能为市场带来新价值的产品或服务,如图1—6所示。因此,从阶段性活动来看,创业活动可分为机会识别、机会开发以及机会利用的过程,具体表现为创业者发现并评估商机,并将商机转化为企业,以及创业者对新创企业进行成长管理的过程。

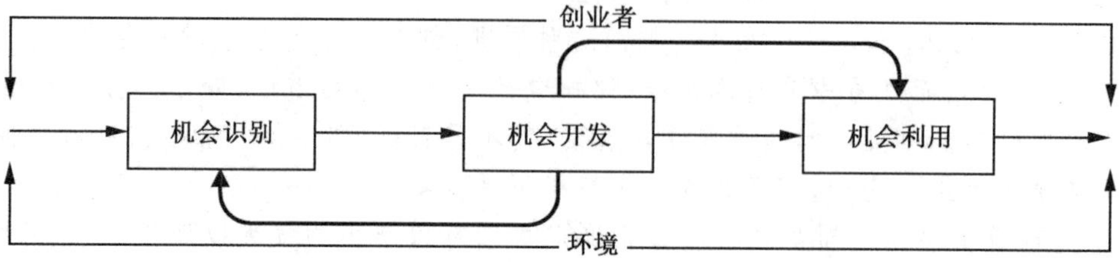

图 1—6 创业一般过程

一般来说,创业过程可细分为:创业机会识别、资源整合、组建团队、撰写商业计划书、创业融资、创建新企业、新企业生存和成长、企业传承等。这个过程依据企业性质或创意的稀缺程度进行调换顺序或合并过程。

1. 识别创业机会

识别创业机会是创业的开端,也是创业的前提。创业者难能可贵之处就是能够发觉其他人看不到的机会,并迅速采取行动开发创业机会。如比尔·盖茨、张瑞敏、马云这样的眼光独到者。当然我们不可能每个人都像他们一样,但经过时间的积累和实践的锻炼,我们就具有了一些识别创业机会的规律和技巧。

2. 整合内外部资源

在整个创业过程中,创业者都需要根据企业不同发展阶段的需要整合内外部资源来发展壮大企业。尤其是在新创企业和早期发展阶段,整合外部资源尤为重要。如中国香港立丰集团,没有自己的制造厂和制造工人,却为全球 30 多个国家的 400 多个经销商提供服装,靠的就是对分布于 50 多个国家的超过一万家的供应商的整合,但很少有企业具有立丰这样的整合能力,对资源的集成和协调就是立丰集团的核心竞争力。

3. 组建团队

团队是创业最重要的资源,创业者不可能是全才,他需要一个可以互相取长补短的团队,这包括知识、资源、眼界、专业技术、人际关系等。一个好的团队可以让 1+1>2,创业者想要成功,必须组建具有相同创业价值观的创业团队。

4. 撰写商业计划书

商业计划书帮助企业家或创业者勾画事业蓝图,安排公司运作,进行融资,本质上是一座沟通理想与现实的桥梁。商业计划书是把计划中的创业或经营活动推销给企业家自己和其他的资源提供者。在做一份商业计划书的同时,企业家心目中会对自己要做的事情有越来越深入的了解。

5. 创业融资

资金是创业不可或缺的基本生产要素。如何融资,向谁融资,融资多少,是每一个白手起家的创业者都必须考虑的问题。而且,在企业发展的每一个阶段,都需要面对不同的融资问题。

6. 创建新企业

企业是创业的重要载体之一,是对创业机会进行开发的重要平台。创建新企业需要经过企业法律组织形式的选择、企业名称的设计、企业地址的选择、企业人财物的配置、企业登记注册等多个步骤。

7. 新企业生存和成长

企业成长主要就是企业结构和功能的不断完善，也就是企业的“质”的变化，而不能仅仅在于企业规模的增长。企业成长过程中需要不断创新企业组织管理、战略管理、营销管理、财务管理、人力资源、信息化等管理手段。

8. 企业传承

创业者实现了创业目标，并且企业也在稳定地发展下去，但就理论而言，任何事物一般都有一个出现、成长、发展、衰退、消亡的过程，企业也不例外，同样有生命周期现象，如图 1—7 所示。而如何让企业长远发展下去，如何延续其死亡期出现的时间，则是每个创业者需要考虑的问题，其中不断进行管理和技术创新则是必须考虑的问题。

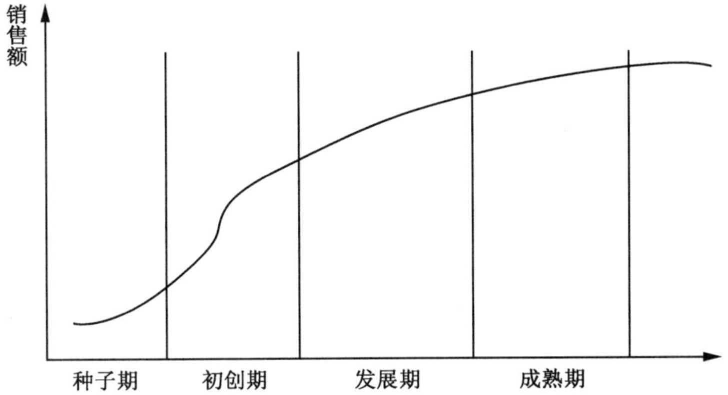

图 1—7　企业生命周期

表 1—4 列出的部分百年企业，其很好地得到了企业传承就是不断进行管理和技术创新的结果。

表 1—4　部分百年企业一览表

公　司	开创年代	公　司	开创年代
劳力士	1785	杜　邦	1802
高露洁	1806	宝　洁	1837
花旗银行	1812	麦当劳	1845
埃克森石油	1863	雀　巢	1865
奔　驰	1870	AT&T	1885
可口可乐	1886	强　生	1886
默克制药	1891	通用电气	1892
吉　列	1901	3M 公司	1902

案例思考　从以下李伟创业的故事中总结一般创业过程。

2019年,湖北理工学院李伟刚从武汉到黄石报到,一下车,口渴的他想买杯奶茶喝,却发现在武汉极其流行的奶茶店在学校周围并不多,偶有几家也都不是品牌经营。他从中嗅出了商机,于是他到武汉几家品牌奶茶店当技师学艺取经,在日复一日的工作中,对奶茶的兴趣与日俱增,他十分享受在调配奶茶过程中那份独有的乐趣。

李伟给了自己的创业一个准确的定位:始终以学生的角度去看学生的市场和消费,价位中低档,适合学生群体消费能力——特别是女生,是奶茶的稳定消费群体。口味上,也比较清淡,顺应女生追求低糖、低脂的需求。而开店的一个重要原则也是,必须在学校边上。由于以大学作为依托,他的销售模式便与传统的模式不同。

一次偶然的机会,李伟认识了国际贸易专业同做服装生意的王京,他们在生意方面的许多理念不谋而合。在积累了一年的兼职经验后,共同投资奶茶店。李伟把开饰品店和服装店赚来的15万元资金全部拿出,而王京也关了服装店,并向父母借了钱,筹得15万元现金,两人用30万元共同为投资设立奶茶店而忙碌着。李伟和王京分工很明确,他负责店面经营管理,而王京负责联系货源,注册的黄石珍茶商贸有限公司已经办齐所有手续,王京是法人代表,李伟是执行董事。两人配合默契,生意也蒸蒸日上。为了奶茶店长远的发展,李伟和王京给学生办理学生卡,定期推出"每周特价奶茶",给予一定幅度的优惠,其中最吸引人的就是开设"许愿墙"。走进李伟的奶茶店,看到右手边的墙壁上贴满了顾客的各种心愿。

经过一个月的营运,李伟和王京都发现,奶茶店目前的规模已经无法满足当前顾客的需要,为了进一步开拓市场,他们先后在湖北工程职业学院、黄石职业技术学院、黄石一中等地开了11家连锁店。

第三节　创业成本及创业风险

一、创业成本及分类

(一)创业成本的定义

成本是对象化了的费用。创业成本作为一种成本就必须具有"成本"的概念特征,即与某一成本中心相关的特定费用。创业成本的承担主体仍然是企业,但并不是企业支付的所有投资和维持经营的费用都可以称作创业成本,因为创业成本概念是和企业所处的经营环境相关联的。

所以,我们将创业成本定义为:企业在一定城市或地区,进行创业企业投资和维持经营所发生的与创业相关的各种特定耗费。应该指出的是,不同类型的企业(如技术型企业或服务型企业)由于生产经营方式不同,即使在同一城市或地区,可能承担不同的创业成本。

(二)创业成本的类型

创业成本一般分为两部分,第一部分是生产要素成本,也叫硬成本,是狭义创业成本;另一部分是获得生产要素和组织生产的成本,被研究者称为软成本,是广义的创业成本。

(1)硬成本,也称要素成本或直接成本。是指创业必备的生产要素如人、财、物、土地、技术等,具体包括:土地成本、劳动力成本、财产购置成本(买房或租房成本、汽车购置成本)、交通通讯及用水成本(电信费、交通费、电费、水费)等。硬成本受市场供求关系影响。

(2)软成本,是创业企业生产经营中为所需公共环境而支付的交易费用,也称间接成本。通常包括交易成本与运输成本。前者主要受政府服务效率与水平、政府政策(如税率政策)和市场化程度等因素的影响,包括税负、行政性收费、政府的效率、公务员素质、个人权益保护、商业诉讼、市场的规范程度、中介服务、进出壁垒、产业的配套能力、社会的治安状况、地区的文化氛围等;后者主要受区位条件、基本设施、物流市场的规范性与开放性等影响。

二、创业成本与经济的关系

创业成本的上升对区域经济活动发展的影响表现在许多方面,如资本向创业成本较低的区域流动,导致区域"产业空洞化"、就业率的下降等等。

(1)创业成本的上升导致资本大量向创业成本较低的区域流动。资本向什么地方流动,在很大程度上取决于投资回报率,而投资回报率的大小与投资成本有很大的关系。创业成本的增加必然导致企业的费用增加,企业的利率下降,促使资本向创业成本较低的区域流动。

(2)创业成本的上升有可能使该地区的创业活动出现"空洞化"。即在产业调整和转移的过程中,由于原有的产业已经转移到其他地方,而本区域的产业还没有建立起来,以至本区域的产业出现"空洞化"。

(3)创业成本的上升将导致就业率下降。就业与经济的发展以及产业结构的变化直接相关。一般来说投资的增加带动了经济的发展,经济的发展必然会吸引更多的劳动力就业。当一个经济区域由于创业成本的增加,一方面原有的资本流向创业成本较低的经济区域,另一方面该区域吸收的资本逐渐减少,这两方面共同作用的结果是创业成本上升的经济区域投资下降,由投资所吸纳的劳动力下降,引起了就业率的下降;同时,由于资本的流出,创业成本比较高的经济区域必然要进行产业结构的调整和转换,产业结构的调整和转换往往也会导致一批工人的失业,即经济学中所谓的结构性失业,从而增加了该区域的失业率。

(4)创业成本的上升有可能导致创业活动的减少进而导致经济的衰退。当一个区域的创业成本增加时,由于资本的外流,致使投资下降,而当区域经济出现了投资的下降、需求的减少和出口的减少时,该区域的经济也就会出现衰退。

三、创业风险

(一)创业风险的概念

创业风险,就是指创业中存在的风险。它是指由于创业环境的不确定性,创业机会与创业企业的复杂性,创业者、创业团队与创业投资者的能力与实力的有限性,而导致创业活动偏离预期目标的可能性及其后果。这种可能性和后果更强调损失。

(二)创业风险的来源

从创业风险的定义中我们可以知道,创业环境的不确定性,创业机会与创业企业的复杂性,创业者、创业团队与创业投资者的能力与实力的有限性,是创业风险的根本来源。具体体现在以下主要方面:

(1)融资缺口。融资缺口存在于学术支持和商业支持之间,是研究基金和投资基金之间存在的断层。其中,研究基金通常来自个人、政府机构或公司研究机构,它既支持概念的创建,还支持概念可行性的最初证实;投资基金则将概念转化为有市场的产品原型(这种产品原型有令人满意的性能,对其生产成本有足够的了解并且能够识别其是否有足够的市场)。创业者可以证明其构想的可行性,但往往没有足够的资金将创意实现商品化,从而给创业带来一定的风险。

(2)研究缺口。研究缺口主要存在于仅凭个人兴趣所做的研究判断和基于市场潜力的商业判断之间。当一个创业者最初证明一个特定的科学突破或技术突破可能成为商业产品基础时,他仅仅停留在自己满意的论证程度上。然而,这种程度的论证后来不可行了,在将预想的产品真正转化为商业化产品(大量生产的产品)的过程中,即具备有效的性能、低廉的成本和高质量的产品,在能从市场竞争中生存下来的过程中,需要大量复杂而且可能耗资巨大的研究工作(有时需要几年时间),从而形成创业风险。

(3)信息和信任缺口。信息和信任缺口存在于创业技术专家和管理者(投资者)之间。技术专家知道哪些创意内容在技术层上是可行的,哪些内容根本就是无法实现的。管理者(投资者)通常比较了解将新产品引进市场的程序,但当涉及具体项目的技术部分时,他们不得不相信技术专家。如果技术专家和管理者(投资者)不能充分信任对方,或者不能够进行有效的交流,那么这一缺口将会变得更深,带来更大的风险。

(4)资源缺口。资源与创业者之间的关系就如食材与厨师之间的关系。没有了食材,厨师即使有多好的想法也无从实现。创业也是如此,没有所需的资源,创业者将一筹莫展,创业也就无从谈起。在大多数情况下,创业者不一定也不可能拥有所需的全部资源,这就形成了资源缺口。如果创业者没有能力弥补相应的资源缺口或者利用外部资源来弥补资源缺口,要么创业失败,要么在创业中受制于人(如大股东控制)。

(5)管理缺口。现实创业活动,创业者多数基于技术出身,但缺乏管理思维,即创业者利用某一新技术进行创业,他可能是技术方面的专业人才,但却不一定具备专业的管理才能,从而形成管理缺口。

(三)创业风险的类型

(1)机会风险:创业者选择创业也就放弃了自己原先所从事的职业。一个人同一时期往往只能做一件事,选择创业就丧失了其他的选择,这就是所谓的机会成本风险。

(2)技术风险:技术风险是指在企业技术创新过程中,因技术因素导致创业失败的可能性。包括技术成功的不确定性,技术前景、技术寿命的不确定性,技术效果的不确定性。

(3)市场风险:指市场主体从事经济活动所面临的盈利或亏损的可能性和不确定性。

(4)资金风险:资金风险是指因资金不能适时供应而导致创业失败的可能性。

(5)管理风险:管理风险包括管理者风险、决策风险、组织和人力资源风险。

(6)环境风险:环境风险是指一项高技术产品创新活动由于所处的社会、政治、政策、法律环境变化或由于意外灾害发生而造成失败的可能性。

(7)自然灾害风险:包括干旱、洪涝、台风、冰雹、暴雪、沙尘暴等气象灾害,火山、地震灾害,山体崩塌、滑坡、泥石流等地质灾害,风暴潮、海啸等海洋灾害,森林草原火灾和重大生物灾害等造成的失败的可能性。

以上风险不是每个企业都会遇到,这里只做一般性分析。而且企业发展阶段不同和技术成熟性都会影响风险的表现形式。

本章小结

创业需要激情,也需要理论支撑。本章主要介绍创业的基础概念,包括创业的定义、创业的类型、创业的过程、创业精神、创业成本等,使学习者直观清楚产生对创业有关知识的认知和进一步分析问题的能力。

本章中英文关键词

创业(Entrepreneurship)

创业模型(Business Model)

创业要素(Elements of Entrepreneurship)

创业者(Entrepreneurs)

创业成本(Start-up Costs)

复习思考题

1. 简述创业的定义与功能。
2. 简述创业过程的主要阶段和所涉及的活动。
3. 哪些有利因素(如政策、经济发展等)有利于激发创业活动?
4. 创业者应具备什么样的精神?

综合分析案例

"大众点评"的成功之路

张涛,1972 年出生,沃顿商学院 MBA,曾任美国公司 IT 咨询顾问。2003 年归国后创立大众点评网,首创全球餐饮消费者点评模式。

张涛是那种想好了就坚持沉稳做事的人,他的创富不是神话,因为动手之前,他就有一个明确、正确而又坚定的方向,做事过程中,他始终坚持他的方向不偏不倚。因此,后来他获得新商业领袖、年度创新领袖、互联网新势力风云人物等光荣称号,一点都不稀奇。他用 10 年时间讲述了一个互联网创富的美好故事。

张涛,土生土长的上海人,高中毕业后打算出国留学,折腾了 3 年才踏上了赴美求学之路。回忆起留学时光,张涛认为那是他创业非常关键的一个动力,这让他理解其实很多事情并不是要去迁就,完全可以用崭新的角度来看待。而在大学就读期间,张涛就表现出了创业方面的天赋,当时大学生唯一的兼职工作就是家教,张涛便和几个朋友一起捣鼓了一个兼职招聘平台,为企业和学生间搭建桥梁。"我们开玩笑说,如果当时做下去就是后来的'51job',"张涛回忆道。

大学毕业后,张涛在美国一家 IT 咨询公司工作了几年,后续前往沃顿商学院修读 MBA。在沃顿商学院,张涛认识了他的太太。而在读 MBA 前,他就对自己的职业有了明确的规划。"对我来讲,喜欢冒险并不是一味地冒险,而是在计划和冒险之间做一个平衡,我是这样一个性格,"张涛笑道:"命中注定我要创业。"那时,互联网发展已经经历一波起落,正值低潮,但是张涛对互联网的前景却相当看好,并非常感兴趣,当时已有人将美国的搜索引擎、聊天工具等模式引入国内,张涛就这样带着创业的念头,携太太回国。张涛的太太是新加坡人,两人回国后,在他筹备创业阶段,"前期资金几乎都是从太太的工资里来的,当时就是她赚钱,我花钱,"张涛很感激太太的支持。张涛的父亲喜欢吃,母亲厨艺极佳。张涛也不例外喜欢美食,并且讲究情调,回国后他发现上海吃来吃去就那么几家饭店,联想到美国曾见到的饭馆索引指南,2003 年,张涛开始尝试通过用户点评把饭馆信息搬到互联网上。当时,做这样的事情在全球范围内都没有先例,完全摸着石头过河。中国人性格的内敛和那个时期网民结构偏年轻化,张涛不确定这种模式能不能行。但他很快发现国人在网上还是乐于表达的,在上海相对发达的商业环境下,餐馆林立让网民天生对去哪吃喝就有选择和比较的欲望,点评的成功也是因为选择了竞争激烈、信息丰富且用户需要经常做出选择的领域。“如果我们当时选择做房地产的点评或者按摩院的点评,可能早就死掉了。”张涛笑称幸亏自己喜欢的是美食。

2003 年 10 月,张涛把最初积累的餐馆点评信息出了一本书,反响还不错,网站上也开始有一批核心用户整天黏在社区中,他有了底气,开始将模式在北京、杭州、南京、深圳等地进行复制。从搜罗当地餐馆信息到鼓励用户写点评,再到形成社区氛围逐渐让用户产生内容,这样的艰苦工作持续了一年多,当美国的“大众点评网”Yelp 诞生时,2004 年底,张涛的大众点评已经覆盖了 20 多个主要城市。

公司在 2003 年成立之初,发展非常缓慢,感觉是在做美食网站,不像公司,那时经常纠结的一个问题是没有竞争对手,“不是我们太强大没人敢跟我们竞争,而是因为没多少人对我们这个行业感兴趣。”他回忆称,“大众点评发展一年半之后整个公司才五六个人,发展速度非常慢,一天访问数据不到 10 万,两年后慢慢开始发展。2010 年之前其实速度都不快,我觉得跟这个行业有很大关系,竞争也不激烈,也没什么人做。”张涛坦言,“早期时候人家问我做什么事情的时候,我都不太好意思说我在做这种事情,当时的感觉是我在做美食网站,而互联网还是冬天。”到了 2009 年,张涛称行业的情况完全变了,机会多了很多。“这里面有很多因素,第一是中国消费者的收入水准到了临界点;第二,得感谢乔布斯;第三,创出了交易类闭环模式。突然之间我们觉得身处一个最热的行业之中,说穿了是希望能够用互联网真正改变服务行业。随后,竞争也越来越激烈,巨头切入,千团大战,大家都进来了。”随着团购行业的兴起,大众点评发展也日益迅速,数据显示,2012 年,大众点评移动客户端独立用户数已经突破 5 400 万,团购消费金额比 2011 年全年增长超过 25 倍;到 2013 年,仅第一季度,移动端的团购消费金额已相当于 2012 年全年团购消费金额的 80%。但张涛认为,大众点评要做到改变市场起码还需要 10 年,因为“很多东西还不是非常好,或者根本还没开始做,比如预订,半年多以前刚刚做预订,大家反映非常不错,但是很多工作还得做。首先得有菜单才能点菜,还有很多关于支付方面的问题。此外,一方面很多人进入这个行业,另一方面却有很多需求并没有得到很好的满足,还有很多不确定因素。”张涛认为大众点评目前有点像淘宝的前两三年:从类似于信息的平台慢慢往媒体信息广告、优惠券方向发展,团购有半广告、半交易类型,“我们现在逐渐往交易方向走。从行业角度可以这样说,我们是从最蓝的蓝海发展到最红的红海,而且是突然之间的。”

10 年前,一个人,一个域名,一个服务器,一个破旧的办公室,大众点评网由此而生。10 年后,几乎人人手里的智能手机,都有大众点评网和新浪微博、微信这样的标配应用。这个国内第一家地方服务点评网站,占据中国网络点评市场逾 50%的市场份额,移动客户端独立用户数达 7 500 万,商家数量超过 400 万家。对于大众点评来说,多年积累的众多本地吃喝玩乐的数据与点评,正开始加速变现,使之有望成为市值百亿元的新一代互联网巨头。10 年间,国内互联网行业风起云涌,大众点评网这艘海中船难免随波起伏,但在这个低调而谨慎的上海男人带领下,这艘船总能化险为夷,就算是在团购这样凶险的行业中,也占据了领先者的位置,成为活下来的那一批。即便团购极大地改变了点评网的盈利模式,为了保住大众点评的市场份额,张涛不得不延迟了本想在 2010 年完成的上市计划。张涛还有另一个牛气之处:他是国内互联网行业内为数不多敢于宣称不靠复制美国模式起家的创业者。大众点评网的出生比美国地方服务网络点评领域内的霸主 Yelp 早一年之久。他笑称,本地生活这几年这么火,其实让我这样一个在蓝海中行驶七八年的人非常不适应，现在还在适应过程中。我们是 2003 年开始做，美国 Yelp 是 2004 年年底才开始做，我现在想想都有些后怕，当时莫名其妙地做了这件事情，如果再早做两年，肯定活不到今天。

2003—2005 年，大众点评用了两年的时间验证"通过线上用户的点评产生内容"这一模式是否行得通，然后从上海复制到北京以及全国其他城市，从餐饮复制到其他行业。验证成功后，2005 年公司开始正式引进高管团队。2006 年开始做优惠券，后来也被证明是个好模式。这一年完成了第一轮融资，也开始做更多商业模式上的尝试，直到 2009 年移动互联网兴起、2010 年出现团购，大众点评网完成初级阶段积累，顺势而上。张涛把大互联网（PC＋移动）解构成人、信息、商品、服务四个元素，他认为每个连接点都有产生巨头的机会。百度连接人与信息，腾讯连接人与人，阿里连接人与商品，人与服务之间即是第四个巨头的席位。2003 年起，大众点评就为此辛苦积累，终于等到了移动互联网大爆发，手机把"位置"和"服务"弥合了起来。目前没有哪家公司比大众点评更符合第四巨头的想象，而这正是张涛想要的。

其实，创业多年，大众点评网只是牢牢围绕两件事情做文章：帮助商户做营销，帮助用户找优惠。这就决定了他们的生意天然就具有本地化的属性，而在本地化这一点，手机的特性恰好与之深深契合。也正因如此，张涛很早就知道，手机才是能够真正引爆大众点评这个生意的关键。2005 年，之前在掌上灵通担任高管的龙伟被老同学张涛邀请加入大众点评网负责无线业务，大众点评就此开始在手机领域尝试进行探索。2009 年底，就在国内的 IOS 开发者还凤毛麟角的时候，大众点评在 IOS 和安卓平台上同时开发出了他们的手机客户端，如今经过不断的更新和迭代，大众点评移动客户端独立用户数已经超过 7 500 万。凭借对手机客户端的专注，大众点评网借着智能机的普及悄然形成了令对手难以超越的门槛：智能手机的出现让 PC 时代对网站流量的争夺彻底成为历史，而在手机端率先进入，足够多的安装量让其客户端对于后来的智能手机成为一种标配，这充分释放了大众点评过去几年与线下商户的关系，也反过来大大提升了对商户的影响力。

在张涛眼中，一个公司的定位至关重要。"把定位想清楚，把自己做的事情为了满足什么需求想得透彻了就能做决策了，专注也是取决于此。很多公司不够专注的一个原因是自己定力不够，更重要的一个原因是他还没有想清楚到底要做什么。"张涛总结道。因此，在手机客户端领域做扎实之后，大众点评再去进军团购就显得"磨刀不误砍柴工"了。尽管算不上最早进军团购的企业，但是如今大众点评已经成为最受信赖的团购平台之一。张涛笑着说，"今年过年亲戚聚会，我舅舅他们七八十岁了，竟然都在买点评的团购，买了之后说用得很舒服，不但买餐馆，还买按摩、理发呢！"张涛认为，近两三年移动互联网和团购模式的兴起，从某个角度讲，让大众点评网又站到了新的起跑线上，公司内部甚至有"二次创业"的提法。公司规模迅速扩大，创办前 7 年到 2010 年，员工约 500 人，目前达到 3 000 人，才用了两年时间。从餐饮出发，大众点评在后来几年中又拓展了亲子、丽人等，酒店点评也已开展数年，旅游点评还没专门做，但已有一些景点点评，已触及中国香港和中国台湾、欧洲等地，空间很大。张涛说，未来，互联网将改变服务业。用张涛的话说，做吃喝玩乐 O2O，就需要点评、团购、电子会员卡、预约预订等环节都具备，这些一起做是效率最高的，而目前这些都具备的在全球范围内仅大众点评一家，美国的 Groupon 和 Yelp 都没有做成。这也是张涛最为自豪的地方。更让他自豪的是，截至 2013 年第二季度，大众点评月活跃用户数超过 7 000 万，点评数量超过 2 600 万条，收录的商户数量超过 400 万家，覆盖全国 2 300 多个城市；大众点评月综合浏览量（网站及移动设备）超过 20 亿，其中移动客户端的浏览量超过 70%，移动客户端累计独立用户数超过 7 500 万。

(资料来源:王彩霞. 张涛　带着大众去点评生活[J]. 中国连锁,2013,12:56—62.)

案例思考题:

1. 从上述案例,总结大众点评创始人张涛的创业过程(结合不同创业模型)。
2. 你认为张涛创业成功的原因有哪些?
3. 分析大众点评可能面临的问题与不利因素。

第二章 创业融资基础

【引导案例】

腾讯融资史

深圳市腾讯计算机系统有限公司成立于1998年11月，由马化腾、张志东、许晨晔、陈一丹、曾李青五位创始人共同创立。是中国最大的互联网综合服务提供商之一，也是中国服务用户最多的互联网企业之一。

腾讯多元化的服务包括：社交和通信服务QQ及微信/WeChat、社交网络平台QQ空间、腾讯游戏旗下QQ游戏平台、门户网站腾讯网、腾讯新闻客户端和网络视频服务腾讯视频等。

通过互联网服务提升人类生活品质是腾讯的使命。腾讯把"连接一切"作为战略目标，提供社交平台与数字内容两项核心服务。通过即时通信工具QQ、移动社交和通信服务微信和WeChat、门户网站腾讯网(QQ.com)、腾讯游戏、社交网络平台QQ空间等中国领先的网络平台，满足互联网用户沟通、资讯、娱乐和金融等方面的需求。腾讯的发展深刻地影响和改变了数以亿计网民的沟通方式和生活习惯，并为中国互联网行业开创了更加广阔的应用前景。

1998年马化腾与他的同学张志东"合资"注册了深圳腾讯计算机系统有限公司。之后又吸纳了三位股东：曾李青、许晨晔、陈一丹。作为一家没有风险资金介入就成立的软件公司，初期的每一笔支出都让马化腾和他的同伴心惊。在决定做OICQ的时候，当时国内已经有了两家公司在做，产品比腾讯更有市场名气。马化腾没有想更多，除了因为这个产品可以和公司的主项发展业务移动局、寻呼台、无线寻呼方案和项目相互促进外，也因为当时飞华、中华网等许多公司有意向做即时通讯项目，市场显得很有发展前景。

也许是马化腾看到了ICQ以2.87亿美元的"天价"从以色列卖到美国，也许是看到了高喊免费的.com公司在大洋彼岸掀起的股市高潮，也许是看到了中国第一批网络英雄们的风起云涌，在1999年初的某一天，OICQ软件忽然被挂在了网上，由定向赠送变成了免费下载。

凭借其简洁、实用的风格以及诸项细心的设计，OICQ首先在高校一炮打响，然后凭借高校为中心，以令人吃惊的速度传播开来。PICQ、CICQ等对手几乎不堪一击。这时的腾讯，一边继续开发着项目，一边用赚来的钱养活着OICQ。

然而，随着OICQ用户数的几何级增长，更大的麻烦接踵而至：每月以几何级增长的服务器托管费用也让腾讯不堪承受,OICQ 养活不起了。马化腾后来回忆起当时的情景时说,想卖掉 OICQ,卖了好多次没卖掉,只能另谋生计。

这个计策即是融资。融资尝尽苦辣酸甜,历次融资主要过程如下:

1. 腾讯创业初期(约 1999 年),马化腾及其团队持股 60%,IDG 和中国香港盈科数码各自分享腾讯 20%的股份作为交换条件,二者共向创业初期的腾讯投资 220 万美元。

2. 2001 年 6 月,中国香港盈科数码以 1 260 万美元的价格出售手中腾讯 20%的股权,接手方为南非米拉德国际控股集团公司(MIH)。此后,MIH 又从 IDG 手中收购 12.8%的腾讯股份。此时,腾讯的股权架构为腾讯团队占 60%、MIH 占 32.8%、IDG 占 7.2%。

3. 2002 年 6 月,MIH 再度从腾讯控股马化腾之外创始人手中购得 13.5%的股权,此时腾讯股权结构变为腾讯及其合作创业者占 46.5%、MIH 占 46.3%、IDG 占 7.2%。

4. 2004 年,腾讯 IPO 发行 4.2 亿股公众股,此次 IPO 采取增加股本方式稀释原有股东比例。12 位自然人与 MIH 所占腾讯控股比例各从 50%减到 37.5%。同年 8 月 31 日,ABSA Bank 宣布持有 1.85 亿股腾讯股票,占已发行股份的 10.43%。

至此,腾讯股权结构变为,腾讯及其创始人占 37.5%、MIH 占 37.5%、ABSA Bank 占 10.43%。其中马化腾个人持股约 14.43%。

面向未来,坚持自主创新,树立民族品牌是腾讯的长远发展规划。腾讯 50%以上员工为研发人员,拥有完善的自主研发体系,在存储技术、数据挖掘、多媒体、中文处理、分布式网络、无线技术六大方向都拥有了相当数量的专利,在全球互联网企业中专利申请和授权总量均位居前列。2018 年 3 月 7 日,腾讯和联发科共同成立创新实验室,围绕手机游戏及其他互娱产品的开发与优化达成战略合作,共同探索 AI 在终端侧的应用。2018 年 6 月 20 日,世界品牌实验室(World Brand Lab)在北京发布了 2018 年《中国 500 最具价值品牌》分析报告。腾讯(4 028.45 亿元)居第二位。

(资料来源:闫瑛.集团公司资金管理问题研究——以腾讯集团为例[D].华东交通大学,2015.并结合公开资料编写)

案例启示与思考:

资金是企业得以生存、发展以及获利的血液,能否以恰当的方式及时筹措到所需资金,是企业健康发展的关键和保障。而对企业来说,如何选择融资方式,怎样把握各种融资方式的利用时机、条件、成本和风险,是融资成败的关键。那么请思考:

1. 腾讯公司历次融资后股权结构变化会对下一轮融资产生怎样的影响?

2. 腾讯公司发展过程中都采用了哪些融资渠道和方式?

【本章学习目标】

1. 提升学习者对融资动机的认知,以及不同融资动机对融资决策的影响。

2. 培养学习者基于融资成本、融资风险、资本结构等进行融资决策的能力。

3. 深入思考基于生命周期的融资选择。

第一节 企业融资动机

融资动机是创业融资者基于内外部融资环境所进行融资的初始动力。不同创业阶段企业的融资动机有所区别。

一、创立性动机

创立性动机是创业者愿意冒各种风险去创立新的企业的动力因素。这些因素中最普遍的是独立性，即不愿意为别人工作。促使创业的其他动力往往随性别和国家的不同而有差异。这些创业动机部分反映了创业者的工作和家庭境遇以及社会角色。

二、扩张性动机

扩张性动机是企业为扩大生产经营规模或追加对外投资规模的需要而产生的融资动机。因为一般企业的生产不会满足于简单再生产，而要进行规模的扩大。企业在进行扩大再生产时，需要新资金的注入；而且，当有一个投资收益率较高的项目出现时，需要追加投资规模。

例 2—1 A 公司由于发展需要，准备扩大生产规模，调整原资产结构，因此同时需要筹集新的资金。资产总额计划在原来 15 000 万元的基础上增加到 20 000 万元，其中，追加存货 1 500 万元，追加固定资产 2 000 万元，增加对外投资 1 500 万元，其他资产项目没有变动。增加的融资 5 000 万元，主要来源于两个方面：长期借款 2 000 万元，发行普通股 3 000 万元。A 公司在扩张性融资前后的资产负债表有关项目的变动情况如表 2—1 所示。

表 2—1 **A 公司扩张性融资前后资产负债表有关项目变动表** 单位：万元

资 产			负债及所有者权益		
项 目	扩张融资前	扩张融资后	项 目	扩张融资前	扩张融资后
现金	800	800	应付账款	2 500	2 500
应收账款	3 000	3 000	短期借款	2 800	2 800
存货	3 200	4 700	长期借款	2 200	4 200
长期投资	2 000	3 500	应付债券	2 500	2 500
固定资产	5 500	7 500	长期应付款	500	500
无形资产	500	500	所有者权益	4 500	7 500
资产总额	15 000	20 000	负债及所有者权益总额	15 000	20 000

从表 2—1 中可知，A 公司在进行扩张性融资之后，资产总额增加了 5 000 万元，同时，资本结构也发生了变化，资产负债率从扩张性融资之前的 70%下降到 62.5%。

三、偿债性动机

偿债性动机又称为调整性动机，是企业为了调整资本结构或偿还原有旧债务而举借新债所产生的融资动机。由于不同的资本结构所产生的资金成本和收益不同，为了优化原有资本结构，企业需要筹集新资金调整原有资本结构。由于企业经营不善，现有的资金不足以支付到期债务，被迫举借新债以偿还旧债。

例 2—2 A 公司目前的资产负债率为 70%，经分析认为资本结构不够合理，资产负债率偏高，财务风险较大。公司计划对现有的资本结构进行调整，将资产负债率降到 60%，因此，决定增发新股，偿还部分债务。调整性融资前后的资产负债表有关项目的变动情况如表 2—2 所示。

表 2—2　　A 公司调整性融资前后资产负债表有关项目变动表　　单位:万元

资　产			负债及所有者权益		
项　目	调整融资前	调整融资后	项　目	调整融资前	调整融资后
现金	800	800	应付账款	2 500	2 500
应收账款	3 000	3 000	短期借款	2 800	2 000
存货	3 200	3 200	长期借款	2 200	2 200
长期投资	2 000	2 000	应付债券	2 500	1 800
固定资产	5 500	5 500	长期应付款	500	500
无形资产	500	500	所有者权益	4 500	6 000
资产总额	15 000	15 000	负债及所有者权益总额	15 000	15 000

从表 2—2 可知,A 公司在调整融资之前的资产总额为 15 000 万元,资产负债率为 70%,经调整性融资,增加了股东权益 1 500 万元,负债总额减少了 1 500 万元,资产总额仍为 15 000 万元,没有发生变化,但资本结构已经改变,资产负债率下降到 60%。

四、混合性动机

混合性动机是企业为了同时满足扩张性或调整性动机而进行的融资行为。在此动机下,企业的资产规模会发生变化,而且资本结构也会符合企业的财务管理整体目标。

例 2—3　A 公司需要扩大生产经营规模,同时也需要改善资本结构。为此,A 公司需要进行混合性融资。计划增加资产总额 5 000 万元,同时,将资产负债率由原来的 70%降低到 60%。混合性融资前后的资产负债表有关项目变动情况如表 2—3 所示。

表 2—3　　A 公司混合性融资前后资产负债表有关项目变动表　　单位:万元

资　产			负债及所有者权益		
项　目	混合融资前	混合融资后	项　目	混合融资前	混合融资后
现金	800	800	应付账款	2 500	2 500
应收账款	3 000	3 000	短期借款	2 800	2 300
存货	3 200	4 700	长期借款	2 200	4 200
长期投资	2 000	3 500	应付债券	2 500	2 500
固定资产	5 500	7 500	长期应付款	500	500
无形资产	500	500	所有者权益	4 500	8 000
资产总额	15 000	20 000	负债及所有者权益总额	15 000	20 000

从表 2—3 可知,A 公司经过混合性融资,资产总额由原来的 15 000 万元增加到 20 000 万元,扩大了生产经营规模,同时资产负债率由原来的 70%下降到 60%,改变了资本结构。

第二节　企业融资渠道和融资方式

企业能够融通到符合各种融资动机的资金，必须了解现实资本市场上的融资渠道和融资方式。

一、融资渠道

融资渠道是指筹措资金的来源方向，提供可供企业选择的资金来源，解决创业企业资金从哪里来的问题，强调资金的供给主体。融资渠道受一国金融市场的发展状态和完善状态的影响，由社会资本供给者的数量和结构所决定。目前，我国企业的融资渠道有以下几种：

(一)国家财政资金

即国家对企业的直接投资，特别是对国有独资企业，其资本全部由国家投资形成。国家投资包括国家直接拨款、税前还贷、减免税款。

(二)银行信贷资金

银行贷款方便灵活，是我国目前各类企业最重要的资金来源渠道。商业银行是以营利为目的，从事信贷资金发放的金融机构，它主要为企业提供各种商业贷款，政策性银行则主要为特定企业提供政策性贷款。

(三)非银行金融机构资金

非银行金融机构提供的金融服务包括信贷资金投放、物资融通、承销证券等。这种融资渠道所提供的资金量较小，但发展前景广阔。

(四)其他企业资金

包括企业间的相互投资和商业信用。因为企业在经营过程中存在暂时闲置的资金，可以进行相互投资，同时企业间的购销业务也可通过商业信用方式，形成债务人对债权人的短期信用资金占用。其他企业资金也包括企业间借贷和投资等形式的资金来源。

(五)居民个人资金

在各种组织外，职工和居民个人节余的货币，也可对企业进行投资。包括天使投资及民间借贷等。

(六)企业自留资金(内部资金)

企业内部资金是指企业内部形成的各种积累资金。主要是提取折旧、出售固定资产的收入、提取公积金和未分配利润而形成的自留资金。这些资金的重要特征是它们无须企业通过一定方式对外筹集，而是直接由企业内部自动生成或转移的。

(七)外商及我国港澳台资本

主要包括外国银行信贷、外国政府信贷、发行国际债券、国际金融机构贷款、外国企业及我国港澳台地区投资者投入的资金，是我国外商投资企业重要的资金来源渠道。

二、融资方式

(一)融资方式分类

企业按照不同的融资渠道与不同融资方式所得到的资金，形成不同的融资组合。它们对企业的收益和风险产生的影响不同。进行融资管理时，要认真分析各种属性的资本结构，有必要从各个角度对资金进行分类。

1. 自有资金与借入资金

按照资金权益性质的不同，企业资金分为自有资金和借入资金两类。自有资金亦称所有者权益资金，或自有资本或权益资本，是企业依法筹集并长期拥有、自主调配运用的资金来源，属于长期资金。包括实收资本、资本公积、盈余公积和未分配利润。而借入资金亦称借入资本或债务资本，是企业依法筹措并依约使用、按期偿还的资金来源。借入资金包括各种借款、应付债券、应付款项等。

2. 短期资金与长期资金

按照资金可使用期限，企业资金分为短期资金和长期资金。短期资金是指期限在一年以内的资金。短期资金一般是通过短期借款、商业信用、发行融资债券等方式来筹措的。长期资金是指期限在一年以上的资金。长期资金通常采用吸收直接投资、发行股票、发行债券、长期借款、融资租赁等方式来筹措的。

3. 内部资金与外部资金

按照资金的取得来源，企业资金分为内部资金与外部资金。内部资金是在企业内部通过计提折旧或留用利润等而增加资金来源。其中，计提折旧并不增加企业的资金规模，只是资金的形态转化，为企业增加现金来源，其数量的多寡由企业的折旧资产规模和折旧政策所决定；留用利润则增加企业的资金总量，其数量由企业可分配利润和利润分配政策（或股利政策）决定。内部融资是在企业内部"自然地"形成的，因此，一般无需花费融资费用。外部资金是指在企业内部融资不能满足需要时，向企业外部筹集资金而形成资金来源。初创时期的企业，内部融资的可能性是很有限的；成长阶段的企业，内部融资也往往难以满足需要。于是，企业就要广泛开展外部融资。

4. 直接资金与间接资金

按照取得资金是否以银行等金融机构为中介，企业资金分为直接资金与间接资金。直接资金是取得时企业不经过银行等金融机构，资金需求者直接与资金供应者协商借贷或发行股票、债券等办法筹集资金。间接资金是取得时企业以银行等金融机构为中介而进行的融资活动。间接融资的基本方式是银行借款，此外还有非银行金融机构借款、融资租赁等某些具体形式。目前，我国多数企业仍以间接融资为主。

（二）具体融资方式

具体融资方式是指企业筹集资金所采用的具体形式，解决创业企业资金怎么来的问题，强调资金的供给形式。不同的融资方式取得的资金属性不同，给企业带来的资金成本不同。企业应选择融资成本低的方式来筹集所需的资金。因此，融资者必须全面掌握各种融资方式的特点得到需要的资金。以下是几种常见的融资方式：

1. 吸收直接投资

企业以协议等方式吸收国家、法人、个人和外商直接投入资金，形成企业权益资金的一种融资方式。吸收直接投资与发行股票、留存收益都属于企业融资的主要方式。发行股票要以证券作媒介，而吸收直接投资无须任何证券，是非股份制企业筹集资金的一种基本形式。投资方按其所拥有的股权比例对被投资企业拥有相应的权利，承担相应的义务和风险。

2. 发行股票①

---

① 根据《公司法》和《证券法》，发行股票和发行债券都要求发行企业具备一定条件才可以。

发行股票是股份有限公司根据有关法律为筹集权益资金而发行一种有价证券。投资者所拥有的股票份额代表股东对企业的所有权。股票可分为普通股和优先股两大类。

3. 发行债券

发行债券是企业为筹集资金而发行的，约定在一定期限内还本付息的一种直接融资方式。

4. 银行借款

银行借款是企业根据借款合同向银行及非银行金融机构借入的，按规定期限还本付息的款项，是企业筹集长、短期负债资金的重要方式。

5. 商业信用

商业信用是企业之间采取延期付款的方式赊购商品而形成的借贷关系。商业信用是商品生产与流通的必然产物，是一种自然短期负债融资方式，也是一种古老的信用形式，主要有应付账款、商业汇票、本票、预收货款等形式。

6. 发行短期融资券

是因为企业融通季节性、临时性短期资金而发行的短期无担保商业本票。融资券通常由大型工商企业或金融机构发行，投资者主要为其他企业或金融机构。该方式对融资企业的资信状况要求较高，具有严格的发行条件。

7. 融资租赁

融资租赁是出租人以收取租金为条件，在契约或合同规定的期限内将资产出租给承租人使用的一种经济行为。融资租赁将融资和融物相结合，是企业筹集中长期资金的一种特殊方式。

除以上形式外，还包括各种满足创业初期企业的融资方式如风险投资、科技金融、互联网融资等。

第三节　资金需求量预测

资金需求量预测是采用一定方法合理预计企业未来的资金数量，做到既保证生产需要，又不闲置资金。对资金需求量进行预测是财务计划的基础，能从总量上保证资金的合理使用，提高资金利用率。资金需求量受诸多因素的影响，如企业的生产经营规模、对外投资规模、资金成本以及企业现金净流量等因素。

一、资金需求量预测程序

（一）制定企业经营和投资计划

企业经营和投资计划是根据企业发展战略做出的，决定企业融资数量。因为企业资金是在满足基本的生产经营需要的基础上，进而满足投资需求，所以，在制定一定时期经营和投资计划后，才能预测资金的需求量。

（二）根据财务状况确定目标资本结构

企业根据资产负债表、损益表以及现金流量表对企业的偿债能力、营运能力、盈利能力和可持续发展能力进行分析，评价企业财务状况，确定合适的资本结构。并按照目标资本结构进行资金需求量的预测，才能降低资金成本，实现财务管理目标。

(三)选择适当的方法进行预测

科学合理的方法是影响预测精度的主要因素,企业根据经营或投资的特点以及自身的技术条件在各种方法中选择,找到适合自身的方法,可以提高预测效果,节约预测成本。

二、资金需求量的预测方法

(一)定性预测方法

1. 专家个人意见集合法

这种方法是首先征求各位专家的意见,要求他们根据企业大发展战略对资金的需求量进行预测,然后综合各位专家意见,综合确定预测数值。这种方法可以汇集各位专家意见,预测结果相对准确。但是,如果专家不能全面掌握企业的经营状况或投资战略,预测结果可能带有一定片面性。

2. 专家小组预测法

这种方法是将众多专家分成多个预测小组,对企业所需资金量进行预测,最后将各小组的结果进行汇总计算。这种方法的优点是能够发挥集体智慧,预测结果更为准确。缺点是在预测过程中可能会受某些权威专家的影响,不利于各位专家发挥个人见解。

3. 德尔菲法

这种方法首先以函询的形式向各位专家征询意见,各位专家根据企业状况对融资需求量进行预测。企业将各位专家的意见进行汇总计算后反馈给各位专家,再次请各位专家根据别人的判断结果修正自己的意见,如此反复,最后得到一个比较趋同的预测结果。该方法是在专家个人意见集合法的基础上反复多次预测的结果,而且各位专家都是在独立的情况下进行,既参考了各位专家的意见,又排除了受其他专家的影响,预测结果相对最为准确。

(二)定量预测方法

理论上对资金需求量预测的定量方法很多,如趋势预测法、销售百分比法以及线性回归分析法等。由于趋势预测法是根据企业生产经营的历史资料预测企业未来的资金需求量的,要求企业必须有历史资料而且生产经营状态比较稳定。对于缺乏历史资料的某些企业或投资项目来说,则无法应用该方法进行预测。所以,本章重点介绍销售百分比法以及线性回归分析法。

1. 销售百分比法

销售百分比法是利用企业销售收入和损益表以及资产负债表某些项目之间的比例关系,预测各项目的资金需求量。一般按各报表项目与销售收入是否有正相关关系,将它们分为敏感项目和非敏感项目。如存货与销售收入一般成正相关,销售量每增加一定百分比,则存货必然会增加,那么存货就属于敏感项目,货币资金、应收账款等也属于敏感项目。有些项目的数量不会随销售收入的变化而变化,则称为非敏感项目,如固定资产、对外投资等。销售百分比法就是根据这些项目与销售收入之间的变化关系,通过预计财务报表来预测企业资金需求量。

在资产负债表中,左边资产为企业资金运用数,右边负债和所有者权益是资金的来源数。根据会计等式——资产=负债+所有者权益,若预计资产>预计负债+预计所有者权益,表明企业资金运用多于资金来源,因此企业需要从外部追加资金来满足生产。因此,企业需要追加的资金数可用以下公式计算:

需追加的资金=预计的资产-预计负债-预计的所有者权益

例 2—4 B公司 20×6 年的财务数据如表 2—4 所示。假设该公司 20×6 年的实际销售收入为 4 000 万元，实收资本始终保持不变，20×7 年预计销售收入将达到 5 000 万元，请采用销售百分比法来预测 2017 年的资金需求量。

表 2—4　　B 公司 20×6 年的财务数据

项　目	金额(万元)	占销售收入百分比
流动资产	4 000	100%
长期资产	(略)	无稳定的百分比关系
应付账款	400	10%
其他负债	(略)	无稳定的百分比关系
当年的销售收入	4 000	
净利润	200	5%
分配股利	60	无稳定的百分比关系
留存收益	140	无稳定的百分比关系

首先，计算敏感性项目的销售百分率。计算公式如下：

敏感性项目的销售百分率＝基期资产或(负债)/基期销售收入

本例中敏感性项目的销售百分率的计算结果如表 2—4 第 3 栏数据。

其次，计算需增加的外部融资额。计算公式如下：

需增加的外部融资额＝增加的资产－增加的负债－增加的所有者权益

其中：

增加的资产＝增量收入×基期资产占基期销售额的百分比

增加的负债＝增量收入×基期负债占基期销售额的百分比

增加的所有者权益＝预计销售收入×销售净利率×收益留存率

那么，B 公司需增加的外部融资额可做如下计算：

增加的资产＝1 000×100%＝1 000(万元)

增加的负债＝1 000×10%＝100(万元)

股利支付率＝60/200＝30%

收益留存率 1－30%＝70%

增加的所有者权益＝5 000×5%×70%＝175(万元)

需增加的外部融资额＝1 000－100－175＝725(万元)

2. 线性回归分析法

线性回归分析法是假定资金需求量与产销业务量之间存在线性关系，利用历史资料可以建立回归直线方程，确定参数预测资金需求量的方法。根据资金需求量和产销量变动之间的关系，将企业所需资金总量分为不变资金和变动资金。其中：不变资金是指不随产销量变动而变动的资金需求量，主要包括为维持一定生产规模所需要的最低数额的现金、保险储备的原材料、固定资产占用资金等；变动资金是指随着产销量的变动而成正比例变动的资金需求量，如存货、应收账款等。该方法的预测模型可用下式表示：

$$y = a + b \cdot x \qquad (2-1)$$

式中：y——资金需求量；

a——不变资金数；

b——变动资金数；

x——产销业务量。

利用该预测模型，只要确定了 a 和 b，就可以根据产销业务量来预测资金需求量。

例 2—5 C 公司 20×3—20×8 年的产销业务量和资本需求量如表 2—5 所示。预计 20×9 年的产销业务量为 85 000 件。利用线性回归分析法预测 C 公司 20×9 年的资金需求量。

表 2—5　C 公司产销量与资金需求量表

年度	产销量(x)(万件)	资本需求量(y)(万元)
20×3	7.0	1 600
20×4	6.8	1 580
20×5	6.9	1 585
20×6	7.5	1 650
20×7	8.0	1 750
20×8	8.2	1 780

线性回归分析法的预测步骤如下：

第一步，根据表 2—5 的资料，计算出表 2—6 的数据。

表 2—6　回归直线方程数据计算表

年度	产销量 x (万件)	资本需求量 y (万元)	xy	x^2
20×3	7.0	1 600	11 200.0	49.00
20×4	6.8	1 580	10 744.0	46.24
20×5	6.9	1 585	10 963.5	47.61
20×6	7.5	1 650	12 375.0	56.25
20×7	8.0	1 750	14 000.0	64.00
20×8	8.2	1 780	14 596	67.24
$N=6$	$\sum x=44.4$	$\sum y=9\ 945$	$\sum yx=73\ 878.5$	$\sum x^2=330.34$

第二步，根据最小二乘法，列出如下方程组：

$$\begin{cases}\sum y=na+b\sum x\\ \sum yx=a\sum x+b\sum x^2\end{cases}$$

将表 2—6 中的数据代入上面的方程组：

$$\begin{cases}9\ 945=6a+44.4b\\ 73\ 878.5=44.4a+330.34b\end{cases}$$

解方程组求得：

$$\begin{cases}a=470.54\\ b=160.4\end{cases}$$

第三步，将 a 和 b 代入公式预测模型，可得：

$y=470.54+160.4x$

第四步，将 20×9 年的预计产值量 85 000 件代入第三步中的方程，计算出资本需求量为：

$y=470.54+160.4\times8.5=1\,833.94$（万元）

因此，预计 C 公司 20×9 年的资本需求量为 1 833.94 万元。

线性回归分析法的特点是比较科学，精确度高，但是计算繁杂，实用性不强。

第四节　企业融资决策

一、资金成本及测度

（一）资金成本的定义和意义

1. 资金成本的定义

资金成本是指企业为筹集和使用资金而付出的代价。广义地讲，企业筹集和使用任何资金，不论是短期的还是长期的，都要付出代价。狭义的资金成本仅指筹集和使用长期资金（包括自有资金和借入长期资金）的成本。由于长期资金也被称为资本，所以长期资金的成本也称为资本成本。

资金成本包括资金筹集费和资金使用费。其中资金筹集费是指公司在筹集资金活动中为获得资金而付出的费用。如向银行支付的借款手续费，因发行股票、债券而支付的发行费用，以及融资过程中发生的公证费、担保费、律师费等。资金使用费是指为使用资金而付出的费用。如向债权人支付的利息，向股东分配的股利等。

资金成本可用绝对数表示，也可用相对数表示。但一般采用相对数即资金成本率来表示。资金成本率是指资金使用费与有效融资额之间的比率，计算公式如下：

$$\text{资金成本率}=\frac{\text{资金使用费}}{\text{筹资总额}-\text{资金筹集费}}\times100\%$$

$$=\frac{\text{资金使用费}}{\text{筹资总额}\times(1-\text{筹资费用率})}\times100\% \qquad (2-2)$$

即：

$$K=\frac{D}{P-f} \qquad (2-3)$$

或：

$$K=\frac{D}{P(1-F)}$$

式中：K——资金成本率；

D——资金使用费；

P——融资总额；

f——资金筹集费；

F——融资费用率，即融资费用额与融资总额的比率。

资金成本有多种形式。在比较各种融资方式时，使用个别资金成本，如长期借款成本、债券成本、股票成本等；在企业全部资本结构决策时，使用综合资金成本；在追加融资决策时，还可以使用边际资金成本。

2. 资金成本的意义

资金成本是企业财务管理的一个重要概念,国际上将其列为一项“财务标准”。资本成本对于企业融资管理、投资管理,乃至整个经营管理都有重要意义。

首先,资金成本是比较融资方式、选择追加融资方案的依据。资金成本是比较各种融资方式优劣的一个尺度。企业筹集长期资金一般有多种方式可供选择,如长期借款、发行债券、发行股票等。这些长期融资方式的个别资金成本是不一样的。资金成本的高低可作为比较各种融资方式优缺点的一个依据。当然,资金成本并不是选择融资方式的唯一依据。综合资金成本是企业进行资本结构决策的基本依据。企业的全部长期资金通常是采用多种方式融资组合构成的,这种长期融资组合可有多个方案可供选择。综合资金成本的高低是比较各个融资组合方案,做出资本结构决策的基本依据。边际资金成本是比较选择追加融资方案的重要依据。企业为了扩大生产经营规模,增加经营所需资产或追加对外投资,往往需要追加筹集资金。在这种情况下,边际资金成本是比较选择各个追加融资方案的重要依据。

其次,资金成本是评价投资项目、比较投资方案和追加投资决策的主要经济标准。一般而言,一个投资项目,只有其投资收益率高于其资金成本率,经济上才是合理的;否则,该投资项目就将无利可图,甚至会发生亏损。国际上通常将资金成本视为投资项目的“最低收益率”,视为是否采用投资项目的“取舍率”,作为比较选择投资方案的主要标准。

在预测分析中,有时还将资金成本作为贴现率,用以计算各投资方案的现金流量现值、净现值和现值指数,以比较不同方案的优劣。

再次,资金成本还可作为衡量企业整个经营业绩的基准。在这方面,可将企业实际的资金成本率与相应的利润率相比较,如果利润率高于资金成本率,可认为经营有利;反之,如果利润率低于资金成本率,则可认为企业经营不利,业绩不佳,需要改善经营管理,提高利润率和降低资金成本率。

(二)个别资金成本

个别资金成本是指各种长期资金的成本。企业的长期资金一般有长期借款、长期债券、优先股、普通股、留用利润等,其中前两者可统称债务资本或简称债务,后三者可统称权益资本简称权益。个别资金成本相应地有长期借款成本、债券成本、优先股成本、普通股成本、留用利润成本等。前两者统称为债务成本,后三者统称为权益成本。

1. 债务成本

按照国际惯例和各国所得税法的规定,债务的利息一般允许在企业所得税前支付,因此,企业实际负担的利息为:利息×(1－企业所得税税率)。

(1)长期借款成本。

企业长期借款的成本可按下列公式计算:

$$K_l=\frac{I_l(1-T)}{L(1-F_l)} \qquad (2-4)$$

式中:K_l——长期借款成本;

I_l——长期借款年利息;

L——长期借款融资额,即借款本金;

F_l——长期借款融资费用率。

上列公式还可以写成如下形式:

$$K_l=\frac{R_l(1-T)}{1-F_l} \tag{2-5}$$

式中：R_l——借款年利率。

在长期借款附加补偿性余额的情况下，长期借款融资额应扣除补偿性余额，从而长期借款成本将会提高。

例 2—6　某创业企业欲从银行取得一笔长期借款 1 000 万元，年利率 5%，期限 3 年，每年结息一次，到期一次还本。筹措这笔借款的费用率为 0.1%。企业所得税税率 20%。该项长期借款的成本计算如下：

$$K_l=\frac{1\ 000\times5\%\times(1-20\%)}{1\ 000\times(1-0.1\%)}=4\%$$

长期借款的融资费用主要是借款手续费，一般数额很小，有时可以忽略不计。这时，长期借款成本可按下列公式计算：

$$K_l=R_l(1-T)$$

仍用上例资料，长期借款成本为：

$$K_l=5\%\times(1-20\%)=4\%$$

(2)债券成本。

债券成本主要包括利息费用和融资费用，其中利息费用在所得税前列支，但发行债券的融资费用一般较高，应予以考虑。债券的融资费用即债券发行费用，包括申请发行债券的手续费、债券注册费、印刷费、上市费以及推销费用等。其中有些费用按一定的标准(定额或定率)支付，有的并无固定的标准。

债券的发行价格有等价、溢价和折价三种。债券利息按面额(即本金)和票面利率确定，但债券的融资额应按具体发行价格计算。债券成本的计算公式为：

$$K_b=\frac{I_b(1-T)}{B(1-F_b)} \tag{2-6}$$

式中：K_b——债券成本；

I_b——债券年利息；

B——债券融资额，按发行价格确定；

F_b——债券融资费用率。

例 2—7　某创业企业等价发行总面额为 500 万元的 3 年期债券，票面利率 8%，发行费用率为 5%，企业所得税税率为 20%。该债券的资金成本为：

$$K_b=\frac{500\times8\%\times(1-20\%)}{500\times(1-5\%)}=6.73\%$$

债券成本一般高于长期借款成本。

2. 权益成本

股票的股利是以所得税后净利支付的，不会减少企业应缴的所得税。

(1)优先股成本。

优先股股利通常是固定的，企业利用优先股融资需支付发行费用。因此，优先股成本可按下列公式计算：

$$K_p=\frac{D_p}{P_p(1-F_p)} \tag{2-7}$$

式中:K_p——优先股成本;

D_p——优先股年股利;

P_p——优先股融资额;

F_p——优先股融资费用率。

其中,优先股融资额应按优先股的发行价格确定。

例 2—8 某公司按面值发行优先股,总面值为 100 万元,发行费用率 6%,规定年股利率为 10%。则优先股成本计算如下:

$$K_p=\frac{1\ 000\times 10\%}{1\ 000\times(1-6\%)}=10.64\%$$

(2)普通股成本。

普通股的资金使用费是向股东分配的股利,在所得税税后支付,没有抵税的作用。而且发行费用相对较高,计算时必须考虑。普通股资金成本的计算方法一般有股利折现模型和资本资产定价模型。

①股利折现模型:

股利折现模型的基本形式为:

$$P_0=\sum_{t=1}^{n}\frac{D_t}{(1+K_c)^t} \tag{2—8}$$

式中:P_0——普通股融资额;

D_t——普通股第 t 年的股利;

K_c——普通股投资必要报酬率,即普通股成本。

运用上述模型测算普通股成本,在不同的股利分配政策下,普通股成本的计算略有不同。

第一种情况:如果公司采用固定股利政策,即每年分派现金股利 D 元,则普通股成本可按下式计算:

$$K_c=\frac{D}{P_0}=\frac{D}{P_c(1-F_c)} \tag{2—9}$$

式中:K_c——普通股成本;

D——每年固定股利;

P_c——普通股融资额;

F_c——普通股融资费用率。

例 2—9 某公司发行普通股总价格 5 000 万元,发行费用率为 6%,预定每年股利率为 12%。普通股成本为:

$$K_c=\frac{5\ 000\times 12\%}{5\ 000\times(1-6\%)}=12.77\%$$

第二种情况:如果公司采用固定增长股利的政策,股利固定增长率为 g。普通股的股利一般不是固定的,通常是逐年增长的。如果每年以固定比率 g 增长,第一年股利为 D_c,则第二年股利为 $D_c(1+g)$,第三年为 $D_c(1+g)^2$,……,第 n 年为 $D_c(1+g)^{n-1}$。因此,普通股成本的计算公式可推导如下:

$$K_c=\frac{D_c}{P_c(1-F_c)}+g \tag{2—10}$$

例 2—10 某公司发行普通股总价格 5 000 万元,发行费用率为 6%,预定第一年股利率为12%，以后每年增长5%。普通股成本为：

$$K_c=\frac{5\ 000\times12\%}{5\ 000(1-6\%)}+5\%=17.77\%$$

②资本资产定价模型：

根据资本资产定价模型确定普通股成本的公式如下：

$$K_c=R_f+\beta(R_m-R_f) \quad (2-11)$$

式中：K_c——普通股成本；

R_f——无风险报酬率；

R_m——平均风险股票必要报酬率；

β——股票的贝他系数。

例2—11 在市场无风险报酬率为10%，平均风险股票必要报酬率为14%的情况下，大地公司普通股β值为1.2。大地公司普通股成本为：

$K_c=10\%+1.2\times(14\%-10\%)=14.8\%$

(3)留用利润成本。

表面看，企业留用利润并不存在资本成本。但实际上，股东愿意将其留用于公司而不作为股利取出投资于别处，总是要求获得与普通股等价的报酬。因此，留用利润成本实质是一种机会成本。其计算方法与普通股基本相同，只是一般不考虑融资费用。

$$K_r=\frac{D_c}{P_c}+g \quad (2-12)$$

式中：K_r——留用利润成本。

3. 综合资金成本

综合资金成本是指企业全部长期资金的总成本，通常是以各种长期资金占全部资金的比重为权数，对个别资金成本进行加权平均确定的，故亦称加权平均资金成本。因此，综合资金成本是由个别资金成本和各种个别资金权数这两个因素所决定的，计算公式为：

$$K_w=\sum_{j=1}^{n}K_jW_j \quad (2-13)$$

式中：K_w——综合资金成本，即加权平均资金成本；

K_j——第j种个别资金成本；

W_j——第j种个别资金占全部资金的比重(权数)。

其中：

$$\sum_{j=1}^{n}W_j=1$$

例2—12 某公司账面共有长期资金(账面价值)1 000万元，其中：长期借款150万元，长期债券200万元，优先股100万元，普通股300万元，留用利润250万元，其个别资金成本分别为5.64%、6.25%、10.5%、15.7%、15%。则该公司的综合资金成本可分两步计算如下：

第一步：计算各种资金占全部资金的比重。

长期借款：$W_l=\frac{150}{1\ 000}=15\%$

长期债券：$W_b=\frac{200}{1\ 000}=15\%$

优先股：$W_p=\frac{100}{1\ 000}=15\%$

普通股:$W_c=\frac{300}{1\ 000}=15\%$

留用利润:$W_r=\frac{250}{1\ 000}=15\%$

第二步:计算加权平均资金成本。

$$K_w=5.64\%\times15\%+6.25\%\times20\%+10.5\%\times10\%+15.7\%\times30\%+15\%\times25\%$$
$$=0.85\%+1.25\%+1.05\%+4.71\%+3.75\%$$
$$=11.61\%$$

上述计算过程见表2—7。

表2—7　综合资金成本计算表

资金种类	账面价值(万元)	所占比重	个别资金成本	加权平均资金成本
长期借款	150	15%	5.64%	0.85%
长期债券	200	20%	6.25%	1.25%
优先股	100	10%	10.5%	1.05%
普通股	300	30%	15.7%	4.71%
留用利润	250	25%	15%	3.75%
合计	1 000	100%	—	11.61%

上述加权平均资金成本计算中的权数是按账面价值确定的。使用账面价值权数易于从资产负债表上取得这种资料;但如果债券和股票的市场价值已脱离账面价值许多,就会误估加权平均资金成本,不利于投资决策。

在实际中,加权平均资金成本的权数还有两种选择,即市场价值权数和目标价值权数。

(1)市场价值权数。市场价值权数是指债券、股票等以现行市场价格确定权数,从而计算加权平均资金成本。见表2—8。

表2—8　基于市场价值权数的加权平均资金成本

资金种类	市场价值(万元)	所占比重	个别资金成本	加权平均资金成本
长期借款	150	10%	5.64%	0.56%
长期债券	180	12%	6.25%	0.75%
优先股	75	5%	10.5%	0.53%
普通股	645	43%	15.7%	6.75%
留用利润	450	30%	15%	4.5%
合计	1 500	100%	—	13.09%

将表2—7和表2—8进行比较,该公司债券和优先股的市场价值实际上低于其账面价值,而普通股及留用利润的市场价值高于其账面价值,综合资金成本为13.09%。这反映了该公司目前实际的资金成本水平,有利于融资决策。市场价值权数的不足之处是证券的市场价格处于经常变动之中,因而不易于选用。为弥补这一不足,可以选用平均价格。另外,市场价值权数和账面价值权数,反映的是现在和过去的资本结构,据以确定的资金成本不一定适用于未

来融资决策。

(2)目标价值权数。是指债券、股票等以未来预计的目标市场价值确定权数,从而估计加权平均资金成本。对综合资金成本的一个基本要求是,它应适用于公司融资新资,目标价值权数体现了这种要求。

例 2—13 假定上例中公司筹措新资后的资本结构是:长期借款 20%,债券 25%,优先股 15%,普通股 30%,留用利润 10%,据以确定的加权平均资金成本计算如表 2—9 所示。

表 2—9 **基于目标价值权数的加权平均资金成本**

资金种类	所占比重	个别资金成本	加权平均资金成本
长期借款	20%	5.64%	1.13%
长期债券	25%	6.25%	1.56%
优先股	15%	10.5%	1.58%
普通股	30%	15.7%	4.71%
留用利润	10%	15%	1.50%
合 计	100%	—	10.48%

一般来说,使用目标价值做权数,能够体现期望的资本结构,但目标价值难以客观合理地确定。因此,通常应选择市场价值作为权数。在实务中,虽然目标价值和市场价值权数优于账面价值权数,但仍有不少公司坚持账面价值权数,因其易于确定。

可见,在个别资金成本一定的情况下,企业的综合资金成本的高低是由资本结构所决定的。

4. 边际资金成本

企业无法以某一固定资金成本来筹措无限的资金,当其筹集的资金超过一定限度时,原来的资金成本就会增加。在企业追加融资和追加投资的决策中必须考虑边际资金成本的高低。

边际资金成本是指资金每增加一个单位而增加的成本。边际资金成本需要按加权平均法来计算,其权数必须为市场价值权数,不应采用账面价值权数。

下面举例说明边际资金成本的计算和应用。

在未来追加融资过程中,为了便于比较选择不同规模范围的融资组合,企业可以预先计算边际资金成本,并以图或表的形式反映。

例 2—14 某公司目前拥有长期资金 100 万元,其中长期借款 20 万元,长期债券 5 万元,普通股 75 万元。由于扩大经营规模的需要,拟筹措新资金,经分析筹集新资金后仍应保持目前的资本结构,即长期借款 20%,长期债券 5%,普通股 75%,并测算了随融资的增加,各种资金成本的变化如表 2—10 所示。

表 2—10 **各种资金成本的变化情况**

资金种类	目标资本结构	新融资额	资金成本
长期借款	0.2	10 000 元以内	6%
		10 000～40 000 元	7%
		40 000 元以上	8%

续表

资金种类	目标资本结构	新融资额	资金成本
长期债券	0.05	2 500 元以内	10%
		2 500 元以上	12%
普通股	0.75	22 500 元以内	14%
		22 500～75 000 元	15%
		75 000 元以上	16%

(1)计算融资突破点。

因为花费一定的资金成本率只能筹集到一定限度的资金,超过这一限度的资金就要多花费资金成本,引起原资本成本率的变化,于是就把在保持某资金成本率的条件下可以筹集到的资金总限度称为融资突破点。在融资突破点范围内融资,原来的资金成本率不会改变;一旦融资额超过融资突破点,即使维持现有的资本结构,其资金成本率也会增加。

融资突破点的计算公式为:

$$BP_j = \frac{TF_j}{W_j} \tag{2—14}$$

式中:BP_j——融资突破点;

TF_j——可用某一特定成本率筹集到的第 j 种资金额;

W_j——目标资本结构中第 j 种资金所占的比重。

根据融资突破点的计算公式,对该公司的融资突破点计算如表 2—11 所示。

表 2—11　　融资突破点计算表

资金种类	资本结构	资金成本	新融资额	融资突破点
长期借款	20%	6%	10 000 元以内	$\frac{10\ 000}{0.2}=50\ 000$
		7%	10 000～40 000 元	$\frac{40\ 000}{0.2}=200\ 000$
		8%	40 000 元以上	—
长期债券	5%	10%	2 500 元以内	$\frac{2\ 500}{0.05}=50\ 000$
		12%	2 500 元以上	—
普通股	75%	14%	22 500 元以内	$\frac{22\ 500}{0.75}=30\ 000$
		15%	22 500～75 000 元	$\frac{75\ 000}{0.75}=100\ 000$
		16%	75 000 元以上	—

(2)计算边际资金成本。

根据上一步计算出的分界点,可以得出下列五个新的融资范围:①30 000 元以内;②30 000～50 000 元;③50 000～100 000 元;④100 000～200 000 元;⑤200 000 元以上。

对上列五个融资范围分别计算加权平均资金成本,即可得到各种融资范围的边际资金成本(见表2—12)。

表2—12 **边际资金成本计算表**

融资总额范围	资金种类	资本结构 (1)	资金成本 (2)	边际资金成本 (3)=(1)×(2)
30 000元以内	长期借款	20%	6%	1.2%
	长期债券	5%	10%	0.5%
	普通股	75%	14%	10.5%
				12.2%
30 000～50 000元	长期借款	20%	6%	1.2%
	长期债券	5%	10%	0.5%
	普通股	75%	15%	11.25%
				12.95%
50 000～100 000元	长期借款	20%	7%	1.4%
	长期债券	5%	12%	0.6%
	普通股	75%	15%	11.25%
				13.25%
100 000～200 000元	长期借款	20%	7%	1.4%
	长期债券	5%	12%	0.6%
	普通股	75%	16%	12%
				14%
200 000元以上	长期借款	20%	8%	1.6%
	长期债券	5%	12%	0.6%
	普通股	75%	16%	12%
				14.2%

二、杠杆收益与风险

杠杆收益与风险问题是企业资本结构决策的一个重要因素。资本结构决策需要在杠杆收益与其相关风险之间进行合理的权衡。

(一)经营杠杆

经营杠杆,又称营业杠杆或营运杠杆,是指企业在经营决策时对经营成本(包括销售成本、价内销售税金、营业费用、管理费用等)中固定成本的利用。运用经营杠杆,企业可以获得一定的经营杠杆收益,同时也承受相应的经营风险,对此可用经营杠杆系数来衡量。

1. 经营杠杆收益

经营杠杆收益是指在扩大营业额条件下,经营成本中固定成本这个杠杆所带来的增长程度更大的经营利润(是指支付利息和所得税之前的利润,通常称为“息税前利润或息税前盈余”)。在一定的产销规模内,由于固定成本并不随产品销量(或销售额,下同)的增加而增加,而随着销量的增长,单位销量所负担的固定成本会相对减少,从而给企业带来额外的收益(见表 2—13)。

表 2—13 **经营杠杆收益分析表**

销 售		变动成本（万元）	固定成本（万元）	息税前利润	
金额(万元)	增长率			金额(万元)	增长率
240	—	144	80	16	—
260	8%	156	80	24	50%
300	15%	180	80	40	67%

由表 2—13 可见,在一定的销售规模内,固定成本保持不变的条件下,随着销售的增长,息税前利润以更快的速度增长,从而获得经营杠杆收益。

2. 经营风险及其影响因素

经营风险也称营业风险,是指与企业经营相关的风险,尤其是指利用经营杠杆而导致息税前利润变动的风险。由于经营杠杆的作用,当销售额下降时,息税前利润下降得更快,从而给企业带来经营风险,见表 2—14。

表 2—14 **经营风险分析表**

销 售		变动成本（万元）	固定成本（万元）	息税前利润	
金额(万元)	增长率			金额(万元)	增长率
300	—	180	80	40	—
260	13%	156	80	24	40%
240	8%	144	80	16	33%

经营风险影响着企业的融资能力,因此,也是制约资本结构决策的重要因素。

影响经营风险的因素主要有:(1)产品需求的变动;(2)产品价格的变动;(3)单位产品变动成本的变动;(4)经营杠杆等。其中,经营杠杆对经营风险的影响最为综合。

3. 经营杠杆系数

为了反映经营杠杆的作用程度,估计经营杠杆收益的大小,评价经营风险的高低,需要测算经营杠杆系数。

经营杠杆系数,也称经营杠杆程度,是息税前利润的变动率相当于销售额变动率的倍数。计算公式如下:

经营杠杆系数=息税前收益变动率/销售变动率

$$DOL=\frac{\Delta EBIT/EBIT}{\Delta S/S} \tag{2—15}$$

式中:DOL——经营杠杆系数;

$EBIT$——息税前利润;

$\Delta EBIT$——息税前利润变动额;

S——销售额;

ΔS——销售变动额。

为了便于计算，可将上述公式做如下变换：

因为：

$$EBIT = Q(P-V)-F$$

$$\Delta EBIT = \Delta Q(P-V)$$

所以：

$$DOL_Q = \frac{Q(P-V)}{Q(P-V)-F} \tag{2—16}$$

或：

$$DOL_S = \frac{S-VC}{S-VC-F} \tag{2—17}$$

式中：DOL_Q——按销售数量确定的经营杠杆系数；

Q——销售数量；

P——销售单价；

V——单位变动成本；

F——固定成本总额；

DOL_S——按销售金额确定的经营杠杆系数；

VC——变动成本总额，可按变动成本率乘以销售额来确定。

例 2—15　天力公司销售产品 40 000 件，单位产品售价 1 000 元，销售总额 4 000 万元，固定成本总额为 800 万元，单位产品变动成本为 600 元，变动成本占总成本的比率为 60%，变动成本总额为 2 400 万元。则其经营杠杆系数为：

$$DOL_Q = \frac{40\ 000\times(1\ 000-600)}{40\ 000\times(1\ 000-600)-8\ 000\ 000} = 2(\text{倍})$$

$$DOL_S = \frac{40\ 000\ 000-24\ 000\ 000}{40\ 000\ 000-24\ 000\ 000-8\ 000\ 000} = 2(\text{倍})$$

此例中经营杠杆系数为 2 的意义在于：当公司销售增长 1 倍时，息税前利润将增长 2 倍；反之，当公司销售下降 1 倍时，息税前利润将下降 2 倍。前种情况可称为经营杠杆收益，后一种情况称为经营风险。一般而言，公司的经营杠杆系数越高，经营杠杆收益和经营风险就越高；公司的经营杠杆系数越低，经营杠杆收益和经营风险就越低。

经营杠杆系数还说明：在销售额处于盈亏临界点前的阶段，经营杠杆系数随销售额的增加而递增；在销售额处于盈亏临界点后的阶段，经营杠杆系数随销售额的增加而递减；当销售额达到盈亏临界点时，经营杠杆系数趋近于无穷大，此时经营风险同样趋近于无穷大。

在销售收入一定的情况下，影响经营杠杆的因素主要是固定成本和变动成本的金额。固定成本加大或变动成本变小都会引起经营杠杆系数增加。研究结果表明，在固定成本一定的情况下，公司应采取多种方式增加销售额，最终会赢得“正杠杆收益”。相反，一旦销售额减少，利润会下降得更快，形成“负杠杆收益”。

（二）财务杠杆

财务杠杆又称融资杠杆，是指企业在资本结构决策时对债务融资的利用。运用财务杠杆，企业可以获得一定的财务杠杆收益，同时也承受相应的财务风险，对此可用财务杠杆系数来衡量。

1. 财务杠杆收益

财务杠杆收益是指利用债务融资这个杠杆而给企业所有者带来的额外收益。

为了扩大生产规模或改变资本结构，企业总要发生借入资金。一旦负债经营，企业就要背上固定的利息负担。当利润增大时,每一单位利润所负担的利息就会相应减少,从而使投资者收益有更大幅度的提高;反之,当利润减少时,每一单位利润所负担的利息就会相应增加,从而使投资者收益有更大幅度的下降。如表 2—15 所示,在资金结构一定、债务利息保持不变的条件下,随着息税前利润的增长,税后利润以更快的速度增长,从而获得财务杠杆收益。

表 2—15 **财务杠杆收益分析表**

息税前利润		债务利息(万元)	所得税(20%)	税后利润	
金额(万元)	增长率			金额(万元)	增长率
16	—	15	0.20	0.80	—
24	50%	15	1.80	7.20	800%
40	67%	15	5.00	20.00	177%

2. 财务风险及其影响因素

财务风险也称融资风险,是指企业因举债融资而产生的风险,也就是指全部资金中由于债务资金比率的变化所带来的风险。

由于财务风险与收益呈正相关,如表 2—16 所示,由于财务杠杆的作用,当息税前利润下降时,税后利润下降得更快,从而给企业带来财务风险。

表 2—16 **财务风险分析表**

息税前利润		债务利息(万元)	所得税(20%)	税后利润	
金额(万元)	增长率			金额(万元)	增长率
40	—	15	5.00	20.00	—
24	40%	15	1.80	7.20	(64%)
16	33%	15	0.20	0.80	(89%)

影响财务风险的因素主要:(1)资金供求的变化;(2)利率水平的变动;(3)获利能力的变化;(4)资本结构的变化,即财务杠杆的利用程度。其中,财务杠杆对财务风险的影响最为综合。

3. 财务杠杆系数

财务杠杆系数又称财务杠杆程度,是普通股每股税后利润变动率相当于息税前利润变动率的倍数。它可以用来反映财务杠杆的作用程度,估计财务杠杆收益的大小,评价财务风险程度的高低。计算公式为:

$$DFL=\frac{\Delta EPS/EPS}{\Delta EBIT/EBIT} \tag{2—18}$$

式中:DFL——财务杠杆系数;

ΔEPS——普通股每股利润变动额;

EPS——普通股每股利润。

为了便于计算,可将上述公式变换如下:

因为:

$$EPS=(EBIT-I)(1-T)/N$$

$$\Delta EPS=\Delta EBIT(1-T)/N$$

式中：I——利息；

T——所得税率；

N——流通在外普通股份数。

所以：

$$DFL=\frac{EBIT}{EBIT-I} \tag{2—19}$$

在有优先股的条件下，由于优先股股利通常也是固定的，但是以税后利润支付的。此时，上述公式应改写为：

$$DFL=\frac{EBIT}{EBIT-I-D_P/(1-T)} \tag{2—20}$$

式中：D_P——优先股股利。

例 2—16　A、B、C 为三家经营业务相同的公司，它们的有关财务数据如表 2—17 所示。

表 2—17　**A、B、C 公司有关财务数据表**

序号	项　目	A 公司	B 公司	C 公司
1	普通股本(元)	2 000 000	1 500 000	1 000 000
2	发行股数(股)	20 000	15 000	10 000
3	债务(元)	0	500 000	1 000 000
4	资金总额(元)	2 000 000	2 000 000	2 000 000
5	息税前利润(元)	200 000	200 000	200 000
6	债务利息(利率 8%)(元)	0	40 000	80 000
7	税前利润(元)	200 000	160 000	120 000
8	所得税(税率 20%)(元)	40 000	32 000	24 000
9	税后利润(元)	160 000	128 000	96 000
10	财务杠杆系数	1	1.25	1.67
11	普通股每股收益(元)	8.00	8.53	9.60
12	息税前利润增加(元)	200 000	200 000	200 000
13	债务利息(元)	0	40 000	80 000
14	税前利润(元)	400 000	360 000	320 000
15	所得税(税率 20%)(元)	80 000	72 000	64 000
16	税后利润(元)	320 000	288 000	256 000
17	普通股每股收益(元)	16	19.2	25.6

计算结果表明：

(1)财务杠杆系数表明的是息税前利润增长所引起的每股收益的增长幅度。

A 公司的息税前利润增长 1 倍时，其每股收益增长 1 倍[(16—8)/8=1]；

B 公司的息税前利润增长 1 倍时，其每股收益增长 1.25 倍[(19.2—8.53)/8.53=1.25]；

C 公司的息税前利润增长 1 倍时，其每股收益增长 1.67 倍[(25.6—9.6)/9.6=1.67]。

(2)如表 2—18 所示,在融资总额、息税前利润相同的情况下,负债比率越高,财务杠杆系数越高,财务风险越大,但预期每股收益(投资收益)也越高。

表 2—18 **A、B、C 公司财务杠杆系数**

项　目	A 公司	B 公司	C 公司
负债比率	0%	25%	50%
财务杠杆系数	1	1.25	1.67
每股收益	6.7	7.15	8.04

(三)综合杠杆

经营杠杆和财务杠杆的综合作用称为综合杠杆或总杠杆。经营杠杆通过扩大销售量影响息税前利润,而财务杠杆通过负债扩大息税前利润影响每股收益。如果两种杠杆共同起作用,那么销售额稍有变动就会使每股收益产生更大的变动。综合杠杆作用的程度,可用综合杠杆系数或总杠杆系数来反映。它是经营杠杆系数与财务杠杆系数的乘积,公式为:

$$DCL(\text{或}\ DTL)=DOL\cdot DFL$$

$$=\frac{\Delta EPS/EPS}{\Delta S/S} \qquad (2-21)$$

$$=\frac{\Delta EPS/EPS}{\Delta Q/Q} \qquad (2-22)$$

式中:DTL——总杠杆系数;

DCL——综合杠杆系数。

上列公式显示,综合杠杆系数是每股利润变动率相当于销售额(数量或金额)变动率的倍数。综合杠杆能够估计出销售额变动对每股收益造成的影响。

例 2—17　假设某公司经营杠杆系数为 3,财务杠杆系数为 2 时,则该公司综合杠杆系数为:

$DCL=3\times2=6$

上例计算结果表明,公司销售额每增长(或减少)1 倍,就会造成每股利润增长(或减少)6 倍。

三、资本结构决策

(一)资本结构概念及影响因素

1. 资本结构概念

资金结构是指企业各种资金的构成及其比例关系。有广义和狭义之分,广义的资金结构是指企业全部资金的构成和比例关系,包括负债资金和权益资金的构成和比例关系,短期负债和长期负债的比例关系等。而狭义的资金结构仅指各类长期资金筹集来源的构成和比例关系,即企业长期债务资金和权益资金间的比例关系,又称为资本结构。

资本结构是企业长期融资决策的核心问题,最佳资本结构会直接对企业资金使用效率产生影响。其中关键是解决长期负债资金在总资金中的比例问题,一定程度的债务资金可以获取财务杠杆利益,但债务资金有固定的利息负担,同时会加大企业财务风险。

2. 资本结构的影响因素

(1)所得税税率的高低。

债务利息在税前支付,因此具有减税效应;而权益资本的股利是在税后支付,没有减税功能。所以,企业所得税税率越高,长期负债带来的好处就越大。在安排资本结构时,应充分考虑所得税税率对资本结构的影响。

(2)资本成本。

不同的资金来源和数量的资金具有不同的个别资本成本和加权平均资本成本。企业在安排资本结构时,应根据资金成本的高低来确定构成比例关系。因债务利息具有减税效应,债务资本成本明显低于权益资本成本,一定程度上可以合理提高债务资本的比重,以降低综合资本成本。

(3)财务风险。

财务风险是指企业到期无法偿还债务本息的可能性。企业利用债务资本,可以发挥正的财务杠杆效应,但过度负债,增大债务资本在总资本结构中的比重,则会增大企业固定的债务利息负担,财务风险增加。因此,企业在安排资本结构时,要适当控制长期负债在整个长期资金中的比重。

此外,企业资产结构、产品销售情况、投资者和管理人员的态度、贷款人和信用评级机构的影响、利率水平的变动趋势等都会影响资本结构。

(二)最佳资本结构的确定方法

1. 比较资本成本法

比较资本成本法是计算不同资本结构下的加权平均资金成本,以此为标准进行资本结构决策的方法。企业融资分为初始期的融资和发展过程中的融资两种情况,对应于此,资本结构决策分为初始资本结构决策和追加资本结构决策。

(1)初始资本结构决策。

企业预期的资金使用量可以用多种融资方式来筹集,每种融资方式的融资数额可有多种安排,因此可形成若干个资本结构(或融资方案)可供选择。

例 2—18　ABC 公司在初创期有三个融资方案可供选择,有关财务数据如表 2—19 所示。

表 2—19　　**ABC 公司初创期融资方案**

融资方式	甲方案		乙方案		丙方案	
	融资额(万元)	资金成本(%)	融资额(万元)	资金成本(%)	融资额(万元)	资金成本(%)
长期借款	40	6.0	50	6.5	80	7.0
债券	100	7.0	150	8.0	120	7.5
优先股	60	12.0	100	12.0	50	12.0
普通股	300	15.0	200	15.0	250	15.0
合计	500	—	500	—	500	—

甲方案加权平均资本成本为:

$$6\%\times\frac{40}{500}+7\%\times\frac{100}{500}\times12\%\times\frac{60}{500}+15\%\times\frac{300}{500}=12.32\%$$

经计算,乙方案加权平均资本成本为 11.45%,丙方案加权平均资本成本为 11.62%。

计算结果表明,三个方案中乙方案的加权平均资本成本最低,应是最好的融资方案,ABC 公司可按此方案筹集资金,以实现其资金结构的最优化。

(2)追加资本结构决策。

对于发展过程中追加融资所进行的资本结构决策,可用两种方法进行:

方法一:直接测算比较各备选追加融资方案的边际资本成本,从中选择最优融资方案;

方法二:将各备选追加融资方案与原有最优资本结构汇总,测算各追加融资条件下汇总资本结构的综合资本成本,比较确定最优追加融资方案。

例 2—19 ABC 公司欲追加融资,现有两个融资方案可供选择,有关财务数据如表 2—20 所示。

表 2—20 **ABC 公司追加融资方案比较表**

融资方式	原资本结构		追加融资方案 1		追加融资方案 2		追加融资后的资本结构	
	资金额(万元)	资本成本(%)	追加融资额(万元)	资本成本(%)	追加融资额(万元)	资本成本(%)	方案 1	方案 2
长期借款	80	7	50	7.5	60	8	130	140
债券	100	7	—	—	—	—	100	100
优先股	120	12	20	13	20	13	140	140
普通股	200	15	30	16	20	16	230	220
合计	500	—	100	—	100	—	600	600

方法一:追加融资方案 1 和方案 2 的边际资本成本计算如下:

$$方案\ 1=\frac{50}{100}\times7.5\%+\frac{20}{100}\times13\%+\frac{30}{100}\times16\%=3.75+2.6\%+4.8\%=11.15\%$$

$$方案\ 2=\frac{60}{100}\times8\%+\frac{20}{100}\times13\%+\frac{20}{100}\times16\%=4.8+2.6\%+3.2\%=10.6\%$$

该方法下,直接比较追加融资后部分资本成本的大小,方案 2 的资本成本明显低于方案 1,所以追加融资方案 2 为最优方案。

方法二:追加融资条件下汇总资本结构的综合资金成本计算如下:

方案 1 追加筹资后的综合资本成本为:

$$\frac{130}{600}\times\frac{80\times7\%+50\times7.5\%}{80+50}+\frac{100}{600}\times7\%+\left(\frac{120}{600}\times12\%+\frac{20}{600}\times13\%\right)+\frac{230}{600}\times16\%$$
$$=11.69\%$$

方案 2 追加筹资后的综合资本成本为:

$$\frac{140}{600}\times\frac{80\times7\%+60\times8\%}{80+60}+\frac{100}{600}\times7\%+\left(\frac{120}{600}\times12\%+\frac{20}{600}\times13\%\right)+\frac{220}{600}\times16\%$$
$$=11.43\%$$

该方法下,考虑追加融资部分总资本成本,方案 2 同样由于低于方案 1,所以追加融资方案 2 优于方案 1。

2. 每股利润分析法

每股利润分析法也称为每股利润无差别点分析法，是指利用每股利润无差别点来进行资本结构决策的方法。每股利润无差别点是指不同资本结构的每股利润相等时的息税前利润相交点，也称息税前利润平衡点。在这一点上，每种融资方案的资金成本相同，看不出哪一种资本结构为最佳。由于该方法主要是研究息税前利润（*EBIT*）与每股收益（*EPS*）之间的关系，经常将该方法称为 *EBIT-EPS* 分析法。

假定某企业有两种不同的融资方案——方案 1 和方案 2，在无差别点上存在：

$$EPS_1=EPS_2$$

则有：

$$\frac{(\overline{EBIT}-I_1)(1-T)-D_{P1}}{N_1}=\frac{(\overline{EBIT}-I_2)(1-T)-D_{P2}}{N_2} \qquad (2-23)$$

式中：$\overline{EBIT}$——息税前利润平衡点，即每股利润无差别点；

I_1,I_2——两种融资方式下的年利息；

D_{P1},D_{P2}——两种融资方式下的年优先股股利；

N_1,N_2——两种融资方式下流通在外的普通股股数。

根据其基本原理，使用该方法进行融资决策时可依照以下标准：

（1）当息税前利润等于每股利润无差别点时，普通股融资和债务融资均可；

（2）当息税前利润大于每股利润无差别点时，采用负债融资为佳；

（3）当息税前利润小于每股利润无差别点时，采用普通股融资为佳。

例 2—20　ABC 公司目前有资本 750 000 元，因经营规模扩大需要再筹集 250 000 元，这些资金可以利用发行普通股票或长期债券来筹集。ABC 公司原资本结构和用两种融资方式融资后资本结构变化情况见表 2—21。

表 2—21　**ABC 公司资本结构及变化表**

融资方式	原资金结构	增加融资后资金结构	
		增发普通股	增加长期债券
长期负债(元)	100 000	100 000	350 000
普通股(元)	200 000	300 000	200 000
资金公积(元)	250 000	400 000	250 000
留存收益(元)	200 000	200 000	200 000
资金总额合计(元)	750 000	1 000 000	1 000 000
普通股股数(股)	20 000	30 000	20 000

注：发行新股票时，每股发行价格 25 元，融资 250 000 元需发行 10 000 股，普通股股本增加 100 000 元，资金公积增加 150 000 元。公司长期债券年利率为 8%，普通股面值每股 10 元。

首先，计算不同资本结构下的每股利润（假设所得税率为 50%），如表 2—22 所示。

表 2—22　**ABC 公司不同资本结构下的每股利润**

序号	项　目	增发股票	增发债券
1	预计息税前利润(*EBIT*)(元)	200 000	200 000

续表

序号	项　目	增发股票	增发债券
2	减：利息（元）	8 000	28 000
3	税前利润（元）	192 000	172 000
4	减：所得税（元）	96 000	86 000
5	净利润（元）	96 000	86 000
6	普通股股数（股）	30 000	20 000
7	每股利润（EPS）（元）	3.2	4.3

计算结果表明，ABC公司利用长期债券融资能增加每股收益。

其次，计算每股利润无差别点。

根据公式$\frac{(\overline{EBIT}-I_1)(1-T)}{N_1}=\frac{(\overline{EBIT}-I_2)(1-T)}{N_2}$

利用表2－22中的财务数据，可求得：$\overline{EBIT}=68\ 000$（元），在此点，$EPS_1=EPS_2=1$（元）。

这就是说，当$EBIT>68\ 000$元时，公司利用长期负债融资有利；当$EBIT<68\ 000$元时，公司发行普通股融资有利。当盈利能力$EBIT=68\ 000$元时，采用两种融资方式无差别。因为ABC公司预计$EBIT=200\ 000$元，故采用长期债券融资更加有利。

3. 比较公司价值法

比较公司价值法是在公司面临财务风险的条件下，以公司价值的大小为标准进行公司最佳资本结构决策的方法。与资本成本比较法和每股利润分析法相比，公司价值比较法以公司价值最大为标准，充分考虑了公司的财务风险和资本成本等因素的影响，更符合现代公司价值最大化的财务管理目标。但其计算原理及计算过程较为复杂，通常用于资金规模较大的上市公司。

（1）公司价值的含义。

理论界对公司价值的界定和含义有不同的看法和观点，比较典型的观点有：

①公司价值等于未来净收益的贴现价值。这种观点认为影响企业价值的因素在于公司税后净收益、折现率以及公司的存续期。但这些因素都不易确定，该方法的实用性较小。

②公司价值等于其股票的现行市场价值。从股东角度看，股票价值和公司价值是一致的，这也是股东财富最大化理财目标的观点。但问题是，股票价格随时变动，公司价值到底按哪个价格确定存在现实难度。而且，从客观来看，企业价值是否只包括股票价值？如果只包括股票价值，长期债务给公司带来的价值如何考虑？因此，该方法实务中也不用于资本结构的决策。

③公司价值等于其债务和股票的现值。该观点符合公司价值来自多个投资主体，财务风险由多个主体共同承担的实际，体现企业价值广泛性和长期性的特点。按照该观点，公司的总价值V等于长期债务的现值B加上股票的现值S，公式为：

$$V=B+S$$

其中，长期债务价值经常用其面值简单表示，股票价值用以下公式表示：

$$S=\frac{(EBIT-I)(1-T)}{K_S} \qquad (2-24)$$

式中：S——公司股票的折现价值；

K_S——股票资金成本。

(2)公司价值比较法决策程序。

首先，测算公司资本成本。其次，测算不同资本结构下的公司总价值。最后，比较公司价值进行资本结构的决策。下面结合实例说明该方法在资本结构决策中的应用。

例 2—21　某公司现有长期资本全部为普通股，账面价值总额 20 000 万元。为了充分利用财务杠杆作用，公司决定调整现行资本结构。公司预计息税前利润为 5 000 万元，所得税率为 33%。

首先，测算公司资金成本。

如果公司的全部长期资本由长期负债和普通股组成，则公司的综合资金成本率可按下列公式测算：

$$K_W=K_B\left(\frac{B}{V}\right)(1-T)+K_S\left(\frac{S}{V}\right) \tag{2—25}$$

式中：K_W——公司综合资本成本率；

K_B——公司长期债务税前资本成本率；

K_S——公司普通股资本成本率。

上式中，为了考虑公司融资风险的影响，普通股资金成本率可用下列公式来测算：

$$K_S=R_F+\beta_S(R_M-R_F) \tag{2—26}$$

式中：K_S——公司普通股投资的必要报酬率；

R_F——无风险报酬率；

R_M——市场平均报酬率；

β_S——公司股票的贝他系数。

根据以上原理，公司对不同资本结构下长期债务的年利率和普通股资本成本计算如表 2—23。

表 2—23　　公司调整资本结构后的资金成本测算表

长期负债资本 B（万元）	负债年利率 R_B(%)	税后负债资本成本 K_B(%)	贝塔系数 β	无风险报酬率 R_F(%)	市场平均报酬率 R_M(%)	股票资本成本 K_S(%)	加权平均资本成本 K_W(%)
0	—	—	1.20	10	14	14.8	14.8
2 000	10	6.70	1.25	10	14	15.0	14.29
4 000	10	6.70	1.30	10	14	15.2	13.79
6 000	12	8.04	1.40	10	14	15.6	13.74
8 000	14	9.38	1.55	10	14	16.2	13.93
10 000	16	10.72	2.10	10	14	18.4	14.97

其次，测算不同资本结构下的公司总价值，见表 2—24。

表 2—24　　公司企业价值测算表

负债资本价值 B	股权资本价值 S	企业总价值 V
0	22 640	22 640
2 000	23 440	23 440
4 000	20 280	24 280
6 000	18 382	24 382
8 000	16 047	24 047
1 000	12 380	22 380

表中,股权资本价值 $S=\dfrac{(EBIT-I)(1-T)}{K_S}$。

最后,比较公司价值,进行资本结构的决策。

表 2—24 数据显示,当长期负债资本达到 6 000 万元时,企业价值最大,加权资本成本最低,为 13.74%,此时的资本结构为最优资本结构。

本章小结

资金是企业得以生存的血液,不同创业阶段企业进行融资的动机有所区别。基于动机和融资基础的不同,企业可以选择不同的融资渠道和融资方式,合理安排资金结构,从而合理实现筹集资金目的的理财活动。

企业融资数量的多少直接与融资成本相关,即获取资金需要付出代价。所以,企业融资要基于成本、风险、资本结构等因素进行决策。

本章中英文关键词

融资动机(Financing Motivation)　融资方式(Financing Manner)
融资渠道(Financing Channel)　资金需求量(Capital Requirements)
长期借款(Long-term Loan)　公司债券(Corporation Bond)
资金成本(Cost of Capital)　财务标准(Financial Standard)
个别资金成本(Individual Cost of Capital)　长期借款成本(Cost of Long-term Loan)
优先股成本(Cost of Preferred Stock)　普通股成本(Cost of Common Stock)
留用利润成本(Cost of Retained Earnings)
加权平均资金成本(Weighted Average Cost of Capital)
市场价值权数(Market Value Weights)　目标价值权数(Target Value Weights)
边际资金成本(Marginal Cost of Capital)　经营杠杆(Operating Leverage)
经营风险(Business Risk)
经营杠杆利益(Benefit on Operating Leverage)
经营杠杆系数(Degree of Operating Leverage)
财务杠杆(Financial Leverage)
财务杠杆利益(Benefit on Financial Leverage)

财务风险(Financial Risk)
财务杠杆利益(Degree of Financial Leverage)
联合杠杆系数(Degree of Combined Leverage)
总杠杆系数(Degree of Total Leverage) 资本结构(Capital Structure)
最佳资本结构(Optimum Capital Structure) 目标资本结构(Target Capital Structure)
息税前利润(Earning Before Interest and Taxation)
每股利润(Earning Per Share)
每股利润分析法(EPS Analysis Method) 每股利润无差别点(EPS Indifference Point)

复习思考题

1. 企业融资的动机有哪些？融资时应遵循哪些原则？
2. 企业有哪些融资渠道和融资方式？
3. 企业融资决策时必须考虑哪些因素？

综合分析案例

“摩拜单车”的创业融资策略

一、摩拜单车创业期的融资

胡玮炜，1982年出生于浙江东阳，2004年从浙江大学城市学院新闻系毕业。她梦想通过技术创新结合新型商业模式，解决城市“最后一公里”的出行难题，让自行车回归城市，让生活更美好。理想很丰满，现实却骨感，胡玮炜的创业难题很快就来了。胡玮炜最初对摩拜自行车的整体构想是：这款单车无论从刹车皮、车架到座椅弹簧都不会在日晒雨淋里出现任何部件上的损坏和蚀锈，它的轮胎不用打气和补胎，车链子不会掉，更重要的是，车需要上一把联网的智能锁，这把锁要能接收移动通信网络的信号，进行软件后台交流，能接受指令开锁，报告上锁，进行定位，同时还要在四年时间里不断地自动充电。这近乎苛刻的条件几乎吓退了所有自行车生产商，她从天津一路找到广州，前前后后谈了二十多家自行车厂商，却没有哪家厂商愿意给胡玮炜设计出她想要的那种四年都不用修的自行车。

李斌成为这个项目的坚定支持者。李斌是互联网行业成功的连续创业者。在李斌的亲自出面邀约下，胡玮炜邀请到了福特汽车亚太区产品规划和开发经理夏一平、百度资深产品经理张岩加入摩拜单车。2015年1月27日，北京摩拜科技有限公司成立。李斌自掏腰包，出资146万元，并担任摩拜董事长。公司成立之初，当务之急是设计出摩拜单车的产品模型。所以胡玮炜开始频繁地跑工厂、看原材料，陆续邀请了多位设计师参与设计摩拜单车的最初模型。

从2015年初公司成立，经过大半年的研发和设计，李斌和胡玮炜在咖啡厅里闲聊时的创意已经有了原型，但同时也耗光了创始团队最初得到的全部资金，公司的账面上已经没有钱了。接下来，胡玮炜还需要钱来完善产品设计，测试和验证运行模式，并把设计导入工厂实现量产。这些都需要大量的资金。于是，在成功完成摩拜单车的产品设计之后，资金募集成为胡玮炜的当务之急。那么，到哪里去找钱呢？

胡玮炜首先想到跟团队的其他合伙人商量垫钱，董事长李斌是成功的连续创业者，他已经把一个公司带上市了,他有钱,但是他正在投入一个更大的创业项目。夏一平是国内车联网领域资深的产品技术专家,最早他在通讯、IT 行业工作,之后到福特、菲亚特—克莱斯勒的车联网产品研发部门负责产品和技术的研发,在加入摩拜之前他一直在企业做技术高管工作。张岩曾经在优酷、百度做产品经理,在入职滴滴不到两个月的时候,就被李斌邀请到摩拜成为胡玮炜之后的第二位成员。但是他们是否愿意投资于这个还不成熟的创业项目呢?

如果团队成员无意增资扩股,胡玮炜也考虑过吸收新的创业伙伴加入。作为记者,胡炜玮认识很多人,她可以在她结交的圈子里面寻找新的合作伙伴。胡玮炜甚至考虑了能否找朋友亲戚或者通过民间借贷。当然,胡玮炜在北京可以找到各种金融机构和投资人去融资。但是,什么样的投资机构和投资人仅凭一个产品原型就给胡玮炜投钱呢?对于胡玮炜来说,她要跟时间赛跑,她急需找到新的融资渠道来点燃她的创业梦想。

二、摩拜单车成长期的融资

2016 年 4 月 22 日,世界地球日当天摩拜单车在上海正式投入运营。全市投放了约 1 000 辆,主要集中在徐汇、黄浦、杨浦等主城区。它与原本的公共自行车不同,有智能锁和后台系统,摆脱了停车桩或固定停车点的束缚,可以通过智能手机在 App 上随时查找身边最近的可供租赁的单车,并缴纳 299 元保障金,就可以二维码开锁租用,骑行到达目的地后就近停放在路边合适的区域,关锁即实现每半小时 1 元的电子付费结算。

摩拜单车在上海的成功运营,坚定了创业团队的信心,激发了他们的热情和快速占领市场的决心。2016 年 9 月 1 日,摩拜单车正式进入北京运营。9 月 19 日,摩拜单车在北京已投放超过一万辆单车,随后,摩拜迅速地进入了广州、深圳、成都、厦门等国内数十个城市。

共享单车的大规模投放和运营需要充足的资金作为背后强有力的后盾,资本是共享单车在 2016 年下半年成为创业领头羊的重要推力,各种颜色的共享单车企业比拼的是其背后的融资速度和融资规模,谁能先一步得到更多资本的支持,谁就能先一步占据行业优势,并凭借烧钱加大车辆投入来将对手挤出,从而迅速占领市场。在这场共享单车行业的"颜色大战"中,摩拜单车作为头部企业成为资本的宠儿,受到了投资界和企业界的热捧。

腾讯是摩拜单车"追求者"中最显眼的一个,作为国内最顶尖的互联网公司之一,腾讯具有强大的企业创业投资平台(Corporate Venture Capital,CVC),腾讯还以有限合伙人(LP)的身份投资了二三十家左右的基金。对于腾讯来说,微信也需要找到很多的变现通道,与线下的结合是最好的方向之一。而共享单车行业使用频率高、用户量大以及拥有出行设施,这些都可以为支付工具带来新的使用场景。而投资圈又常常存在"投熟人"的惯性投资动作,胡玮炜虽然和腾讯 CEO 马化腾不熟,但是董事长李斌和 CEO 王晓峰都与腾讯有渊源,腾讯是李斌创办的蔚来汽车的重要股东,王晓峰曾在腾讯当过高管。

找胡玮炜希望能投资摩拜单车的投资人中有很多是李斌的好友。李斌在创立易车网和蔚来汽车两家公司的过程中,结交和认识了很多投资机构和投资人,他们都从李斌身上赚到过钱。其中,刘二海从李斌身上赚到了比别人更多的钱。急着要投资摩拜单车的另一个投资人是沈南鹏,红杉资本中国基金创始及执行合伙人,也是携程旅行网和如家连锁酒店的创始人。沈南鹏也是李斌的好友,2005 年成立以来,红杉资本中国基金共投资了包括阿里巴巴、大众点评网、赶集网、美团网、陌陌等 300 余家企业。据说沈南鹏为了多抢一点摩拜单车的投资份额,给李斌足足打了 40 分钟的电话。李开复是王晓峰的老东家,早在 2005 年李开复创建 Google 中国时,王晓峰就成了 Google 在上海的第一个员工。这次,李开复看中摩拜单车是因为他看中共享单车这个行业。王晓峰还见了一位希望能追进去投资摩拜单车的美女投资人,她叫龙宇，是贝塔斯曼亚洲投资基金(BAI)创始及管理合伙人。作为一家常青基金，BAI会用更为长期和战略的眼光来陪伴企业成长。龙宇实际上比较早就让团队关注共享单车行业了，但屡次都错过了投资机会，这次龙宇亲自出马会面王晓峰，就是不想再错过难得的投资机会。还有祥峰中国基金投资总监赵楠，他有一次在上海试骑了一辆摩拜单车后，兴奋不已，第二天就找到了王晓峰。此时，熊猫资本也正在接触摩拜单车，表现出了很强的投资意愿。

另外，IDG、策源、GGV、银泰、北极光创投、华平投资、TPG等数十家投资机构也先后向胡玮炜和王晓峰主动伸出过橄榄枝，美团点评CEO王兴也对摩拜单车非常感兴趣，可以说，胡玮炜和王晓峰能够选择的这个阵营可谓强大、豪华和多样。作为摩拜单车在共享单车行业最为强劲的竞争对手，ofo同样也受到资本疯抢。在ofo的投资人队伍中，王刚为滴滴早期投资人，经纬中国、金沙江创投、中信产业基金、Coatue等其他投资人都曾投资过滴滴。2015年3月，ofo拿到唯猎资本数百万元的天使轮投资后，到2016年底共获得Pre-A、A、A+、B、C五轮融资，投资人阵营包括唯猎资本、东方弘道资本、金沙江创投、真格基金、天使投资人王刚、经纬中国、滴滴出行、Coatue Management、小米科技、顺为基金、中信产业基金、元璟资本等。2017年3月，由DST领投，滴滴出行、中信产业基金、经纬中国、Coatue Management、Atomico、新华联集团等跟投，完成了高达4.5亿美元的D轮融资，同年7月，又从滴滴出行、DST、阿里巴巴、弘毅投资、中信产业基金等手上拿到6亿美元的E轮融资。

当然，胡玮炜和王晓峰所带领的摩拜单车在创业的道路上还需要更多的资本，摩拜单车要加速在国内外城市的单车投放速度，到2017年底，公司要实现服务全球200个城市，投放800多万辆单车的目标。摩拜单车的国际化道路上还需要更多助力。摩拜单车还计划携手全球领先的物联网合作伙伴，加速推动移动物联网技术的进步和实景应用，并在人工智能、智能硬件等领域加速战略布局和技术创新，提高技术壁垒、扩大领先优势，给用户带来完美的体验。凡此种种，均需要大量的资本支撑。而且，更为重要的是，共享单车是一个高度竞争的市场。

三、摩拜单车竞争阶段的融资

令胡玮炜和王晓峰始料不及的是，共享单车这个行业的发展太快了，摩拜单车在上海运营3个月就引起了市场的巨大反响，之后随着摩拜单车在北京开始投放单车运营后，城市共享单车的市场潜力引起了各方关注，各路玩家纷纷涌入，不到半年的时间里，共享单车赛道挤满了各类竞争者，摩拜单车也从创业期的研发阶段和初创阶段，快速进入了成长期。截至2017年国内共有77家共享单车企业，累计投入了2 300万辆共享单车，共享单车用户规模达2.2亿人，相比于2016年只有0.2亿人，与2015年的250万人相比更是增长了87倍。伴随快速成长阶段的是竞争阶段的来临。在众多的竞争者中，ofo一开始就同样引人关注。

2016年1月，ofo获得了金沙江创投领投和东方弘道跟投的A轮融资。在2016年春节之后，获得A轮融资的ofo将业务向北京20余所高校拓展，并延伸至武汉、广州、上海等城市校园。2016年上半年，当摩拜单车在上海成功运营并准备进军北京的时候，ofo还在深耕校园市场，5月获得B轮投资，10月获得C轮融资，总订单量突破了1 000万。其间，在投资人的推动下，ofo内部开始讨论公司的新战略定位，究竟是继续校园模式，还是与摩拜单车竞争城市市场。内部意见不同。最终，ofo共享单车在北京召开城市战略发布会，宣布正式开启城市服务，推出新一代小黄车ofo3.0，同时启动"城市大共享"计划。虽然比摩拜单车进入城市晚了半年，但ofo却自此开始在城市市场与摩拜单车展开竞争。

相比而言，摩拜单车采用的是"重资产，轻运营"的战略模式，而ofo采用的是"重运营，轻资产"的战略模式。从2016年底开始，共享单车成为资本的香饽饽，资本催生的单车热潮让单调的冬日街头变成了调色板,红的、黄的、橙的、蓝的、绿的,车子越来越多,颜色已经不够用了。因此,摩拜不仅要跟强有力的ofo展开肉搏战,而且还要跟前赴后继奔向共享单车这片战场的众多"小咖"厮杀。

大规模铺量、提高投放速度、扩大用户规模、完善用户体验成为这场共享单车商业竞争的关键制胜因素。2017年3月,摩拜单车接入微信扫码、微信钱包九宫格以来,依靠微信生态圈流量的强力拉动,短短一个月新增2 400万注册用户。总之,短兵相接的竞争压力使得摩拜攻城略地的速度超乎想象,在2017年初,摩拜曾将覆盖全球100个城市作为年度拓展目标,但在6月初即提前半年完成了该目标,继而调整2017年度目标为200城。但是,各共享单车企业在国内城市疯狂"跑马圈地"的后果是乱象丛生,给城市管理带来一系列问题:在一些区域共享单车过度投放、堆积占道;骑行者随心所欲违反交通规则;骑车上路事故频发;居住小区大量、无序停放给物业管理带来很大压力等。2016年8月,一篇10万+文章《摩拜单车在上海运营3个月后,创始人哭了》刷爆朋友圈,文章里面提到了人为破坏摩拜单车的很多问题,如随意堆放、二维码被毁、车身遍布小广告、放在自己办公室或小区、骑回自己家里、加了另一把锁、车座损坏、蓄意破坏、随意喷漆等。除了人为破坏或恶意报复造成车辆损毁外,部分用户不爱惜车辆、日晒雨淋等自然损耗等因素都提高了车子的损毁率。除了车子损毁所造成的损失和维修费用外,车子的人工投放、搬运等人工费用也是不小的开支。另外,虽然摩拜一开始希望通过提高单车的技术含量解决运营费用问题,但运营费用仍然是一笔不小的投入。这些都需要摩拜单车投入更多的资金。

胡玮炜和王晓峰他们需要多少融资?未来五年是共享单车市场竞争最为激烈的时期,摩拜单车到底需要多少资金?面对众多的投资人,他们应该做出什么样的融资决策呢?随着摩拜单车从创业期的研发和初创阶段,转入成长期的早期成长和快速成长阶段,也即竞争阶段,摩拜单车的融资渠道和方式是否也应该从创业者本身、天使投资者、战略合作伙伴,乃至供应商等转向其他方面,比如银行贷款、公司债券甚至寻求IPO?同时,新的融资方式如何激励经营团队?如何分散风险?财务合约如何解决经营团队和投资人之间的信息不对称问题?随着运营时间的推移,是否也应该考虑最初那批投资者的回报与退出方式?北京2017年冬天的太阳暖暖地照在东三环曼宁国际中心摩拜单车总部的办公室里,胡玮炜在等待王晓峰,他们必须一起为竞争时期摩拜单车的融资策略做出最后的选择。

(资料来源:木志荣,沈艺峰,肖珉,唐炎钊.高筑墙,广积粮:摩拜单车的创业融资策略.中国管理案例共享中心,http://www.cmcc-dut.cn/Cases/Detail/3436)

案例思考题:

1. 创业初期,创业者(创业团队)如何吸引A轮投资人?
2. 随着公司的发展,摩拜单车的融资渠道和方式产生了哪些转变?

中　篇

创业融资工具及创新

第三章　风险投资

【引导案例】

“雅虎(Yahoo!)”的火速成长

一、Yahoo! 的创始

20 世纪 90 年代，Internet 上的万维网(WWW)技术开始流行，万维网的网站数量以指数级速度迅速膨胀。1993 年年底斯坦福大学的两位学生杨致远和戴维·费勒作为业余爱好，分别收集自己喜爱的网点，然后靠着校园中的一台搜索器记录这些网站。随着收集量的增大，管理就变得困难起来，于是他们就运用自己掌握的软件技术开发了一个数据库系统来管理这些信息，并分类整理成“杨致远和戴维的 WWW 网指南”，放在万维网上以便网友们共享，并取了个名字“Yahoo!”。Yahoo! 的网址慢慢地传播开来，不久，就有数以百计的人来访问该网站，从而引起了一向支持学生创新活动的斯坦福大学的注意。斯坦福大学免费向 Yahoo! 提供了服务器空间和通信线路，并随着访问人数的增加，及时给予升级换代。1994 年，Internet 进入了爆发性增长阶段，WWW 网站同样以疯狂的速度增长。此时，无论是收集网站信息的工作量，还是访问 Yahoo! 的人数都在飞速增长(平均每天就达 100 万人次)。不久，著名的网景公司(Netscape)发布了其著名的浏览器 Navigator(导航号)的测试板，并将其目录按钮指向 Yahoo!，Navigator 的出现，使大批网民纷纷涌向 WWW，Yahoo! 在 WWW 上声名鹊起。

二、风险投资的介入

风险投资家一向都对新的经济增长点极为敏感，他们察觉到了 Internet 的商业气息，纷纷向 WWW 涌去。Yahoo! 作为 Internet 上的红人得到了许多投资者的关注。首先登门的是赫赫有名的英国路透社，路透社负责市场营销的副总裁专程从伦敦飞到洛杉矶寻求合作；信息产业的投资者，包括微软、CI、Netscape 等公司也加入了投资者的行列。资深高技术产业风险投资人西奎也选中了 Yahoo!。

1995 年 4 月，西奎对 Yahoo! 估价 400 万美元，虽然事后证明这个估价是保守的，但毕竟当时 Yahoo! 的营业收入几乎为零。西奎的合伙人麦克·莫利茨回忆第一次走进 Yahoo! 工作间的情景：“杨致远和他的同伴坐在狭小的房间里，服务器不停地散发热量。电话应答机每隔一分钟响一下。地板上是比萨饼盒和脏衣服。”他把当时 Yahoo! 的发展模式总结为“在

Web 网上提供免费服务”。而它之所以吸引投资者的眼光是因为它有过百万的访问人数。凭借这一点,Yahoo! 完全有可能变成一棵摇钱树。这样,Yahoo! 成立了,并拥有了第一笔运转资金。

三、Yahoo! 的发展

西奎给 Yahoo! 注入的第一笔资金将 Yahoo! 推上了火速发展的道路。公司成立后就聘请了第一批工程师,负责信息的收集和分类处理;请来了曾担任过摩托罗拉(Motorola)加拿大公司总经理的丁克(Timkoogle),让他具体管理日常工作,而杨致远负责发展战略和公共关系。随着业务的发展,Yahoo! 需要注入更多的资金。1995 年 8 月第一次融资活动开始,在短短的四个月内,Yahoo! 的身价暴涨到原来的十倍。

1996 年,Yahoo! 开始筹备上市工作,并于 4 月 12 日正式上市,股票上市报价每股 13 美元,一开盘就狂升到每股 24.5 美元,最高达到每股 42 美元,当日收盘价是每股 33 美元,几乎是上市价的 3 倍。同时,Yahoo! 的市值达到 8.5 亿美元,是一年前西奎估价的 200 倍。这样的增长速度让人望而兴叹。《商业周刊》这样评论:“Yahoo! 就像在沙滩上搭起的楼阁,然而一夜之间四周就建起了摩天大厦。”

案例启示与思考:

风险投资青睐于创新型企业,对其发展起到很好的资金助推作用,Yahoo! 就是典型案例之一。对于其他初创型企业来说,在其进行技术创新过程中,如何吸引到风险投资,提升技术创新效果成为必须思考的问题。根据案例请思考:

1. 什么是风险投资?
2. 风险投资在企业发展过程中起什么作用?

【本章学习目标】

1. 加强学习者对风险投资及其特点的基本认知。
2. 提升学习者获取风险投资的能力。
3. 培养学习者换位思考的思维。

第一节 风险投资的内涵

随着我国创新型国家战略的实施和推进,以及风险投资不断利好政策的制定,风险投资进一步进入创业企业的视野,成为创业者在创业初期寻求的主要资金形式之一。

一、风险投资的定义

风险投资(Venture Capital)亦称风险资本,是指将资本投入到那些具有很大潜能和广阔市场前景的企业或机构,并承担巨大风险的投融资形式。风险投资以承担风险为前提,以获得最大的资本增值为目的。其目的不是对被投资企业股份的占有和控制,而是在投入的资本获得理想的增值后转让其产权并撤出该企业。狭义的风险投资仅指投资于高新技术企业的风险资本。

风险资本家不仅为创业企业提供资金的支持,而且以专业知识和拥有的资源参与经营,使被投资企业能够健全经营、迅速成长。风险资本家可于被投资企业经营成功后,将所持有的股份卖出收回资金，再投资于另一新创事业，周而复始进行长期投资并参与经营的行业。

二、风险投资的特点

风险投资不同于一般的常规投资。作为一种高新技术与金融相结合的投资机制，风险投资是以冒高风险为代价来追求高收益为特征的资本投资形式。与以传统产业为投资对象的普通投资相比具有表3—1的特点。

表3—1　　风险投资与普通投资的区别

<table>
<tr><th colspan="2">类　别</th><th colspan="2">风险投资</th><th colspan="2">常规投资</th></tr>
<tr><td rowspan="3">风险</td><td>技术上</td><td>创新型</td><td rowspan="3">风险大</td><td>成熟型</td><td rowspan="3">风险小</td></tr>
<tr><td>市场上</td><td>潜在市场</td><td>现时市场</td></tr>
<tr><td>管理上</td><td>变化大</td><td>变化小</td></tr>
<tr><td rowspan="2">资产</td><td>无形资产</td><td>大</td><td rowspan="2">无法抵押</td><td>小</td><td rowspan="2">可以抵押</td></tr>
<tr><td>有形资产</td><td>小</td><td>大</td></tr>
<tr><td>信誉</td><td>历史记录</td><td>无</td><td>无人担保</td><td>有</td><td>有人担保</td></tr>
</table>

(一)风险投资是没有担保的投资，具有高风险和高收益性

风险投资以创意为基础，而不是以总资产为基础。换句话说，风险投资的基础是投资者对未来的判断。风险投资就是投资想法，通过知识、信息和资源引导资金流向。风险投资重点投资于高科技的种子技术、尚未起步的小企业，因而具有极大的风险性，一般有市场风险、技术风险、管理风险和财务风险四大风险。风险投资家志在管理风险、驾驭风险、追逐高风险后隐藏的高收益，虽然成功率极低，而一旦成功，则收益丰厚。

(二)风险投资是一种流动性小、周期长的投资

风险投资参股风险企业，以相对不流动性为特征，在相对不流动中寻求增长。从投资周期来看，风险投资历时较长，且具有明显的周期性。风险投资的投资周期要经历研究开发、产品试制、正式投产、扩大生产到盈利规模进一步扩大等多个阶段。风险投资在企业创始初期开始投资，当新产品进入成熟期，企业经营稳定时，投资者开始清理资产，通过股票上市和股份转让撤出投资，收回风险资本，获得资本增值收益，开始新的项目。风险投资是一种长期的流动性低的权益资本。风险投资者为了减少风险和灵活周转资金，通常会随着风险企业的成长而分批投入资金。风险投资期一般在3～7年，有时甚至长达10年。据美国因第佛斯公司的调查，从1972年到1982年，157家创业企业平均需要30个月才能达到第一平衡点，即现金流平衡点(负现金流转向正现金流)，需要75个月才能恢复原始股本价值。[①] 正因为如此。人们也将风险资本称为“有耐心和勇敢”的资金。

(三)风险投资是一种高附加值投资

风险投资是一种长期性股本投资，这种投资可以充实企业资本金，改善企业资产负债结构。它不谋取分红，以便企业能够迅速积累资本，也不谋求控制企业。由于风险投资家自身利益和公司利益息息相关，利益上是一致的，使其不仅参与企业长期或短期发展规划、企业生产目标的测定、企业营销方案的建立，还参与企业的资本运营过程，甚至参与企业重要人员的雇

① 刘曼红：风险投资：创新与金融．北京：中国人民大学出版社，1998：33.

用、解聘,并利用他们长期积累的经营、知识和信息网络参与企业管理,为企业提供咨询服务。总之,风险投资能为企业带来比其投资的货币价值大得多的价值,即所谓的增值的投资。

(四)风险投资是以"四位一体"为运作方式的投资

无论是哪个阶段的投资,风险投资一般都包含着四方主体,分别为:资金供给方、资本运作方、资金需求方、资金退出渠道。资金从投资者流向风险投资公司,经过风险投资公司的筛选决策,再流向风险企业,通过风险企业的运作,资本得到增值,风险资本退出,资金再回流至风险投资公司。如图 3—1 所示。

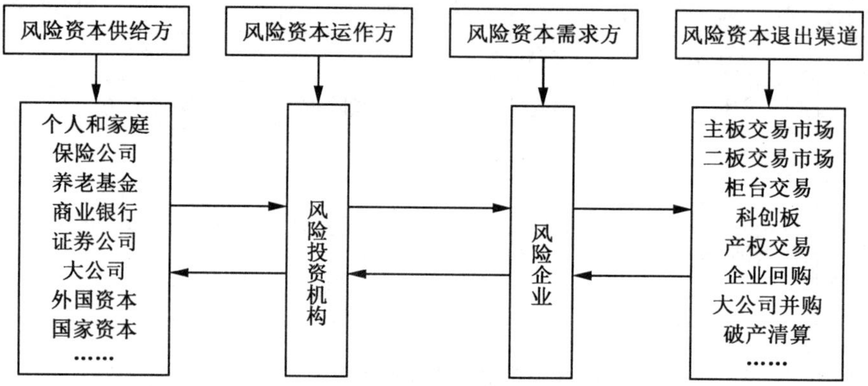

图 3—1　风险投资"四位一体"运作图

风险投资是以融资为首的投资与融资的有机结合,融资中有投资,投资中有融资,没有一定的投资目标或投资方向很难融到资金,很多时候,投资方向的选定是能否融到资金的关键。同样,投资当中有融资,投资的过程往往伴随着第二轮或第三轮的融资,融资、投资机构和风险企业一道构成了不可分割的有机整体。

(五)风险投资是科技金融的形式之一

高科技和风险投资作为知识经济中的两大支柱产业,存在着紧密的相互推动、相互促进的关系。风险投资本身即是与科技相结合的投融资机制。在美国,高达 70%的风险资本投向高科技,尤其是信息、通信领域。风险投资为美国高科技取代周期性产业和经济增长做出了巨大贡献。风险投资就是为了支持这种创新产业而产生的,当今世界的风险资本几乎就是高科技产业投资的代名词。高科技产业具有知识密集、技术密集和人才密集的特点,与之相应,风险投资行业也是知识密集、技术密集、人才密集的行业。因此,风险投资是一种金融与科技相结合的投融资机制。

(六)风险投资是不以经营获利而以股份转让获利为最终目的的投资

风险投资家的最终目的是带着丰厚利润和显赫功绩从风险企业退出。退出方式是风险投资公司规划中至关重要的一部分。风险投资从风险企业退出的方式有:公开上市、与其他企业兼并或被其他企业收购;股本赎回或私人收购;破产。这几种方式中以公开上市最佳,破产为最次。能使风险企业达到首次公开发行股票是风险投资家的奋斗目标。

第二节　风险投资的管理

风险投资起始于投资者对项目的选择，终止于投资的回收和获得投资收益。如图3－2所示，风险投资管理可分为四个主要阶段：第一阶段是投资者尽职调查与项目选择；第二阶段是投融资双方的评估谈判；第三阶段是资金的投入与投后管理；第四阶段是风险投资的择机退出。

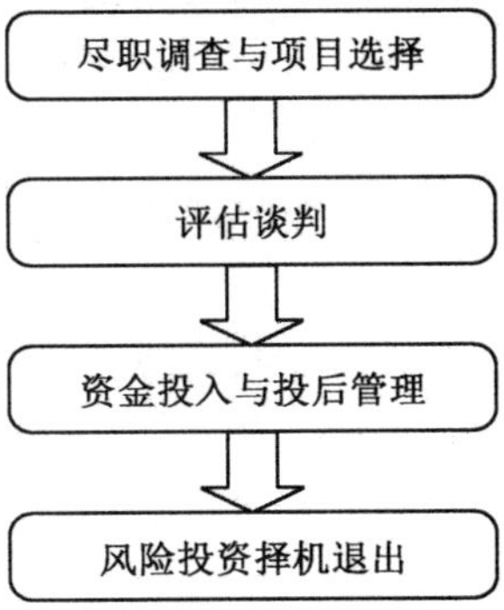

图3－2　风险投资管理流程示意图

一、尽职调查与项目选择

（一）尽职调查

尽职调查，又称谨慎性调查，是指投资人在与目标企业达成初步合作意向后，经协商一致，投资人对目标企业一切与本次投资有关的事项进行现场调查、资料分析的一系列活动。其目的是为了确定项目公司未来成长预测的假设基础的合理性以及项目公司对投资人不存在隐瞒的重大风险，并且保护投融资双方免受其他利益相关方的起诉。风险投资尽职调查所涉及的内容主要有：

（1）财务信息调查（Financial Due Diligence，FDD）。FDD调查的目的就是核实公司提供的财务报表是否真实。投资公司一般会请会计师事务所，对拟投资账务的真实性、合法性、一致性等内容进行审阅。

（2）法律信息调查（Legal Due Diligence，LDD）。LDD就是要了解拟投资公司或项目的法律合规性。主要内容包括：公司是否合法成立；外汇有没有得到审批；所处行业是国家鼓励类、限制类，还是禁止类；土地产权是否完整；环保是否达标；员工政策，以及公司章程等。

（3）业务信息调查（Business Due Diligence，BDD）。BDD主要调查拟投资公司在上下游业务环节中存在的信息，可能通过查验公司运货车、调查客户、供货商等了解公司的情况。

（4）公司成员的信息调查（People Due Diligence，PDD）。PDD调查内容包括主要成员的成长经历、名声、受教育情况、个人财务、个人品质，以及是否有犯罪记录等。

（二）项目选择

项目选择阶段是风险投资企业真正开始运作的起点，目的在于确保投资风险最小同时投资收益最大化。项目的选择不是去看企业本身的业绩和担保能力，而是考察企业的潜在发展能力。它体现了风险投资的高智能性,投资的判断不是现期的获利能力的反馈,而是长期获利能力的前瞻。

风险投资家考察项目的次序一般先从团队成员开始,然后是市场、技术、管理等。当然,风险投资者投资偏好不同,具体考察顺序可能会调整。

第一,创业者的素质是否符合公司投资标准。从各个角度去考察创业者或创业团队是否在其所从事的领域里有敏锐的洞察力,是否掌握市场全貌并懂得如何去开拓市场,是否懂得利用各种手段去筹措资金,是否能将自己拥有的技术设想变为现实,是否有较强的综合管理能力。

第二,研究和开发的新产品是否具有广阔的市场前景和市场吸引力。因为任何一项新技术或新产品都应达到风险投资家获利的目标。有发展潜力的产品或服务才是最受风险投资者欢迎的项目。

第三,产品技术的稳定性。有些技术上不成熟或性能上不稳定的项目存在巨大的技术风险,投资者对此类项目一般持谨慎态度。

第四,被投资企业的管理能力。投资者一般认为:一流的管理加二流的产品比一流的产品加二流的管理更具有优势。创业团队所形成的组织结构只有分工合理,责、权、利高度统一,才能在管理上先人一步。

二、评估谈判

风险投资公司在完成项目选择后,就需要与被投资的风险企业进行一系列的协商谈判。谈判是在项目评估的基础上进行的,项目初选后,一般还会剩下20%项目可供选择,这些剩下的项目可能还很多,所以还必须作进一步的选择。这时,可要求创业公司提供详细的商业计划书进行审查。审查的最可行方法之一是用评估指标法。创业资本家认真审阅商业计划书后,会考虑其中大约一半的候选投资项目,并约见创业家,询问有关问题,并让创业家就一些关键问题向创业资本作一次口头介绍来试图说服创业资本家,创业资本家也从中考察创业家的信心和对项目的把握。一份准备充分的商业计划书反映出创业家清晰的思路和周密的计划,也反映了创业家的管理素质。

风险投资者考察商业计划书时一般会着重考虑如下因素:

第一,风险企业资本增值能力。对风险投资家来说,无论投资规模大小,最终的资本获利必须要达到投资费用的几倍才行。第二,风险企业资本流动的潜力。风险投资家决定投资前必须要了解清楚投资退出渠道的可能性,这是因为风险投资家的最终目的并不是为了拥有公司,而是为了取得投资回报后退出。第三,风险企业未来的资本需求。对风险企业未来资本需求的预测,可以帮助投资者估计出保持主要投资者地位所需的资本量,并取得合乎需要的股份。同样的资金在企业发展中的不同时期所占的股份也是不同的。

三、资金投入与投后管理

项目评估通过后,风险投资进入实质性投资阶段。但是,考虑到初创企业的高风险性,一般投资方会要求对创业企业进行投后管理,也可在力所能及的各方面对被投资企业进行扶植和培育,尽快树立企业形象、寻找和匹配相关资源、占领产品市场,促使其尽快成长。投资者投后管理中重点关注的事项主要有:第一,协助创业企业制定发展战略。第二,建立各司其职、分工合理的董事会。第三,聘请独立董事等外部专家。第四,吸引其他投资者或资源提供者。

四、风险投资的择机退出

(一)风险投资退出时机选择的影响因素

风险投资的投资目的在于在合适的时候退出被投资企业。风险投资退出时机选择受以下因素的影响：

1. 风险投资基金的存续期

现代风险投资基金大多为有限合伙制，根据企业发展规律和成长空间理论，一般投资存续期通常为5～7年。当风险投资基金的存续期结束时，任何一个风险投资项目都考虑必须退出。

2. 风险投资协议及其补充协议

风险投资协议是由风险投资机构和被投资企业签订的法律文件。该协议包括的退股权条款、购回权条款和上市登记条款直接影响风险投资的退出时机选择。

退股权条款允许风险投资机构有权要求被投资企业在业绩达不到他们期望时退股，收回初期的投资并加上一定的利润。实质上，退股权是一种卖出期权(Put Option)，设置退股权在一定程度上可以保障风险投资机构的利益。

购回权是指被投资企业管理层有权在某一时间从风险投资机构手中回购股票。实质上，购回权是一种买入期权(Call Option)，设置购回权可以激励风险企业管理层为风险企业的发展而努力。退股权和购回权的具体规定，直接影响到风险投资退出时机的选择。

上市登记权条款包括要求登记权、附属登记权和优先登记权。要求登记权是指风险投资机构有权随时要求被投资企业为其所持有的股票申请上市，而不受其他股东决定的影响。附属登记权是指当被投资企业首次公开发行股票或上市后增资扩股时，风险投资机构有权同时出售其持有的原有股票或增资扩股股票。优先登记权是指当被投资企业接受多家投资时，早期投资者会在协议中明确其优先售股权。对于要上市的风险企业，上市登记条款的具体安排是选择退出时机必须考虑的因素。

3. 被投资企业股权增值状况

风险投资机构通过向被投资企业提供增值服务和实施运营监控来促进被投资企业的成长，以动态掌握被投资企业的股权增值状况。一旦风险投资机构确认继续持有被投资企业股权的边际成本大于预计的边际收益，将考虑风险投资项目的退出。

4. 风险资本家和风险企业家的偏好

风险投资项目退出的实施者是风险资本家，另一方当事人是风险企业家，他们的偏好对选择风险投资项目的退出时机有直接的影响。比如，无论是风险资本家还是风险企业家，都普遍对首次公开发行持欢迎态度，都会将其作为首选的退出方式，那么，该项目退出时机的选择就必然会受到证券市场行情的制约。由此可见，双方对退出方式的偏好会影响到风险投资项目退出时机的决策。

(二)风险投资的退出形式

随着资本市场的日益多样化，多层次的资本市场满足了风险投资的退出形式。

1. 首次公开发行是风险资本退出的最理想方式

首次公开发行(Initial Public Offering，IPO)是指通过所投资的创业企业的股票首次公开上市发行，风险投资公司出售其所持有股份，以实现退出并增值。通过IPO退出风险企业的方法是风险投资家采用的主要退出方式，也是收益最高的退出方式。

根据威廉姆·D. 拜格雷夫和J. A. 蒂蒙斯对1979年到1988年美国首次公开发行股票市场的统计研究,通过首次公开发行股票方式退出的风险资本投入的总回报为:第一投资期为22.5倍,第二投资期为10倍,第三投资期为3.7倍(详见表3—3)[①]。

表3—3　风险资本投资回报

阶　段	首次公开发行股票收益(倍)	第1年	第2年	第3年	第4年
第一期	22.5	42.1	40.8	39.2	61.7
第二期	10	13.9	20.2	21.6	38.1
第三期	3.7	5.4	5	6.3	13.5

采用IPO方式退出的风险投资的回报远远高于用其他方式退出的风险投资的回报(见表3—4)。

表3—4　风险投资退出方式的比较

退出方式	平均周期(年)	平均收益率(%)
IPO	4.2	610
回购	4.7	110
兼并	3.7	70
清算	4.1	−80

不过,首次公开发行上市(IPO)也有明显的缺点存在,风险投资者在选择是否采用这种方式退出投资企业时,可以通过表3—5的优缺点比较后进行选择。

表3—5　首次公开发行(IPO)的优缺点

优　点	缺　点
实现所有者的部分或全部资本	可能失去控制权
获得扩张所需融资	恶意竞投
为收购提供了可流通股份	被要求披露竞争对手感兴趣的敏感信息,如价格
增强社会地位和公众关注	大量的披露要求和后续责任,如成本和时间管理
通过股权激励增加员工积极性	接受来自股东、媒体、公众等更多的监督
品牌得到大力提升	强调短期利润和分红表现
销售渠道更加通畅,会有客户主动找上门来	取得上市资格和路演的高成本

2. 股份回购(Buy-back)是风险资本退出的重要渠道

股份回购是指由创业企业或者创业家本人购回风险投资者持有的创业企业的股份,它既可以是管理层的杠杆收购(MBO),也可以是通过建立一个员工持股基金(ESOT)进行的回购。股份回购发生的原因有:风险企业的创办人不愿意企业所有权转移,企业受到他人控制;风险

① 资料来源:Bygrave W D, Timmons J A. Venture Capital at the Crossroads. Harvard Business School Press, 1992: 170.

投资公司迫使风险企业赎回其所持有的股份。股份回购对于大多数风险投资家来说，常常作为备选方案。当创业企业的发展没有达到预期时，可以考虑以此方式退出投资。

3. 兼并收购(M&A)是风险资本退出的另一重要渠道

所谓兼并收购(Mergers & Acquisition，M&A)是指一个公司通过产权交易出售公司资产所有权、经营管理权等在内的控制权，以实现一定经济目标的经济行为。通过其他公司的兼并收购，不仅风险投资家可以收回投资并达到退出创业企业的目的，而且创业家也可收回其投资并实现其高额的风险投资利润。近年来，以企业并购的方式退出创业企业成为风险投资家的主要方式，甚至在某种政策环境下已经超过了 IPO 方式。

4. 破产清算是风险资本退出的无奈之举

当风险投资家意识到所投资企业已无发展前途或无法达到预期收益时，破产清算则是明智之举。公司清算退出反映了市场淘汰劣质项目的过程，大量的公司清算为捕捉高回报的市场机会开辟了道路，具有积极的现实意义。

第三节　风险投资的获取策略

创业企业要想获得风险资金，并得到风险投资家的资源支持，除了拥有过硬的技术和产品、具有吸引力的创业团队、完善的商业计划书等，还要预先了解风险投资市场的行情，了解各个风险投资公司偏好，然后根据自身的特点和资金需要筛选可能获得支持的风险投资公司。

一、寻找初步意向目标

创业公司首先要了解风险投资者的投资爱好，特别是要了解他们对投资项目的筛选和评估程序。要善于换位思考，客观地分析本公司或项目的优势、劣势以及与风险投资公司的匹配度。认清风险投资者看重的不仅仅是技术，而是由技术、市场和管理团队等资源整合起来而产生的盈利模式。风险投资者要的是投资回报，而不是技术或企业本身。

在此过程中，企业首先审视自身的盈利模式非常重要。清楚地判断公司能够存在得以发展的基础是什么，融资项目能为客户提供哪些有价值的产品或者是服务。其次，根据公司的 SWOT 进行发展趋势的定位，制定合适的发展战略或者是规划，向投资者展示公司潜在的投资价值。

二、准备融资文件

文档资料是达成投融资意向的媒体和介质，在与风险投资家正式面谈之前，创业团队需要准备好所有必要文件。主要文件包括：

(1)商业计划书①。商业计划书是全面介绍公司目前及未来发展状况的规范文本，包括公司及产品介绍、市场与行业分析、战略与营销规划、经营与组织、财务预测与投资分析、风险及管控。通过商业计划书的信息传达，投资者能够比较全面地对公司进行了解。

(2)业务简介。一套关于风险企业主要业务介绍的文件，包括主要经营业务、潜在客户分析以及市场预测等与业务的发展和持续直接相关的介绍性材料。

---

① 关于商业计划书撰写和演示的有关内容，在本书第八章、第九章、第十章进行全面介绍。

(3)综合调查分析。创业企业必须了解自身产品或服务的市场占有量和市场增长空间,以调查的数据来说服投资者相信产品的潜力。市场调查通过问卷或访谈了解市场对产品的认同度,形成的分析报告才能客观真实,富有说服力。

除此之外,会谈前还应准备的必要文件如营销资料、重要合同、专利证书等。尽可能考虑到投资者希望或期待看到的资料,一方面展示公司的实力,另一方面也可以说明谈判和合作的诚意。

三、会谈与签署协议

前期一切工作就绪后,则可以考虑与风险投资者在合适的地方会谈交流。会谈过程中,创业团队应注意遵循的原则可以概括为"六要六不要"原则。

"六要"原则包含:(1)创业者要对公司的产品(或服务)保持主动和热情;(2)创业者要了解自己所出的最低价,并在必要时坚决地离开;(3)创业者要牢记自己和风险投资家之间要建立一种长期的合作伙伴关系;(4)创业者要了解这些风险投资家(谈判对手)的个人情况;(5)创业者要了解风险投资公司以前资助的有哪些项目,了解目前投资项目的结构组合;(6)创业者要对自己可以接受的条件进行谈判。

而"六不要"原则则包含:(1)创业者不要回避问题;(2)创业者不要答案模糊;(3)创业者不要隐藏重要的问题;(4)创业者不要期望对方立即做出决定;(5)创业者不要把交易的价格定死;(6)创业者最好不要带律师参加会议,以免在细节上过多地纠缠。

愉快的会谈结束后,签署投资协议便水到渠成。投资协议包括基本协议和必要补充协议,协议明确规定双方的权利和义务。投资协议的签订标志着风险企业家争取投资的结束,同时也标志着双方建立长期合作伙伴关系的开始。在投资合同书中,风险企业家和投资者双方必须明确下面两个基本问题:一是双方的出资额与股份分配,其中包括对风险企业的技术开发设想和最初研究成果的股份评定;二是创建企业的人员组织和安排双方各自担任的职务。

为了保护风险投资者的权利,合同中通常还要规定:(1)风险企业定期向投资家提供财务报告和其他重要的经营情况的报告;(2)风险投资家应在公司董事会中占有一定的席位;(3)风险投资家有拒绝进一步投资的权利和出售股份的权利;(4)风险投资家有参与企业年度业务计划、重大开支和管理人员工资的审批权;(5)风险投资家有要求企业的创始人和首席执行官(CEO)等核心人员进行人身保险的权利;(6)有的风险投资家还会要求创业者以已有的资产为抵押。

本章小结

风险投资是创业企业获取资金的主要渠道之一。风险投资不同于一般的投资行为,因此其运作系统也很特别,体现"四位一体"的运作方式。风险投资的管理也不同于普通投资方式,需要经过尽职调查、项目筛选、投后管理直至风险投资善身而退。创业者了解了风险投资的运作和管理基本机制后,融资谈判前后需要考虑采取必要策略,才能获得期望的融资结果,其中一份完善的商业计划书是至关重要的。

本章中英文关键词

风险投资(Venture Capital)
创业企业(Venture Enterprise)
股份回购(Buy-back)
商业计划书(Business Plan)
风险投资家(Venture Capitalists)
首次公开发行(Initial Public Offering,IPO)
兼并收购(Mergers & Acquisition,M&A)

复习思考题

1. 什么叫风险投资?与普通投资相比,它有哪些特点?
2. 风险投资择机而退的影响因素有哪些?
3. 什么情况下 IPO 是风险投资最好的退出方式?

综合分析案例

风投助力,“阿里巴巴”成功上市

一、创业伊始,寻找风险投资救急

1999 年年初,马云决定回到杭州创办一家能为全世界中小企业服务的电子商务站点。回到杭州后,马云和最初的创业团队开始谋划一次轰轰烈烈的创业。大家集资了 50 万元,在马云位于杭州湖畔花园的 100 多平方米的家里,阿里巴巴诞生了。这个创业团队里除了马云之外,还有他的妻子、他当老师时的同事、学生以及被他吸引来的精英。比如阿里巴巴首席财务官蔡崇信,当初抛下一家投资公司的中国区副总裁的头衔和 75 万美元的年薪,来领马云几百元的薪水。他们都记得,马云当时对他们所有人说:“我们要办的是一家电子商务公司,我们的目标有 3 个:第一,我们要建立一家生存 102 年的公司;第二,我们要建立一家为中国中小企业服务的电子商务公司;第三,我们要建成世界上最大的电子商务公司,要进入全球网站排名前十位。”狂言狂语在某种意义上来说,只是当时阿里巴巴的生存技巧而已。

阿里巴巴成立初期,公司是小到不能再小,18 个创业者往往是身兼数职。好在网站的建立让阿里巴巴开始逐渐被很多人知道。来自美国的《商业周刊》还有英文版的《南华早报》最早主动报道了阿里巴巴,并且令这个名不见经传的小网站开始在海外有了一定的名气。有了一定名气的阿里巴巴很快也面临资金的瓶颈:公司账上没钱了。当时马云开始去见一些投资者,但是他并不是有钱就要,而是精挑细选。即使囊中羞涩,他还是拒绝了 38 家投资商。马云后来表示,他希望阿里巴巴的第一笔风险投资除了带来钱以外,还能带来更多的非资金要素,例如进一步的风险投资和其他的海外资源。而被拒绝的这些投资者并不能给他带来这些。

二、软银投资,挺过互联网寒冬

让马云意想不到的是,随着公司的逐渐扩大,更大的投资者注意到了他和阿里巴巴。1999 年秋,日本软银总裁孙正义约见了马云。孙正义当时是亚洲首富。孙正义直截了当地问马云想要多少钱,而马云的回答却是他不需要钱。孙正义反问道:“不缺钱,你来找我干什么?”马云的回答却是:“又不是我要找你,是人家叫我来见你的。”这个经典的回答并没有触怒孙正义。第一次见面之后,马云和蔡崇信很快就在东京又见到了孙正义。孙正义表示将给阿里巴巴投资 3 000 万美元，占 30%的股份。但是马云认为，钱还是太多了，经过 6 分钟的思考，马云最终确定了 2 000 万美元的软银投资，阿里巴巴管理团队仍绝对控股。

从 2000 年 4 月起，纳斯达克指数开始暴跌，长达两年的熊市寒冬开始了，很多互联网公司陷入困境，甚至关门大吉。但是阿里巴巴却安然无恙，很重要的一个原因是阿里巴巴获得了 2 500 万美元的融资。那个时候，全社会对互联网产生了一种不信任，阿里巴巴尽管不缺钱，业务开展却十分艰难。马云提出关门把产品做好，等到春天再出去。冬天很快就过去了，互联网的春天在 2003 年开始慢慢到来。

三、新一轮融资，完成上市目标

2004 年 2 月 17 日，马云在北京宣布，阿里巴巴再获 8 200 万美元的巨额战略投资。这笔投资是当时国内互联网金额最大的一笔私募投资。2005 年 8 月，雅虎、软银再向阿里巴巴投资数亿美元。

之后，阿里巴巴创办淘宝网，创办支付宝，收购雅虎中国，创办阿里软件。一直到阿里巴巴上市。2007 年 11 月 6 日，全球最大的 B2B 公司阿里巴巴在香港联交所正式挂牌上市，正式登上全球资本市场舞台。随着这家 B2B 航母登陆香港资本市场，此前一直受外界争论的“B2B 能不能成为一种商务模式”也有了结果。11 月 6 日 10 时，港交所开盘，阿里巴巴以 30 港元，较发行价 13.5 港元涨 122%的高价拉开上市序幕。小幅震荡企稳后，一路单边上冲。最后以 39.5 港元收盘，较发行价涨了 192.59%，成为香港上市公司上市首日涨幅最高的“新股王”，创下香港 7 年以来科技网络股神话。当日，阿里巴巴交易笔数达到 14.4 万多宗。输入交易系统的买卖盘为 24.7 万宗，两项数据都打破了工商银行 2006 年 10 月创造的纪录。按收盘价估算，阿里巴巴市值约 280 亿美元，超过百度、腾讯，成为中国市值最大的互联网公司。

在此次全球发售过程中，阿里巴巴共发行了 8.59 亿股，占已发行 50.5 亿总股数的 17%。按每股 13.5 港元计算，共计融资 116 亿港元(约 15 亿美元)。加上当天 1.13 亿股超额配股权获全部行使，融资额将达 131 亿港元(约 16.95 亿美元)，接近谷歌纪录(2003 年 8 月，谷歌上市融资 19 亿美元)。

阿里巴巴的上市，成为全球互联网业第二大规模融资。在此次路演过程中，许多投资者表示，错过了谷歌不想再错过阿里巴巴。

四、美国纽交所缔造传奇

2014 年 9 月 19 日晚间，阿里巴巴集团正式在纽约股票交易所挂牌交易。开盘价 92.75 美元，较发行价上涨 36.3%。截至收盘，阿里巴巴股价暴涨 25.89 美元，报收 93.89 美元，涨幅达 38.07%，市值达 2 314.39 亿美元，超越 Facebook 成为仅次于谷歌的第二大互联网公司。阿里巴巴此次公开发售约 3.2 亿股 ADS(美国存托凭证)，一股 ADS 代表一股普通股。其中包括新发行的约 1.23 亿股，以及既有股东售出的约 1.97 亿股，募集的金额约为 217.7 亿美元。以发行价计算，整体估值超过 1 748 亿美元。

除此之外，阿里巴巴集团以及部分既有股东已经允许承销商有权限在 30 天内销售额外的约 4 800 万股 ADS，也就是绿鞋机制。启动该机制，阿里巴巴 IPO 的募资额将超过 250 亿美元，成为全球历史上最大规模的 IPO。

(资料来源：根据公开信息整理)

案例思考题：

1. 风险投资在阿里巴巴的成功路上起了什么作用？
2. 每个发展阶段阿里巴巴获得资金支持的具体原因是什么？

第四章 互联网金融

【引导案例】

大家投李群林:找天使投资吃闭门羹 草根逆袭记

大家投创始人李群林是典型的草根创业者,没有显赫的履历、没有学历背景、没有做过企业高管。2012 年,李群林想自己创业,做一个在线教育项目,启动资金要几百万元,可是手头的钱不够,又不认识天使投资人。

他在微博上试着联系天使投资人时发现,现阶段中国的天使投资人太少,远不能满足创业者的需求。同时,一些有闲钱的人也想投资项目赚取回报。于是,他萌发了一个想法:做一个把创业者和投资人连接起来的网站,把线下的天使投资流程搬到网上来,全国各地的人都可以投资,创业者也能拿到足够的资金开展商业计划。

在尝试了几家中国早期的众筹网站以后,李群林觉得,做一个股权融资的众筹网站会更符合投资的需求。2012 年 12 月,大家投网站正式上线。第一个实验的项目,就是大家投的前身"众帮天使网"。李群林把项目说明放在网站上,设定了金额和期限,投资人看到项目投资后可以成为股东。

李群林逐渐摸索到,网站上的大部分投资人缺少专业的投资能力,如果设立"领投人+跟投人"的制度,通过专业投资人汇聚有投资意愿但是没有投资能力的人,在投资过程中和投资后安排一个总的项目执行人代表投资人进入项目公司董事会,行使项目的决策权和监督权,就可以解决这个问题。

李群林带着他的项目去找天使投资人,但是很多人并不看好,其中就包括当时任中国青年天使会总干事的陈磊。陈磊回忆说,"李群林貌不惊人,草根出身,国内对于股权众筹的法律规定也不是很完善,大家不确定这件事能不能成。"虽然吃了闭门羹,但是李群林没有气馁,他通过微博和创投沙龙联系了更多的投资人。最后,深圳创新谷成了大家投的第一个也是唯一一个机构投资者,并提供了免费的办公场所。随后,大家投又吸引到 11 个跟投的投资人。

就这样,李群林出资 15 万元,深圳创新谷出资 15 万元,再加上其他 11 位天使投资人的资金,2013 年 3 月,大家投在项目团队只有李群林一个人的情况下共筹集了 100 万元的天使投资。随后李群林招聘了产品、设计、客服等工作人员,从 5 个员工开始,大家投运营起来了。

2013 年 12 月，大家投启动了第二轮 300 万元的众筹。2014 年 1 月，团队从 5 人扩展到 20 人。2014 年 2 月，李群林收购了 dajiatou. com 域名。2014 年 7 月，大家投的注册用户超过 10 000 人，日均新增注册用户 50 人。同月，大家投 2.0 版上线，形成了“在线 FA＋在线投资管理公司＝互联网天使股权众筹平台”的商业模式。李群林通过众筹融资这一方式成功解决了创业资金不足的问题，大家投由此得以成立并迅速发展。

（资料来源：大家投李群林：找天使投资吃闭门羹 草根逆袭记[EB/OL]. 网经社，http://www. 100ec. cn/detail-6207760. html，2014—10—31）

案例启示与思考：

互联网的出现使得普通人的个人感召力可以通过社交媒体传递到亲人朋友之外的陌生人，大大拓展了创业者的融资渠道，融资者可以突破地域的限制获得更多资源，极大地缓解了创业融资难的问题。在互联网金融时代，现金为王，但创意至上。融资者可以通过互联网将自己的想法与创意传递给广大的潜在投资者，只要想法够好，创意够新，就能得到投资者的认可和青睐，互联网金融不失为解决中国企业创业融资难问题的一种新途径。那么互联网金融的具体内涵是什么？包括哪些发展模式？是否存在一定风险呢？

【本章学习目标】

1. 提高学习者对互联网金融概念及特点的认识。
2. 加深学习者对互联网金融与传统金融区别的认识。
3. 增强学习者对互联网金融发展模式的了解。
4. 提升学习者对互联网金融的风险防范意识。

第一节　互联网金融概念及特点

一、互联网金融概念

互联网金融是依托于以互联网为代表的现代信息科技，特别是移动支付、搜索引擎、云计算、社交网络以及电子商务等来实现资金融通、支付和信息中介等业务的一种新兴金融模式。社交网络、电子商务、第三方支付等形成了庞大的数据量，云计算和行为分析理论使大数据挖掘成为可能，数据安全技术使隐私保护和交易支付顺利进行，而搜索引擎使个体更加容易获取信息。互联网金融将带来一种既区别于商业银行间接融资，也区别于资本市场直接融资的第三种金融融资模式。

二、互联网金融特点

在互联网金融背景下，支付便捷，超级集中支付系统和个体移动支付相统一；信息处理和风险评估以大数据分析和高速算法为基础，并通过网络化方式进行，信息不对称程度非常低；资金供需双方在资金期限匹配、风险分担等方面的成本非常低，可以不经过银行、证券公司和交易所等传统金融中介和市场，直接在网上发行和交易贷款、股票、债券等；市场充分有效，接近瓦尔拉斯一般均衡对应的无金融中介或市场情形，可以超越传统金融中介和市场的资源配置效率，在促进经济增长的同时，还能大幅减少交易成本。更为重要的是，在互联网金融下，现在金融业的分工和专业化被大大淡化了,被互联网及其相关软件技术替代了(可以设想所有金融业务都嵌入在 App 中);企业家、普通老百姓都可以通过互联网进行各种金融交易,风险定价、期限匹配等复杂交易都会大大简化、易于操作;市场参与者更为大众化,互联网金融交易所引致出的巨大效益更加惠及普通老百姓。这也是一种更为民主化,而不是为少数专业精英控制的金融模式。

互联网金融包括支付、投资、融资等方面,互联网融资作为互联网金融的一部分,同样具有去中介化、支付简单化、网络化和大众化的特点。

互联网金融将传统金融与互联网相结合,是对传统金融的沿袭与发展,互联网金融与传统金融的区别如表 4—1 所示。

表 4—1 互联网金融与传统金融比较表

项 目	传统金融	互联网金融
支付	通过银行支付	超级集中支付系统和个体移动支付的统一
资金供求	通过银行与券商中介间接交易;资金期限与数量相匹配	直接交易,去中介化,资金期限与数量可协商解决
信息处理	网络化程度较低,困难;成本高	高度网络化,容易;成本低
风险评估	信息不对称	数据丰富、完整,信息对称
交易成本	交易成本高	金融市场运行互联化,交易成本低
产品	需要设计复杂风险和对冲风险	简单化,风险对冲需求减少

第二节 互联网金融的主要模式

互联网金融经过近几年发展,可以归纳为第三方支付、P2P(点对点)网络贷款、众筹融资、电商小贷、信息化金融机构以及互联网金融门户六种模式。

一、第三方支付

央行 2010 年在《非金融机构支付服务管理办法》中将第三方支付定义为非金融机构作为收、付款人的支付中介所提供的网络支付、预付卡、银行卡收单以及中国人民银行确定的其他支付服务。第三方支付通过互联网在客户、第三方支付公司和银行之间建立连接,帮助客户快速实现货币支付、资金结算等功能,同时起到信用担保和技术保障等作用,是信用缺位条件下的补位产品。

从发展路径与用户积累途径来看,目前市场上第三方支付公司的运营模式可以归为两大类:一类是独立第三方支付模式,是指第三方支付平台完全独立于电子商务网站,不负有担保功能,仅仅为用户提供支付产品和支付系统解决方案,以快钱、易宝支付、汇付天下、拉卡拉等为典型代表。另一类是以支付宝、财付通为首的依托于自有 B2C、C2C 电子商务网站提供担保功能的第三方支付模式。在此类支付模式中,货款暂由平台托管并由平台通知卖家货款到达、进行发货;买方在电商网站选购商品后,使用第三方平台提供的账户进行货款支付,待买方检验物品并进行确认后,就可以通知平台付款给卖家,这时第三方支付平台再将款项转至卖方账户。传统支付模式与第三方支付模式对比如图 4—1 所示。

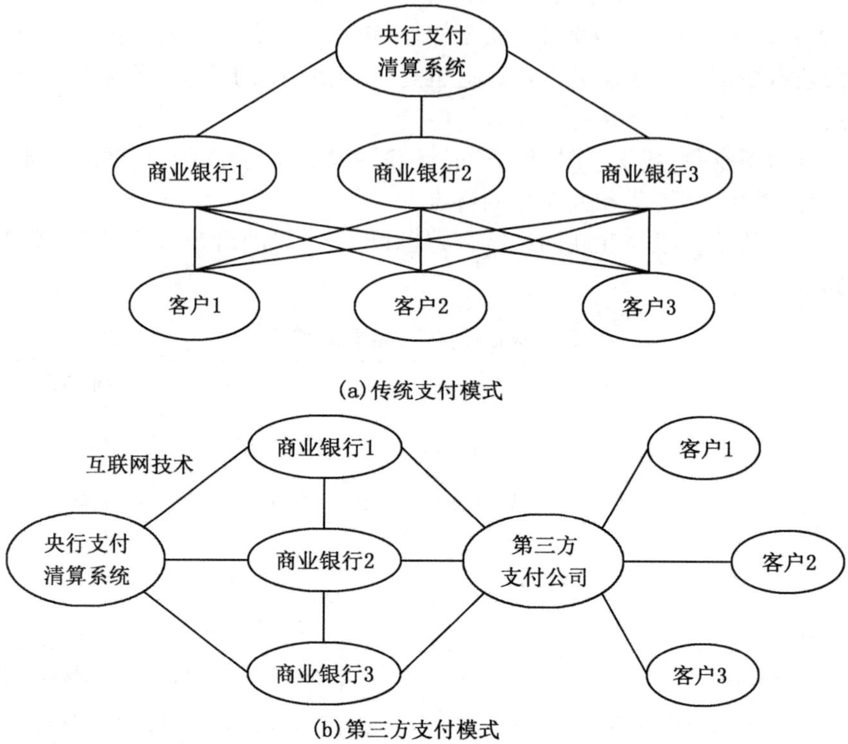

图 4—1 传统支付模式与第三方支付模式对比图

通过图 4—1 可以看出,传统支付模式下,支付清算体系是客户与商业银行建立联系,商业银行与中央银行建立联系,中央银行是所有商业银行支付清算的对手方,能够通过轧差进行清算。在原有支付清算模式下,客户必须分别与每一家商业银行建立联系,支付清算的效率较低。

第三方支付诞生以后,客户与第三方支付公司建立联系,第三方支付公司代替客户与商业银行建立联系。这时第三方支付公司成为客户与商业银行支付清算的对手方,第三方支付公司通过在不同银行开立的中间账户对大量交易资金实现轧差,少量的跨行支付则通过中央银行的支付清算系统来完成。

例 4—1 支付宝是阿里巴巴集团于 2004 年底创办的独立第三方支付平台。目前支付宝与包括工商银行、建设银行、中国银行、招商银行、交通银行、农业银行及兴业银行等在内的国内外 180 多家银行以及中国邮政、VISA 国际组织等各大机构都建立了深入的战略合作。用户可使用支付宝实现线上线下的 B2C 购物,购买航旅机票,缴纳诸如水、电、煤气、话费、房租等生活费用,理财,转账,还款等,而无需通过银行进行支付,在这一过程中支付宝取代银行充当了支付中介。

二、P2P 网络贷款

P2P 网络贷款是近年来兴起的一种互联网上个人对个人的借贷模式,是在中小企业无法从传统的商业银行和资本市场获取足额的资金来满足其发展需求,造成中小企业融资难等问题的背景下发展起来的。P2P 网络贷款是指通过第三方互联网平台进行资金借贷双方的匹配,需要借贷的人群可以通过网站平台寻找到有出借能力并且愿意基于一定条件出借的人群,帮助贷款人通过和其他贷款人一起分担一笔借款额度来分散风险,也帮助借款人在充分比较的信息中选择有吸引力的利率条件的一种融资方式。简单来说,就是指拥有资金并且具有理财投资想法的个人,通过第三方网络平台牵线搭桥,使用信用贷款的方式将资金贷给其他有借款需求的人。P2P 网络贷款本质上是一种民间小额借贷,具有以信用为基础、发起灵活、金额较小、利率较高等特点。P2P 网络贷款在国外以 Prosper(美国)、Lending Club(美国)、Zopa(英国)为代表,国内比较有名的 P2P 网贷有宜信、陆金所、拍拍贷、人人贷。P2P 网络贷款的基本流程图如图 4—2 所示。

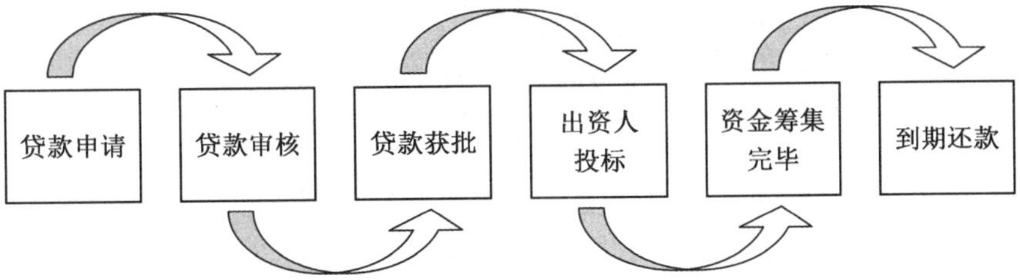

图 4—2 P2P 网络贷款的基本流程图

例 4—2 以 Lending Club 为例,拟借款人按 Lending Club 的要求提出借款申请,对符合要求的借款申请,Lending Club 首先对借款人进行信用等级评定,再根据信用和借款期限确定贷款利率,最后将审核后的贷款需求放到网站上供投资者浏览和选择,内容包括贷款总额、利率和客户评级。投资者在网站注册后,根据自己的偏好选择投资对象,并自行决定分配给每个借款方的金额,每笔金额不低于 25 美元。投资者与借款人之间没有直接的资金往来,而是购买平台发行的与借款者的贷款相对应的受益权凭证,因此双方没有直接债权债务关系,相当于是一个贷款资产证券化的过程。在投资者确定了投资目标之后,通过指定的银行(WebBank)对借款人发放贷款,银行马上将贷款以凭证形式销售给 P2P 平台公司,获得投资者为获得受益权凭证而支付给平台的资金,还款时,借款人直接还给 LendingClub 平台,LendingClub 在扣除了管理费和其他费用之后支付给投资者。

目前,P2P 网贷已经出现了以下几种主要的运行方式:一是纯线上方式,此类典型的平台有人人贷、拍拍贷等,其特点是资金的借贷活动都通过线上进行;二是线上线下结合的方式,此类以翼龙贷为代表,是借款人在线上提交借款申请后,平台通过所在城市的办事机构或代理商采取入户调查的形式审核借款人的资格、还款能力等信息;三是债权转让方式,该方式以宜信为代表,是平台作为中间人对借款人进行选择,以个人名义进行借贷之后再将债权转让给理财投资者。

尽管 P2P 模式对于解决创业企业融资问题产生一定作用,但同时也产生一定风险,包括政策风险和操作风险。因此,国家相继出台了一系列办法来不断规范 P2P 的运作及风险管控。

三、众筹融资

众筹融资是指利用网络良好的传播性,以实物、服务、股权等作为回报形式,通过互联网平台向公众或特定的公众募集项目资金的融资模式。众筹融资模式下，需要资金的个人或团队将项目策划交给众筹平台，经过相关审核后，便可以在平台的网站上建立属于自己的页面，用来向公众介绍项目情况。在募集资金的同时，也可以达到宣传推广的效果。众筹融资的基本流程图如图 4—3 所示。

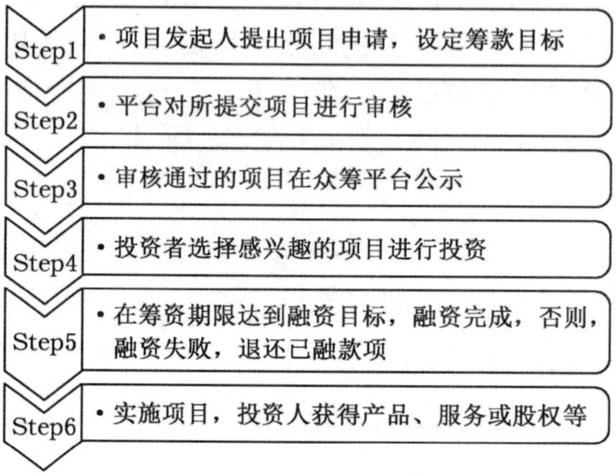

图 4—3　众筹融资的基本流程图

例 4—3　众筹融资平台的代表是 2009 年创立的 Kickstarter，它支持每个人发起创新性项目，包括电影、科技、游戏等，进而向公众集资。项目融资人发布自己的项目，预设融资额、融资时长以及不同的出资额将会获得的不同回报——可能是一个产品样品，可能是在项目里添加捐助者的名字，也有可能是一些项目的源代码，但决不会是资金回报。捐助者为自己喜欢的项目进行各种层级的投资，可以是 10 美元，甚至也可以是 1 万美元。若一个项目在规定的时间内达到了融资人预设的融资额，则融资成功，捐助者会在项目完成后，按照之前的条约获得相应的回馈。反之，若在规定时间内融资额没有达到预定标准，已经捐助进去的钱会返还到各自账户。Kickstarter 平台会在项目发布前对其进行评估，只有通过审核的项目才能在网站上发表出来。若项目融资成功，Kickstarter 会抽取融资额的 5%作为收入。通过 Kickstarter 提供的平台，很多创业项目或创意有了实现的可能。

按照回报方式不同，众筹融资可分为以下几种类型：

（1）商品众筹。投资者对项目或公司进行投资，获得产品或服务。它是最早出现的众筹模式，在此模式下，项目发起人不承诺金钱回报，投资人也不以经济收益为目的。如果项目最终运作成功，投资者获得的是产品、服务等非金钱回报。

（2）股权众筹。投资者对项目或公司进行投资，获得其一定比例的股权。学贷网创业基金就属于此类众筹模式。在股权众筹模式下，项目发起人在平台上发布的不是具体的研发、生产项目，而是公司信息，希望通过转让公司部分股权的形式，获得一定的资金，支持公司业务的全面发展。投资人投入资金后，获得公司的股权和股权收益。

（3）债权众筹。投资者对项目或公司进行投资，获得其一定比例的债权，未来获取利息收益并收回本金。

（4）捐赠众筹。投资者对项目或公司进行无偿捐赠，学贷网公益助学贷款就是捐赠众筹的例证之一。

四、电商小贷

电商小贷是指电商企业利用互联网、云计算等信息化手段，对其长期积累的平台客户交易数据进行专业化的挖掘和分析，通过自建小贷公司或与银行合作方式，向其平台上的小微企业提供信贷服务的融资方式。我国比较典型的电商小贷有阿里小贷、京东金融、民生易贷、苏宁银行等，一方面电商小贷满足了其平台上小微企业短、频、快的资金周转以及固定资产投资需求；另一方面电商向银行提供平台客户交易数据，帮助银行解决风险控制问题和平台客户获得授信，推动小微企业突破资金瓶颈。电商小贷的基本流程图如图 4—4 所示。

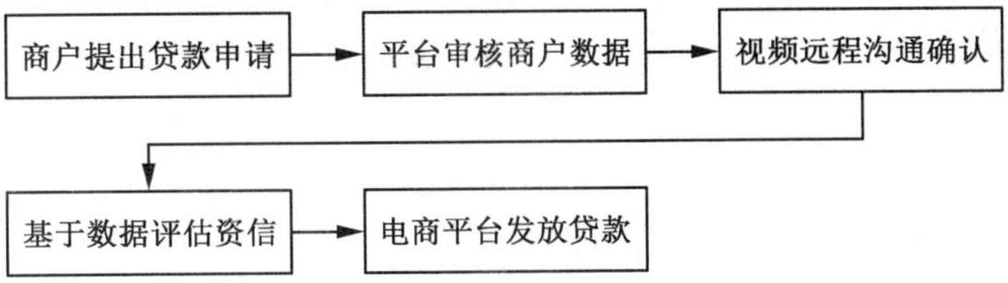

图 4—4　电商小贷基本流程图

例 4—4　阿里小贷是国内电商小贷的典型。阿里小贷所有贷款流程都在网上完成，客户通过网络申请贷款，阿里巴巴将小企业在阿里巴巴以及淘宝店主在淘宝网上的经营信用记录、交易发生状况、投诉纠纷情况等百余项指标信息都在评估系统中经过计算分析，确认借款主体的真实性、借款意愿的合理性以及经营是否正常，审批人根据客户基础资料、征信情况、信用评级、授信标准测算额度等综合判断是否授信及可授信额度、贷款方式。贷款发放也通过支付宝完成，基本不涉及线下审核，最短放贷时间仅需 3 分钟。信誉较高的客户还可以通过申请和人工审核获得超额贷款，金额在 1 000 万元以内。阿里小贷与阿里巴巴、淘宝网、支付宝底层数据完全打通，通过大数据和云计算成功将不良贷款率维持在低于 1%的水平。

电商小贷目前主要有三种模式：(1)电商银行合作模式。电商将平台上审核后企业的融资需求提交给银行审核，由银行完成信贷。(2)自建小贷公司。电商自建小贷公司或担保公司，结合集团自有资金，满足平台企业融资需求。(3)资产证券化。电商将优质贷款以金融产品的形式予以出售，向大众融资。

五、信息化金融机构

信息化金融机构是指通过采用信息技术，对传统运营流程进行改造或重构，实现经营、管理全面电子化的银行、证券和保险等金融机构。金融信息化是金融业发展趋势之一，而信息化金融机构则是金融创新的产物。目前，一些银行都在自建电商平台，从银行的角度来说，电商的核心价值在于增加用户黏性，积累真实可信的用户数据，从而银行可以依靠自身数据去发掘用户的需求。中国建设银行推出“善融商务”、中国工商银行推出“工银融 e 联”等金融服务平台都是银行信息化的有力体现。

例 4—5　以建设银行为例，善融商务是中国建设银行推出的以专业化金融服务为依托的电子商务金融服务平台，为从事电子商务的企业和个人客户提供产品信息发布、在线交易、支付结算、分期付款、融资贷款、资金托管、房地产交易等全方位的专业服务。善融商务服务于从事电子商务的企业供应商、企业采购商和个人消费者。企业供应商可在平台上进行商品发布、在线交易、供应链融资等;采购商可在平台上进行批量采购,发布求购信息,以及申请融资贷款等;个人消费者可在商城上购买、批发商品,分期付款,个人融资,进行房地产交易等。善融商务结合了建设银行传统的金融服务优势,为企业和个人客户提供了包括支付结算、托管、担保和融资服务在内的全流程的金融服务,是建设银行建设信息化金融机构的重要一步。

目前信息化金融机构主要运营模式分为以下三类:传统金融业务电子化模式、基于互联网的创新金融服务模式、金融电商模式。

(一)传统金融业务的电子化模式

传统业务的电子化实质也是金融电子化的过程,是指金融企业采用现代通讯技术、网络技术和计算机技术,提高传统金融服务行业的工作效率,降低经营成本,实现金融业务处理的自动化、业务管理的信息化以及决策的科学化,为客户提供快捷、方便的服务,达到提升市场竞争力的目的。它是一种基于传统的、封闭的金融专用计算机网络系统,其本质是行业内部管理的自动化与信息化。

(二)基于互联网的创新金融服务模式

金融机构信息化建设为金融服务电子化创造了条件。近年来金融机构依托云计算、移动互联等新技术加速转型,不断扩大金融服务电子化的范围及影响。金融服务电子化的变革体现在金融电子渠道对金融业务和服务的不断创新。

(三)金融电商模式

对于传统金融机构而言,在互联网时代充分抓住互联网带来的机会,主动拥抱互联网金融是每个机构的必然选择。这种选择体现在运营模式上的一个最大特色和共同点就是金融机构电商化的选择。他们或者自己建立电商平台,或者与其他拥有海量客户信息和渠道的互联网企业合作建设电商平台,无论采用何种模式,其目的都是获得多元化的盈利模式。

六、互联网金融门户

近年来,伴随着金融市场化进程、金融创新步伐的加快,信托投资和私募基金行业快速发展,各类信托产品、阳光私募基金和私募股权基金(PE)层出不穷,给投资人带来丰富的投资理财产品。与此同时,这类投资理财产品合约条款复杂,投资收益起伏不定,加上投资人受到专业知识和投资技术的限制,投资人往往面对大量多元化的这类投资理财产品,很难做出明智选择、形成最佳投资组合,甚至因不明其中隐藏的风险而受到损失,正是在这样的背景下,互联网金融门户应运而生。

互联网金融门户是指利用互联网进行金融产品的销售以及为金融产品销售提供第三方服务的平台。它的核心就是“搜索+比价”的模式,采用金融产品垂直比价的方式,将各家金融机构的产品放在平台上,用户通过将各种金融产品的价格、特点等进行对比,自行挑选合适的金融服务产品。互联网金融门户多元化创新发展,形成了提供高端理财投资服务和理财产品的第三方理财机构,以及提供保险产品咨询、比价、购买服务的保险门户网站等。目前在互联网金融门户领域针对信贷、理财、保险、P2P 等细分行业分布有融 360、91 金融超市、好贷网、银率网、格上理财、大童网、陆金所、网贷之家等。互联网金融门户模式的快速发展,不仅满足了广大互联网客户对贷款、信托、保险、理财、财富管理等多元化的需要,而且正在对传统的金融行业酝酿越来越大的冲击风暴。

第三节 互联网金融风险及其防范

一、互联网金融存在的风险

近年来，互联网金融为广大中小企业提供了新的融资渠道，缓解了贷款难的情况，填补了正规金融服务的空缺。通过提供更大量、更可靠的数据，互联网使得融资业务能在更低的成本下进行，并突破地域的限制，大大提高了融资效率与效果，但其存在的潜在风险也不容忽视。

（一）法律风险

法律风险来源于违反法律、规章的可能性，或者有关交易各方的法律权利和业务的不明确性。当前，我国互联网金融还只处于起步阶段，政府有关法规中对于网上交易权利与义务的规定大多不清晰，缺乏相应的管理及试行条例，缺乏法律规范调整。投资有收益，同时也有风险，互联网金融大部分以高收益吸引客户，但却没有风险提示，一旦发生纠纷，由于缺少相关的法律，双方当事人的权益得不到有效的保护。目前，部分互联网金融销售打擦边球，以互联网机构变相补贴、抽奖的方式来吸引客户。

（二）信用风险

信用风险是指网络金融交易者在合约到期日不完全履行其义务的风险。互联网金融的信用风险来自两个方面。首先，对网络信贷而言，互联网金融服务方式的虚拟性使交易、支付的双方互不见面，只是通过网络发生联系，这使对交易者身份、交易真实性的验证难度加大，增大了交易者之间在身份确认、信用评价方面的信息不对称，而且中国目前的征信体系建设非常不完善，从而增大了信用风险；其次，网络平台上发售的基金，具有较高的预期收益，但在全球经济增长低迷、中国经济潜在增速下降、影子银行体系风险逐渐显现的背景下，一旦经济出现大幅下滑、房地产泡沫破灭，那么必将导致信用违约的发生。

（三）技术风险

互联网金融建立在互联网技术的基础上，其自然存在互联网系统技术风险。互联网金融依托的是发达的计算机通讯系统，计算机网络系统的缺陷构成互联网金融的潜在风险，比如开放式的网络通讯系统，不完善的密钥管理及加密技术，TCP/IP 协议的安全性较差，加之计算机病毒以及黑客的攻击，都极易引起交易主体的资金损失。同时互联网金融也需要选择成熟的技术解决方案来支撑，但存在着技术选择失误的风险，这种风险既可能来自于选择的技术系统与客户终端软件的兼容性，也可能来自被技术变革所淘汰的技术方案。另外，我国的互联网金融软硬件系统大多引自国外，缺乏具有高科技自主知识产权的互联网金融设备，对整体的金融安全也有一定威胁。

（四）流动性风险

互联网金融与传统金融相比具有快速聚集资金的能力，但同时也具有更大的流动性风险。由于互联网平台上的补贴和承诺的高收益，以及信息的有效传递，因此互联网平台上的各个基金往往一开始发售，很快便抢购一空，节约了很大的销售成本。但当前很多所谓的互联网金融机构没有任何的资本金，但即使是投资协议存款、短期票据这种在短期内风险较低的领域，未来依然存在很高的流动性风险，例如债市意外大跌，顾客纷纷赎回产品等。同时互联网金融还有传统金融所没有的流动性风险，例如遇到“双十一”等特殊时间点，很可能发生大面积的赎回，一旦出现流动性不足，极易造成挤兑。

上述四种风险中的技术风险和流动性风险主要是针对互联网金融机构而言的，但其同时也对投资者和融资者的资金安全构成了严重的威胁。在互联网金融下，除了面临法律风险和信用风险外，投资者和融资者还面临网络融资机构或平台的欺诈风险，如互联网金融机构内部员工可能违规盗用客户资料进行风险投资，资金可能被盗用或转移挪作他用。此外融资者还可能面临投资者的违约风险，当前政府法规网上交易权利与义务规定的不清晰，使得对投资者的约束不够，一旦投资者的资金流出现问题，投资者很可能违约，终止投资，融资者很可能筹集不到足够的资金。而投资者则可能遭受融资者的执行风险，融资者在项目执行过程中可能违反合同约定做出错误的决定，导致项目失败，造成投资者无法收回资金。

二、互联网金融风险的防范

由于互联网金融主要涉及投资者、融资者、金融机构、立法机关和监管机关，对互联网金融的风险防范也主要围绕这五者来展开。

(一)立法机关

建立和完善相关法律法规体系。立法机关应加大对互联网金融行业的立法力度，尽快建立统一的互联网金融监管法律体系，让监管执行有法可依、责任明确。一是完善互联网金融的法律法规。基于传统金融制定的法律法规体系有效性逐渐减弱，与现有的监管理念存在不匹配的问题，致使部分互联网金融行业发生事故时法律责任不明确，处罚依据不清晰，违规行为不能被有效遏制。应尽快对互联网金融进行法律规范，加强对网络信贷、第三方支付等新型业务的约束，严厉处罚违法、违规现象。二是明确法律监管主体。互联网金融的创新在于产品的重新组合和形式的改变，其本质就是传统的金融产品，建议对互联网金融企业和产品进行重新梳理和界定，分类明确其监管主体，其他机构配合监管。三是制定全面的市场准入办法和管理制度。部分互联网金融业务呈现“三无”——无准入门槛、无行业标准、无监管机构的情况，致使非金融机构短时间内大量介入金融业务，增加了金融机构冒险经营的动机。为保障网上交易的安全性和规范性，建议对申请开展互联网金融业务的企业提出更高要求，严格审查其准入资格，从源头防范系统性风险。

(二)监管机关

构建全面监管体系。对互联网金融的全面监管包括市场准入监管、运作过程监管和退出监管。第一，市场准入监管是指互联网金融的事前监管，即严格审批互联网金融机构。审批中必须考虑到金融机构存在的必要性、盈利能力等来事先预防金融风险发生。第二，市场运作监管即事中监管，是对互联网金融机构经营过程的日常化监管。其中包括业务范围的监管、资本充裕性监管、资产质量监管、流动性监管以及市场风险监管等。第三，市场退出监管即事后监管，是对性质恶劣的违规操作或濒临破产的互联网金融机构所实行的市场退出处理。金融监管当局要以审慎监管、保护投资者利益为出发点，可以采用传统金融监管手段:现场和非现场检查、内部和外部审计、信用评级、信息披露以及公众监督等。

创新互联网金融的监管模式。形态虚拟化、运作方式网络化是互联网金融的特征，互联网金融涉及的业务范围广而多，打破了传统金融“分业监管”的模式，出现交叉重复监管或是监管空白，改变和创新监管模式是适应发展的必然趋势。一是建立信息共享机制。有效信息不对称，金融机构获取信息渠道匮乏，不仅制约着借贷业务的发展，也加大了融资贷款的风险。应设立全面的信息共享系统，披露各金融机构的财务指标、经营状况、风险控制等信息，完善个人征信信息，给借贷双方提供有效的平台进行信息查询，以利于防范风险。二是实施针对性监管。互联网金融企业模式存在差异，所涉及风险不完全相同，需要在统一的监管体系下，根据企业风险特征实施针对性监管。三是要推进征信体系建设。我国个人征信服务体系建设还不完善，导致出现了借款人多重负债、拖欠还款和逃废债务等信用风险问题，推进征信体系建设，使参与各方能及时准确地获知对方的信用状况，可有效降低信用风险。

（三）金融机构

健全互联网金融机构的内控机制。防范互联网金融风险的关键在于建立和完善内控机制，对互联网金融风险进行事前预警、事中控制、事后弥补与纠正。具体可以从以下几个方面来考虑：一是加强对互联网安全保障体系的建设。改进互联网金融的运行环境，在硬件方面加强对计算机物理安全措施的投入，从而增强计算机系统的防病毒与防攻击能力，确保在安全的硬件环境下运行互联网金融业务；制定规范统一的技术标准，加强互联网金融体系内的可协调性，提升互联网金融风险的监测水平；采用数字证书为互联网金融体系交易的主题提供安全保障，避免交易过程中的不法行为；开发具有自主知识产权的信息技术，加大对信息技术发展的投资，重点开发互联网加密技术、密钥管理技术以及数字签名技术，提高计算机系统的核心技术水平和安全防御能力，从而降低互联网金融的技术选择风险。二是设立专门的风险控制部门。风险控制对于互联网金融来说是至关重要的，掌握风控技术是互联网金融企业生存的防火墙，也是推动互联网企业成长的助力器。各互联网金融机构应该设立专门的风险控制部门，利用大数据挖掘技术或是借助第三方咨询服务等，建立信用评级系统，构建内部风险评估模型，建立互联网金融风险的预警机制，设置专人专岗进行实时监控和识别。三是规范新产品设计。金融产品都是风险和收益的综合体，网络交易的隐蔽性、匿名性增加了互联网金融产品的风险。互联网金融机构在设计新产品时，应当重点考虑资金的安全性和流动性，谨慎选择投资方向、方式，在产品的收益和风险中找到平衡点，在源头上防范出现集中赎回造成的流动性挤兑风险。四是建立和完善风险准备金提取制度。根据互联网金融机构的规模大小、产品性质、风险承受能力等情况，制定合适的风险准备金数额并足额提取，以充足的拨备和较高的资本金抵御流动性风险。

（四）投资者

加强对互联网金融的学习，提升自身风险意识。投资者是风险的最终承担者，个人信息遭泄露、投资资金蒙损失、个人信誉受影响都是由互联网金融风险带来的直接后果。投资者在进行相关互联网投资操作时，往往容易被互联网金融承诺的高收益所蒙蔽，对其潜在的风险不够重视，风险防范意识不强，从而给自身带来损失。投资者应通过学习来提升自身对互联网金融的认知，在做出投资决策时认真权衡考虑，必要时可向咨询机构咨询，切忌盲目跟风，只看表面，不重实质。

其次，投资者在做出投资决策前，应对网络平台或机构及借款者的资信进行仔细调查，以防资金被挪用或无法按时收回。同时应关注融资项目的可行性，确保融资项目能产生足够多的未来收益来偿还借款。此外，投资者在签订投资合同时，还可要求相关机构或借款人提供抵押或担保，以保护自身的权益。

最后，投资者可选择多元化的投资方法，在相同资金的前提下，选择多种投资方式，将资金分散到不同的投资产品中去，避免被单一产品的收益和风险所左右，降低非系统性风险。

（五）融资者

融资者的最终目的就是获得足够的资金以满足生存发展的需要。融资者除依赖法律法规和市场监管来降低融资失败的风险外，也可从自身的角度出发来防范风险。对融资者而言，选好融资机构或平台是关键。由于互联网金融的低门槛,各融资机构或平台的信用水平、对网络安全体系的构建投入存在不同程度的差异,融资者在进行融资时,应尽量选择资信好、安全系数高的融资机构或平台,保障资金安全。此外,不同融资机构或平台的运作模式、贷款条件、还款方式等也不同,融资者应仔细斟酌,结合自身实际和项目情况协商选择还贷款条件。

其次,在签订融资合同时,也可适当加入相关条款加大融资平台或机构及投资者的违约成本,对其日后行为进行约束,保障自身权益。此外,在融资项目的执行过程中,应积极同各融资参与方及时沟通,告知项目进展情况,让投资者对项目进展有全面的了解,建立良好的投资者关系,防止因信息不畅导致投资者中断资金投入,企业资金链断裂。

本章小结

互联网金融是依托于以互联网为代表的现代信息科技,特别是移动支付、搜索引擎、云计算、社交网络以及电子商务等来实现资金融通、支付和信息中介等业务的一种新兴金融模式。互联网金融在支付方式、信息处理、资源配置等方面与传统金融存在显著差别。

目前,互联网金融在我国主要有第三方支付、P2P网络贷款、众筹融资、电商小贷、信息化金融机构、互联网金融门户六种发展模式。这六种模式有各自产生的背景及其运营模式,对传统金融行业造成了不同程度的冲击。

互联网金融在弥补传统金融不足的同时,也存在法律风险、信用风险、技术风险、流动性风险。除了法律风险和信用风险以外,互联网金融下,融资者还面临欺诈风险、违约风险,投资者则还面临执行风险。互联网金融风险应从立法机关、监管机关、金融机构、投资者和融资者的角度出发进行全面防范。

本章中英文关键词

互联网金融(Internet Finance)　　第三方支付(Third Party Payment)
P2P网络贷款(Peer to Peer Lending)　　众筹融资(Crowd Funding)
电商小贷(Small Loans on E-business)　　风险(Risk)
互联网金融风险防范(Internet Finance Risk Prevention)

复习思考题

1. 谈谈你对互联网金融的理解。
2. 互联网金融的发展模式有哪些?
3. 互联网金融存在哪些风险?从立法机关、监管机关、金融机构、投融资者的视角出发谈谈如何防范互联网金融风险。

综合分析案例

京东金融

在金融领域几乎零基础的京东金融,通过以科技服务传统金融的战略定位,将母体电商生态链的金融价值最大化挖掘，仅用了四年就累积服务了1.5亿个人用户和50万家企业。

临近春节，海鲜电商——万聚鲜城运营者张羽（化名）的心情从来没有如此轻松过。往年这个时候，张羽都会被备货资金压得喘不过气。2017年，已经获得“京小贷”授信贷款的张羽只需专心备货、销售，完全不用担心资金的问题。

成立于2013年10月的京东金融，似乎一直在飞速发展。京小贷、京东白条、京东小金库、京东众筹、动产融资、京农贷、京东行家……这些依托大数据、人工智能等科技手段诞生的金融产品，正在潜移默化地改变我们的消费、理财、贷款等经济行为。目前，京东金融累计为800万线上线下商户，3.6亿个人用户提供支付和金融服务。建立起十大业务板块——企业金融、消费金融、财富管理、支付、众筹众创、保险、证券、农村金融、金融科技、海外事业，在公司金融和消费者金融领域进行双重布局。

一、解决小微企业的资金之痛

张羽经营的万聚鲜城网店是“京小贷”扶持的典型案例。

2014年，中国的生鲜电商行业进入第一轮爆发期，张羽在管理超市的过程中发现这一商机，用3万元的启动资金在京东平台上开了一家海鲜网店——万聚鲜城。仅用了三年，万聚鲜城就实现了从3万元到1 000万元的飞跃，并借助2017年“6·18”电商大促销活动，一举冲进京东商城的生鲜类三甲。

很多小微企业在成长过程中都会遭遇规模升级导致资金链断裂之痛，万聚鲜城也不例外。随着万聚鲜城订货量大幅攀升，迫切需要建设符合业务规模的冷库设施。“冷库的升级不仅决定了对上游的议价能力，还决定了物流成本。我们刚开始物流（冷链、仓储）成本占到30%，几乎不赚钱，现在物流成本降低到20%，才开始赚钱。”生鲜电商的行业发展逼着张羽筹钱。

张羽在筹款的过程中发现，因为缺乏信用记录，也拿不出像样的抵押物，很难在传统银行贷到款。“没有房产等抵押物，银行根本不可能给我们提供贷款。而P2P等贷款方式利息太高，我们承担不了。”张羽说。

这时，京东金融专门为中小企业定制信用贷款的“京小贷”通过后台广告走进了张羽的视野，并帮助他走出了发展的瓶颈。尽管启动资金只有3万元，但凭借其良好的信用和稳定的流水，万聚鲜城已从京东金融的“京小贷”申请到累计900多万元的贷款。张羽建立了自己的冷库，扩大了备货规模，在海鲜电商的红利期率先奠定了竞争优势，成长为拥有千万元级销售额的明星卖家。张羽表示，“店铺销售越来越好，‘京小贷’给予的贷款额度也越来越高，足以满足店铺升级的需求。”

“京小贷”是针对入驻京东开放平台的部分商家开放的信用贷款产品，并根据店铺的经营情况核定商家的可贷金额，最高额度为200万元，商家无需提供任何形式的抵押、担保，仅需在京东金融网站进行线上贷款申请操作及合同签署即可申请。

与传统银行贷款相比，“京小贷”具有全程线上操作、1秒放款、按日计息、随借随还等特质。这不仅为资金流动快的小微企业节省了开支，也能更好地帮助他们应对突发性资金需求。以万聚鲜城为例，在2017年“6·18”备货时，申请了30万元贷款，使用了90天，按照0.048%的日息，共需支付利息12 960元。而如果使用传统银行贷款，则必须付出一年的利息，以年化6%计算，利息为18 000元。

目前，“京小贷”实现了对京东体系内自营供应商和第三方商家的全覆盖，极大地改善了中小企业长期面临的融资难、融资成本高的处境。“京小贷2.0”通过与数十家外部平台合作，实现服务外部企业近千家，让更多的外部机构及京东生态圈外的企业客户享受到普惠金融服务。

除了“京小贷”,京东金融依托京东电商体系及合作公司所积累的大数据基础,相继推出京保贝、动产融资、企业金采、企业金库等针对公司客户的一体化金融服务,通过多重服务叠加的方式为客户盘活了供应链条上的各个环节,极大改善了中小微企业长期面临的融资难、融资成本高的问题。

二、严格把控风险

金融的本质离不开风控,小微企业贷款难是金融市场的顽疾,也是普惠金融重点解决的问题。而中小企业融资难的问题,主要源于国内金融市场的风险定价体系不完善。

不少小微企业经营状况良好,风险可控,完全可以提供融资服务。但在传统金融机构的抵押担保模式中,即便贷款给同一家企业,也必须每笔贷款逐一评估、确认。这对于金融企业来说,想要给小微企业进行风险评估,从而在众多小微企业中发现优质客户的成本太高了,相比之下,放款给大企业则简单得多。

为此,京东金融的消费金融搭建了一套底层风控和信用生态系统,每笔贷款的风险评估成本将会非常低。只要风险评估成本得到控制,用户哪怕是几百元甚至几十元的贷款需求,都可以得到满足。

创新往往和风险共生,在金融领域表现得尤为明显。京东金融的风控从登录环节就开始了,为了确保每一位用户的账户安全,京东金融建立了包括设备识别、人机识别、生物识别三大技术,以及异常登录模型和账户等级模型在内的全方位账户安全体系,用于判断当前登录可能产生的风险,判断当前用户的行为偏好等。以设备识别为例,京东金融会通过前后两个模块同时推进。前端,在客户登录的过程中,通过相应技术手段采集客户的设备环境,帮助生成客户识别的 ID。后端,通过机器学习等计算方法实现设备精准核算和判定,从而更好地进行风险控制和体验的增强。

另外,京东金融异常登录模型结合了前端收集的设备特征编码、生物信息 ID 与历史数据规律,在京东金融在线算法系统的支持下,可以在毫秒级时间内完成数百项数据的特征加工与模型计算,是用于保护用户安全的核心模型。

在提高京东金融风控能力方面,京东金融也运用了两个比较有代表性的算法。第一个是路径学习。该算法是通过判断正常用户和异常行为用户浏览点击的不同轨迹,以及他们对于页面产生的不同反应,来进行好坏用户的相应判断。第二个是关于京东金融基于大规模图计算的涉黑群体的挖掘技术,这也是一项京东金融已经申请专利的技术。京东金融可以通过一个突破点进行延伸,抓住很多隐蔽在背后的欺诈行为,提前预防并将欺诈等行为拦截在体系之外。

除对客户进行严格的风险控制,京东金融对于平台上的所有产品也都会经过严格的专业把关,决不允许出现“浑水摸鱼”、伤害客户的产品,即使短期再赚钱,也坚决不做。为了保证平台产品质量和维护用户权益,京东金融还专门成立了产品审核委员会和用户权益保护委员会。

(资料来源:冯晓霞. 京东金融领跑[J]. 光彩,2018(1):46—49)

案例思考题:案例中的“京小贷”属于哪种互联网金融发展模式?具有哪些优点和局限性?如果你是一个创业者,你会选择“京小贷”来进行融资吗?为什么?

第五章　科技金融

【引导案例】

20 世纪 80 年代，世界新科技革命兴起，中国改革开放也取得了世界瞩目的成果，武汉东湖新技术开发区在这样的形势下诞生了。1991 年，国务院批准武汉东湖国家自主创新示范区成为国家级高新技术开发区；2000 年，科技部和外交部将东湖开发区批准为 APEC 科技工业园区；2001 年，原国家计委、科技部批准武汉东湖开发区为国家光电子产业基地。

2007 之后，武汉东湖新技术开发区的科技金融进入繁荣期，特别是随着东湖高新区在 2011 年 6 月正式启动"资本特区"建设后，科技金融快速发展。科技金融工作整体实现平台化，科技金融工具多样化、丰富化，科技金融制度更加成熟，科技金融服务体系更加完善。

2007 年，招商银行信用卡武汉营运中心落户光谷；香港汇丰银行在开发区建立分支机构，实现了境外金融机构在开发区零的突破。

2009 年，企业上市融资创历史最高水平，开发区上市公司总数达到 25 个。全年共实现上市融资和再融资 48.4 亿元，企业资本市场融资总额累计达到 180 亿元。同时，中国光大银行、中国银联商务等金融机构签订了入驻协议；与泰康人寿保险公司、合众人寿保险公司、湖北省福彩中心、中国银行、农业银行、长江证券等 10 多个金融机构进行合作洽谈。

2011 年，在"资本特区"组建之后，东湖高新区成为全国高新区科技支行最集中的区域，共集聚了 21 家银行分支机构和 13 家科技支行。同时也成为我国中部地区风险投资最活跃、最集中的区域，全年共吸收了 200 多家股权投资机构，资金累计超过 200 多亿元。

从东湖国家自主创新示范区科技金融的总体发展历程中可以看出，自东湖高新区组建以来，始终坚持"市场主导、政府引导"的基本原则，努力推动科技与金融的高效结合，以深化科技金融资源的集聚、融合和创新为基本目标，为科技型企业提供一站式、全方位、多层次的投融资服务，逐步形成"一主线、两市场、三创新"的科技金融发展格局：以金融支持科技创新发展为主线，充分发挥多层次资本和信贷市场的基础功能，实现政策体系、服务体系和科技金融产品创新。

（资料来源：刘巍．武汉东湖国家自主创新示范区科技金融创新与政策选择[D]．武汉：华中科技大学，2016）

案例启示与思考：

武汉东湖新技术开发区的发展不仅得益于良好的政策支撑环境以及人才培育环境，更得益于日趋完善的科技金融体系。正是科技与金融的联动最终成就了园区的蓬勃发展,且在科技与金融的持续创新演变过程中最终形成科技与金融间稳定的互动关系。因此,在全国范围内加快促进科技金融体系的建立与完善将对经济结构化调整、提高国家竞争力有重要战略指导意义。那么科技金融在我国的发展状况如何?其未来的发展方向又是怎样的呢?

【本章学习目标】

1. 加强学习者对科技金融概念、特点及功能的了解。
2. 增强学习者对科技金融构成及其运行模式的认识。
3. 培养学习者对我国典型的区域科技金融运行模式的分析能力。
4. 提高学习者对中国科技金融未来发展方向的分析和判断能力。

第一节　科技金融概述

一、科技金融的内涵及分类

(一)科技金融定义

关于"科技金融",如果翻阅国外的相关文献,无法查询到其对应的词汇或者定义,这是因为"科技金融"一词是在中国特定的发展背景下诞生的,其雏形源于改革开放以来财政、金融等支持科技发展的具体工具或政策等表现形式,因此,"科技金融"也仅仅是作为"科技与金融"的简称或"科技金融"结合的缩写出现,直至1994年中国科技金融促进会首届理事会对我国科技金融事业进行阐释,"科技金融"作为独立概念第一次较为正式地出现。同时,随着经济的迅速发展,科技金融逐渐成为一个较为完整的体系。正是由于科技金融的不断发展,其定义及范围也得到不断扩充和发展,这也导致其没有一个相对明确的定义。其中,包括以赵昌文为代表的科技金融定义趋向于从中观视角解释金融支持科技的功能以及科技金融的工具属性与内涵;学者房汉廷更趋向于从中观和宏观视角强调科技金融也是一种创新活动以及科技金融的"技术—经济"和"经济—金融"范式内涵。表5—1列举了目前学术界具有代表性的观点。

表5—1　科技金融定义

赵昌文①	科技金融是促进科技开发、成果转化和高新技术产业发展的一系列金融工具、金融制度、金融政策与金融服务的系统性、创新型安排,是由为科学和技术创新活动提供金融资源的政府、企业、市场、社会中介机构等各种主体及其在科技创新融资过程中的行为活动共同组成的一个体系,是国家科技创新体系和金融体系的重要组成部分。
李心丹、束兰根②	科技金融是金融资源供给者依托政府科技与金融结合的创新平台,通过对创新、保险、证券、担保及其他金融机构主体等金融资源进行全方位的整合创新,为科技型企业在整个生命周期中提供创新性、高效性、系统性的金融资源配置、金融产品设计和金融服务安排,以促进科技型企业对金融资源或资本需求的内生性优化,进而保障企业技术革新有效提升并推动整个高新产业链加速发展的一种金融业态。
房汉廷③	以培育高附加值产业、创造高薪就业岗位、提升经济整体竞争力为目标,促进技术资本、创新资本与企业家资本等创新要素深度融合和聚合的一种新经济范式。

① 赵昌文著. 科技金融[M]. 北京:科学出版社,2009.
② 李心丹,束兰根. 科技金融:理论与实践[M]. 南京:南京大学出版社,2013.
③ 房汉廷. 关于科技金融理论、实践与政策的思考[J]. 中国科技论坛,2010(11):5—10.

本书认为从科技金融体系运作以及科技与金融的深层次关系的角度，重新阐述科技金融的内涵，认为科技金融是通过创新金融投入的各种方式，改进金融服务模式，搭建金融服务平台，满足高科技企业的金融需求，提升其创新动力，达到科技创新链条和金融资本链条的有机结合的系列政策和制度安排。科技金融不是“科技＋金融”的简单模式，而是二者深度融合，以促进科技创新活动为目的，为科技型创业企业顺利成长提供资金支持和金融服务，以组织运用金融资本和社会资本投资于科技型企业为核心的一种新型金融类型。

（二）科技金融与金融科技的关系

实务中，金融科技和科技金融经常被等同于一个概念，但理论上，从二者发展目标、参与主体、实现方式等方面仔细区分，存在以下区别：

第一，落脚点不同。金融科技的落脚点是科技，具备为金融业务提供科技服务的基础设施属性。科技金融的落脚点是金融，即为用以服务于科技创新的金融业态、服务、产品，是金融服务于实体经济的典型代表。

第二，发展目标不同。发展金融科技的目标在于利用金融的手段提高科技创新的整体效率。发展科技金融的目标在于以科技创新来促进金融服务的创新，进一步推动科技创新创业。

第三，参与主体有差异。金融科技的主体是科技企业、互联网企业、偏技术的互联网金融企业为代表的技术驱动型企业。科技金融的主体是以传统金融机构、互联网金融、金融创新机构为代表的金融业。

第四，实现方式不同。实现金融科技创新的方式是技术的突破。实现科技金融创新的方式是金融产品的研发。

当然，在互联网时代，科技金融与金融科技存在一定程度的联系。本书认为，金融科技作为一种工具和基础设施，能够为提高科技金融体系运行效率提供有益助力；而科技金融体系的有效运行将显著促进金融科技的创新。两者虽然内涵不同，但是相互促进、共同发展，为我国经济发展以及创新体系建设添砖加瓦。

（三）科技金融的特点

根据科技金融的内涵来看，其特征主要体现在：

1. 风险性

科技创新的具体过程被划分为三个阶段，包括基础性研究阶段、应用性研究阶段及技术开发研究阶段，每个阶段存在的风险特征如表 5－2 所示，相应地，科技金融则具有不同的风险性特点。

表 5－2　　阶段性风险梳理

阶段	主要内容	标志成果	存在的障碍	主要风险	风险定义
技术开发	将基础科学转化为技术及工艺开发	实验室原型	研发资金需求大	技术风险	在创新的过程中必然会遇到技术突破上的困难
成果转化	针对实际目标进行开发性研究	商业原型	资金不足、产权归属问题、收益风险问题	技术风险	在创新的过程中必然会遇到技术突破上的困难
				市场风险	市场需求需要重新定位与开拓等原因导致新产品暂时难于被市场所接受
				政策风险	不符合国家或地区环保、能源、科技与外贸政策等

续表

阶段	主要内容	标志成果	存在的障碍	主要风险	风险定义
产业化	满足市场需求的规划性商品	标准化产品	资金需求大、资本退出机制	市场风险	市场需求需要重新定位与开拓等原因导致新产品暂时难以被市场所接受
				财务风险	无法达到股东的盈利预期,甚至盈利负增长

2. 高投入

科技创新需要大量的资金及研发人才的投入。科技研发投入主要是指在科技与金融结合的前期投入在企业及其他主体所从事的科技研发活动中的人力资本、物力成本和财力资源。金融资本的投入是在科技成果产业化过程中,对高新技术企业提供的资本支持。

3. 高回报

科技金融将从科技创新的过程中获得可观的收益。从宏观角度来看,科技金融会促进社会文明的进步及宏观经济的发展;从金融投入主体来看,科技金融也将从所服务与支撑的科技创新活动中获得高额的回报。

4. 一体化

首先是科技和金融的一体化,科技的发展增加了对于金融的需求,而金融的发展促进了科技的进步。其次是对科技型企业支持的一体化,科技金融涵盖了科技型企业在研发、生产与成果转化的全部过程,几乎包括了其生命周期的每个阶段。

(四)科技金融的功能

综上分析,科技金融的目的主要在于通过金融手段的实施和创新促进科技创新,在其产生、发展以及创新中发挥的各种功能可以概括为:

1. 持续创新

科技金融通过引导金融资源流入科技企业满足企业研发投入的需要,促进企业创新。同时,科技金融将各种金融资源进行重新组合,金融业需要不断创新金融产品,满足各阶段发展科技企业的资金需求,从而促进科技与金融的创新。科技金融与创新的关系如图 5—1 所示。

2. 集聚资源

科技金融不仅能带动科技资源与金融资本的集聚,还会促进其他资源及资本的聚集(如科技人才与金融人才等)。从投入产出角度来看,科技金融资源的汇集带来了大量资金、人才和技术,引导区域经济发展与人才引进,为区域带来巨大的经济利益与社会效益。

3. 促进创新型社会建设

科技的突破对社会发展的突出贡献即是表现为对社会知识总量的贡献,而这种突破又进一步应用于人们的生产之中,与生产结合进一步促进创新型社会的发展。因此,科技金融的发展将整体推动一个区域、一个社会、一个国家的创新建设步伐,提高国家核心竞争力。

二、科技金融体系

科技金融的本质是一个多方资源服务体系,科技金融的主体包括政府、金融机构、投资者等资源主体,从事知识创新、技术创新及其产业化的企业、高校和科研院所等各创新主体,以及科技中介等相关服务机构组成的服务主体。各主体之间相互依赖、相互影响,其中:各创新主体是资金需求方,通过在资本市场上实现融资需求满足企业未来发展需要;金融资源主体是资

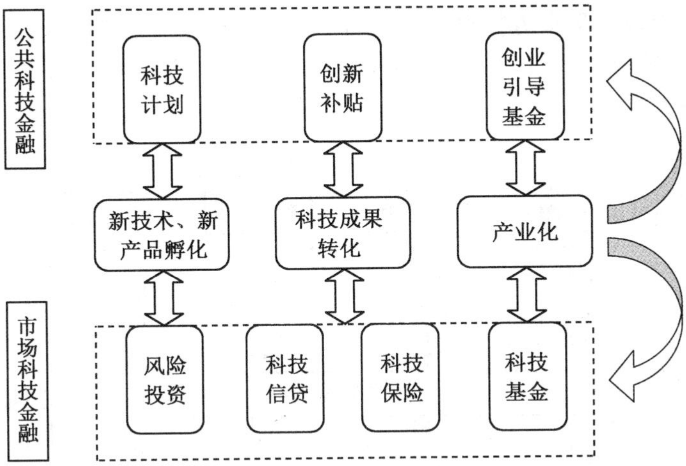

图 5—1　科技金融与创新互动关系

金供给方，并通过投资行为实现资本增值目的。除此之外，科技金融服务机构在其中作为媒介桥梁，一方面可以缩小由于双方信息不对称而引起的风险，另一方面还能为创新主体提供担保、保险、融资租赁等服务。

(1)科技银行。国内把专为高科技企业提供融资服务的银行机构定义为“科技银行”。科技银行不同于传统的商业银行之处有：一是贷款客户不同。前者主要为科技型企业提供贷款，而后者的范围更大。二是贷款依据不同。科技银行判断客户是否具有可贷性主要依据是科技企业的发展前景和目前的专利情况、创业团队等，界定标准类似于风险投资。而商业银行主要依据融资企业的流动性、安全性和效益性来发放贷款。

(2)科技担保。担保机构承诺以第三方的身份利用自身的信用或特定的资产为处于初创期或成长期科技型企业融资需求提供担保。科技担保明确当被担保人(科技型企业)无力履行合同或支付相关债务时由担保机构代被担保人先行履行责任。科技担保的服务对象是科技型企业，尤其是处于初创期和成长期的科技型企业；科技担保方为资金需求方提供担保服务，同时资金需求方为担保方提供报酬。

(3)科技保险。科技保险是运用保险作为分散风险的手段，对科技企业或研发机构在研发、生产、销售、售后以及其他经营管理活动中，因各类现实面临的风险而导致科技企业或研发机构的财产损失、利润损失或科研经费损失等，以及其对股东、雇员或第三者的财产或人身造成现实伤害而应承担的各种民事赔偿责任，由保险公司给予保险赔偿或给付保险金的保险保障方式。科技保险机构为资金需求方提供保险服务，同时资金需求方向保险机构支付报酬。

(4)科技租赁。租赁公司专注于为科技型企业提供高效金融服务及设备租赁的科技金融模式。此模式的优点在于创新租赁产品及服务，在传统直接租赁和售后回租的基础上，研发出集群租赁、风险租赁、并购租赁、项目租赁系列特色产品及服务，增强科技型企业内生动力，降低客户直接融资成本。科技租赁机构为资金需求方提供租赁服务，同时资金需求方向租赁机构支付租金。

(5)科技中介。科技金融运作过程中为科技创新主体提供社会化、专业化服务以支撑和促进创新活动的机构。它面向社会开展技术扩散、成果转化、科技评估、创新资源配置、创新决策和管理咨询等专业化服务，对政策、各类创新主体与市场之间的知识流动和技术转移发挥着关键性的促进作用,能够有效降低创新成本、化解创新风险、加快科技成果转化、提高整体创新功效。科技中介机构为资金需求方提供中介服务,同时资金需求方向中介机构支付中介费。

除以上主体外,政府、资本市场、风投机构等在科技金融体系中发挥各自的功能,形成如图5—2所示的科技金融体系。

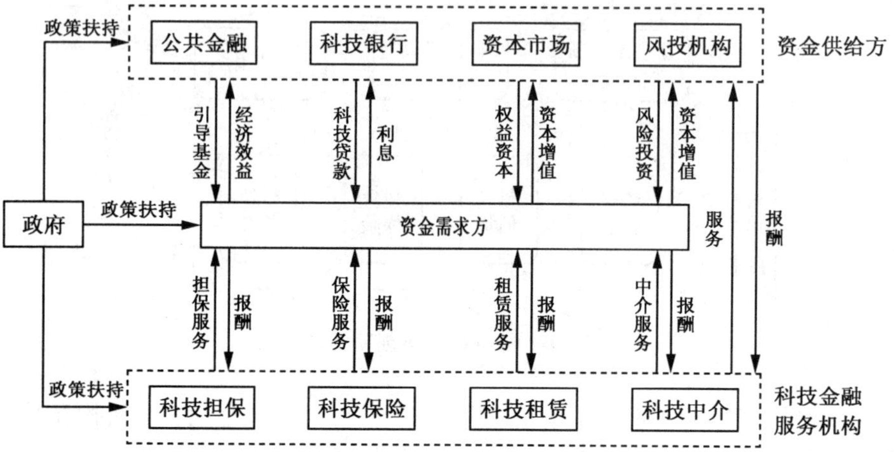

图5—2 科技金融体系

第二节 中国科技金融发展现状及模式

一、中国科技金融发展沿革

我国科技金融的发展主要分为三个阶段。关于科技金融发展的时间轴如图5—3所示。

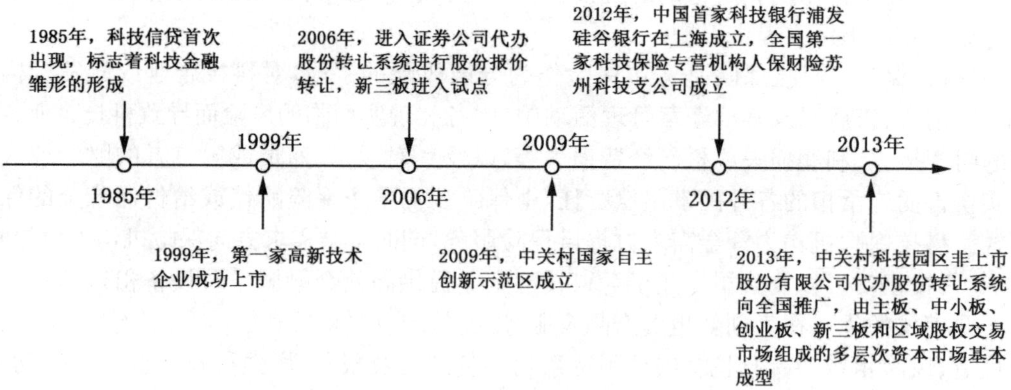

图5—3 科技金融发展大事件梳理

第一阶段(1985～1998年),以科技信贷为主的科技金融体系发展初步阶段。

1985年,在《中共中央关于科学技术体制改革的决定》中,明确要求要“广开经费来源,鼓励部门、企业和社会集团向科学技术投资”，“银行要积极开展科学技术信贷业务，并对科学技术经费的使用进行监督管理”。这一阶段主要特征表现为以银行信贷为主导的科技金融工具——科技开发贷款。工商银行、农业银行、中国银行、建设银行、交通银行五大国有银行累计发放科技开发贷款 700 多亿元，支持了近 7 万个科技开发项目，联想、海尔、华为、远大、同方这些企业都是靠科技贷款完成了技术资本化和产业规模化。

第二阶段(1999～2006 年)，科技创新工具开始萌芽的科技金融探索阶段。

1999 年我国第一家高新技术企业成功上市融资，资本市场开始向科技发展敞开了大门。在这一阶段，深圳证券交易所将二板市场定名为创业板市场，并于 2004 年推出中小企业板，2006 年中关村科技园区非上市股份有限公司进入证券公司代办股份转让系统进行股份报价转让试点，“新三板”建立。这不仅是我国单一层次资本市场向多层次资本市场体系迈出的重要一步，也表明了针对高新技术企业发展的资本市场正逐步走向完善①。

第三阶段(2007 年至今)，以科技资本、科技补贴、科技租赁等方式齐头并进，特别是科创板运行后的科技金融发展阶段。

该阶段科技金融已经成为创新驱动发展的“牛鼻子”，政府资源配置、市场资源引导、创新创业，无不需要科技金融唱主角，科技金融成为科技部门和金融部门共同的事业，政策层面有科技部与“一行两会”的密切合作②。操作层面政策性银行、商业银行、科技保险、科技担保、创业板、互联网金融等多种创新同时发力。

科创板是由习近平于 2018 年 11 月 5 日在首届中国国际进口博览会开幕式上宣布设立，独立于现有主板市场的新设板块。2019 年 6 月 13 日，科创板正式开板。2019 年 7 月 22 日，科创板首批公司上市。截至 2019 年 10 月 28 日，共有 59 家科创企业获得发行注册许可，其中 36 家实现首次公开发行并上市交易。科创板是落实创新驱动和科技强国战略、推动高质量发展的重大改革措施。从市场发展来看，科创板试点实行注册制，通过设定严格标准和程序，在受理、审核、注册、发行、交易等各个环节注重信息披露的真实全面、上市公司质量，有效地激发了市场活力。从市场生态来看，通过在盈利状况、股权结构等方面的差异化安排，科创板将增强对创新企业的包容性和适应性。同时，通过发行、交易、退市、投资者适当性、证券公司资本约束等新制度以及引入中长期资金等配套措施，增量试点、循序渐进，让新增资金与试点进展同步匹配，力争在科创板实现投融资平衡、一二级市场平衡、公司的新老股东利益平衡，极大地促进了现有市场形成良好预期。

二、中国科技金融发展现状

目前我国科技金融发展处于市场的无形之手与政府的有形之手分工越来越清晰，创新主体不仅重视科技成果的转化，并且开始注重其经济效益与社会效益。

(一)科技金融发展取得的成果

1. 多层次资本市场不断完善

满足不同资金需求的资本市场日益完善，由主板、中小板、创业板、新三板、科创板和区域股权交易市场组成的多层次资本市场基本成型。

2. 科技保险不断取得新突破

---

① 李利明，曾人雄. 1979－2006 中国金融大变革[M]. 上海：上海人民出版社，2007.

② 寇明婷，陈凯华，穆荣平．科技金融若干重要问题研究评析[J]. 科学学研究，2018，36(12)：60－68、122.

截至2018年底,政策性科技保险共为5 326家科技企业提供风险保障逾9 500亿元,已支付赔款2.25亿元,有效地支持了科技企业的正常运转。专利保险在63个地市进行推广,累计为4 450家科技企业的10 346件专利提供风险保障逾93.83亿元。

3. 科技金融服务平台更加完善。

科技金融服务成为现代服务业发展的新兴业态。杭州、苏州、武汉等开发了科技型中小微企业数据库。北京、上海、江苏、浙江创新开展科技企业信用体系建设、科技金融专员服务和科技金融服务热线等。中关村科技园区实施瞪羚计划,将信用评价、政府资助和企业融资相结合。

4. 各地因地制宜,种类丰富的科技金融模式涌现

在我国"大众创业、万众创新"的热潮下,各地政府纷纷因地制宜探索本土科技金融模式,其中较为瞩目的有以支持金融科技企业联合金融机构开展人工智能、大数据、互联技术、分布式技术、安全技术等底层关键技术创新为目标的"中关村模式",以全国首创"小企业集合信托债券基金"闻名的"西湖模式",以良好的资本环境为依托、优异的科技金融服务联盟为特色的"上海张江模式",以及以高校及科研院所科技人才资源为依托的"光谷模式"。

(二)科技金融发展中存在的瓶颈

在总结已有成果的同时,我国的科技金融发展中存在的瓶颈也不容忽视。主要体现在:

1. 地方实践模式纷纭,理论探索欠缺

自2006年伊始,我国各部委相继推出一系列科技发展规划,积极推进科技金融发展。同时,各地区在财政拨付基础上吸引民间资本组建风险投资基金,并综合使用优先股、期权等金融工具改变科技担保企业所面临的风险高而收益低的尴尬境遇[①]。然而,在各地区纷纷展开科技金融创新活动时,对科技金融的理论性研究不足,且大多是停留在对实践经验的总结或只是对科技金融的概括性描述。因此,理论研究的不足将使我们在科技金融发展道路上障碍重重。

2. 科技金融环境羸弱,科技中介管理亟须加强

值得注意的是,政府以及相关部门高度重视我国科技金融的发展,因此,制定了大量的法律、法规、政策为科技金融的发展保驾护航。然而,由于我国体制以及经济发展的客观原因,资本环境相对而言属于半强式有效。这意味着我国资本市场还不成熟,虽然创业板、新三板、科创板的问世为我国高新技术企业的发展提供了契机,但是资本市场固有的问题将导致这一系列举措无法得到满意的结果。同时,中介服务体系乱象丛生,部分中介机构对其定位模糊,信息不对称问题仍然较为严重。

3. 科技资源匮乏,科技成果转化率低

科技研发积极性不够将直接导致科技创新率低。实际数据表明,我国科技研发的成果大多弃置在科研院所或科技开发者手中,成果转化率普遍不足20%,这一方面是由于科技成果本身不具有创新性,另一方面是由于信息不对称,科技成果持有者找不到合适的融资渠道。大量具有未来发展潜力的技术找不到合适的转化通道,导致科技金融发展受阻。

三、中国科技金融区域发展模式

科技金融发展受到多方面因素的影响,包括各地政府的政策和支持力度、金融机构的性质

---

① 张明喜,魏世杰,朱欣乐. 科技金融:从概念到理论体系构建[J]. 中国软科学,2018,No.328(04):36-47.

和对待科技企业的态度以及科技成果绩效和转化等，因此，每个地区科技金融发展模式也不尽相同。目前来看，全国范围内比较有特色的科技金融发展模式主要有：

（一）中关村科技金融发展模式

北京中关村积极响应国家号召，已形成“一个基础、一个平台、六项机制”的科技金融模式[①]（如图5－4所示）。其中：“一个基础”是指企业信用体系，在获取信息方面中关村选择通过信用评级机构制定信用调查表，对企业信用进行审核和评价。“一个平台”指科技金融综合服务平台，通过提供科技投资服务产品、科技担保服务产品、信贷服务产品，搭建小微企业信贷融资绿色通道、科技企业信用体系，完成科技金融专项委托工作及相关工作。“六项机制”指技术与资本高效对接保障机制，包括风险补偿机制、信用激励机制、以股权投资为核心的投保贷联动机制、银政企多方合作机制、分阶段连续支持机制以及市场选择聚焦重点机制。经过多年对科技金融的摸索，中关村如今已经探索出独特的政府、金融机构、信用中介机构和企业等多方合作的中关村科技金融模式，并取得了很大的成效，成为我国科技金融发展的风向标。为宣传政策和深度搭建科技金融以及科技成果转化的平台，中关村示范区科技金融综合服务平台创建了《中关村科技金融》期刊。

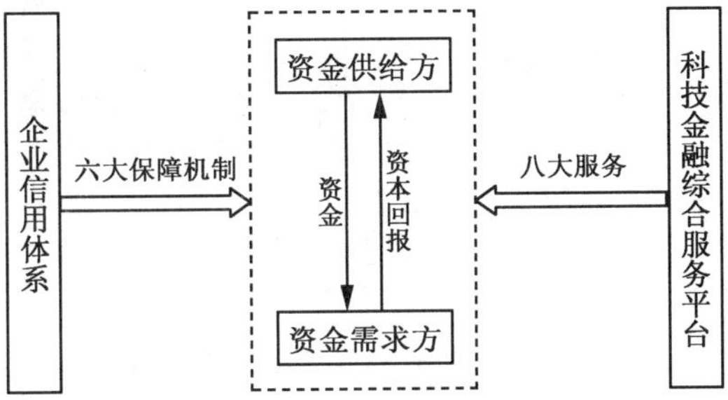

图5—4　中关村科技金融发展模式

（二）上海科技金融发展模式

作为我国的经济中心和模范城市，上海市的金融业发展成效显著，在施行科技金融上奠定了很好的基础。已经形成了以科技信贷体系为特色的“4＋1＋1”的科技金融模式[②]（如图5－5所示），即“四大功能板块”（科技信贷、资本市场、股权投资和科技保险）、“一个平台”（科技金融服务平台）和“一个保障体系”（科技金融支撑条件保障体系）。模式中保障体系主要提供“3＋X”科技信贷产品，其中：“3”是指微贷通、履约保和信用贷；“X”是指融资租赁、出口信用保险融资、知识产权等产品。目前，上海浦东发展银行学习借鉴美国的经验，并根据实际情况去寻找出一条适合自身发展的科技金融银行发展模式，推出了科技小巨人信用贷产品，实现了科技信贷的创新。

（三）广东科技金融发展模式

广东省“广佛莞”地区一直致力于推动科技金融的无缝结合，形成了独特的科技金融模式，该模式的亮点主要在于两大平台、三大引导机制和多方力量的协同合力（如图5－6所示）。两个平台是指科技金融综合服务平台和政策性科技金融平台，为科技金融发展提供了强有力的

① 胡奕馨．北京中关村科技金融生态圈模式建设及启示[J]．中小企业管理与科技（中旬刊），2017(11)：64－65．

② 张明喜，赵秀梅．科技金融中心的内涵、功能及上海实践[J]．科学管理研究，2016(4)：101－105．

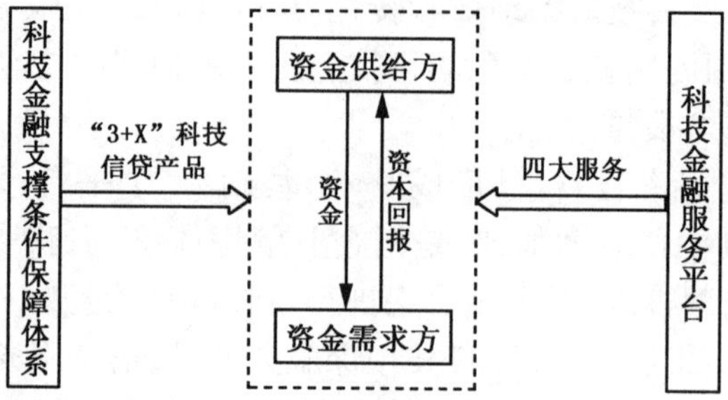

图 5—5 上海科技金融发展模式

后盾。三个引导机制包括科技信贷、科技风险投资以及多层次资本市场。多方力量主要集中了科技厅、银监局和保监局等多方部门的政策支持。广州市创新性地建立两大引导基金——中小企业信贷风险补偿基金与创新创业种子基金,打造出比较有地区特色的"广佛莞"模式①。

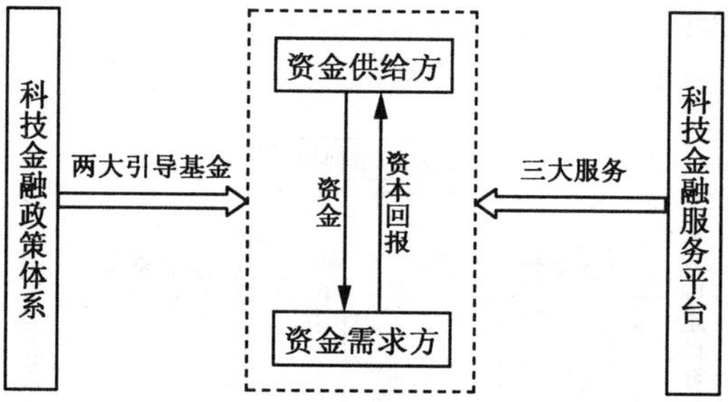

图 5—6 广东科技金融发展模式

(四)浙江科技金融发展模式

浙江科技金融模式主要特点是满足了处于不同阶段科技型企业的需求,缓解了科技型企业融资难等问题。图 5—7 中,该模式通过三大引导机制(创投引导基金、科技银行、科技担保)的共同作用②,调整政府投入方式,还引进了多个金融中介,例如咨询公司、会计师事务所等,为处于各阶段的企业提供独特的金融服务,为发展科技金融提供绿色通道,为处于各阶段的科技型企业提供一站式服务。

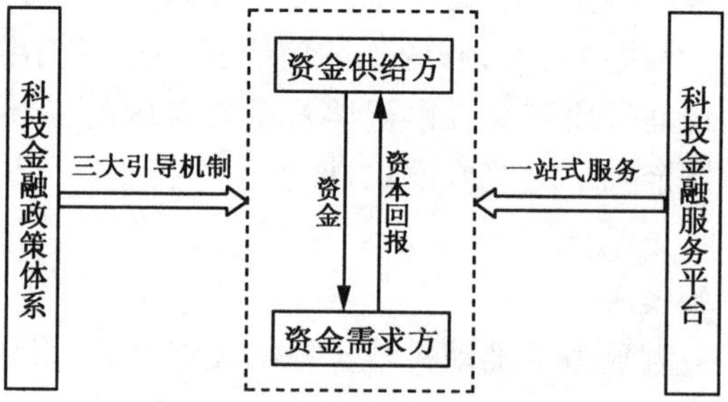

图 5—7 浙江科技金融发展模式

① 拓晓瑞,徐久香. 广东省科技金融结合的发展历程与创新实践研究[J]. 科技管理研究,2017,37(24):98—104.

② 谢乔昕,王斐波. 浙江省科技创新与金融协同效应研究[J]. 技术与创新管理,2016,37(3):250—255.

（五）苏州科技金融发展模式

目前，苏州市已构建了一个以“政府＋商业银行＋担保公司＋保险公司＋创投机构”多方共担风险的“苏州模式”（如图5－8所示）①。该模式主要通过两大保险机制（人保科技支公司、科技保险共保体）以及“互联网＋”科技金融服务，为科技金融主体提供保险服务，保障科技金融运行的各个环节能够快速响应与联动，通过实体平台和网上平台相结合的方式，打造科技型企业与金融机构的有效对接和完善的苏州科技金融模式，实现政府、企业、金融机构和中介共赢的局面，推动苏州市科技金融发展。

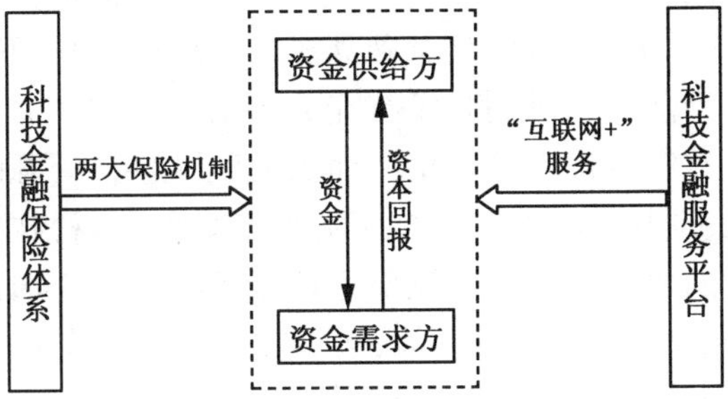

图5－8　苏州科技金融发展模式

第三节　中国科技金融的发展探索

基于对我国科技金融发展阶段的梳理以及科技金融发展现状的分析，我国科技金融未来发展应进一步以市场化改革为大方向和主基调，着眼科技金融需求结构的重大变迁，前瞻性地设计好改革的目标、路径和措施。

一、建立多层次、多元、多渠道的资本市场

我国科技金融的发展历程在一定程度上也是资本市场的发展轨迹。近年来我国政府为了加快高新技术产业的发展，针对资本市场进行了一系列的改革和发展，不断推出新的措施和政策。但是，目前的科技资本市场结构下，高新技术企业的融资需求仍不能得到满足，其原因之一就是资本市场的结构没有很好地满足高新技术企业的发展。因此，需要随着科技和经济发展的需要，动态构建、调整和完善多层次、多元、多渠道资本市场。其中，进一步推动区域性股权交易市场建设和完善在一定程度上更好地与中小型科技型企业的融资需求形成匹配。同时，在现有人民银行征信体系基础上，进一步扩大和强化对科技型企业征信体系建设，尤其是推动跨部门的信息共享，将科技、税务、工商、法院、工信、商务、财政等部门掌握的信息及时联网共享，更全面地反映企业发展信息，有助于推动科技企业融资和相关市场建设。

二、科技支行向科技银行转变

我国科技银行目前主要以商业银行的科技支行形式存在。采取典型的“政府推荐＋指定

① 殷贵梅．多方共担风险的科技金融苏州模式研究[J]．金融纵横，2016(7)：77－82.

机构担保+科技支行提供贷款"的运作模式,收益模式单一。在我国科技支行向科技银行转变的过程中,未来理想的模式应当是创建具有独立法人资格的科技银行运营模式,实现经营独立、管理独立。根据我国金融发展基础和趋势,发展模式的转变应当采取"双轨制"的模式,即以现有的科技支行模式为基础,在条件合适的地区大胆创新,推行具有独立法人资格的科技银行模式,逐步实现科技支行向科技银行模式的转变。

随着我国金融体制改革的不断深入进行,我国科技支行向科技银行转变的内外部条件日趋成熟。一是高新技术产业发展迅速。由于高新技术企业具有风险大、盈利不确定等特征,从传统的融资渠道难以获得足够的发展资金。而科技银行要在促进科技金融发展中发挥制约作用,必须突破现有经营模式上的限制,向具有独立法人资格的科技银行模式转变。二是科技与金融的融合进一步加速。当前市场机制并没有充分考虑高新技术产业的发展特征,导致与科技资源相配置的金融并没有实现最大的效率。而当前我国科技资源的市场化需求又对金融资源提出了更大的需求,要实现科技资源与金融资源的有效配置,科技银行发展模式必须转变以满足科技与金融不断融合的要求。三是对风险管理要求在提高。如何在经营过程中有效地控制风险,是保证科技银行能够实现可持续性发展的保证。在经营过程中面临较大风险的情形下,避险的需求迫使科技支行向科技银行转变。

三、打造科技金融服务超市

科技金融服务超市具有多样性、便携性、实惠性、安全性四大服务特点,与科技企业的组织特点、融资需求以及发展前景形成很好的匹配度。将超市理念融入科技金融服务,为不同发展阶段的科技企业提供多样、便携、实惠、安全的金融服务将是未来科技金融服务机构的发展方向。因为科技金融服务超市不仅能使众多中小科技企业及时准确地了解国家对科技型企业的融资支持政策,也能提供其他融资信息和渠道,同时也使资金供给者选择到合适的投资对象,促进科技型企业和投融资产业的快速对接。

中国科技金融的发展任重而道远,应随着经济科技的发展,国家科技政策、金融政策的发展而进行适时调整。科技金融涉及关系主体多而复杂,需要科技资源、金融资源和产业需求在科技金融发展的方向上形成一致性看法,并结合"互联网+""区块链"等技术手段消除信息平台技术堡垒,促进信息畅通传导,促进我国科技金融发展更上一个台阶。

本章小结

科技金融是通过创新金融投入的各种方式,改进金融服务模式,搭建金融服务平台,满足高科技企业的金融需求,提升其创新动力,达到科技创新链条和金融资本链条的有机结合的系列政策和制度安排。与其他融资方式相比,科技金融具有明显的特点。在我国不同地区也形成了具有区域特点的发展模式,但是仍然不能满足不同类型、不同发展阶段的科技型企业的融资需求,需要在资本市场、银行职能转变以及服务平台等多方面进行不断探索。

本章中英文关键词

科技金融(Science and Technology Finance) 科技银行(Technology Bank)
科技担保(Technology Guarantee) 科技保险(Technology Insurance)

科技租赁(Technology Lease)　　科技服务(Technology Service)
科创板 (STAR Market)
科技成果转化(Transformation of Scientific and Technological Achievements)

复习思考题

1. 什么是科技金融？其作用和意义是什么？
2. 我国目前科技金融发展中存在的主要问题和原因是什么？
3. 比较分析我国区域科技金融发展的特点。列举其他地区的发展模式并提出其优点。

综合分析案例

张江高科“科创E保”

2015年12月7日，上海自贸试验区金融工作协调推进小组办公室、上海市金融办会同“一行三局”、上海市发改委和浦东新区政府(自贸试验区管委会)，共同发布自贸区第五批金融创新案例暨首批科技金融创新案例。其中，张江高科为“895创业营”量身打造的保险“科创E保”，成功入选首批科技金融创新案例。

一、“科创E保”：首款真正意义上的“创业保障保险”

据悉，“科创E保”是由太平洋保险联合上海龙头科创扶持企业——上海张江高科技园区开发股份有限公司(下称“张江高科”)，推出的国内首款真正意义上的“创业保障保险”，它聚焦于初创期的科技企业，为创始人在创业过程中的相关费用提供补偿，运用金融手段为有潜力的科技企业创始人实践“大众创业、万众创新”保驾护航。

《中国经济周刊》记者了解到，“科创E保”主要是为了张江高科“895创业营”量身打造的一个创新的保险险种。其创新点主要在于：

一是聚焦创业者，该产品的被保险人为“拥有控股权的企业创始人或联合创始人”；

二是保障范围广，不管是遭受意外事故还是出现经营不善，只要企业在保险期间内终止经营且被注销，作为创业者的被保险人均可获得费用损失补偿；

三是操作简便，联合张江高科专业力量在前期对企业进行风险评估，一旦保险事故发生，保险人将在第一时间为创业者提供费用补偿，不仅避免了创业失败可能带来的生活无着，而且为被保险人快速走出阴影、二次创业提供了物质基础。

不仅仅创新，而且很贴心。“科创E保”真正抓住了创业者们的痛点，最大程度体现了保险灵活机动的特点。可以说，这是国内首个真正意义上的“创业险”。众所周知，创业有风险，但经济活动却又依赖于创业活动的活跃。因此，这款保险的推出，可以说不仅填补了国内的空白，更为国内扶植创业发展提供了重要的新思路和新工具。

据介绍，以往市场上的“创业保险”一直局限于因自然灾害、意外事故造成人伤财损等传统保障领域，与创业者在起步阶段的特殊保障需求有一定差异。此次，太平洋保险联合张江高科深入了解科技企业及创始人在企业孵化阶段的实际需求，打破传统保险产品局限，创造性地对企业创始人在创业过程中的费用提供保障，具有“直接聚焦创业者”、操作便捷、保障范围广等特点。该险种的正式推出，既是保险公司促进科技金融服务创新，支持上海科技创新中心建设的真正体现，也是与张江高科强强联合的结果。未来在张江高科专业力量的全力支持下，保险将更好地发挥其服务企业、服务民生的管理保障职能,让张江的创业者们真正感受到"保险,让创业更美好"。

二、张江高科转型科技投行"895创业营"海选好项目

2015年,张江高科"895创业营"正式启动。作为张江科技城重要的建设者,张江高科首次以自身拥有的20年资源储备、100亿元的风险投资、近百名创业导师的力量,以"创业陪练"的方式,点燃万众创新的激情。

资料显示,"895创业营"第一季活动报名项目200多个,入营项目34家,淘汰率80%,入营的34个项目投资估值总和超20亿元,其中有7家在入营期内获得投资,有3家获得知名企业的战略投资,数个项目获得中国银行的信用贷款授信;与"895创业营"合作的商业银行超过10家,投资机构可投资总量超100亿元,平均每个项目接触到精准对接的投资机构超过5家。

与第一季不同的是,第二季的活动在三大方面有了突破。

首先,目标行业更聚焦。第二季根据第一季的数据反馈,及时对项目的行业方向进行了精确定位,最终将目标行业定位在智能硬件、健康医疗、互联网等三个方向。同时根据三大领域的特点,分设三个海选组进行项目海选,并请各领域的专业投资人分别坐镇,提升了项目海选的精准度。本季最终入营的36个项目,均集中在上述三大领域。

其次,战略合作更广阔。一方面,继第一季和中国银行签署战略合作协议并推出了"895创业营"的低利率信用担保贷款产品后,第二季张江高科又和太平洋保险全方位合作,推出了全国首款创业保险:科创E保,即在入营后12个月内,如发生了创业项目不成功的情况,将给予项目创始合伙人6个月的生活保障,以支持他们再一次创业或调整发展方向。另一方面,张江高科还与i8金融联手,为营内的项目免费提供i8企业服务平台的使用权,这是一个基于云端的企业管理服务平台,能够提升入营企业的内部流程管理水平。

第三,投资机构更强大。本季创业营得到了山蓝资本以及刚成立的海天会等投资机构的大力支持,在项目推荐、海选评审等方面给予了专业的指导。第二季总体报名数量和报名质量远远超过第一季,第二季原定入营30个项目,最终入营36个项目。张江高科"895创业营"在三个月入营期内为入营项目提供持续的创业服务。

有媒体报道,在2015年11月举行的浦东新区第二批国资国企改革启动会上,张江高科获得了新的定位:作为在张江核心园区市场化运作的上市公司,张江高科将从纯粹的工业地产经营中脱离出来,在从事科技园区综合服务的同时,成为促进科技企业发展的产业投资商。稍早前,张江高科也已表示,张江集团将划转所持有的上市公司10%股份至浦东科创集团,以此方式引入浦东科创集团为上市公司战略投资者,希望借此加强与浦东科创集团的联动,提升张江高科的高科技产业投资能力。

上海张江高科总经理葛培健曾表示,张江高科正积极解读上海自贸区金改新40条,思考如何利用张江高科自身较为完整的对接资本市场的金融服务平台,应对战略性新兴板与科创板推出的大好机遇,同时也努力思考解决企业"最先一公里"的难题,协调各方一起破解科技金融的痛点。

(资料来源:宋杰. 张江高科"科创E保"入选 是国内首个真正意义上的"创业险"[J]. 中国经济周刊,2015(49):38—39)

案例思考题:

"科创E保"作为一款创业保险,具有哪些优点和创新之处?其对科技创业企业的发展有哪些影响?"科创E保"的出现对我国科技金融的发展有什么推动意义?

第六章　融资租赁

【引导案例】

四川德阳 CF 公司属中小企业，长期从事车铣加工并与第二重型机械集团、东电等几个大企业有稳定的配套加工业务合作（合同）。由于业务量增加，CF 公司需再购置一台 130 万元车床扩大加工能力，但自己只有 30 万元现金。在跟银行接触后，由于该企业规模不大，之前在银行没有信用记录，企业本身信用等级低、授信额度小，又无法出具抵押担保，因而不具备贷款的基本条件，被银行拒之门外。企业转而寻求融资租赁方式。由于租赁公司拥有租赁设备的物权，因此租赁公司对企业的资信和抵押担保要求相对较低。租赁公司更为看重的是项目本身的市场前景，看重设备产生的效益。CF 公司采用融资租赁方式，由租赁公司购买并租赁给企业 130 万元的车床。其中承租人首付 30 万元，其余 100 万元由租赁公司解决，企业投入很少比例的资金即取得了设备的使用权和收益权。然后企业通过设备所产生的效益偿还租金，按每月支付租金 10 万元，支付 11 个月后，取得租赁设备的所有权。对承租人而言，一次付款购买该设备花 130 万元，而通过融资租赁“分期购买”花 140 万元，但实现了“小钱起步，终获设备”的经营目标。

（资料来源：罗晓春. 租赁企业融资新渠道[J]. 中国外汇，2014(7)：48—49）

案例启示与思考：

在本例中，CF 公司通过融资租赁“分期购买”车床设备，在租赁初期仅花了 30 万元就得到了 130 万元设备的使用权。与银行贷款等融资方式相比，融资租赁通过“融物”可以达到为中小企业“融资”的目的，也解决了其资金不足的问题，使企业得以顺利发展。由此可见，融资租赁拓宽了企业的融资渠道，降低了企业融资门槛，缓解了企业尤其是中小企业的融资难问题，是中小企业重要的融资渠道。那么融资租赁又有哪些种类呢？企业又应当如何做出正确的融资租赁决策呢？

【本章学习目标】

1. 提高学习者对融资租赁概念、种类及意义的认知。
2. 增强学习者对融资租赁基本业务流程的了解。
3. 培养学习者的融资决策能力。

第一节 融资租赁概念及意义

一、融资租赁概念

租赁是指在约定的期间内,出租人将资产使用权让与承租人,以获得租金的协议。租赁分为经营租赁和融资租赁,经营租赁是为了满足承租人经营使用上的临时性或季节性需要而发生的资产租赁,它是一种以获得租赁资产的使用权为目的的短期租赁形式,出租人不仅要向承租人提供设备的使用权,还要向承租人提供设备的保养、保险、维修和其他专门性技术服务。满足下列条件之一的租赁就属于融资租赁。

(1)在租赁期届满时,租赁资产的所有权转移给承租人。

(2)承租人有购买租赁资产的选择权,所订立的购价预计将远低于行使选择权时租赁资产的公允价值,因而在租赁开始日就可以合理确定承租人将会行使这种选择权。.

(3)租赁期占租赁资产尚可使用年限的大部分。但是,如果租赁资产在开始租赁前已使用年限超过该资产全新时可使用年限的大部分,则这条判断标准不适用。

(4)就承租人而言,租赁开始日最低租赁付款额的现值几乎相当于(通常在90%以上)租赁开始日租赁资产原账面价值;就出租人而言,租赁开始日最低租赁收款额的现值几乎相当于租赁开始日租赁资产原账面价值。

(5)租赁资产性质特殊,如果不作较大修整,只有承租人才能使用。

可以看出,融资租赁是指实质上转移了与资产所有权有关的全部风险和报酬的租赁,所有权最终可能转移,也可能不转移。它具有以下特点:

(1)以融通资金为目的,是一种贸易与信贷相结合、融资与融物为一体的综合性融资方式。

(2)融资租赁的租赁期限一般较长,且不可解约。

(3)在融资租赁中,租赁标的物的所有权归出租人,而使用权归承租人,出租人不得干预承租人对租赁标的物的使用。

(4)承租人负责设备的选择、保险、保养和维修等;出租人仅负责垫付货款,购进承租人所需的设备,按期出租,以及享有设备的期末残值。

二、融资租赁意义

对承租企业来说:

(1)融资租赁有利于拓宽融资渠道,缓解企业资金短缺问题。资金短缺是每个企业在生产经营过程中都可能遇到的问题。融资租赁以融通资金为目的,主要是为解决企业资金不足的问题而产生发展起来的。融资租赁下,融资和融物为一体,租赁费在整个租赁期内分期支付,与一次购买设备相比,企业只需支付少量的租金,就能在最短的时间内获得资产的使用权,这既缓解了企业所面临的现金压力,又解决了企业对中长期资金的需求,同时还满足了其生产经营的需要。

(2)融资租赁可以提高企业的工作效率。融资租赁过程中,承租人以租赁物为担保,不需其他资产作抵押,也不需担保公司进行担保,省去了大量的担保费用,规避了许多用直接购买方式必须层层报批或立项等繁琐的程序,为企业迅速进行生产经营节约了宝贵的时间,提高了企业的工作效率。

(3)融资租赁有助于提升企业竞争力。融资租赁中的资产大部分为技术含量较高的先进设备，承租人有权选择设备类型和制造商，租赁期满时有权续租和低价购入租赁物，可以促使中小企业加快技术改造和设备更新的步伐，提高产品的科技含量，促进产品的更新换代，进而实现产业结构的调整和经营模式的转变，提高市场竞争力，此外，融资租赁还可以帮助企业规避资产贬值的风险。

(4)融资租赁有助于企业节约成本。国家财政允许企业对租赁物件加速折旧，折旧款可于税前偿还租金。国家为了鼓励投资、鼓励技术进步，专门为融资租赁提供了一系列优惠政策，如直接投资减税、加速折旧形成的所得税减免、财政补贴等。企业可以按照最有利的原则加速折旧，享受税收优惠。

(5)融资租赁可以改善承租方的资产负债结构。出租方直接将出租物计入资产，按照有关规定计提折旧；而承租方则将租金计入成本费用，同时某些融资租赁属于表外融资，可达到优化承租方资产负债结构的作用。

对租赁公司而言，融资租赁是为其提供了一种新的投资渠道。租赁公司对租赁项目具有选择权，可以选择一些风险较小、收益率较高以及国家产业倾斜的项目予以资金支持，通过融资租赁项目使得其拥有的闲散资金得以流通增值，同时融资租赁也有助于租赁公司盘活闲置设备。

对供应商来说，融资租赁可以扩大产品销路，加强产品在国内外市场上的竞争能力。融资租赁由于采取“以租代销”的方式，使得一部分缺少资金的企业可以使用小资金获得大设备，增加了对供应商产品的需求。正因为融资租赁比直接销售具有更多的优势，许多大的制造商都纷纷拿出专门资金用于开展融资租赁服务，以促进本企业的产品销售。

第二节　融资租赁种类及程序

一、融资租赁种类

(一)按交易方式分类

按交易方式的不同，融资租赁可分为直接租赁、售后回租、厂商租赁、融资转租赁。

1. 直接租赁

直接租赁指出租人用自有资金或在资金市场上筹措到的资金购进设备，直接出租给承租人的租赁。在这种融资租赁模式下，租赁当事人直接见面，对三方要求和条件都很具体、很清楚。直接租赁方式没有时间间隔，出租人没有设备库存，资金流动加快，有较高的投资效益。直接租赁的流程图如图 6—1 所示。

例 6—1　A 航运公司成立于 2001 年，主营国内沿海及长江中下游普通货船运输业务，公司原有 2 条多用途船和 2 条散货船。为扩大业务，该公司需要新建一艘 22 500 载重吨的散货船。A 航运公司资金不足，便与 B 融资租赁公司签订租赁合同。合同规定 B 融资租赁公司按 A 航运公司要求向该公司指定的造船厂订造船舶，船舶建成后出租给 A 航运公司运营，期限为 5 年，租赁期限内，A 航运公司按月向 B 融资租赁公司支付租金。租赁期满后，A 公司根据约定以象征性价格向 B 公司购买该散货船，B 融资租赁公司将船只的所有权转移给 A 航运公司。

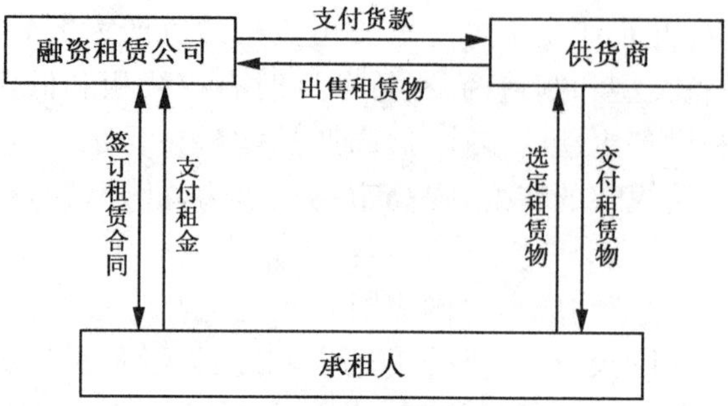

图 6—1　直接租赁流程图

2. 售后回租

售后回租又称返还式租赁,是指承租人在将自有租赁标的物出卖给出租人的同时,又与出租人签订融资租赁合同,再将该租赁标的物从出租人处租回的租赁形式。售后回租是一种集销售与融资为一体的特殊融资租赁形式,它使设备制造企业或资产所有人(承租人)在保留资产使用权的前提下获得所需的资金,同时又为出租人提供有利可图的投资机会。售后回租的流程图如图 6—2 所示。

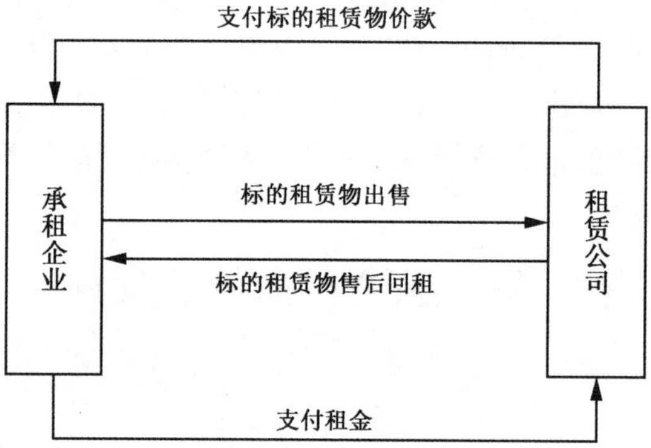

图 6—2　售后回租流程图

售后回租交易双方具有业务上的双重身份,因而业务处理上具有重叠性。其一,资产销售方同时又是承租人,一方面企业通过销售业务实现资产销售,取得销售收入,另一方面又作为承租方向对方租入资产用于生产过程,从而实现资产价值和交换价值,具有经济业务的双重身份。其二,资产购买者同时又是出租方,企业通过购买对方单位的资产取得资产所有权,同时又作为出租方转移资产使用权,取得资产使用权转让收入,实现资产的使用价值的再循环,具有业务上的双重性,是融资产销售和资产租赁为一体的特殊交易行为。此外,在售后回租的交易过程中,出售方(承租方)对资产所有权转让并不要求资产实物发生转移,因而出售方在售后回租交易过程中可以不间断地使用资产。作为购买方即出租方,则只是取得资产的所有权,取得商品所有权上的风险与报酬,并没有在实质上掌握资产的实物,因而形成实物转移与价值转移的分离。

例 6—2　L 公司创建于 1980 年,主营生产各类中档纺织面料。该公司经营效益良好,但苦于得不到足够的资金支持,发展较为缓慢。W 融资租赁公司经调查了解到该公司具有良好的发展前景，决定通过回租服务给予支持。具体操作为：该公司向 W 融资租赁公司提供其原已购入的粗纺机、细纺机等一批棉纺设备的原始购置发票，将该批设备所有权转让给 W 融资租赁公司，保留设备使用权；W 融资租赁公司在取得设备所有权后，一次性向 L 公司支付转让款 5 000 万元。在 3 年租赁期内，L 公司按月向 W 融资租赁公司支付租金。租赁期满后，L 公司向 W 融资租赁公司支付约定的名义货价，W 融资租赁公司将该批设备的所有权转移回 L 公司。

3. 厂商租赁

厂商租赁是租赁公司与厂商合作、以产品销售为导向的融资租赁形式。租赁公司直接与租赁标的物的生产厂商合作，根据厂商的产品预售合同从厂商处购入租赁标的物，再以融资租赁的方式租给产品经销商或终端用户，并由厂商提供产品回购担保或连带责任担保。厂商租赁流程图如图 6—3 所示。

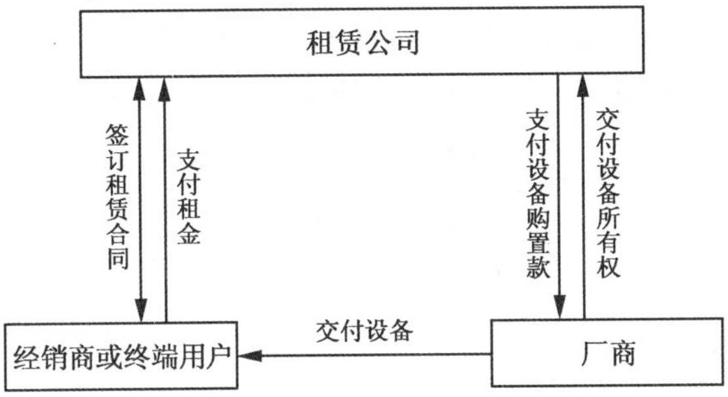

图 6—3　厂商融资租赁流程图

例 6—3　M 酒店于 2000 年成立，公司经营状况良好，年销售收入在 3 000 万元左右。2009 年公司原空调能耗升高，使用寿命将尽，急需对空调进行改造，所需节能改造设备金额约 600 万元。节能设备厂商的销售人员在销售设备时，发现客户有节能改造需求，将其信息告知融资租赁公司项目经理。项目经理与节能设备厂商销售人员积极配合，通过 EMC 合同能源管理融资模式（用减少的能源费用来支付节能项目全部成本的节能投资方式），为客户提供了 3 年期的节能融资租赁方案，及时帮助客户解决了改造问题，同时也帮助节能设备生产厂商快速实现了销售订单。

4. 融资转租赁

融资转租赁是指转租人从其他出租人处租入租赁物件再转租给第三人，转租人以收取租金差为目的的租赁形式。在转租赁业务中，上一租赁合同的承租人同时又是下一租赁合同的出租人，称为转租人，租赁物品的所有权归第一出租方。融资转租赁至少涉及三方：原出租人、原承租人和新承租人，四个当事人：设备供应商、第一出租人、第二出租人（第一承租人）、第二承租人及三份合同：购货合同、租赁合同、转让租赁合同。融资转租赁的流程图如图 6—4 所示。

（二）按出租人对融资风险的承受能力分类

按出租人对融资风险的承受能力不同可将融资租赁分为委托租赁和杠杆租赁。

1. 委托租赁

委托租赁是拥有资金或设备的人委托非银行金融机构从事融资租赁，第一出租人同时是

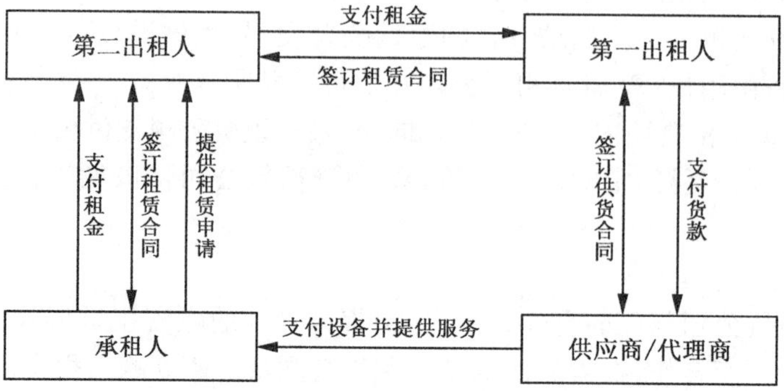

图 6—4　融资转租赁流程图

委托人,第二出租人同时是受托人。出租人接受委托人的资金或租赁标的物,根据委托人的书面委托,向委托人指定的承租人办理融资租赁业务。在租赁期内租赁标的物的所有权归委托人,出租人只收取手续费,不承担风险。这种委托租赁的一大特点就是让没有租赁经营权的企业,可以“借权”经营。委托租赁的基本流程图如图 6—5 所示。

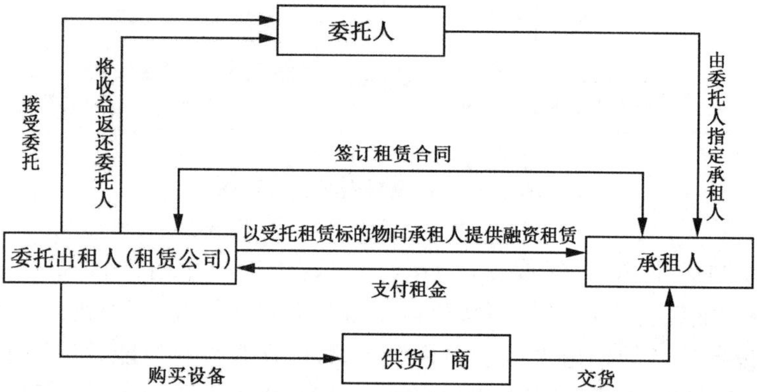

图 6—5　委托租赁流程图

例 6—4　H 公司为 F 厂的母公司,委托 K 融资租赁公司为 F 厂办理融资租赁业务。F 厂要购买账面价值为 5 亿元的产品生产线,欲以融资租赁方式替代银行贷款进行融资,故由 H 公司牵头联络 K 融资租赁公司,并为 K 融资租赁公司提供资金为 F 厂融资购入该生产线,之后按照《资金协议》的规定,K 融资租赁公司扣除相应的手续费用后,将 F 厂向其支付的租金交付给 H 公司。

2. 杠杆租赁

杠杆租赁是由出租人自筹租赁标的物购置成本的 20%～40%加上由银行或财团等以贷款形式提供的其余 60%～80%来购买承租人所需的资产,并交由承租人使用的租赁方式。在杠杆租赁下,出租人拥有设备的法定所有权,但须将设备的所有权、租赁合同和收取租金的权利抵押给银行或财团,以此作为其获得贷款的担保。承租人在使用租赁资产后,应定期支付租赁费用给提供贷款的银行或财团,由其按商定比例扣除偿付贷款及利息的部分,其余部分交出租人处理。杠杆租赁是一种专门做大型租赁项目的有税收好处的融资租赁,主要是由一家租赁公司牵头作为主干公司，为一个超大型租赁项目融资。首先成立一个脱离租赁公司主体的操作机构，专为本项目成立资金管理公司提供项目总金额20%以上的资金，其余部分资金来源则主要是吸收银行和社会闲散游资，利用100%享受抵税的好处"以二博八"的杠杆方式，为租赁项目取得巨额资金。由于可享受税收好处、操作规范、综合效益好、租金回收安全、费用低，一般用于飞机、轮船、通讯设备和大型成套设备的融资租赁。杠杆租赁的流程图如图6—6所示。

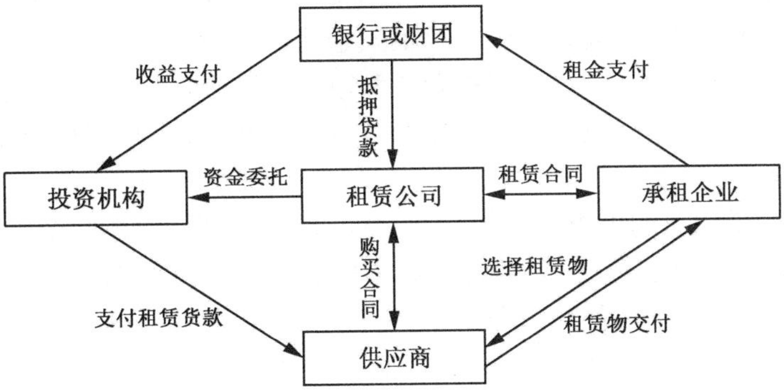

图6—6 杠杆租赁流程图

例6—5 H公司因业务扩张需要购买价值1 000万元的设备，但现阶段H公司因规模原因融资不足，故转而与Z融资租赁公司合作。Z融资租赁公司以200万元的价格购买H公司所需设备，并将该设备抵押给X银行，X银行再对H公司授信流动资金贷款800万元，H公司共获得1 000万元的贷款额度，循环使用，授信期限一年，贷款期限两年，H公司向Z融资租赁公司提供适当比例保证金或定期存单作为质押，Z融资租赁公司为H公司提供连带责任保证担保。H公司按计划分期还本付息，资金分别回笼到X银行和Z融资租赁公司。

（三）其他类型

1. 简单融资租赁

简单融资租赁是指承租人有意向通过出租人租赁由承租人选择需要购买的租赁物件，出租人通过对租赁项目风险评估后愿意出租租赁物件给承租人使用的租赁方式。为取得租赁物件，出租人首先全额融资购买承租人选定的租赁物件，按照固定的利率和租期，根据承租人占用出租人融资本金时间的长短计算租金，承租人按照租约支付每期租金，期满结束后出租人以名义价格将租赁物件所有权卖给承租人。在整个租赁期间承租人没有所有权但享有使用权，并负责维修和保养租赁物件。出租人对租赁物件的好坏不负任何责任，设备折旧在承租人一方。

2. 项目融资租赁

承租人以项目自身的财产和效益为保证，与出租人签订项目融资租赁合同，出租人对承租人项目以外的财产和收益无追索权，租金的收取也只能以项目的现金流量和效益来确定。出卖人（即租赁物品生产商）通过自己控股的租赁公司采取这种方式推销产品，扩大市场份额。通讯设备、大型医疗设备、运输设备甚至高速公路经营权都可以采用这种方法。

二、融资租赁程序

不同的融资租赁种类对应的租赁程序可能存在一定的差异，但还是有一定的共性，本节主

要就融资租赁的基本程序加以介绍。一般来说,企业进行融资租赁会经过以下几个步骤:

(1)承租企业与租赁公司接触,选择租赁公司,提出委托申请。当企业决定采用融资租赁方式以获取某项设备时,需要了解各个租赁公司的资信情况、融资条件和租赁费率等,分析比较选定一家作为出租单位。然后,向租赁公司提出书面申请,并填写"设备租赁申请书"。租赁公司收到申请后,应向企业介绍有关手续的办理程序、租金的计算方式、租金的支付期间与支付方式等。

(2)出租人对承租人的信用状况审查。在开展融资租赁以前,有两个基本条件必须得到满足:一是出租人对承租人的信用状况(包括承租人企业的产业特点、经营状况、财务报表、现金流量、项目情况、偿还能力、担保等)经审查后认可,并同意与其开展该项目的融资租赁交易;二是承租人必须对融资租赁的特点和实际运作有基本认识和一定的了解,出租人和承租人双方能配合在一起开展工作。

(3)租赁公司租赁项目的审查。租赁双方达成初步意向后,能否向企业提供租赁服务,需由租赁公司对租赁项目进行审查,以确保出租方的利益。审查的内容包括:租赁项目的可行性、企业的资信与能力、租赁设备的先进性等。

(4)签订购货合同。购货合同应由承租人、出租人和供货商三者参加签订。在委托租赁的情况下,由租赁公司向供货商订购,并签订订货合同,同时由承租人副签。

(5)签订租赁合同。经过租赁公司审查,认为切实可行后,承租企业与租赁公司进入实质性谈判阶段。若双方达成共识,则签订租赁合同。租赁公司与供货方的供货合同、与贷款银行的贷款合同也应立即或同时进行。承租人与出租人签订的租赁合同是重要的法律文件,双方应对租赁合同的具体内容平等协商达成统一,租赁合同应重点协商租金、租金支付的方式、手续费率、租期、利息率等双方的权利、义务。

(6)设备的交接及货款支付。供货商应根据合同规定的日期将设备直接交给承租企业,企业负责验货、办理交接手续,租赁公司根据此情况向供货商支付设备货款。

(7)支付租金。承租企业按合同规定的租金数额、支付方式等,向租赁公司支付租金。

(8)租赁期满租赁资产的处置。融资租赁合同期满时,承租企业应按租赁合同的规定,实行退租、续租或留购。租赁期满的设备通常都以低价卖给承租企业或无偿赠送给承租企业。

三、融资租赁决策

融资租赁决策的主要程序如下:

(1)分析是否应该取得一项资产。这是融资租赁分析的前置程序。承租人在决定是否租赁一项资产之前,先要判断该项资产是否值得投资。这一决策通过常规的资本预算程序完成。通常,只有该资产有正的净现值时,企业才会考虑取得该项资产。

(2)分析公司是否有足够的现金用于该项资产投资。一般来说,运行良好的公司往往没有多余现金用于固定资产投资,需要为新的项目筹资。

(3)分析可供选择的筹资方式。一般来说,筹资方式包括借款、发行新股、发行债券、融资租赁等,但对大多数企业来说,银行借款是最普遍的筹资方式。

(4)分析确定融资租赁是否为最优筹资方式。根据财务的基本原理,为获得同一资产,付出成本最小的为最优方案,因此只需比较融资租赁与通过银行借款等其他筹资方式直接购买资产这两种方式下的成本,就可确定融资租赁是否为最优筹资方式。如果融资租赁的成本低于直接购买的成本,则融资租赁为最优筹资方式。通常使用以下三种方法来确定最优筹资方式：

①净现值法。净现值法是指一项投资所产生的未来现金流的折现值与项目投资成本之间的差值。它是根据净现值的大小来评价方案好坏的一种方法。净现值法主要是将融资租赁机器设备现金流出量的净现值与购买机器设备现金流出量的净现值进行对比分析。使用这种方法，首先要按照一定的资金成本率分别计算融资租赁机器设备和直接购买机器设备现金流出量的净现值，然后再对比两种方案的净现值的大小，现金流出净现值小的方案是最优方案。如果融资租赁得出的现金流出净现值小于直接购买得出的现金流出净现值，则融资租赁为最优筹资方式。

②年金法。年金法是把通过融资租赁获得设备和直接购买设备两种方式下的所有支出分别折算为每年需要支出的数额(年金)，再比较年金的大小。如果融资租赁方式得出的年金小于采取其他所有直接购买方式求出的年金，则企业应选择融资租赁方式来取得资产。

③内含报酬率法。内含报酬率也称内部收益率，是指能够使未来现金流入现值等于未来现金流出现值的贴现率，或者使投资方案净现值为零的贴现率。在这种方式下，首先应分别计算融资租赁的内含报酬率和通过银行借款等方式取得资金直接购买设备的资金成本率，再将计算得出的内含报酬率和资金成本率进行比较，如果内含报酬率低于资金成本率，则选择融资租赁方式。

例 6—7　甲公司因经营扩大，需购置一套设备，设备价格为 500 万元，该设备折旧年限为 8 年，预计残值为总价的 5%，企业所得税税率为 25%，现该公司可选择两种融资方式购置设备：

A. 通过商业银行贷款方式：按照银行固定资产贷款条件，即首付 30%，贷款期限 3 年，采用每月等额本息还贷，贷款利率为 7%；

B. 通过乙融资租赁有限公司融资租赁方式：首付 30%，租期为 3 年，每月等额本息付租，融资租赁租赁利率为 7%，手续费 1.5%。

设备使用期内的资金价值按贷款利率 7%折现，各年的折现系数分别为：0.934 6、0.873 5、0.816 3。根据会计准则规定，银行贷款购置时，折旧可以税前提取或列支，融资租赁可以按租赁期限(最短不少于 3 年)提取折旧，折旧额税前列支。

本例将使用净现值法来确定融资租赁是否为最优筹资方式，计算结果如表 6—1 所示。

表 6—1　　**融资租赁和银行贷款净现值比较表**

项　目	第一年	第二年	第三年
银行贷款方案：			
首付款	1 500 000	0	0
还贷金额	1 296 840	1 296 840	1 296 840
折旧额	593 750	593 750	593 750
折旧税收节约	148 438	148 438	148 438
贷款净成本	1 148 402	1 148 402	1 148 402
折现系数	0.934 6	0.873 5	0.816 3
各年净成本现值	2 573 297	1 003 014	937 440

续表

项　目	第一年	第二年	第三年
净成本总现值		4 513 751	
融资租赁方案:			
首付款	1 500 000	0	0
租金偿还额	1 296 840	1 296 840	1 296 840
手续费	75 000	0	0
折旧额	1 583 333	1 583 333	1 583 333
折旧税收节约	395 833	395 833	395 833
租赁净成本	901 007	901 007	901 007
折现系数	0.934 6	0.873 5	0.816 3
各年净成本现值	2 417 081	786 939	735 492
净成本总现值		3 939 512	

通过表6—1可看出,甲公司如果采取融资租赁形式,现金流出净现值(净成本现值)为3 939 512元,而如果通过银行贷款取得融资直接购得设备的现金流出净现值为4 513 751元,融资租赁融资方式为甲公司节省574 239元。融资租赁取得资产的成本低于银行贷款,甲公司应选择融资租赁这一较优方式。

本章小结

融资租赁是实质上转移与资产所有权有关的全部或绝大部分风险和报酬、以融通资金为主要目的的长期租赁形式。融资租赁一般涉及一个标的物(通常为固定资产或无形资产)、至少两类合同(买卖合同和融资租赁合同)和至少三个当事人(出租人、承租人和供货商)。

融资租赁可按不同标准对其进行分类。按交易方式的不同,融资租赁可分为直接租赁、售后回租、厂商租赁和融资转租赁,按出租人对融资风险的承受能力可分为委托租赁和杠杆租赁,此外,融资租赁还包括简单融资租赁、项目融资租赁等。融资租赁的种类不同,对应的融资租赁程序也不一样。

企业在进行融资租赁决策时,首先应结合企业自身发展的实际需要和内外部环境,确定是否需要添置资产。融资租赁仅为取得资产的一种筹资方式,企业还可采用银行借款、发行股票和债券等方式获得购买资产的资金,因而企业应对可供选择的筹资方式进行分析,借助净现值法、年金法和内含报酬率法来确定融资租赁是否为最优的筹资方式。

本章中英文关键词

融资租赁(Financial Lease)
售后回租(Sale-leaseback)
融资转租赁(Sublease)
杠杆租赁(Leveraged Lease)
直接租赁(Direct Lease)
厂商租赁(Vendor Lease)
委托租赁(Entrusted Lease)
融资租赁决策(Decision on Financial Lease)

复习思考题

1. 什么是融资租赁？中小企业应用融资租赁进行融资有哪些好处？
2. 融资租赁的种类有哪些？
3. 如何做出正确的融资租赁决策？

综合分析案例

融资替代的有效途径：莱芜融资租赁案例

莱芜A起重运业公司（以下简称A公司）是一家集大型物件运输、吊装服务、现代化物流为一体的交通运输企业。虽然公司2005年注册资本只有4 000万元，但随着近几年我国电力、冶金、石油、化工等重工业发展，对大型运输和吊装服务需求增加，企业规模迅速扩大，2008年末资产总额达2亿元，并跻身中国起重、吊装施工企业“双十强”。为进一步扩大企业规模，2009年，该公司拟从德国利勃海尔公司购置履带式LR1750起重机一台，价值6 000万元。但由于企业有效抵押资产不能满足银行信贷条件，辖区内金融机构在审批该贷款项目时均未通过，企业发展遭遇融资瓶颈。

为解决问题，在德国利勃海尔公司推荐下，A公司尝试向德益齐租赁（中国）有限公司申请融资租赁业务。后者对A公司进行考察时，认为A公司虽然缺乏有效抵押物，但公司在国内具有较高的市场占有率和较强的竞争优势，且资产、盈利、经营及信用状况良好，融资租赁业务风险不大。基于此，决定于2009年6月5日与A公司签订《融资租赁合同》，同时向德国利勃海尔公司购置价值6 000万元的履带式LR1750起重机一台，租赁给A公司使用，租赁期4年。租赁期内起重机设备所有权归德益齐租赁（中国）有限公司，但使用权和收益权归A公司。A公司依据《融资租赁合同》按月向德益齐租赁（中国）有限公司支付租金（共支付租金6 450万元）。租赁到期后，德益齐租赁（中国）有限公司将起重设备所有权转移给A公司，租赁业务终结。在德益齐租赁（中国）有限公司租赁业务扶持下，A公司经营规模得以顺利扩张。

2010年1季度，A公司因规模扩张，流动资金需求明显增加，加上每月150多万元的租赁费固定支出，企业流动资金出现周转困难。为筹集流动性资金，在申请银行贷款无果的情况下，A公司向华融金融租赁股份有限公司申请回租式融资租赁，即申请华融金融租赁股份有限公司按设备评估价2 400万元，购买A公司2006年11月购置（购置价3 955万元）的德国利勃海尔500吨汽车起重机设备一台，华融金融租赁股份有限公司再将设备按约定期限（4年）租赁给A公司使用，后者按月向前者支付租赁费用（共计2 955万元），2014年9月租赁期满后，华融金融租赁股份有限公司将设备所有权归还A公司。上述回租式融资租赁在不影响设备正常运营的同时，A公司通过暂时将物化资本转为货币资本，为企业带来了2 400万元的流动资金，企业流动资金周转困难得以解决。

上述直租式和回租式租赁业务中，租赁方德益齐租赁（中国）有限公司和华融金融租赁股份有限公司为确保租赁业务安全，除要求A公司每月提供财务报表及设备使用情况，并合同约定，A公司必须为租赁设备以出租人为受益人购买保险外，租赁方将两笔融资租赁业务在人民银行征信中心登记公示，并逐笔记录承租方租金归还等具体情况，使承租方信用状况处于社会监督之下,促使承租方履约守信,确保融资租赁业务运作安全。

（资料来源:房友军．融资替代的有效途径:莱芜融资租赁案例[J].金融发展研究．2011(4):43—46)

案例思考题:

莱芜融资租赁案例中出现了哪些融资租赁类型?融物替代融资使融资租赁业务具有哪些比较优势?融资租赁成功运作的基本条件有哪些?

第七章　信用借款

【引导案例】

中国航运史上，香港船王包玉刚是典型的靠“借钱买船”发家的案例。他开始创业之时，就是利用信用向朋友借钱。他借钱先买了一条破船，然后，用这条船去银行抵押贷款，贷款再买第二条船。然后，再用第二条船作抵押，去买第三条船。采取这种“抵押贷款”的办法，包玉刚的航运事业逐渐发展起来了。

包玉刚曾经两手空空地让著名的汇丰银行为他买来了一艘崭新的轮船。他到银行找到信贷部的主任说：“主任，我在日本订购了一艘新船，价格是100万元，同时，我又在日本的一家货运公司签订了一份租船协议，每年租金是75万元，我想请贵行支持一下，能不能给我贷款？”信贷部的主任说：“你这个点子不错，但你要有担保。”他说：“可以，我用信用状担保。”什么是信用状？就是租船的“货运公司”从他银行开出的信用证明。很快，包玉刚凭借其在日本的客户关系，说服货运公司的银行经理，同日本神户银行三方商议，从日本拿来了信用状。汇丰银行终于同意了他的贷款申请。你会问：“为什么银行会给他贷款？”我们来分析一下：

如果银行给他100万元造这条船，每年就有75万元的租金，不需2年他就可以还清100万元的贷款。银行肯定担心，怕他有钱不还，或有情况还不了钱。这没关系，因为银行这里有货运公司的“信用状”担保，这家公司很守信用，如他不给钱，银行可以找这家货运公司，资金安全不成问题 。所以，银行就敢贷给他。这就是他的说法，这里就有他的信用。

包玉刚赚到一笔钱，没有把钱存起来，这样发展太慢，而是用来继续扩大规模。他就是用这种“滚动式”的“抵押贷款”经营法，在大洋里越滚越大，成为世界航运之首。

（资料来源：赵淑敏．陈哲．胡金星．创业融资[M]. 北京：清华大学出版社，2009）

案例启示与思考：

通过包玉刚负债融资的案例，我们可以知道包玉刚是采取借钱聚财的方式来发家的，在该案例中，包玉刚采取的用信用状借款的方式显得尤其引人注目，以信用来获取银行信贷资金的方式就是信用借款。信用借款作为目前我国商业银行发放贷款的传统形式之一，给创业者提供了便捷的融资方式。那么信用借款具体包括哪些种类和形式？创业者应如何计算借款成本，选择并获得合适的信用借款呢？

【本章学习目标】

1. 加深学习者对企业信用借款方式的认知。
2. 增强学习者对企业信用借款成本以及信用借款程序的了解。
3. 提升学习者对信用关系管理的能力。

第一节 信用借款的种类

信用借款是借贷双方以信用为基础,通过签订书面借款协议或达成口头协议形成特定的债权债务关系,从而产生相应的权利与义务。信用借款按照参与的主体不同可以分为信用贷款、商业信用融资以及民间信用借款三大类。

一、信用贷款

信用贷款是指以借款人的信誉发放的贷款,借款人不需要提供担保。其特征就是债务人无需提供抵押品或第三方担保仅凭自己的信誉就能取得贷款,并以借款人信用程度作为还款保证的。这种信用贷款是中国商业银行长期以来的主要放款方式。根据出借主体,目前我国信用贷款可分为以下几种形式:

(一)银行的信用贷款

国内有信用贷款产品的银行有花旗银行、渣打银行、平安银行、宁波银行等。国内正式推广的信用贷款如渣打银行推出的现贷派,可以贷款的金额为 8 000 元到 2 万元,银行推出的此类产品的共同特点是额度低、门槛高、手续较慢。

(二)贷款公司的信用贷款

国内正规信用贷款公司包括宜信、证大速贷等。贷款公司的信用贷款,额度 20 万~30 万元,利率 1.5%~3%。贷款公司信用贷款中的一部分就是俗称的高利贷,这类产品的特点是速度快,额度很灵活,但是成本被隐藏在手续费等收费项目上,实际贷款成本远高于对外宣传的利率。

(三)担保公司的信用贷款

担保公司的信用贷款是通过担保公司担保银行放款的模式为客户提供的信用贷款。额度一般最高可到达 30 万元,费用模式为银行放款的利息加担保公司的担保费。正规的担保公司只收取一定比例的担保费而不会收取利息,这也是辨别担保公司是否正规的一个标准。

(四)基于信息化的金融机构信用贷款

此类贷款额度不会太高,速度介于贷款公司和银行之间,特点是可以通过网络完成贷款手续,可以通过网银或支付宝等还款,但是费率会随着市场进行波动。

二、商业信用融资

商业信用融资是指企业之间在买卖商品时,供货方以商品形式为客户提供资金的借贷活动,是经济活动中最普遍的一种债权债务关系。目前,我国的商业信用融资存在以下几种形式:

(一)应付账款融资

应付账款融资对于融资企业而言,意味着放弃了现金交易的折扣,同时还需要负担一定的成本，因为往往付款越早，折扣越多。

【例 7—1】 A 企业（购货企业）是一家小规模企业，资金实力较弱，B 企业是一家财务实力雄厚的大企业。A 企业以 1/10，N/30 的信用条件从 B 企业（销货企业）购入货物 18 万元。中国银行人民币短期贷款年利率为 6.03%。如果企业享受应付账款融资，那么就要放弃现金折扣。

（二）商业票据融资

商业票据是企业在延期付款交易时开具的债权债务票据。对于一些财力和声誉良好的企业，其发行的商业票据可以直接从货币市场上筹集到短期货币资金。

【例 7—2】 A 公司于 2018 年 1 月 4 日向 B 公司购买一台机器设备，为支付货款，A 公司签发了一张以自己为出票人、以 B 公司为收款人、以 M 银行为承兑人、票面金额为 30 万元、到期日为 2018 年 8 月 3 日的银行承兑汇票，并交付给 B 公司。A 公司和 M 银行均在汇票上进行了签章。

（三）预收货款融资

预收货款融资是买方向卖方提供的商业信用，是卖方的一种短期资金来源，信用形式应用非常有限，仅限于市场紧缺商品、买方急需或必需商品、生产周期较长且投入较大的建筑业、重型制造等。

【例 7—3】 M 公司从 L 公司购买一项专利技术，对于专利技术资金的支付方面，两公司达成的协议是在交付货物或者服务前预先收取买方 50%的资金。L 公司在交付专利技术之前获得的 50%的资金属于预收账款融资。

三、民间信用借款

民间信用借款是指除商业银行以外的借贷双方以信用为基础，通过签订书面借贷协议或达成口头协议形成特定的债权债务关系，从而产生相应的权利与义务关系。狭义的民间信用借款是指公民之间按照约定进行货币借贷的一种民事法律行为。广义的民间信用借贷除上述内容外，包括公司与法人之间以及公民与其他组织之间的货币借贷行为。当前主要的民间信用借款的形式主要有：

（一）民间自由借贷

民间自由借贷是一种不经第三者中转，而由借贷双方直接进行的借贷活动。现代民间自由借贷是指在城乡居民之间或居民与企事业单位之间直接发生的借贷活动。该形式的民间金融在我国广大的农村地区尤为盛行。按照有无借贷利息或借贷利息高低可分为无息借贷、低息借贷和高息借贷三种形式，其中以第二种形式居多。按借贷标的又可分为借出货币归还货币、借出货币归还实物、借出实物归还货币和借出实物归还实物四种形式，其中以第一种形式居多。民间自由借贷主要活跃于经济欠发达的中西部地区，在众多的民间金融形式中，它处于最低级的一端。

（二）民间合会

民间合会是很早就在我国民间流行的一种小规模的群众融资形式，也称成会、聚会等。最初意义上的合会通常由一位需要资金的人主动邀请若干亲友组成一会，主动邀会者称为会首，其他邀请者称为会脚。合会组成以后，约定每隔一定时间聚会一次，每次聚集一定的金额（称为会金，通常为整数），轮流交给会员中的一人使用，借以互助。第一期会金归会首，其余各期会金按一定顺序归会脚获得，直到全体会员都获得会金，一会的生命就算结束。

实际上,先得会金者相当于整借零还,付出的会金比得到的会金多,差额相当于付出的利息,他们是资金借入者;后得会金者相当于零存整取,得到的会金比付出的会金多。目前我国现存的各类合会的运作方式与传统的合会基本上相同,但合会的规模更大,种类更为丰富。与传统的合会比较,现时的合会更多地出于投资的目的。传统的合会一般限于亲友与邻里街坊之间,聚会的目的多为解决生活中的临时困难,其中包含更多的人情味与互助色彩,通过合会进行融资的利率很低甚至没有利息。而现在的合会更多地出于投资的目的,聚会的范围更广,融资的规模更大,融资的利率更高。正因如此,现在的合会主要活跃于经济较为发达的沿海地区。

【例7—4】 泉州地区的金融互助会涉及金额较小,每份从300元至2 000元不等,最为常见的为500元与1 000元的类型。而在人数方面,通常不超过50人。互助会的参与者皆为亲戚朋友和同村熟人,并且大多为工薪阶层。会首通常为其中较有能力者,由众会脚推选出来,也就是说,会脚们对会首的情况都比较了解。互助会发起或者存在的目的,是为各参与者提供一个资金帮助与储蓄为一体的金融机制,并且主要是提供大笔资金急用,而并非为了投机盈利。

(三)银号和私人钱庄

钱庄又称银号,它是我国古老的民间金融形式之一。它起源于铸币兑换。钱庄在解放初期已全部消失,但在20世纪80年代中期,随着社会经济的变迁,现代钱庄再度出现。私人钱庄是一种比较有组织化、规范化的间接融资方式,其影响远远超过民间自由借贷、合会等直接的民间融资方式,它受到的争议更为激烈。正规金融部门和金融管理部门认为私人钱庄的存在对国有银行与信用社造成冲击,分流了正规金融部门的资金,不利于国家信贷政策的贯彻执行。事实上,非正规金融对于中小企业融资难、融资慢的问题起到很好的缓冲作用,但是也存在可能会形成高利贷的问题,必须加以引导和加强管理。

【例7—5】 方培林建立的方兴钱庄是新中国成立后的第一家私人钱庄。方兴钱庄在经营上的灵活性,弥补了银行在严格的法规体系内运行的各种不便。比如银行的服务时间是8小时,而方培林的钱庄是24小时服务,贷、存款随时都可进行。他经常不停地奔走于各大户之间,了解各家进货和售出情况及手头现金的余额。同时他又专门在信用社存款5万元,根据信用社"存一贷三"的规定,一旦需要,就有15万元现金可解燃眉之急。

(四)农村(或社区内)融资组织

在我国农村地区广为存在的农村合作基金会、互助储金会、金融服务公司等以互助或融资为目的的互助合作组织,是适应改革开放后农村经济发展状况的民间金融组织的创新。农村各种内部融资组织中,尤其以农村合作基金会最为普及。农村基金会为我国农村经济的快速发展和乡镇企业的崛起做出了很大的贡献,它在农业银行和农村信用社缺位的情况下,发挥了补充与完善我国农村金融体系的积极作用。当然,这些组织在发展的过程中,也存在利率、监管等方面的问题,需要与正规金融协调发展。

第二节　信用借款的成本与程序

一、信用借款的成本

信用借款成本是指企业为筹集和使用信用借款而付出的代价。广义地讲,企业筹集和使用任何资金，不论是短期的还是长期的，都要付出代价。信用借款成本包括资金筹集费和资金使用费。其中资金筹集费是指公司在筹集信用借款过程中为获得资金而付出的费用。如向银行支付的借款手续费，以及筹资过程发生的公证费、担保费、律师费等。资金使用费是指为使用信用借款而付出的费用，如向债权人支付的利息等。

下面以银行短期信用借款和应付账款融资为例来说明信用借款成本的计算。

（一）银行短期信用借款成本

银行短期信用借款是指企业生产经营所需流动资金而向银行取得的以签订借款合同方式确定的一年或一年期以下的借款。企业使用短期信贷资金支付的利息，构成了短期信用借款的成本。其成本率的计算与银行设定利率、有效利率、所得税率以及计息方式等内容有关。

短期借贷合同上规定的利率是银行的“设定利率”，又称“名义利率”。企业虽然按设定利率支付利息，但设定利率不一定就是计算短期信用贷款成本率所使用的有效利率。有效利率是根据偿还债务计息情况而换算的真实利率，它分以下两种情况计算：

1. 一年期借款（到期付息）有效利率的计算

计算公式如下：

$$\text{一年期借款有效利率}=\frac{\text{一年付息额}}{\text{借款额}}\times 100\% \qquad (7-1)$$

【例 7—6】　企业取得一年期借款 50 000 元，到期还本付息，假定设定利率为 12%，到期时付息额为 6 000 元。运用式（7—1），有效利率计算如下：

$$\text{一年期借款有效利率}=\frac{6\ 000}{50\ 000}\times 100\%=12\%$$

计算结果表明：到期还本付息的一年期借款，由于计息期限等于设定的年利率期限，有效利率等于设定利率。

2. 短于一年期的借款（等期付息）有效利率的计算

企业取得的短期借款大多是按季付息的。这种方式的有效利率计算有一定的规则可循，换算分单利和复利两种情况进行，有效利率计算公式如下：

$$\text{短于一年期的借款（等期支付单利）有效利率}=\text{名义利率}\times\left(1+\frac{\text{名义利率}}{\text{计息次数}}\times\frac{\sum\text{计息月数}}{12}\right) \qquad (7-2)$$

$$\text{短于一年期的借款（等期支付复利）有效利率}=\left(1+\frac{\text{名义利率}}{\text{复利次数}}\right)^{\text{复利次数}}-1 \qquad (7-3)$$

【例 7—7】　企业取得为期三个月的短期借款 50 000 元，设定利率 12%，到期时付息 1 500 元。如果该企业这笔借款全年连续发生了四次（即每季初借，每季末还），全年付息 6 000 元（1 500×4）。有效利率的计算分单利和复利两种情况进行，运用式（7—2）与（7—3），计算过程如下：

短于一年期的借款（等期支付单利）有效利率

$$=12\%\times\left(1+\frac{12\%}{4}\times\frac{9+6+3}{12}\right)=12.54\%$$

短于一年期的借款（等期支付复利）有效利率

$$=\left(1+\frac{12\%}{4}\right)^{4}-1=12.551\%$$

(二)应付账款融资成本

应付账款是企业购买货物暂未付款而欠对方的账项，即卖方允许买方在购货后一定时期内支付货款的一种形式。卖方可利用这种方式促销，而对买方来说，延期付款则等于向卖方借用资金购进商品，可以满足短期资金的需要。应付账款信用可以分为免费信用、有代价信用和展期信用。免费信用，即买方企业在规定的折扣期内享受折扣而获得的信用；有代价信用，即买方企业放弃折扣付出代价而获得的信用；展期信用，即买方企业超过规定的信用期推迟付款而强制获得的信用。一般而言，放弃现金折扣的成本可由下列公式求得：

$$\text{放弃现金折扣的成本}=\frac{\text{折扣百分比}}{1-\text{折扣百分比}}\times\frac{360}{\text{信用期}-\text{折扣期}} \tag{7—4}$$

式(7—4)表明，放弃现金折扣的成本与折扣百分比的大小、折扣期的长短同方向变化，与信用期的长短反方向变化。可见，如果买方企业放弃折扣而获得信用，其代价是较高的。然而，企业在放弃折扣的情况下，推迟付款的时间越长，其成本便会越小。

【例 7—8】 某企业按 2/10、n/30 的条件购入货物 10 万元。如果该企业在 10 天内付款，便享受了 10 天的免费信用期，并获得折扣 0.2 万元(10×2%)，免费信用额为 9.8 万元(10－0.2)。

如果买方企业放弃折扣，在 10 天后(不超过 30 天)付款，该企业便要承受因放弃折扣而造成的隐含利息成本。运用式(7—4)，该企业放弃折扣所负担的成本为：

$$\frac{2\%}{1-2\%}\times\frac{360}{30-10}=36.7\%$$

二、信用借款的程序

(一)银行的贷款条件和流程

1. 借款单位必须具备的几项基本条件

须经市场监督管理局批准设立，登记注册，持有营业执照；实行独立经济核算，自主经营，自负盈亏。即企业有独立从事生产、商品流通和其他经营活动的权利，有独立的经营资金、独立的财务计划与会计报表，依靠本身的收入来补偿支出，独立地计算盈亏，独立地对外签订购销合同；有一定的自有资金；遵守政策法令与银行信贷、结算管理制度，并按规定在银行开立基本账户和一般存款账户；产品有市场；生产经营要有效益；不挤占挪用信贷资金；恪守信用等十余项内容。

2. 还应符合的条件

有按期还本付息的能力，即原应付的贷款本金及利息已偿还，没有偿还的已经做了银行认可的偿还计划；经工商行政管理部门办理了年检手续；资产负债率符合银行的要求等。

3. 申请贷款情况说明书

要求填写两份，加盖公司公章，提供法人的人名章以及法人委托他人全权办理贷款手续的委托书、企业法人的概况等。

4. 借款申请表

填写并按照所需提交书面文件的细目准备材料，如下所示：

(1)法定发证机关办理的年审合格的本企业贷款证。

(2)贷款申请报告。报告载明了下列内容：企业的基本情况，包括注册资金、企业性质、隶属关系、办公地点、联系电话、联系人、主营业务及企业介绍；企业法人概况，包括姓名、性别、文化程度、专业职称、曾经所从事的职业与职务、有何业绩等;详细写清借款金额、用途、期限、还款途径及担保方式,以及附上项目可行性报告、购销合同等;企业财务情况,包括货币资金、存货量、负债总额、所有者权益合计、总资产、本期净利润以及最近一年累计利润总额。

(3)财务报表。包括两方面的内容:上年度的资产负债表、利润表和所有者权益变动表;本期的资产负债表和利润表。

(4)有关证件、证明。这些证明包括:营业执照的副本及其复印件;法人身份证及其复印件;如有其他人代替法人签字,还需提交本人身份证复印件及法人授权委托书(授权书需有法人亲笔签字并加盖公章)。

(5)保证贷款所需提交的资料。即保证单位的营业执照副本及复印件;保证单位的财务报表,包括上年度的资产负债表、利润表和所有者权益变动表,本期的资产负债表和利润表;保证单位同意保证的证明书,需加盖公章。

5. 等待银行受理和审批

一般情况下,银行自受理之日起,会按照法定的答复期限(短期贷款 20 个工作日,中、长期贷款 130 个工作日)回复批贷情况。

6. 银行贷款具体流程

(1)建立信贷关系。

申请建立信贷关系时企业须提交《建立信贷关系申请书》一式两份。银行在接到企业提交的申请书后,要指派信贷员进行调查。调查的内容主要包括:企业经营的合法性;企业经营的独立性;企业及其生产的主要产品是否属于国家产业政策发展序列;企业经营的效益性;企业资金使用的合理性;新建扩建企业。

信贷员对上述情况调查了解后,要写出书面报告,并签署是否建立信贷关系的意见,提交科(股)长、行长(主任)逐级审查批准。经行长(主任)同意与企业建立信贷关系后,银企双方应签订《建立信贷关系契约》。

(2)提出贷款申请。

已建立信贷关系的企业,可根据其生产经营过程中合理的流动资金需要,向银行申请流动资金贷款。以工业生产企业为例,申请贷款时必须提交《工业生产企业流动资金借款申请书》。银行依据国家产业政策、信贷政策及有关制度,并结合上级行批准的信贷规模计划和信贷资金来源对企业借款申请进行认真审查。

(3)贷款审查。

贷款审查的主要内容有:贷款的直接用途;企业近期经营状况;企业发展计划、流动资金周转加速计划、流动资金补充计划的执行情况;企业发展前景;企业负债能力;签订借款合同。

借款合同是贷款方将一定数量的货币交付给借款人按约定的用途使用,借款人到期还本付息的协议,它是一种经济合同。借款合同有自己的特征,合同标的是货币,贷款方一般是国家银行或其他金融组织,贷款利息由国家规定,当事人不得随意商定。当事人双方依法就借款合同的主要条款进行协商,达成协议。由借款方提出申请,经贷款方审查认可后,即可签订借款合同。

借款合同应具备下列条款:借款种类;借款用途;借款金额;借款利率;借款期限;还款资金来源及还款方式;保证条款;违约责任;当事人双方商定的其他条款。借款合同必须由当事人双方的代表或凭法定代表授权证明的经办人签章,并加盖公章。

(4)发放贷款。

企业申请贷款经审查批准后,应由银企双方根据贷款种类签订相关种类的借款合同。签订合同时应注意项目填写准确,文字清楚工整,不能涂改;借、贷、保三方公章及法人代表签章齐全无误。

借款方立借据。借款借据是书面借款凭证,可与借款合同同时签订,也可在合同规定的额度和有效时间内,一次或分次订立。

银行经办人员应认真审查核对贷款人借款申请书的各项内容是否无误,是否与借款合同相符。借款申请书审查无误后,填制放款放出通知单,由信贷员、科(股)长"两签"或行长(主任)"三签",送银行会计部门办理贷款拨入借款方账户的手续。借款申请书及放款放出通知单经会计部门入账后,最后一联返回信贷部门作为登记贷款台账凭证。

银行贷款的具体流程也可以采用流程图进行表示,如图 7—1 所示。

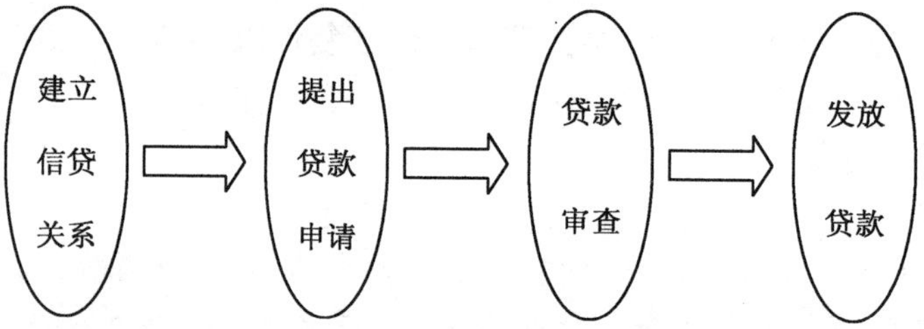

图 7—1 银行贷款流程图

(二)商业信用融资的程序

1. 应付账款融资的程序

在规范的商业信用行为中,债权人(供货商)为了控制应付账款期限和额度,往往向债务人(购货商)提出信用政策。信用政策包括信用期限和给买方的购货折扣与折扣期,如"2/10,n/30",表示客户若在 10 天内付款,可享受 2%的货款折扣,若 10 天后付款,则不享受购货折扣优惠,应付账款的商业信用期限最长不超过 30 天。应付账款融资的程序可用图 7—2 所示。

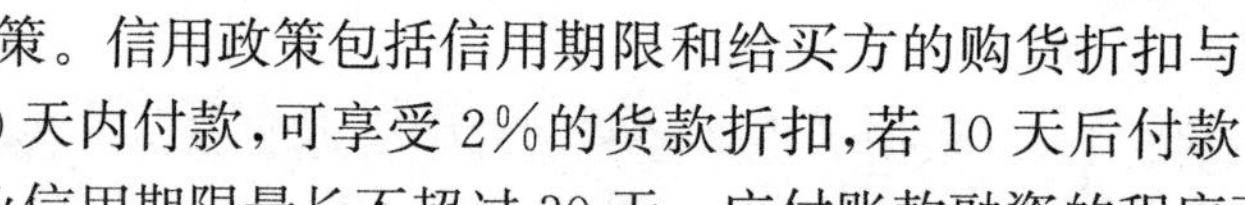

图 7—2 应付账款融资流程图

2. 商业票据融资的程序

商业票据是指由金融公司或某些企业签发,无条件约定自己或要求他人支付一定金额,可流通转让的有价证券,使持有人具有一定权利的凭证。商业票据的期限在 9 个月以下,由于其风险较大,利率高于同期银行存款利率。商业票据可以由企业直接发售,也可以由经销商代为发售。如图 7—3 所示,以商业承兑汇票为例来说明商业票据融资的程序。

根据图 7—3 我们可以知道,购货商为支付货款,向供货商签发汇票完成货物支付行为,供货商因持有购货商开具的商业承兑汇票,从而委托供货商的开户银行向购货商收取款项,银行向购货商提示承兑,购货商在到期日前承兑商业承兑汇票,从而让购货商在汇票到期日前完成

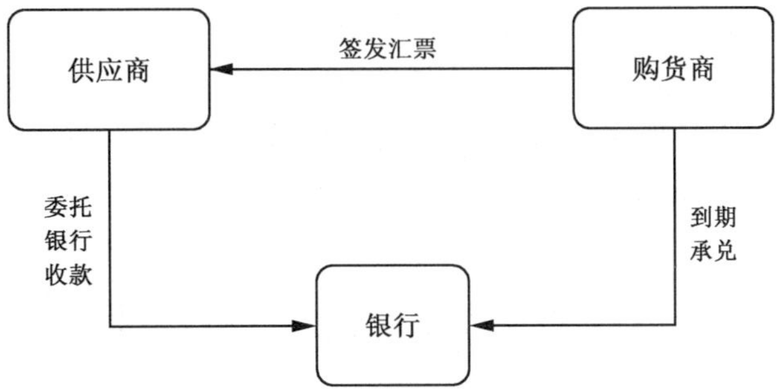

图 7—3　商业承兑汇票融资程序

货款支付行为。

3. 预收货款融资的程序

预收货款融资的功能仅仅局限于销货方。在预收货款中，取得融资的是销货方，而在应付账款和商业票据中，直接取得融资的是购货方。预收货款融资的程序如图 7—4 所示。

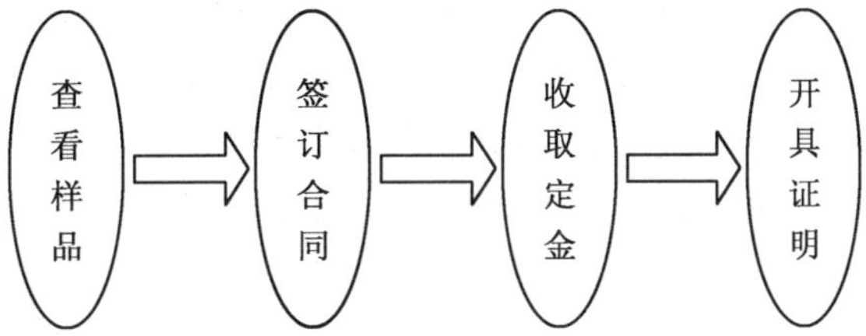

图 7—4　预收款项融资流程图

购货方看样品或样品说明书，如果愿意买卖，双方签订购销合同，购销合同一式两份，购货方与销货方各存一份。销货方收取定金并开具预收货款证明。

（三）民间信用借款的程序

民间借贷作为一种资源丰富、操作简捷灵便的融资手段，在市场经济不断发展的今天，一定程度上缓解了银行信贷资金不足的矛盾，促进了经济的发展。

民间信用借款具有灵活、方便、融资快等优点，运用市场机制手段，融通各方面资金为发展商品经济服务，满足了生产和流通对资金的需求。一般情况下，民间信用借款的程序如图 7—5 所示。

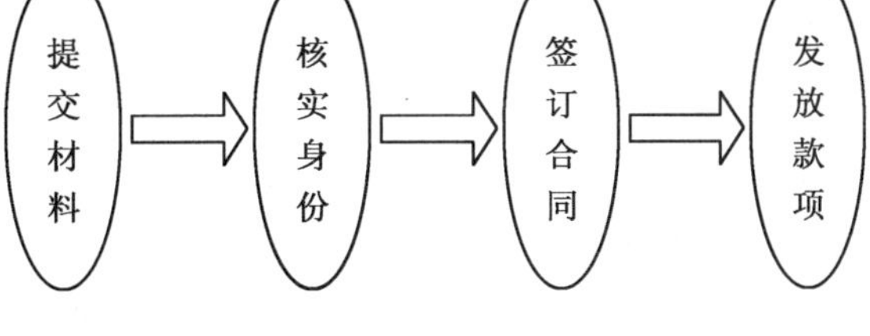

图 7—5　民间信用借款流程图

民间信用借款作为以信用为基础的民间借贷行为，借款人需要提交相应的材料来获得贷款人的信任,提交的材料包括个人身份证、户口簿、结婚证、工作证等原件和复印件;稳定的住址证明、房屋租赁合同、水电缴纳单、物业管理等相关证明;提供稳定的收入来源证明、银行流水单、劳动合同;需找到一位有固定职业或有稳定收入的贷款担保人(企业法人或在职公务员)。出借人根据所提供的材料核实借款人的真实身份。出借人核实借款人的身份无误后,放款人与借款人签订借款合同。最后,出借人向借款人发放款项。

第三节　信用借款关系管理

一、信用贷款的关系管理

目前我国信用贷款可以分为银行的信用贷款、贷款公司的信用贷款、担保公司的信用贷款以及基于信息化金融机构的信用贷款。借款人与银行、贷款公司、担保人以及电子金融机构的信用关系的管理情况对获得信用借款具有十分重要的作用。相比来说,银行信用贷款是常见贷款,以下主要针对银行的信用贷款来说明其关系管理。

创业企业需要筹集启动资金与运营资金,如果能与合作银行建立良好的关系,是确保企业能以最具竞争力的价格获得优质信贷服务的基础。银行关系管理是资金管理者的一项越来越重要的职责。那么应该如何与银行建立良好的信用关系呢?

下面以“三一集团”为例说明如何与银行保持良好的信用关系。

【实例 7—1】 2019 年 5 月 9 日,广发银行与三一集团在长沙签署银企战略合作协议,双方将建立优势互补、互惠互利、共同发展的长期银企战略合作伙伴关系。广发银行负责人参与活动,与三一集团相关团队进行了深入交流沟通,对接业务。

三一集团是广发银行总行级战略合作伙伴,三一集团近年业务发展迅速,经营质量持续向好,通过本次战略合作签约与深入交流,双方将在综合授信业务、现金管理业务、个人金融业务、投融资业务等方面加强交流与合作。广发银行将根据三一集团的发展需求提供综合金融服务方案,助推三一集团智能制造迅速发展。

三一集团董事、首席财务官黄建龙表示,希望双方合作为三一集团国际业务、风电、石油装备、产业地产、环保等业务板块提供更多的金融支持,助推三一集团在去年实现历史最佳经营业绩的基础上再创新高。广发银行副行长郑廉明对三一集团的智能制造、工业大数据、人工智能、数据化转型等领先技术给予高度赞扬,并表示广发银行将提供一揽子金融服务,助力三一集团打造世界级品牌。

从三一集团的案例中可以得出以下结论:

企业要正确认识银企关系,本来“向银行借款”是企业与银行间一种互惠互利的合作,既不是企业求银行,也不是银行求企业,而是企业与银行“双赢”的一种商业合作。企业获得了急需的周转资金,而银行由此获得贷款利息收入,成为银行利润的重要来源。问题是银行担心企业还不了款,给自己带来坏账风险,在放贷时显得格外谨慎,所以才有“银行嫌贫爱富”之说。所以,要想从银行贷款,最主要的是要让对方相信你有还款的实力,而且一定会到期偿还,与银行保持良好的关系与沟通,使之了解公司的经营,才能保持良好的信贷关系。

(资料来源:腾讯·大湘网,https://hn.qq.com/a/20190514/002714.htm)

企业与银行的关系很微妙,需要把握一定技巧来进行管理和维系:

1. 保持良好的个人信用记录

随着我国个人征信系统的完善，良好的个人信用记录是获得信用借款的基本条件。需要个人注意平时信用积累，不论是信用卡、现金卡、房贷等所有和银行的业务接触，都要按时去缴款，才不会破坏自己的信用记录。

2. 集中与一家银行往来

小规模的企业或初创企业，最好集中和一家银行往来，这样所选银行就会很了解企业的收支情况。如果企业和个人信用状况良好，当需要融资的时候，银行就会比较有意愿提供贷款。

3. 多与往来银行产生业务联系

银行选择客户的标准之一往往是信赖度和依存度。企业想办法要与所选银行产生各种业务关系。即使只是代缴水电、煤气、电话等杂费，都有助于创造往来实绩。

4. 讲究信誉

创业者要讲究信誉，企业的经济效益和信誉的好坏直接关系到银行借贷资金的安全与否，在与银行的交往中，要使银行对贷款的安全性绝对放心，就要注意抓好资金的日常管理、经常主动地向银行汇报公司的经营情况，同时真正提高企业的经营管理水平，用实际行动建立良好的信誉。

5. 有平和的心态

创业企业要有耐心，贷款的成功与否并不完全取决于银行，还取决于政策和其他机构部门的制约。因此，创业企业千万不能因一时办事受挫而埋怨银行，更要避免一时冲动放弃了与银行已有的关系基础。

二、商业信用融资的关系管理

我国的商业信用包括应付账款融资、商业票据融资以及预收货款融资。为了更好地利用商业信用取得信用借款，借款人需要处理好与客户以及供应商之间的信用关系。

（一）保持与客户之间良好的信用关系

“信用”就是本钱，商业信用融资是无需支付利息的，如果运用得好，可以筹集到一大笔资金。在市场经济发达的商业社会，利用商业信用融资已逐渐成为小企业筹集短期资金的一个重要方式。

下面某移动公司的案例正说明了保持与客户之间良好信用关系的重要性。

【实例 7－2】 2018 年，中国移动通信公司某分公司实行了一项话费优惠活动，具体活动内容是：若该公司的手机用户在 2018 年 12 月底前向该公司预存 2019 年全年话费 4 800 元，可以获赠价值 2 000 元的缴费卡；若预存 3 600 元，可以获赠 1 200 元的缴费卡；若预存 1 200 元，可以获赠 300 元的缴费卡。

该通信公司通过诱人的话费优惠活动，可以令手机用户得到实实在在的利益，当然更重要的是，还可以为该公司筹集到巨额资金。据保守估计，假设有 1 万个用户参与这项优惠活动，该公司至少可以筹集到 2 000 万元；假设有 10 万个客户参与此项活动，则可以筹集 2 亿元。公司可以利用这笔资金去开拓新的业务，扩大经营规模。另外，该通信公司通过话费让利，吸引了一批新的手机用户，稳定了老客户，在与竞争对手的竞争中赢得了先机。

在和客户打交道时，以下几点是要注意把握的：

1. 注意维护企业的信誉

企业在对客户做出承诺时，应当尽全力实现对客户的承诺，不断提高企业的信誉，让客户对企业产生信赖感,这对保持与客户良好的信用关系具有十分重要的作用。

2. 融资最终的结果是双赢

企业通过商业信用获得客户的资金,除了要让自己获利,更要让利于客户,达到"双赢"甚至多赢的效果后,才能让企业的商业信用水平得到提高。

(二)保持与供应商之间良好的信用关系

商业信用融资中的应付账款融资与商业票据融资是购货商向供应商取得信用借款的一种方式。因此,为了获取商业信用融资,借款人需要与供应商通过以下方式保持良好的信用关系。

1. 在双方的协议和意图方面建立基本的信任

对供应商提出的要求要合理,对规定和条例等方面的变化给予足够的重视,对于不同的观点要进行公开讨论。在不削弱服务质量及对双方没有危害的前提下,适当地放弃或是改变协议中不重要的细节等各个方面,双方要表现出相互理解,从而建立长期的合作关系,企业才能获得供应商的信任。

2. 加强沟通与交流

真正理解双方在采购与供应中的利益关系,而不应强调合同条例条款。当有机会出现时,不断改进订货的方法及程序。加强同采购和供应组织中的员工接触,加强联系并提出新的思路。

三、民间信用借款的关系管理

民间信用借款是中小企业筹集资金的重要来源之一,借款企业有必要处理好民间信用借款所形成的债权债务关系。民间信用借款涉及的主体是借款人与出借人。因此,借款企业保持与出借人良好的信用关系显得尤为重要。保持与出借人良好的信用关系应注意的主要方面有:

(一)提高企业家个人及其家族的信用

中小企业是民间信用借款的借款主体,而企业家占主导作用且具有家族性是中小企业的组织结构特征。当资金提供者冒着风险向中小企业提供资金时,最重要的还款保障是企业家个人及其家族的人品、威望。因此,提高企业家个人及其家族的信用成为保持与出借人良好的信用关系的重要途径。

(二)提高企业财务信息的公开透明度

民间信用借款的融资双方存在着信息不对称问题,而出借人借出资金是要保证其资金能够收回。了解企业的财务信息是决定出借人是否出借于中小企业的依据之一,而企业财务信息的公开是借贷双方互相信任的基础。因此,提高企业财务信息的公开透明度对企业保持与出借人良好的信用关系具有十分重要的作用。

(三)加强借贷双方的沟通与交流

企业在取得民间信用借款后,应该及时与出借人沟通所筹集到资金的使用情况。让出借人了解到资金运用到具有投资价值的项目上,这种方式会让出借人更愿意借款给企业,同时会提高出借人对企业的信任程度。

本章小结

信用借款是创业企业获取资金的重要方式。信用借款分为信用贷款、商业信用融资以及民间信用借款。信用借款的获得会产生资金成本，不同种类信用借款的成本影响企业采取的融资方式。了解信用借款的程序有利于企业更加有效地获取资金。

信用借款关系管理的有效性关系到债权人与债务人的关系管理。不同类型信用借款的关系管理重点有所区别：在信用贷款中，借款人需要与银行保持良好的信用关系；在商业信用融资上，借款人应与客户或供应商保持良好的信用关系；在民间信用借款上，借款人应与出借人保持良好的信用关系。

本章中英文关键词

资金成本率(The Cost of Capital Rate)　　有效利率(Effective Interest Rate)
信用借款(Credit Loan)　　信用借款成本(Cost of Credit Loan)
民间信用借贷(The Folk Credit Lending)
商业信用融资(The Commercial Credit Financing)
应付账款融资(Accounts Payable Financing)
商业票据融资(Commercial Paper Funding)
预收账款融资(Deferred Revenue Financing)
信用关系管理(The Credit Relationship Management)

复习思考题

1. 信用借款的方式有哪些？怎样区分不同种类的信用借款方式？
2. 如何计算商业票据融资成本？
3. 如何有效地进行信用借款关系管理？

综合分析案例

运用供应商融资及其风险控制策略
——基于格力、美的电器的案例

格力与美的电器是空调行业的两大龙头企业，历经多次行业洗牌，二者凭借其各自的整体实力和差异化优势脱颖而出。格力、美的电器2004—2007年的财务业绩如表7—1所示。

表7—1　格力、美的电器2004—2007年财务业绩表　单位：亿元

年　份	格　力				美　的			
	2004	2005	2006	2007	2004	2005	2006	2007
总资产	128	127	160	255	110	96	126	173
所有者权益	25	28	31	59	35	39	45	57
主营业务收入	140	185	240	358	193	214	212	313
净利润	4	5	6	13	5	6	8	17

续表

年　份	格　力				美　的			
	2004	2005	2006	2007	2004	2005	2006	2007
净资产收益率	17.24	18.72	20.18	22.56	12.24	12.48	14.51	26.64
有息负债率	2.7	3.0	1.3	0	2.8	6.8	4.3	4.6
营运资本	1.6	−0.19	1.17	13.24	−0.9	6.96	1.39	7.99
净现金需求	17	14	22.27	47	0	4	0	13

注:有息负债率=(长期、短期借款+长期、短期债券)÷资产总额;净现金需求=应收账款+应收票据+存货−应付账款−应付票据。

在空调行业面临原材料价格持续上涨、竞争白热化等不利因素下,两家企业的销售量和净利润始终保持着稳步、健康的增长。其中,格力2007年较2004年同期相比,主营业务收入增长了将近1.6倍,净利润增长将近2.3倍,美的主营业务收入增长了62.18%,净利润增长了2.4倍。再来看两家企业的融资情况:格力4年来的平均有息负债率不到2%,美的平均不到5%,可见,两家企业的融资几乎回避了融资成本高、财务约束较强的有息负债融资,以应付账款和应付票据的供应商融资为主导,这使得两家企业的财务费用一直很少并常有负数出现。现金周期短、营运资金少、净现金需求低、财务费用为负是运用供应商融资方式的企业财务报表的四大特征。

从表7—2的数据可以看到,格力与美的电器的现金周期均远远低于同行业平均水平(据有关资料显示,2004—2006年制造业上市公司的现金周期分别为:106、101、95天),营运资金和净现金需求也处于较低水平,是典型的供应商融资战略的实践者。但成功的融资方式在给两家企业带来了较好的业绩表现,净资产收益率保持稳步、快速增长的同时,也带来了风险。不过风险并不可怕,只要及时采用控制风险的策略,就能进行有效防范。以下对格力、美的电器运用供应商融资进行分析,并提出控制风险的三大策略。

表7—2　　格力与美的电器的现金周期指标表　　单位:天

年　份	格　力				美　的			
	2004	2005	2006	2007	2004	2005	2006	2007
应收账款周转期	110	98	77	69	32	23	24	25
存货周转期	74	81	77	76	55	59	65	64
应付账款周转期	178	165	140	118	103	97	103	101
现金周期	6	14	14	27	−16	−15	−14	−12

一、加快流动资产周转是风险控制的有效防线

现金周期短是供应商融资的特点之一。现金周期的计算公式为:现金周期=存货周转期+应收账款周转期−应付账款周转期。现金周期越短,表明企业运用供应商融资时间越长。从以上公式中得知,追求较短的现金周期有两个方面:在降低存货、应收账款周转天数的同时,尽量延长应付账款的支付时间。这两个方面的努力其实也说明了运用供应商融资时同时伴生的财务风险:延时支付应付账款会增加企业的流动负债,使得短期偿债风险加大。如果能加快存货、应收账款的周转,就会释放企业占用在这部分流动资产上的资金,使得现金供应增加,能

够应对延时支付潜在的偿债风险。

显然，从现金周期指标来看，美的运用供应商融资比格力更加充分，2007 年的现金周期为—12 天，说明美的占用在存货和应收款项上的资金不仅完全由供应商解决，而且还无偿占用了供应商的流动资金 12 天，2004 年无偿占用了供应商的流动资金长达 16 天。相比之下，格力的现金周期却是越来越长，从 2004 年的 6 天增长到 2007 年的 27 天。从数据方面来看，格力的营运资金规划趋于保守，但如果通过对流动资产周转的具体分析，就可以发现格力不仅是保守方面的问题，而且潜伏着更大的财务风险，原因在于格力的流动资产运营速度令人担忧。

表 7—2 的计算数据显示，格力的应付账款周转期远远长于美的，说明格力与供应商的议价能力高于美的。比较存货和应收账款的周转期，格力也远远长于美的。

格力的应付账款周转期长意味着其财务风险比美的大，而流动资产的周转率(见表 7—3)却又远远低于美的，风险压力不言而喻。对格力而言，要想更加成功地运用供应商融资，更好地控制风险，改善其内部短期资产的管理效率可谓当务之急。有一点需要说明的是，加快存货、应收账款的周转，延迟应付账款的支付，最终出现的是流动比率下降、现金比率提高。若按照传统理论，提到短期偿债风险，流动比率是衡量的首选，流动比率下降意味着偿债风险加大。但事实上，流动比率只是一种静态反映企业偿债能力的指标，企业不会真正去用应收账款、存货、短期投资等流动资产偿还债务，所以现金比率才是真正意义上衡量偿债风险的指标。

表 7—3　　格力、美的电器 2004—2007 年流动资产周转率

年　份	格　力				美　的			
	2004	2005	2006	2007	2004	2005	2006	2007
流动资产周转率	1.6	1.8	2.1	2.25	2.92	3.11	2.77	3.22
流动比率	1.02	1.00	0.99	1.07	0.99	1.12	1.03	1.07
现金比率	0	0.06	0.1	0.2	0.1	0	0	0.11

注：流动资产周转率＝主营业务收入÷平均流动资产；现金比率＝现金及现金等价物的期末余额÷流动负债，流动资产周转率的单位为次/年。

二、现金储备是资产安全运营的保障

运用供应商融资战略的第二道安全防线就是安排比较保守的现金储备量。现金储备量最能够直接反映企业应付账款的偿还能力。如果拥有充足的现金储备量，企业就可以防范供应商的挤兑风险。

表 7—4　　格力、美的电器 2004—2007 年的流动资产内部项目的比重

年　份	格　力				美　的			
	2004	2005	2006	2007	2004	2005	2006	2007
货币资金占流动资产的比重(%)	6	6	10	20	11	20	14	15
应收账款占流动资产的比重(%)	59	60	48	45	37	28	31	12
存货占流动资产的比重(%)	34	32	40	34	51	51	53	55

表 7—4 为格力、美的电器 2004—2007 年有关货币资金、应收账款、存货占流动资产的比

重。从表 7—4 中可以看出,尽管 2007 年格力的货币资金占流动资产的比重有所增加,但在此之前其货币资金持有比例大多低于美的,高流动负债却持有较低水平的现金,这无疑增加了格力的营运资金风险。格力也意识到了风险,2007 年货币资金持有量明显加大。一般认为,企业在流动资产中至少应有 10%~15%的货币资金作底线,才能有效防范营运资金的风险。

三、正的经营净现金流是信用风险的"防火墙"

正的经营净现金流是持续经营的根本保证,尤其是致力于运用供应商融资的企业。

表 7—5　　格力、美的电器 2004—2007 年的经营净现金流量情况

年　份	格　力				美　的			
	2004	2005	2006	2007	2004	2005	2006	2007
经营净现金流(亿元)	1.36	7.74	17.53	27.93	12.69	18.53	11.18	16.33
经营净现金流增长率(%)	—2	470	126	59	—24	46	—40	46
经营性现金流对流动负债的比率	0	0.08	0	0	0	0	0	0.17

从表 7—5 可以得出以下结论:格力的经营净现金流始终保持稳定增长势态,且增长幅度较大,这是因为格力出色的销售业绩为其做了良好的铺垫。经营净现金流的充足在很大程度上可以弥补前面提到的格力电器流动资金周转缓慢隐含的财务风险。而美的的经营净现金流在金额上尽管"很漂亮",但其增长率却是上下波动、很不稳定的。从经营性现金流量对流动负债的比率来看,格力的财务弹性远远小于美的,说明从经营性现金净流量的绝对规模上格力的"造血机能"不足,在运用供应商融资时存在较大的支付风险。一旦发生供应商挤兑,格力的经营净现金流规模很难应付。

综上所述,在运用供应商融资策略时,优先考虑的应该是风险控制,而确保流动资产的周转效率、持有保守的现金储备、正的经营净现金流量是控制融资风险的三大基本策略。

(案例来源:程诺. 汤谷良. 应用供应商融资及其风险控制策略[J]. 财务与会计. 2008.(11):22—24)

案例思考题:

通读案例,供应商融资属于信用借款中的哪种具体类型和方式?运用供应商融资方式时容易产生哪些风险?应对的策略有哪些?

下　篇

创业融资实践与案例

第八章　商业计划书概述及撰写策略

【引导案例】

2011 年 7 月的一天，国福家庭保险销售服务公司（以下简称“国福”）的董事长童树德先生刚和一家风险投资公司的合伙人吃完饭。在席间，童树德先生详细地介绍了自己创建一年的这家公司的商业计划，希望能引起对方的兴趣，进而获得风险投资。可是，如同他见过的其他三四家风险投资公司一样，他们都对国福的商业模式表示出了浓厚的兴趣，对童树德先生二十多年保险行业的从业经验和不懈的创业精神表示敬仰，都说要“继续保持联系，有时间一定要去公司亲自看看”，可是后来都没有了下文。

在位于北京金融街鑫茂大厦的公司总部里，童树德先生正在思考一些问题：什么样的投资人会对这个创业计划有兴趣？人海茫茫，如何才能找到他们？商业计划书对于创业成功到底能起多大作用？是否还有必要继续修改这个商业计划书？如何对自己的公司进行估价？到底应该放弃多少股份，才能获得公司继续扩张所需要的 2 亿元资金缺口呢？就融资策略来说，是否应该将公司目前的估值调低一些，先获得少量的一些投资，然后再一轮一轮地进行融资？还是应该坚持目前的公司估值不变，继续寻找其他感兴趣的投资者？此外，公司的商业模式是否需要进一步完善？在目前政府实行银根紧缩政策的情况下，公司的万家保险门店建设计划是否应该保守一些？还是应该按照既定的计划，迅速地跑马圈地，以提高竞争的门槛，实现规模效益？等等。

看着正在攻读 MBA 学位的儿子协助起草的商业计划书，童树德先生陷入了沉思之中。虽然他对创业的艰难早有心理准备，但是融资的困难仍让他想起两句令人荡气回肠的诗，“雄关漫道真如铁，而今迈步从头越”。他迫切地需要对这些问题有一个清晰的看法，需要有人给他一些建议。

（资料来源：赵向阳，童欢．国福家庭保险销售服务公司：商业计划．中国管理案例共享中心，http://www.cmcc-dut.cn/Cases/Detail/915）

案例启示与思考：

从上述案例中可以看出，对创业者来说，如何吸引投资者的兴趣是获取融资、进一步发展的前提，所以一份吸引人的商业计划书是必不可少的，那么请思考：

1. 在公司的融资中，商业计划书所起的作用有哪些？

2. 怎样才能撰写出一份完美的商业计划书来吸引更多的投资?

【本章学习目标】

1. 使学习者对商业计划书及其作用产生概念性基本认知。
2. 提高学习者撰写商业计划书的整体把控能力。
3. 使学习者掌握商业计划书的撰写注意事项。

第一节　商业计划书概述

一、商业计划书的概念及其特点

商业计划书是以国际惯例通用的标准文本格式形成的项目建议书,是全面介绍公司、项目或者服务基本情况,阐述所处行业、市场及竞争情况,介绍营销规划、财务计划及融资安排,并对可能发生的风险进行识别及控制等未来发展前景和融资要求的书面材料。

一般情况下,商业计划书是由创业者(融资者)来撰写的,也有少数创业者选择由团队成员或者专业人员代写。撰写商业计划书的主要目的是从风险投资者手里获得资金,所以商业计划书主要的读者是风险投资者,核心内容是告诉风险投资者该项目收益高,值得投资。也有商业计划书是为了寻找合伙人和创业所需要的资金以外的资源,如土地、上下游关系、销售网络和渠道等。

为了达到融资或获取资源的目的,商业计划书一般具有以下特点:

(1)全面性。指商业计划书要全面介绍公司、项目优势、行业和市场分析、营销规划、生产经营、财务预测及投资分析等的必要部分。使商业计划书的阅读者能够全面地了解创业企业的大致情况。

(2)系统性。指商业计划书的结构要清晰完整,内容要连贯有逻辑,各章节要互相联系、互为支撑。整个商业计划书是前后一致的完整体。

(3)针对性。指商业计划书的内容要重点突出、详略得当,应详细介绍投资者关注的重点内容,如产品优势、核心竞争力、预期投资回收期等方面。

(4)客观性。指商业计划书能客观真实地反映企业的现实情况与合理预期,商业计划书的内容应建立在大量充分的市场调研和客观分析的基础之上。

(5)可读性。指商业计划书的文字内容应易于阅读,便于理解,使不具有专业背景的投资人也能清楚了解公司的项目和商业计划。

二、商业计划书的作用

一份好的商业计划书对企业来说非常重要,但是在不同创业阶段商业计划书发挥的作用会有所不同。对于创业初期的企业来说,商业计划书也是创业计划书。因为企业处于初创阶段,风险较大,很难获得投资商的投资。所以,企业在编写商业计划书时,应该对于市场和创业领域有一个清晰明确的认识,采取一定的措施来降低可能面对的各种风险。这时,商业计划书发挥的主要作用是吸引更多的风险投资。对于步入成长期的企业来说,发展自己的核心能力,突出优势才是重点。这时的企业已经度过了艰难的创业初期,想要在激烈的市场上争取更多的市场份额，不被其他企业超越或模仿，就要制定有效的战略和策略。所以，商业计划书能够为企业后续的发展提供蓝本。总的来说，商业计划书能够起到以下三点重要作用。

（一）为创业者理清发展思路提供载体

创业者往往会面临无数的问题需要处理，可能没有时间也没有精力去更多思考和探索公司未来的发展规划。对于一个发展期的大企业来说，一个项目的失败可能不算什么，但是对于一个小公司来说，一个项目的失败很有可能带来整个创业计划的失败。为什么现实中那么多的创业者，成功的只有少数几个？其中一个很重要的原因就是，他们没有理清公司未来的发展计划。大多数人都是抱着“走一步看一步”的心态，或者是一有想法就铆足劲开始行动。公司项目可能面临的风险有哪些？下一步的行动计划是什么？未来向着什么方向发展？有了商业计划书作为载体，创业者可以将自己的所有想法和计划整理清楚，多角度分析公司的业务和发展。

（二）为企业吸引投资

风险投资者手中有资金，创业者手里有项目，那么创业者如何用自己手中的项目将投资者手中的资金吸引过来呢？商业计划书就可以作为两者连接的纽带。如果一个人告诉你他很有钱，有几套房子，有几辆车，你并不能够判断他多有钱。因为你不知道房子装修如何，处于什么地段，也不知道汽车是什么牌子，使用了多久。然而，往往最能打动对方的就是这些细节。为什么国福的董事长童树德先生几次与投资者商谈都失败了？因为投资者只是听到了童先生自己描述的项目规划，一场简单短暂的饭桌交流，只能让对方大概地知道自己的计划。投资者并不能据此判断这个项目具体的营销计划、财务计划、风险控制等内容。但是如果创业者能提供一份详细完备的商业计划书，投资者在看完以后能够了解到项目的各方面计划，会增加对投资的信心，才会与创业者进一步面谈，了解更多的细节。

（三）为风险项目后续实施和调整计划提供行动指南

聪明的创业者往往会对项目进行一个完整的规划。无论是团队计划、市场计划、品牌计划、产品计划还是资金计划，都不是一下子能够完成的，需要分阶段实现。公司在不断发展的过程中，可能会与商业计划书中的预期有所偏差，但是有了商业计划书作为参考，创业者可以据此评估和判断公司的实际情况，并做出合适的调整。比如说商业计划书中的营销计划不仅可以为本期的财务计划提供预测依据，也可作为后续营销等计划的基础。

三、商业计划书的基本内容

创业者想要获得投资，引起风险投资者的关注，首先应该考虑投资者关注什么问题，并在商业计划书中详细介绍。一般来说，风险投资者主要关注的问题有：第一，“干什么”。公司提供什么样的产品和服务，能够解决什么实际问题。第二，“怎么干”。公司提供的产品是如何生产出来的，产品生产的工艺以及过程，或者提供的服务具体流程是什么。第三，“消费人群”。主要包括市场细分、目标市场以及市场容量。第四，“竞争对手”。产品的市场分析，竞争对手有哪些，竞争优势是什么，有没有可持续性。第五，“营销计划”。包括营销发展思路和具体的策略。第六，“经营团队”。创业者的背景以及个人经历，团队中的主要岗位人员能否胜任。第七，“财务计划”。包括财务假设、报表预测和财务分析。第八，“融资需求和投资决策”。涉及股本构成、融资情况、融资用途、股东背景，以及投资分析。

商业计划书的内容应该建立在阐释主要问题的基础上，以书面形式全面描述公司生产经营、行业市场、财务投融资等方方面面。根据阅读者希望得到的一些信息，商业计划书的基本内容一般包括以下内容,具体内容将在第九章进行详述。

(一)摘要

摘要也称执行摘要或执行总结,是对商业计划书最精简的概括,也是对企业、项目或服务的整体刻画。不需要写分析过程,只需要写结果。因为摘要部分是投资者最先了解的部分,第一印象很重要,所以摘要一定要突出核心问题,抓住重点,能够引起投资者的关注和兴趣。尽管在文本安排上摘要放在最前面,但是因为摘要的重要性,一般在商业计划书的正文部分全部完成以后,才开始撰写摘要。

(二)公司及产品(或服务)

公司介绍主要是为了让投资者了解公司的基本情况,包括公司基本概况、公司的历史和公司的未来发展战略规划。公司产品(或服务)是投资者最关心的问题之一,也是投资者决定是否投资的一个关键点。好的产品往往能够快速占领市场,获得巨大收益,让投资者心动。产品部分除了介绍产品的基本内容以外,还需要详细介绍产品研发团队与技术水平,在同类产品中的比较,产品能够带来的影响力以及产品的突出优势。

(三)行业与市场

行业与市场是创业公司生存的外部环境,主要包括行业环境、竞争力分析、市场细分与定位以及预测和结论。公司只有充分了解行业与市场情况,才能比较准确地进行市场定位、战略定位以及营销和财务的规划。

(四)公司组织与人力资源

组织机构是公司管理系统的框架,能够反映出公司内部的分工、合作与管理情况。此部分也可交代公司的创业理念、公司愿景、价值观等信息。团队成员、岗位设置和人员的配备问题也是商业计划书阅读者最关心的问题。从人员的安排情况,能够看出创业团队是否是一个高效率的、可靠的团队。所以,商业计划书可以从部门人数分布、部门职责、核心人员构成以及核心人员职责与权利等方面介绍公司人力资源情况。

(五)市场营销

市场营销包括市场营销战略规划、营销策略和客户关系管理三个方面。市场营销战略规划是对一段时间内市场营销发展的总体设想,由企业高层管理者制定。有了战略规划就要有策略,而营销策略需要理论的支撑,最常采用的是4P营销理论。当然,产品的购买对象是客户,客户关系管理的思想和理念也是必不可少的。

(六)生产运营

由于生产运营是一个比较复杂的过程,会占用大量的资源,创业者需要在评估项目的价值时加以考虑,从而确定融资资金。每个公司生产运营的模式都不一样,风险投资者也可以根据这部分加深对公司项目的了解。不过,对于服务型企业来说,可能没有生产环节,运营模式简单,就只要着重介绍地理位置选择、人员雇佣情况和信息管理等情况表明公司的运营即可。

(七)财务预测与分析

财务预测与分析反映的是公司的财务业绩,主要包括财务假设和预测、财务分析和财务计划等内容。对于新创业公司或者新项目来说,许多财务数据都不是现时存在的,需要在科学的财务假设与预测之下完成。商业计划书阅读者可以从财务安排分析公司预期的财务状况、经营成果以及现金流量情况,也进一步判断公司在偿债、运营、发展等方面具有的潜力。

(八)投资分析与资本退出

投资分析包括不确定分析和投资决策指标评价。在生产经营过程中可能会出现各种不确定性因素对投资收益产生影响，因此需要对项目进行不确定分析。投资决策指标评价则是用来对项目预期所产生的经济效益进行评价和分析，进而判断该项目投资是否可行。此外，风险投资者期望能够通过合适的资本退出的方式获取高额回报。所以，创业者应该让投资者知道，他们将以何种方式、在什么情况下择机退出。

(九)风险预测及管控

风险即预期不确定性，或者受各种不确定性因素的影响，公司或产品未来可能遭受的损失。因此，创业风险的预测与管控对于创业者和投资者来说都具有重大意义。如果能够准确地预测公司产品或者项目的风险类型以及发生的概率，就能够提前采取有效的措施，减少公司和投资者的损失。

(十)商业计划书的附录

附录是对商业计划书正文部分的必要补充说明。为了避免商业计划书的正文部分过于繁琐冗长，一些补充材料可以作为附件放在附录之中。附录部分最主要的内容包括合同资料，也可包括获奖证书、信誉证明、创业者履历、政策文件、财务报表等资料。

第二节　商业计划书的撰写策略

一、明确的文本结构和目录

商业计划书的纲要就是对整个商业计划书的结构设计，建议遵循传统的结构，做到结构清晰，符合逻辑。有些创业者会认为千篇一律的格式过于枯燥，想要有一些创新，但是偏离了基本结构的商业计划书非但不能够给投资者带来惊喜，还有可能会使投资者觉得浪费时间。投资者已经习惯了商业计划书的传统模式，知道从哪里找寻关键信息，能够高效率地利用商业计划书。所以，相比较而言，投资者更喜欢有固定清晰结构的商业计划书。

商业计划书的大纲经过调整修改之后，最终形成了目录。从目录中我们可以清晰地看出，商业计划书介绍了创业企业的哪些方面。所以，目录的拟定十分重要。目录中包含章节的标题，而章节的标题是对该部分内容的高度概括，需要准确且语言精练。

创业者在撰写商业计划书的时候，常常会考虑一个问题：需要用多长的篇幅去写，整体该如何把握？对此，不同的人有不同的想法，一般建议总页数在50～60页的范围内。网络上有很多撰写商业计划书的模板和软件包，不得不承认软件包中的一些程序很有用，创业者可以去学习和使用。但是对于那些样板文件万万不可以照搬，创业者需要根据自己的公司特点对其进行修改，使之富有公司的特色。创业计划书由创业者或者创业者团队来写会更好，因为创业者往往能够表现出新创企业的可预测性和激动人心的感觉，创业团队一起来写会增加团队的凝聚力，都能够起到积极作用。

另外，一份优秀的商业计划书，必须要做到文本规范且通俗易懂。创业者不仅要把关键问题阐释清楚，还要让投资者能够看懂。对于出现的一些晦涩难懂的专业术语，要用简单通俗的语言解释清楚。因为投资者可能只是某一个或者某几个领域的专家，并不是所有方面都擅长。如果阅读商业计划书的时候还需要投资者自己去查资料，既浪费了时间，又增加了工作量，结果可想而知。

二、进行商业可行性分析

可行性分析是对商业计划是否可行进行分析和判断的过程,主要包括产品的可行性、市场与行业的可行性、组织可行性以及财务可行性四个部分。要完成全面可行性分析,可以参照以下模板,如表8—1所示。

表8—1　　全面可行性分析

企业简介				
第一部分　产品可行性分析				
1. 产品优势				
2. 产品需求				
第二部分　行业与市场可行性分析				
1. 行业吸引力				
2. 市场吸引力				
第三部分　组织可行性分析				
1. 管理能力				
2. 人力资源				
第四部分　财务可行性分析				
1. 项目资金需求				
2. 整体财务吸引力可行性判断表				
可行性判断表	A. 产品可行性	不可行	不确定	可行
	B. 行业与市场可行性	不可行	不确定	可行
	C. 组织可行性	不可行	不确定	可行
	D. 财务可行性	不可行	不确定	可行
	E. 总体评价	不可行	不确定	可行

从表8—1中可以看出,商业计划书全面可行性分析的工作量比较大,耗费的时间比较长。想要做好可行性分析工作,分析者不仅要收集一手资料,还要对大量文献进行整理分析。

(一)产品可行性分析

分析产品的可行性,首先,分析者要明确产品的特点和优势,以此判断产品是否合理,是否有意义。如果产品属于创新型产品,就要重点考察产品在设计上和概念上是否有致命的缺陷,能否被消费者接受,对消费者有没有吸引力。如果是功能型产品,要重点考察产品是否能够解决实际生活中的问题,具备一定的市场优势。其次,要分析产品的需求。产品适合什么样的消费群体,能够满足消费者的哪种需求,大概会有多少消费者对于该产品有需求。产品的需求关系到商业计划实施以后的销售量和销售收入,这是公司盈利的一个关键点。

对于产品的可行性分析,一手资料除了产品的相关设计资料,还有对消费者的调查问卷,比如消费者购买意愿调查。二手资料主要是同类产品或者相关产品的文献资料。

(二)行业与市场可行性分析

分析市场与行业的可行性,主要是看市场与行业的吸引力。如果一个市场的吸引力特别大,势必会存在很多强大的竞争者,创业者很难寻找立足之地。创业者需要事先评估目标市场所具有的吸引力,最好能够选择服务于一个吸引力相对较小的目标市场。另外,不同行业竞争的激烈程度和门槛都不一样。比如资本和人才密集型的行业,通常是一两家企业主导,创业者很难进入，但是餐饮行业市场分散，门槛也比较低，相对容易得多。当然，进入市场的时机也很重要。创业者可以根据产品市场的阶段和行业的经济状况来判断时机是否合适。

（三）组织可行性分析

组织的可行性分析主要包括管理能力和人力资源两个方面。无论是个人创业还是团队创业，创业者都应该对自己的管理能力做出正确的评估，团队创业还要评估整个团队的管理能力。评价管理能力的要素有很多，比如关键管理者的文化程度、创新能力、创业经验、管理经验等等，其中最重要的两个要素是创业者的创业热情和对市场的了解程度。除了对组织现有的管理能力进行评价，还要考虑到组织的未来发展。人力资源是否充裕，是一个企业能否走得更远的决定因素之一。人力资源的严重缺乏会使组织步履维艰，很难向前发展进步，而充足的资源能够为企业的发展提供良好的保障。

（四）财务可行性分析

财务可行性分析是从财务角度分析商业计划的可行性。首先需要对项目需要的资金量进行预测，包括所有的运营费用和研发投入等。根据创业团队创业初期实际拥有的可控资金，与预测的资金需求量进行比较后，可以估计需要融资的数量。融资数量的可行性必须考虑资金可得性、融资成本以及股权释放等因素，成本和代价太大则失去了融资意义。其次，要评价企业整体财务的吸引力。对于新创企业，创业者可以根据同类企业的财务数据对本公司或项目的可能的财务业绩和投资可行性进行客观评估。当然，在选取同类企业时，尽量选择企业规模相同、经营模式相似的企业，这样评估出的财务数据则会更加令人信服。

三、商业计划书的统稿检查

商业计划书的撰写需要深思熟虑，内容全面而又重点突出。商业计划书文本的完成需要多次修改，不断完善。在初稿完成以后，就需要对商业计划书进行一次全面的检查，之后不断修改，直到所有参与人达成一致意见。商业计划书的检查可以从两个层面进行，即内容层面与形式层面。完稿商业计划书重点检查事项如图 8—1 所示。

内容层面	形式层面
• 1. 摘要	• 1. 封面
• 2. 目录	• 2. 章节的结构和逻辑性
• 3. 产品或服务的优势	• 3. 语言和文字正确性
• 4. 行业和市场分析	• 4. 图表排序及表达
• 5. 战略和运营的一致性	• 5. 文本页码
• 6. 团队实力和优势	• 6. 数据出处和注释
• 7. 财务的预测和投资价值	

图 8—1　商业计划书完成后的检查事项

从内容层面来说，首先就是内容全面性的检查。其次，分项检查，特别要重点检查七项内容。

第一，摘要是否做到了“突出核心问题，抓住重点”，吸引投资者的兴趣。摘要是放在商业计划书最前面的内容，风险投资者对于整个商业计划的第一印象就来自于摘要。所以，摘要一定要引起投资者的关注。

第二,目录部分是否清晰明了。目录是各部分内容的标题所在,通过阅读目录,投资者就会对商业计划书的内容有进一步的了解,判断从哪部分可以找到自己需要的信息。所以,目录一定不可以出错。

第三,产品介绍是否全面,凸显优势和亮点。产品或服务是商业计划书的核心内容之一,也是投资者关心的主要内容之一。投资者看重的是产品的核心竞争力、独特优势以及由此产生的可持续的盈利能力,因此一定要突出产品的功能特点以及独特优势。

第四,行业和市场分析是否完整。一份完美的行业和市场分析报告,应该包括行业分析和市场调研基本内容,能让投资者对行业和市场客观情况具有全面认识。有了符合行业发展趋势和潜在的市场作为支撑,投资者才会相信消费者的需求是真实的,产品或服务的计划是可行的。

第五,公司的战略规划是否与运营计划保持一致。商业计划书都会设计公司的发展战略规划,后续的营销、运营、人力、财务等计划都应该与之相适应。如果商业计划书出现前后矛盾的部分,投资者会对创业者的能力产生怀疑。

第六,团队是否具有创业的实力。团队代表公司的现在,更代表公司的未来,有些投资者对于创业团队的实力和优势的重视甚至超过对产品或服务的重视。如果一个创业团队的能力不够,那么再好的商业计划也难以成功。所以,商业计划书中一定要突出团队的实力与优势。

第七,财务预测的准确性以及投资的潜在价值。投资者最终的目的是获得投资收益,而财务预测的准确性和科学性直接关系到对其未来投资价值的判断。财务预测以及在此基础上进行的分析必须具有逻辑性和合乎常理的财务假设,所得出的结论才具有说服力。

形式层面的检查涉及更多的是商业计划书撰写的细节,比如封面的设计,语言和文字的准确性,图表的排序及表达的规范性,文本页码的标准的连续性,数据出处和注释等。另外,形式检查时还要注意:商业计划书中每一部分章节的设计一定要合理而富有逻辑性,一定要给投资者产生好的直观影响,因为文本的撰写代表创业团队的态度和敬业精神。通过商业计划书要让投资者相信创业者的各个方面的能力,才有机会争取到进一步交流的机会。

本章小结

商业计划书是以国际惯例通用的标准文本格式形成的项目建议书,是全面介绍公司和项目运作情况,阐述产品市场及竞争、财务计划及融资安排、风险识别及控制等未来发展前景和融资要求的书面材料。商业计划书主要具有三个方面的作用,即为创业者理清项目思路提供载体,为企业吸引投资以及为风险项目后续实施和调整计划提供行动指南。

商业计划书应该能清楚地描述创业团队、产品或服务、行业和市场、营销和组织、财务及风险等内容。在撰写商业计划书之前,需要进行可行性分析,全面可行性分析包括产品的可行性、市场与行业的可行性、组织可行性以及财务可行性四个部分。商业计划书文本完成以后,要对商业计划书的形式和内容进行全面检查,确保商业计划书的质量,达到创业融资的目的。

本章中英文关键词

商业计划书(Business Plan)

商业计划书的结构(Structure of Business Plan)

商业可行性分析(Commercial Feasibility Analysis)

复习思考题

1. 商业计划书对于创业者、投资者分别具有哪些作用？请举例说明。
2. 如何进行商业可行性分析？
3. 撰写商业计划书时需要注意哪些事项？商业计划书完成后该如何检查？

综合分析案例

西格数据的创业之路

3月的苏州，青草芬芳，一派生机勃勃的景象。苏州工业园区内的西格数据会议室里，秦总和他的创业团队正在为引入新一轮风险投资进行着紧张准备。“截至目前，公司已经成功地完成了pre-A轮融资，注册资本已达1 308.642万元，接下来，我们要一鼓作气，争取以最快的速度拿下A轮融资，实现融资3 000万元来支持我们西格数据规模的进一步扩大”，秦总在会议上慷慨陈词，描述了公司下一步的融资及扩张目标。

西格数据创始人秦总，于2008年6月从江苏大学的管理科学与工程专业毕业，获得硕士研究生学位。对质量工程管理技术，秦总有他自己独到的见解和研究，而且他坚信要把理论运用到实践当中，才能发挥所学、实现价值。在读研究生期间，秦总就曾参加过多家企业的实习，工作主动，不看重工资的高低，总是踏踏实实地学习业务技能，全身心地投入自己所做的事情中，完成了工作经验的积累和工业数据过程的系统化认知转化。毕业以后，秦总被中车集团录用为高级质量工程师兼持续改进质量主管，在工作中无论遇到任何问题，秦总都会冷静地分析原因，并且想方设法地解决问题，并在工作中慢慢培养了解决棘手问题的能力，学到了不少经营管理之道。之后，秦总到天合汽车(上海)研发中心担任稳健性工程主管，后又进入耐世特汽车系统(苏州)有限公司担任持续改进负责人。

在工作中，秦总仍会孜孜不倦地学习和研究，并且更深入地将管理理论与工作实践相结合。他研发了多项科技成果并获得自主知识产权，经过不断学习成了美国注册六西格玛黑带大师。

经过近十年的实干积累，秦总对于CNC(数控机床)行业的痛点有了逐渐深入的理解：传统CNC加工工厂的管理粗放，生产控制不精确，有些环节得依靠手动统计，费时费力。更严重的是，产品在生产过程中因缺乏统一的预测性监控系统，导致质量风险增大。总的来说，成本和质量问题是当前CNC行业的两个瓶颈问题。秦总意识到，这也是秦总想要解决的问题：要想改变传统的CNC加工工厂，就必须要把工业大数据分析的方法运用到行业当中。而工业大数据分析，将会是这一行的发展前景，也能更好地服务于整个行业，为整个精密加工行业创造更大的价值。创业的想法在秦总心中油然而生——创办一家专注于精密制造领域的工业大数据智能分析企业。

2015年3月，李克强总理组织召开国务院常务会议，部署加快推进实施“中国制造2025”，实现制造业升级，会议审议通过了《中国制造2025》。“中国制造2025”是制造业发展的一个导向标，秦总意识到，这是一个非常好的创业契机，应该好好把握，政策导向更加坚定了他对于创业的信念。

然而创业仅靠一人是非常势单力薄的,必须要有一个核心的创业团队!对于科创型企业来说,技术支持也是非常重要的一个方面。于是,秦总找到了毕业于德国斯图加特大学的王博士和获得中科院博士学位的赵博士,他们两个人都是技术方面的顶尖人才,并且之前也一直从事于工业数据分析行业,对于客户的需求都非常了解。秦总向王博士和赵博士阐述了自己的创业想法,三人一拍即合。就这样,三位创始人组成了创业的核心团队,加入了创业的浪潮。

创业需要资金,那么这笔初始资金从哪儿来呢?秦总分析道:"绝大多数创业者靠自融资创建企业,因为专业的投资机构为了实现高投资回报往往只对那些高速成长的企业进行投资。这种专业的投资,只占创业企业的极少部分。"因此,秦总提议先考虑自融:"由我们创始人自己出资或者向亲朋好友筹集资本后,试探性地启动项目,争取在一段时间内开发出初步的产品,或者通过探测市场,初步实现创意和商业模式。取得初步成功后,再去找投资者融资,这远比有个创意就到处找投资者好得多,因为实际证据远比投射在屏幕上的幻灯片更具有说服力,同时这也能使创业项目具有更高的市场价值。"王博士和赵博士都觉得这个建议合情合理,表示赞同。

2016 年 9 月,公司正式成立,公司名称:江苏西格数据科技有限公司。创始人于公司成立初期确认公司估值 1 000 万元人民币,并各自认缴相应的注册资本。之后,公司扩充人才队伍,形成了一个以工业物联网、云计算、大数据技术为基础,以工业应用技术创新为主导的工业 4.0 创新团队。公司成立后不久,为了迅速提高公司知名度,秦总应中国汽车工程学会邀请,参加了由上海瑞卓软件股份有限公司承办的中国第二届汽车可靠性技术研讨会,在大会上发表演讲,并获得通用汽车供应商电子化实施嘉奖。紧接着,西格数据研发团队受盐城市高层次人才创业大赛组委会邀请,以工业智能制造分析系统项目为主体,从 600 多个参赛项目中脱颖而出,获得第四届国际精英人才创业大赛的决赛优胜奖。就这样,西格数据扬帆起航,在行业内崭露头角。

(资料来源:钱坤,翟凤阳,王硕. 筚路蓝缕,玉汝于成:西格数据的创业之路. 中国管理案例共享中心,http://www.cmcc-dut.cn/Cases/Detail/3945. 2019.10.19)

案例思考题:

从案例中我们可以看出,对于新创公司来说,融资是一件非常重要的事情,有了资金公司才能成立,才能保证后续的发展。根据所给的信息,西格数据已经完成了第一次融资,现在需要第二次融资。那么,如果要为西格数据设计一份商业计划书,该如何进行?

第九章　商业计划书的内容

【引导案例】

某公司正在研究重组人粒细胞巨噬细胞集落刺激因子，为了在国内融资，同时寻求合作，该公司拟写了一份《重组人粒细胞巨噬细胞集落刺激因子商业计划书》，详细介绍了包括企业筹资、融资、企业战略规划与执行等一切经营活动的蓝图与指南，希望向投资者展现重组人粒细胞巨噬细胞集落刺激因子项目的商业价值，并说服他们进行投资。计划书的目录部分为：

第一部分　摘要

第二部分　综述

第一章　公司介绍

1. 公司的宗旨

2. 公司简介资料

3. 各部门职能和经营目标

4. 公司管理

4.1 董事会

4.2 经营团队

4.3 外部支持

第二章　技术与产品

1. 技术描述及技术持有

2. 重组人粒细胞巨噬细胞集落刺激因子产品状况

2.1 主要产品目录

2.2 重组人粒细胞巨噬细胞集落刺激因子产品特性

2.3 正在开发/待开发产品简介

2.4 研发计划及时间表

2.5 知识产权策略

2.6 无形资产

3. 重组人粒细胞巨噬细胞集落刺激因子产品生产

3.1 资源及原材料供应

3.2 现有生产条件和生产能力

3.3 扩建设施、要求及成本,扩建后生产能力

3.4 原有主要设备及需添置设备

3.5 重组人粒细胞巨噬细胞集落刺激因子产品标准、质检和生产成本控制

3.6 包装与储运

第三章　重组人粒细胞巨噬细胞集落刺激因子市场分析

1. 市场规模、市场结构与划分

2. 目标市场的设定

3. 重组人粒细胞巨噬细胞集落刺激因子产品消费群体、消费方式、消费习惯及影响重组人粒细胞巨噬细胞集落刺激因子市场的主要因素分析

4. 目前公司重组人粒细胞巨噬细胞集落刺激因子产品市场状况、所处市场发展阶段及排名及品牌状况

5. 市场趋势预测和市场机会

6. 行业政策

第四章　竞争分析

1. 有无行业垄断

2. 从市场细分看竞争者市场份额

3. 主要竞争对手情况

4. 潜在竞争对手情况和重组人粒细胞巨噬细胞集落刺激因子市场变化分析

5. 公司重组人粒细胞巨噬细胞集落刺激因子产品竞争优势

第五章　市场营销

1. 概述重组人粒细胞巨噬细胞集落刺激因子营销计划

2. 重组人粒细胞巨噬细胞集落刺激因子销售政策的制定

3. 重组人粒细胞巨噬细胞集落刺激因子销售渠道、方式、行销环节和售后服务

4. 主要业务关系状况

5. 重组人粒细胞巨噬细胞集落刺激因子销售队伍情况及销售福利分配政策

6. 促销和市场渗透

6.1 主要促销方式

6.2 广告/公关策略、媒体评估

7. 重组人粒细胞巨噬细胞集落刺激因子产品价格方案

7.1 重组人粒细胞巨噬细胞集落刺激因子定价依据和价格结构

7.2 影响重组人粒细胞巨噬细胞集落刺激因子价格变化的因素和对策

8. 重组人粒细胞巨噬细胞集落刺激因子销售资料统计和销售记录方式,销售周期的计算

9. 重组人粒细胞巨噬细胞集落刺激因子市场开发规划,销售目标

第六章　投资说明

1. 资金需求说明

2. 资金使用计划及进度

3. 投资形式

4. 资本结构

5. 回报/偿还计划

6. 资本原负债结构说明
7. 投资抵押
8. 投资担保
9. 吸纳投资后股权结构
10. 股权成本
11. 投资者介入公司管理之程度说明
12. 报告
13. 杂费支付

第七章　投资报酬与退出

1. 股票上市
2. 股权转让
3. 股权回购
4. 股利

第八章　风险分析

1. 资源风险
2. 重组人粒细胞巨噬细胞集落刺激因子市场不确定性风险
3. 重组人粒细胞巨噬细胞集落刺激因子研发风险
4. 重组人粒细胞巨噬细胞集落刺激因子生产不确定性风险
5. 重组人粒细胞巨噬细胞集落刺激因子成本控制风险
6. 竞争风险
7. 政策风险
8. 财务风险
9. 管理风险
10. 破产风险

第九章　管理

1. 公司组织结构
2. 管理制度及劳动合同
3. 人事计划
4. 薪资、福利方案
5. 股权分配和认股计划

第十章　财务分析

1. 财务分析说明
2. 财务数据预测

2.1 销售收入明细表
2.2 成本费用明细表
2.3 薪金水平明细表
2.4 固定资产明细表
2.5 资产负债表
2.6 利润及利润分配明细表
2.7 现金流量表

2.8 财务指标分析

(资料来源:重组人粒细胞巨噬细胞集落刺激因子项目融资商业计划书.中国商业计划书咨询中心,http://www.ipo100.cn/xm1/feefeflhe.shtml)

案例启示与思考:

资金是项目得以运行、企业得以发展的关键,所以融资成为很多创新项目或创业企业在初期必须考虑的重要问题。为了向投资者展现出项目或企业的光明前景从而吸引投资者的关注,撰写一份商业计划书是必不可少的。那么从上述案例中能总结出商业计划书应当包括哪些内容呢?一份好的商业计划书在撰写过程中又需要注意哪些事项呢?

【本章学习目标】

1. 提高学习者对商业计划书内容及其撰写的认知。
2. 培养学习者撰写商业计划书的技巧和方法。
3. 使学习者具备撰写完整的商业计划书的能力。

第一节　封面和摘要

一、封面

封面是商业计划书的门面,应该含有能够反映商业计划的基本信息。商业计划书的封面依照具体的内容可以设计成不同的形式,但封面中必须包含的要素有:企业名称或项目名称、公司LOGO、价值观或愿景、联系人及联系方式、提交或申报日期。

在设计商业计划书的封面时,仅仅在封面中标明"商业计划书"字样,会显得过于大众化,因此有必要加上特定的企业名称或项目名称,如"×××有限公司""×××建设项目"。名称应处于封面的突出位置,以便抓住投资者的眼球,使投资者清楚地明白被投资者的立场。

价值观或愿景代表了企业或项目的运营方向或创新想法,能快速吸引投资者的目光,展现企业或项目的独特之处。如谷歌的口号"完美的搜索引擎",表明谷歌的运营内容是"搜索引擎",并且相比于其他搜索引擎来说,谷歌的独特之处在于"完美"。

商业计划书封面中必须包含联系人和联系方式,使读者在想进一步了解该企业或项目时,能及时联系企业或项目的负责人,以便进行深入交流。图9-1是某创业团队的商业计划书封面图例,基本信息尽在其中,但是团队可以根据自己的实际情况来调整和设计符合自身特色的封面。因为每一本商业计划书都应该有其独特和创新之处,也能反映出每一个创业团队的劳动成果和智慧结晶。

二、摘要

摘要又称执行摘要或执行总结,是整篇商业计划书高度的概括,应放在商业计划书内容的最前面。摘要涵盖了创业公司与产品简介、行业与市场、公司组织和人力资源、市场营销、生产运营、财务预测和分析、投资分析和资本退出以及风险预测及管理等内容。它是投资者或评审人快速了解商业计划书的整体情况的一个所在,所以摘要的语言表达力求简洁,核心观点高度凝练,以最明快的语言表达项目创意的来源和吸引力,特别突出项目的优势和差别化竞争力,

“小厨房”餐饮项目

——为胃找个家

商业计划书

申报部门：＊　　＊
地　　址：＊　　＊
联 系 人：＊　　＊
电　　话：＊　　＊
邮　　箱：＊　　＊

申报日期：××年×月×日

图 9—1　小厨房餐饮项目商业计划书封面

以及团队的独特之处。

撰写商业计划摘要时，应注意以下事项：

(1)放在前面，写在后面。摘要是对计划书的整体概括，一定要在计划书正文完成之后再撰写，提炼出计划书的精华。摘要部分多使用结论式语言，不用写分析的过程，分析过程应当在正文中详细介绍。

(2)言简意赅，凸显优势。撰写摘要时要求文笔生动，开门见山，能快速吸引投资者或评审人目光。行文上要求做到简明易懂，突出核心问题，如市场情况、产品、竞争者、融资、团队、发展规划等。

(3)文笔流畅，短小精悍。摘要通常是投资者最认真看的部分，所以撰写时一定要严谨，不能出现错别字以及语病。摘要一般不宜过长，2～3 页即可。

(4)摘要应具有针对性。不同的投资者需求不同，不同的评审者关注的重点也不同，所以一份好的计划书在摘要部分一定要针对不同的读者，突出读者最感兴趣的方向。

第二节　公司及产品

一、公司简介

介绍公司主要是为了让投资者对公司情况产生基本了解。介绍公司的过往和历史要客观真实，应尽可能地突出公司的优势、潜力和前景，给投资者留下良好的印象。

相比于摘要部分，在介绍公司的概况时内容要更为详细。首先是公司名称和类型，对于已成立企业，直接标明公司的法律名称即可，如“合成太阳能科技股份有限公司”。对于创业萌芽或创意期的公司，可以草拟一个弹性较大的名称，避免限制企业日后的经营方向和范围。其次，在公司基本情况中需要介绍公司的注册地址、联系方式、商标、专利技术、团队成员及其背景经历、已有的投资者或合伙人等。

在介绍公司历史时，对于初创企业可以介绍前期的研发、市场调查、实验过程和结果等。对于已成立的公司而言，公司历史的介绍则需要更为详细，如公司的股份构成、核心员工、以往的目标市场和主要业务、市场战略、竞争对手、公司的盈利情况、公司文化等投资者较为关注的部分。

【实例 9—1】 甲壳质材料研究和开发有限责任公司商业计划书中对公司的介绍如下：

甲壳质材料研究和开发有限责任公司是一个提议中的公司，它拥有甲壳质纤维制备的专利技术，提倡科技为本的绿色生活新理念，为人类提供尽善尽美的天然生物产品。我国医用缝合线每年约有 15 亿元人民币的市场需求，其中可吸收缝合线约有 7.5 亿元。公司成立初期生产医用甲壳质可吸收缝合线，以满足迅速发展的可吸收缝合线市场的需求，使用投资建厂解决方案，针对解决 PGA(Polyglycolic Acid 聚乙二醇酸)类可吸收缝合线大部分依赖进口、价格昂贵、影响提高人们医疗水平的问题。

公司注重短期目标与长远战略的结合，中长期目标将逐步拓宽产品领域，涉足甲壳质医用抗菌材料、药物缓释材料、人造器官、化妆品、保健食品、保健服装面料、新型环保包装材料、快餐用具等，形成以甲壳质材料为核心的多元化经营集团公司。

（资料来源：李伯亭，王祖文. 商业计划——创业融资的敲门砖[M]. 北京：新时代出版社，2004）

二、产品或服务介绍

产品是否满足市场的需求，是否能够解决现实问题，是否实现投资者的投资收益，这些都是投资者们在阅读商业计划书时关注的重点。因此阐述产品基本情况时，要进行归纳整理，使用通俗简洁的语言，力争使非专业的投资者们产生投资产品的冲动，其中最主要的是突出产品或服务的独特优势。介绍产品基本情况时应当包含的主要内容有：

(1)产品或服务产生的行业背景。因为计划书后文有专门进行行业和市场的分析，这部分只需要简单介绍与本产品有关的行业或技术发展现状、发展趋势和前景，能够说明产品或服务的产生符合历史和发展趋势的需求。

(2)产品功能。一方面要说明产品能对目标客户群体发挥何种作用，起到怎样的效果。另一方面也要突出产品所具有的价值，如果是属于快销品，其性价比的分析容易受关注。如机器人吸尘器适用于家庭，能除灰除尘起到清洁作用，减轻家庭成员打扫卫生的负担，营造干净舒适的室内环境。

(3)产品特性。市场中存在多种多样的产品，创业者只有推出具有独特性或者创新性的产品才能使商业计划脱颖而出，为投资者赚取利润。所以商业计划书中要突出产品的创新之处，突出本产品在众多市场产品中拥有的独特优势。

(4)产品原理。原理的阐述往往涉及许多专业术语，内容较为晦涩难懂，所以商业计划书中在介绍产品原理时不要过于专业化，尽量减少技术细节的解释。为了方便读者理解，可以采用举例、对比或类比的方式进行说明，也可以展示一些图片或者模型，从直观上进行反映。

(5)产品研发。首先应向投资者们介绍研发团队或项目组、依托的实验室或某项目、研发技术水平等，以表明产品的科学性和可行性。其次可以通过提供认证报告、鉴定报告或专利证书，证明产品的价值。最后简单说明产品的研发费用，给投资者提供一些投资参考。

(6)产品影响力。产品能否进入市场满足顾客的需求，能否达到预期效果，需要通过产品的影响力进行说明，如产品所获奖项、产品报道，产品在测试阶段获得的客户反馈情况，包括体验、评价、订单数等。

(7)竞争优势。投资者要投资的产品一定是具有竞争性的产品，因此在介绍产品时一定要说明与竞争对手相比，本产品所具有的优势，如性能优势、成本优势、目标客户优势、品牌优势等。通过与竞争者在各方面的比较(如表 9－1)，可清楚地看到产品在各项指标中的竞争优势。

表 9－1　　产品竞争对比分析表

对比因素	本公司(产品)	竞争者 1	竞争者 2	竞争者 3
价格	* *			
功能	*			
质量	*			
个性化	*			
成本	*			
品牌		*	*	
营销				*
目标客户	*			
客户管理		*		*
供应商		*		
售后服务	*		*	

【实例 9－2】 某创新型品牌长租公寓对其产品做如下介绍，很清晰地表达出产品及其优势。

公司通过锁定省会城市核心商圈里中高端社区的特定户型，开发三条产品线：针对一到三年高校毕业生提供 12～18m^2 高性价比的主题公寓；针对四到六年城市白领金领提供 25～40m^2 单身公寓；针对七到十年新中产两口之家提供 60～75m^2 品质两房。

公司产品优势概括为：区位优势、模式优势、价格优势和社群优势。主要优势具体体现如下：

公司以商圈里的核心社区为切入口，选取 A 区、B 区、C 区等区域的核心商圈为房源所在地(公寓距离商圈步行 15 分钟，单车 5 分钟)，地理位置优越，交通便利且周围配套设施完备，为租客出行提供便捷，生活气息浓郁。公司选择特定户型设计标准样板房和标准化硬装以节约成本，并且根据客户要求提前 1 到 2 个月按需定制个性化软装，精准解决客户个性化需求问题，提高公寓出租率。除此之外，公司将通过金融产品以及整年交款的方式，为客户提供低于市场价格 10%～15%的高性价比优势价格的品质公寓租赁服务。

第三节　行业与市场

行业与市场是企业生存的外部环境,创业企业只有了解并熟悉行业与市场情况,才能把握商业机遇,保证企业长久发展。所以在撰写商业计划书的过程中,一定要对行业和市场进行充分了解并尽可能详细分析,以事实说明公司项目具有的环境优势,坚定投资者投资的决心。

一、行业环境分析

行业与市场分析有特定的分析方法,最常用的外部宏观环境是 PEST 分析工具,即从政治、经济、社会和技术四个方面对企业主要外部环境影响因素进行分析,通过关键因素判断行业现状及变化以及对行业影响程度。PEST 分析框架下,不同角度分析的重点内容以及商业计划书撰写要求参见表 9—2。

表 9—2　　PEST 分析内容与撰写要求

	分析内容	撰写要求
政治	分析与公司及产品相关的法律法规、政策、国家发展规划、产业政策、国际贸易协定等	列出相关文件、法律法规名称和具体的规定;当涉及政策法规较多时,列出主要规定
经济	分析经济周期的影响和冲击、通货膨胀水平、汇率、就业率、产业结构调整方向、消费者偏好及可支配收入水平等	多采用数据和图表反映变动情况、分布情况和变化趋势,减少繁琐的文字叙述,使投资者一目了然
社会	分析与公司及产品相关的人口数量、年龄结构及地理分布、人群教育文化水平、价值观、生活方式、风俗习惯等	尽量用数据和图表描述;注意对所用数据标明出处,保证商业计划书的真实性
技术	分析现在信息和网络技术对公司及产品的影响;分析相关的产品研发技术、生产和工艺技术、创新能力、新技术应用前景、新技术使用效率等	具体描述新技术、新工艺可以在公司及产品的运用之处和应用的方式

二、竞争力分析

竞争力分析是行业和市场分析的主要组成部分,包括对行业内部竞争的分析以及对公司及产品自身竞争能力的分析。行业内部竞争分析通常选用波特五力模型工具,而自身竞争能力分析通常选用 SWOT 分析工具。

(一)五力竞争模型

波特五力竞争模型从同行业竞争者威胁、潜在竞争者进入威胁、替代产品威胁、购买者和供应商讨价还价能力威胁五个方面,分析一个行业的基本竞争态势。在撰写商业计划书时,可以通过构建波特五力模型,直观反映行业竞争情况,如图 9—2 波特五力竞争模型所示。然后具体介绍行业竞争力的五个方面,具体内容包括:

(1)同行业竞争者。对于个别创业计划是一个全新的创意,行业内没有竞争者,此时不需要分析其竞争情况。但是大部分创业计划可能在同行业内存在竞争者,或者门槛较低,同行业的竞争者则变成五种竞争力量中最强大的。在介绍同行业竞争者时,要着重分析竞争的核心,如产品特色、售后服务、成本管理等。如果行业在国际上也有竞争者，则还需要分析国外市场特征。在撰写过程中可以适当运用图表进行对比说明。

(2)潜在竞争者。如果项目市场需求大、利润可观，极有可能引来新进者。在分析潜在竞争者时，要具体列举出潜在竞争者的名称，指出其成为潜在竞争的可能有哪些，分析与潜在竞争对手的竞争性对比情况，最后还应提出相应的应对措施。

(3)替代产品。替代产品的性价比越高，转换成本越低，则其带来的竞争压力也越大。所以商业计划书可以从替代产品的价格、质量、销售增长率、转换成本、生产能力和厂商扩张情况等方面详细分析替代产品。

(4)供应商讨价还价。判断供应商的竞争力时，可以从原材料的成本、原材料替代品转换成本、原材料所占产品成本比例和原材料对产品质量影响程度等方面着手，分析与供应商谈判权力和能力的大小，从而判断供应商是否成为强大的竞争力量。

(5)购买者讨价还价。影响购买者讨价还价能力的因素包括购买者的需求情况、市场供给情况、收入水平、转换成本、消费观念等。

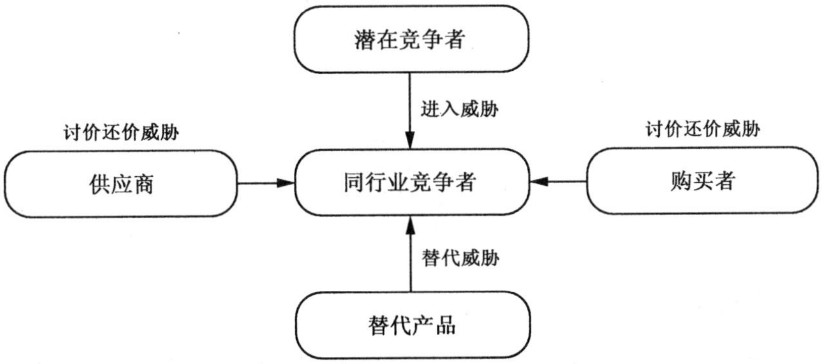

图 9—2　波特五力竞争模型

(二)SWOT 分析法

SWOT 分析法常常基于内外部环境分析，对公司及产品的自身竞争优势和劣势，以及外部机会和威胁进行综合性分析，如表 9—3 所示。优势(S)分析主要是企业人财物和管理经营上所具有的优势。劣势(W)分析可以从优势的反方向分析，包括缺乏人力、财力，缺乏管理经验和核心技术等方面进行。机会(O)分析主要是分析经济和政策上的良好形势，市场需求增加等对于企业来说是能进入市场，获得效益的各种机遇。威胁(T)与机会相对，如对市场竞争激烈、经济不景气、政策不支持等方面进行分析。利用 SWOT 分析可以清晰地得出企业或产品的优势和劣势，所拥有的优势以及面临的不足。企业根据 SWOT 分析结果制定符合自身发展的战略，尽量扬长避短。

表 9—3　　SWOT 分析法

内部分析	优势(S)	经营模式独特
		资金充足
		产品竞争力强
		人力资源充沛
		专利技术强
		企业形象良好
	劣势(W)	资金短缺
		产品成本高
		管理经验不足
		缺乏核心技术
		市场定位有问题
外部分析	机会(O)	政策支持
		经济形势好
		竞争对手失误
		市场供不应求
		消费者消费习惯改变
	威胁(T)	技术更新过快
		国外市场壁垒
		经济衰退
		行业政策突变
		同行业竞争者打压

三、市场定位与细分

市场细分是指按照一定的标准将市场上的消费者划分成不同的群体,划分的标准可以是每一个消费者,可以是地理、年龄、学历等不同因素,也可以是两个以上因素的综合。市场细分是选择目标市场的基础,所以在撰写商业计划书时可以根据公司或产品本身,选择合适的标准进行说明。分析不同的细分市场所具备的特征,结合本公司及产品进行目标市场的选择。

分析市场可以利用一些数学工具来进行,如统计学、计量经济学等,所得出的分析结果更加直观,也能使投资者迅速了解行业及市场的现状,特别是了解创业项目在市场中的状况。市场定位和细分可以重点考虑以下方面:

(1)市场容量。市场容量很大程度反映了需求状况,一般来说市场容量较大者,该行业更值得投资者关注。

(2)市场结构。市场结构包括完全竞争、完全垄断、垄断竞争和寡头垄断。不同的市场结构中企业数量、产品价格、进出难易程度和竞争程度都不同,市场结构对于本产品能否跻身市场具有重大影响。

(3)行业毛利率。不同行业一般来说毛利率也不同,商业计划书中分析行业毛利率也是为了说明进入行业后利润能否得到保障。

(4)销售增长率现状及趋势预测。销售增长率是投资者关注的主要指标之一,销售增长率越大,表明投资者未来的投资收益越多。

除上述方面外,在撰写行业和市场部分时还可以选择介绍细分市场的情况,如各地区的市场规模、各产品的容量及结构变化和消费群的结构及数量等,也可以从学习能力、创新能力等角度进行详细说明。

准确的市场定位要求公司或产品在市场上能塑造出与众不同的、能植入消费者内心的形象，并根据此形象占有市场份额。以目前手机市场为例，苹果手机定位是高端，致力于给用户提供最优质的使用体验；华为手机定位中高端，侧重商务优化技术；小米手机定位于高配置、中低端价格。

在介绍产品市场定位时，不需要过多的文字描述，只要简洁表达产品的特性、营造的形象和理念象征等。不同的市场定位采用的营销方式也会不同，所以在撰写商业计划书时要注意将市场定位与营销部分结合起来相互呼应。

【实例 9—3】 甲壳质材料研究和开发有限公司商业计划书对其市场细分介绍如下：

按市场开发程度，国内采用缝合线市场主要分为两类：

1. 已开发的可吸收缝合线的市场

是指使用羊肠线和 PGA 类可吸收缝合线的市场。

(1)大量使用 PGA 类可吸收缝合线的市场

这类市场主要分布在经济发展水平较高、医疗水平较高的大城市医院，如北京、上海、广州等。市场特征主要表现为：厂家对于使用 PGA 类可吸收缝合线的前期宣传已基本完成，医生接受程度高，医生品牌忠诚度高；可吸收缝合线应用广泛、应用时间久；对价格敏感度较低，消费行为比较成熟。

(2)大量使用羊肠线的市场

这类市场主要分布在经济发展水平相对较低的大中型城市的医院，如西安。市场特征主要表现为：可吸收医用缝合线主要使用羊肠线，尚未大规模使用 PGA 类可吸收缝合线；医生对于可吸收缝合线的接受程度相对较高；对价格较为敏感；品牌忠诚度不高。

2. 尚未开发的可吸收缝合线的市场

是指应该或可以使用可吸收线而仍然使用丝线的市场。

这类市场主要分布在经济发展水平偏低、医疗水平有限的中小型城市医院或大城市的小医院。市场特征主要呈现为：医生较少接触或使用 PGA 类可吸收缝合线；手术中普遍使用丝线；对于价格敏感度很高；PGA 类可吸收缝合线尚未进入这类市场。

（资料来源：李柏亭，王祖文. 商业计划——创业融资的敲门砖[M]. 北京：新时代出版社，2004）

第四节 公司组织和人力资源

一、组织结构

组织结构是公司管理系统的框架，明确公司各部门的分组、分工和协调合作，是反映组织在职、责、权的结构体系。企业的组织结构有多种多样，常见的组织结构包括：

(一)直线型

如图 9—3 所示，直线型组织结构是最简单的一种组织结构形式，组织下级由组织上级垂直领导，不用另设专门的职能机构。此结构的优点是简单、责任分明、沟通效率高。缺点是最高主管承担管理职能较重，部门间缺乏协调合作。因此，直线型组织结构只适用于规模小、经济业务简单的企业或初创企业。

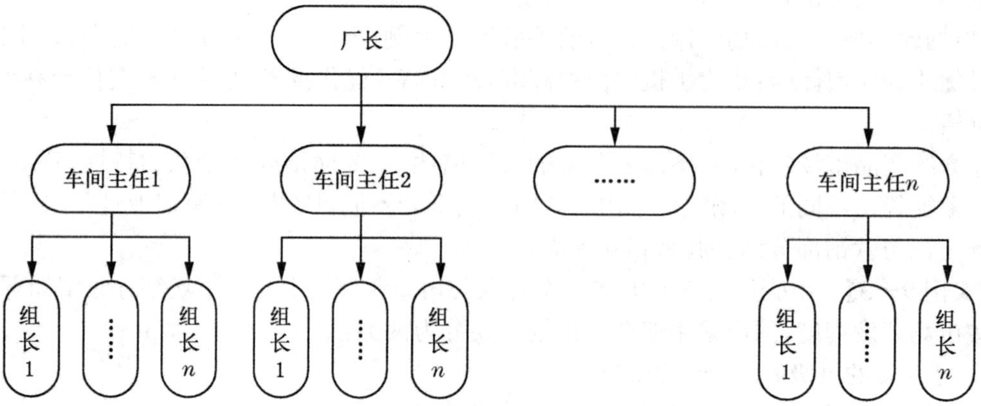

图 9—3 直线型组织结构示意图

(二)职能型

相比于直线型来说,职能型组织结构需要另设置职能机构,分担相应管理职能。如图9—4 所示,下级除了听令于直线领导外,还服从上级各职能机构的领导。此结构的优点是能减轻管理者负担,适应生产技术复杂、管理分工精细的现代组织。缺点是不利于统一领导,职能机构间的职责不明确,管理容易混乱。由于这种组织结构形式存在明显的缺陷,现代企业一般都不采用职能型组织结构。

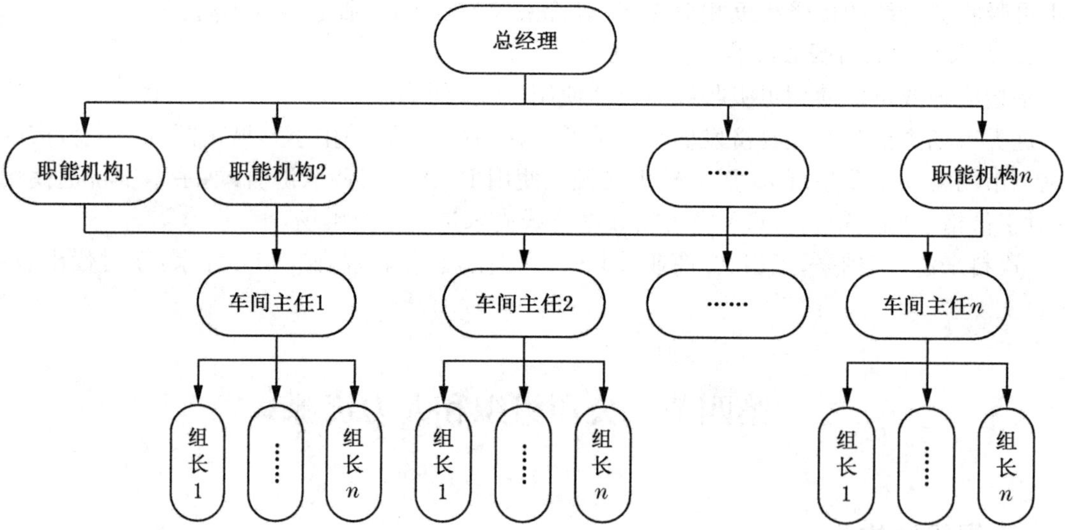

图 9—4 职能型组织结构示意图

(三)直线职能型

直线职能型是在直线制和职能制的基础上建立起来的,吸收了两种形式的优点。如图9—5 所示,直线职能型延续了直线型统一领导的特点,同时借鉴职能型的优点,设立职能机构分担主管者管理负担。但是相比于职能型,在设置职能机构时按专业化划分,使部门在职责范围内对下属进行指挥和命令,避免了管理混乱的情况。直线职能型的缺点是工作易重复,信息沟通效率低，部门间协调工作量大，所以不适应规模大、决策较多的企业。

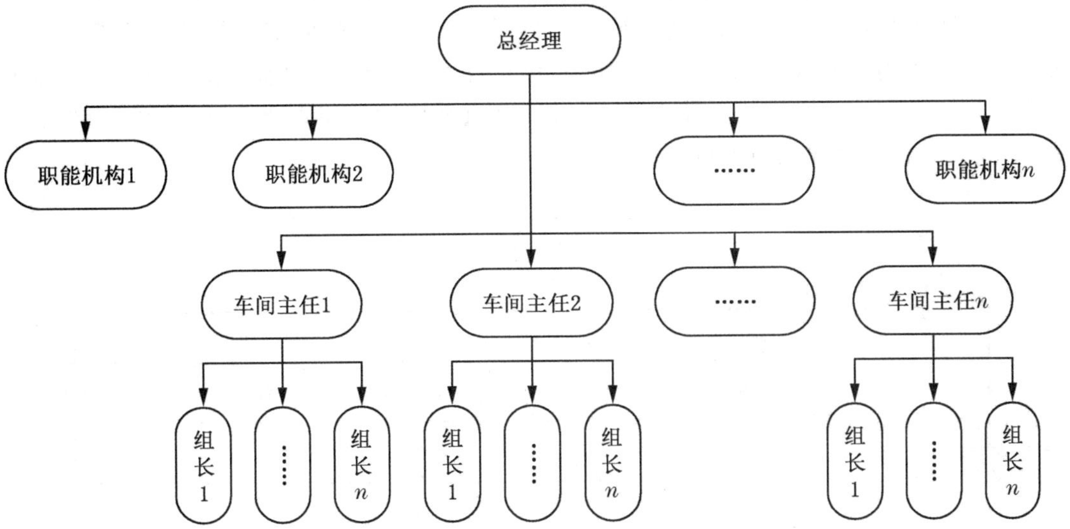

图9—5　直线职能型组织结构示意图

（四）事业部制

事业部制组织结构最突出的特点是“集中决策，分散经营”，即事业部负责产品的设计、生产和销售，实行独立经营核算，而总部只负责重大问题决策，通过利润等指标对事业部进行监督和控制，结构设置如图9—6所示。该组织结构的优点在于高层管理者摆脱了日常事务管理，专注于公司长远发展决策，因此经营管理者则能更充分发挥管理才能。缺点在于分权管理削弱了高层管理员对事业部的控制，容易引发各部门间的利益竞争，不利于组织整体利益。一般来说适用于规模较大、技术复杂的大型企业和发展到一定规模后的创业企业。

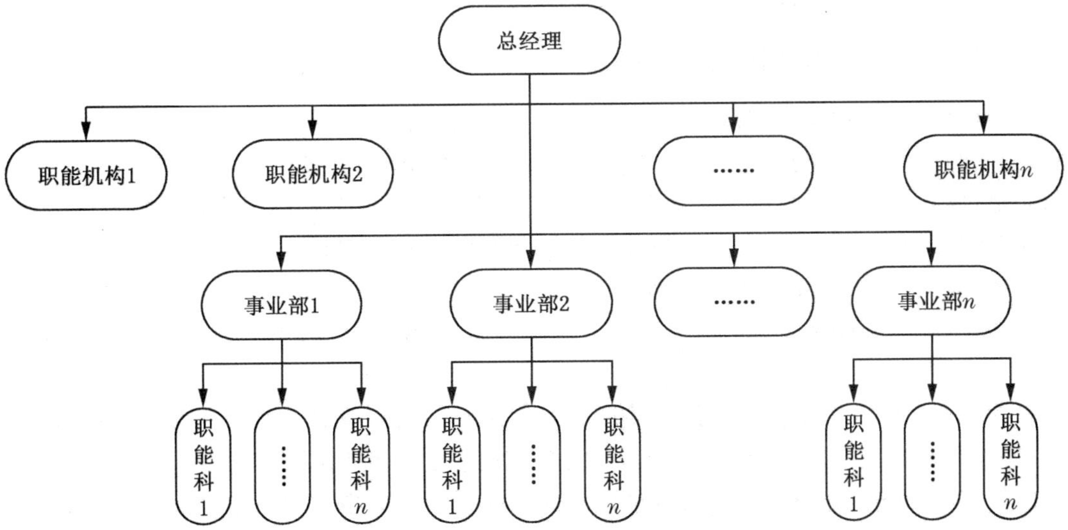

图9—6　事业部制组织结构示意图

(五)矩阵制

矩阵制组织是一些企业因临时性的重大项目,如开发实验和科学研究等组建的小组,由各职能部门调配人员组成由各专业人员组成的项目部(如图 9—7 所示)。矩阵制组织结构的优点在于实现了人力资源共享,加强了部门间的相互合作,具有较大机动性,将集权与分权的优势结合起来。缺点在于组织关系较为复杂,对项目组经理管理能力要求高。矩阵制适用于临时性、重大的工程项目或创新项目。

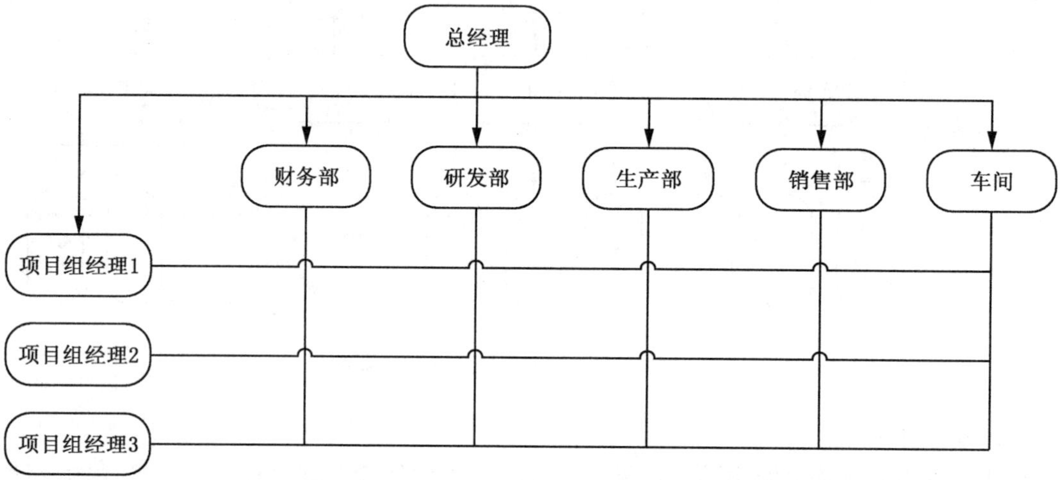

图 9—7 矩阵制组织结构图

商业计划书中,关于公司组织的介绍和描述,除了给出设计的组织结构图外,还应相应描述相应部门的职责与权利。管理者在设计组织结构时一定要符合企业或项目实际情况,使资源达到最优配置。所以计划书中在介绍组织结构时,有必要简要说明选择此组织结构的原因和优点,能达到什么样的管理目的,与企业发展的整体愿景的关系等。

二、岗位设置及人员配置

商业计划书中还有必要对公司岗位设置及人员的配置问题进行介绍,即对组织中设置了哪些岗位、岗位职责是什么进行说明。在撰写商业计划书时可以从部门岗位设置与人数分布、部门职责、核心人员构成和核心人员职责与权力四个方面介绍公司的人力资源情况。

在介绍部门岗位设置、人数分布和部门职责时,要列举出具体岗位的人数或人数范围,明确说明各部门岗位的职能,如:总经理 1 人,负责公司运作,人员职责分配,监督和绩效考核。财务部 3 人,其中会计 2 人,负责会计核算,编制账簿,纳税申报等;出纳 1 人,负责现金和银行收付款,保管现金、支票等票据,登记现金和银行存款日记账等。

对核心人员的介绍是投资者最为关注的内容之一。可以从核心成员姓名、性别、籍贯、联系方式、教育背景、现任职务和工作职责、曾经工作经历、获奖情况或工作成就、擅长领域 、持有股份数等方面选择介绍。核心人员是企业的一项重要人力资源,所以在介绍核心成员时要突出核心成员对公司或项目的重要贡献和重大影响,突出核心成员能带给企业的竞争优势,使投资者满意。

【实例 9—4】 国福家庭保险销售服务公司商业计划书中介绍关键管理人员如下:

公司创始人董事长兼总经理童树德：男，58 岁，中共党员，研究生学历，工程师。童树德先生曾经是县政府研究室副主任。1993 年进入中国太平洋人寿保险公司，有近 20 年保险销售管理经验。先任县公司经理，业绩做到系统内全省第一名；后晋升为所在中心支公司总经理，中心支公司的经营业绩做到全市同业第一名，系统内全省第一名、全国第八名，年扭亏增盈 800 多万元；后又晋升为所在省公司副总经理，其分管业务业绩做到全省同行业第一名，各个阶段都取得了良好的经济效益。

公司财务总监刘芳：女，55 岁，大专学历，经济师，会计师。曾经担任过国有大中型商业股份有限公司的财务总监、副总经理。2004 年应聘到一家省级保险代理公司任财务总监。8 年多来，经历了中国保险代理行业发展的全过程，精通保险中介财务管理的理论和实践，有着丰富的保险中介财务管理经验，善于协调处理与保险监管、工商、税务和各家保险公司方方面面的关系，具有较强的公司宏观财务组织掌控能力。

人力资源总监王生：男，55 岁，中共党员，研究生学历，经济师。曾任某国有大型冶金公司的人事处副处长。1995 年进入中国平安人寿保险公司从事保险销售业务，有 16 年保险销售管理经验。先从业务员做起，后晋升为主任、营业部经理、联合营业区经理、中心支公司总经理、总公司部门副总经理职位。

销售总监易云：男，50 岁，中共党员，大学本科学历，会计师。原在党委宣传部门的事业单位，任分管财务经理。1996 年进入中国太平洋人寿保险公司从事保险销售业务，有 15 年保险销售管理经验。先从业务员做起，后晋升为主任、县公司经理、中心支公司副总经理、中心支公司总经理职位.

（资料来源：赵向阳，童欢. 国福家庭保险销售服务公司：商业计划. 中国管理案例共享中心，http://www.cmcc_dut.cn/Cascs/Dctail/915）。

三、人员管理

（一）招聘计划

该部分主要是介绍招聘的条件，可以从岗位要求和工作素质两个方面描述。岗位要求要指明职务的具体工作内容、需要的知识和技能以及其他特殊要求。工作素质根据不同的岗位有不同要求，包括身体健康、有责任感、思维敏捷、有创新精神、沟通交流能力强、多才多艺、学习能力强等。

（二）培训计划

由于培训的人数、时间和地点等都具有不确定性，所以该部分主要突出的是培训的内容或培训的方向，如对公司文化、理念和产品的培训，或者对员工沟通能力、业务能力、专业技术等方面的培训。注意要表达清楚培训的目的和达到的效果。

（三）绩效考核

绩效考核是人员管理最重要的部分之一，有助于发现员工问题，激励员工成长。绩效考核按不同分类标准可以有多种类别，如按时间分为定期考核和不定期考核，按主体分为自我考核、下级考核、主管考核、顾客考核等，如何选择可以根据企业或项目实际自行设计。对公司绩效考核的方法有很多，如 BSC、KPI 及 360 度考核等方法。企业可以根据自身情况进行选择性使用。

（四）奖惩措施

合理的奖惩措施能提高员工工作积极性，是人员管理重要组成部分。奖惩措施的设置一定要奖罚有度,规则清晰,能够很好地反映公司对员工管理的尺度和标准。比如迟到早退者扣除一定工资,超额完成工作者给予一定奖金。再如对部门进行奖惩时,根据公司性质和发展需要制定相应的奖惩办法。销售部门将员工销售业绩与薪资挂钩,将销售人员业绩进行排名,实行5%淘汰制等;研发部门对研发人员提供技术培训机会,设定员工持股计划等。

第五节 营销管理

一、营销战略规划

市场营销战略规划是对一定时间内市场营销发展的总体设想,是由企业高层管理者制定企业使命、目标、业务发展而在营销方面的战略体现。企业营销战略是指企业新业务销售计划或增长战略,一般有密集增长战略、一体化增长战略和多元化增长战略。

密集增长战略是通过市场渗透、市场开发或新产品开发的方式增大市场占有率,适用于产品尚未完善和具有潜在市场的企业。初创企业的营销战略适合采用该种战略。

一体化增长战略是指企业在供、产、销方面实行一体化,加强控制、提高市场占有效率的战略,适用于已进入发展期且具有朝阳特点的企业。一体化战略又可分为前向一体化营销战略、后向一体化营销战略以及水平一体化营销战略。前向一体化营销战略的营销和市场可进入分销系统,谋取更多利润;后向一体化营销战略的营销对象是收购或兼并供应商,控制供应系统;水平一体化营销战略主要通过收购或兼并同类型企业或竞争对手,扩大市场以增强企业竞争力。

当创业企业发展到成长期后,单一品种的产品不能满足企业的整体战略目标时,便可考虑使用多元化营销战略。该战略主要通过增加产品种类,实行跨行业生产销售以扩大企业业务范围。

二、营销策略

营销策略是创业企业根据对行业和市场的分析,针对细分市场中的顾客需要为出发点,有计划地组织各项营销活动。经典营销策略理论有4P营销理论、6P营销理论、7P营销理论等等,创业企业可以根据实际情况选择合适策略来展示公司选择。相比其他营销理论,4P营销理论以其简单、适用且具有操作性等特点,比较适合创业企业,从产品策略、价格策略、销售渠道策略和促销策略为企业实现市场目标提供最优手段。

(一)产品策略

产品策略是4P营销理论中非常重要的部分,分为产品组合策略、产品生命周期策略、品牌策略、包装策略等。其中:

产品组合是指生产不同种产品的企业,为了扩大销售、增加竞争力、获取更多市场份额和分散风险,将不同产品进行最佳组合。

产品生命周期策略是指针对处于不同生命周期阶段的产品采取针对性销售策略。如图9—8所示,产品的生命周期一般分为引入期(或导入期)、成长期、成熟期和衰退期四个阶段。在引入期,产品刚刚进入市场,消费者对产品还不太熟悉,所以销售增长较慢。并且因为产品的生产成本和销售费用较高,所以引入期产品的利润可能为负数。此时可以选择低价策略迅速打开市场，或者高价策略快速收回成本。在成长期，消费者逐渐接受产品，产品销售量开始迅速增长，随着产品规模效应，产品的成本也随之降低，利润开始增加。在产品成长阶段，企业可以提高产品质量，完善产品功能，增加产品宣传力度。在成熟期，产品的市场占有率基本稳定，利润达到最大化，但是随着竞争者的加入，销售量会逐渐下降。为了保持在竞争市场上的主导地位，企业可以主动出击开发新的系列产品。在衰退期，消费者兴趣逐渐转移向新产品，产品销售量迅速下降，最终退出市场。此时企业可以适当降低价格，刺激消费者需求，最大限度地赚取更多利润，或者转向新产品的开发。

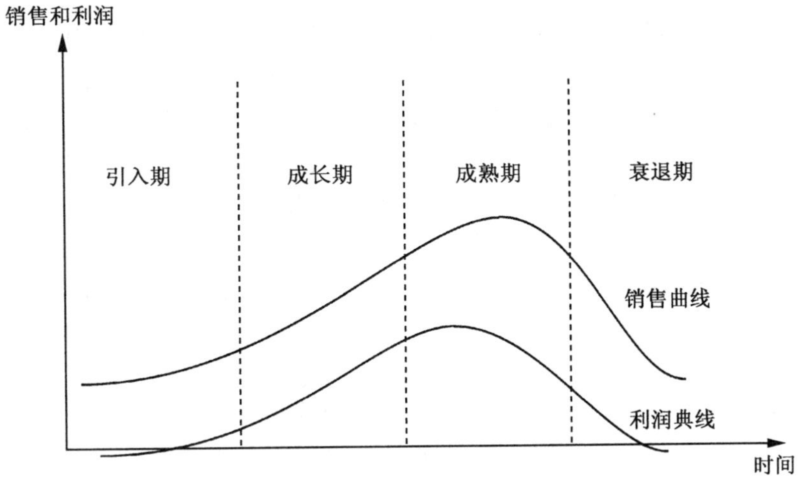

图 9—8　产品生命周期图

品牌策略是指通过产品品牌化，加深消费者印象，稳定产品市场，最终实现增加企业价值的目的。品牌设计时要遵循适应易读易记、暗示产品属性、启发品牌联想和受法律保护的原则。如一些大品牌的公司名字都简单易记，公司 LOGO 与其企业价值观紧密相连。如华为、天猫、京东等。

产品包装是指对产品进行外部包扎、装饰，对产品起到保护、美化、便于携带运输的作用，从而提高产品价值，增加企业盈利的策略。常用的包装策略有类似包装、差异包装、组合包装、等级包装、创新包装等。创业者应当根据产品情况选择合适的包装策略，发挥包装的最大效应。

（二）价格策略

价格策略是营销组合中直接决定收入的因素，它关系到企业的盈利和在市场上的竞争力。定价关系到如何既使消费者在价格上可以接受该产品，又使得企业获得更多利润并占有市场，是营销策略中非常关键的部分。在制定价格过程中需要考虑的因素有很多，包括市场需求、定价目标和定价方法等。市场需求通常与价格成反方向变化，当价格变化而引起的需求变化较小时，则表明该产品的需求弹性较小，企业可以采取提高价格的策略，反之企业应当降价以刺激市场需求。定价目标是选择定价的依据，如以利润为目标，通过目标利润和产品成本来确定价格；以市场占有率为目标，通过低价格吸引更多消费者，快速打开市场；以竞争力为目标，通过研究竞争对手的产品和价格来选择更有竞争力的定价等。

对于初创企业或刚进入市场的新产品，其定价策略与一般产品会有所不同，主要包括撇脂定价策略、渗透定价策略和满意定价策略。撇脂定价的消费者受众特殊,是一种高价格策略,适用于需求弹性较小、具有独特性的新产品。在产品新上市时,通过高价格开拓市场,在短时期内迅速收回投资成本,待产品成熟期再逐渐降低价格。渗透定价是一种低价格策略,适用于需求弹性小、市场竞争激烈和没有突出特性的产品。通过低价格增加销售量,发挥市场优势,缓解市场竞争压力。满意定价策略是一种适中价格,能使供求双方都满意的策略,适用于需求弹性适中,销售量稳定增长的产品。

(三)渠道策略

事实证明,分销渠道也是企业间竞争的重要环节,产品只有通过分销渠道才能以合适的方式、在合适的地点和合适的时间提供给消费者。分销渠道的类型有很多,其中最基本的两种类型为直接渠道和间接渠道。直接渠道是指企业直接将产品销售给消费者,没有任何中间商存在。直接渠道有利于供求双方加强沟通,降低产品在流转过程中的损耗,满足消费者需求。但是直接渠道可能无法满足消费者多样化需求,企业在生产任务之下又有营销任务,也极大增加了工作负担。间接渠道是企业利用各中间商将产品提供给消费者的销售渠道。间接渠道的优点在于能将产品广泛分销,快速打开市场,缓解企业人力财力不足的压力。然而中间商的存在会增加消费者购买价格,不利于产品销售。并且中间商过多容易出现产品造假的情况,影响企业形象。

(四)促销策略

促销策略是企业通过人员推销、广告、公共关系和营销推广等促销手段,向消费者宣传产品信息以引起他们的兴趣,激发消费者购买欲望,最终达到扩大销售目的的活动。人员推销是一种销售人员直接向消费者推销产品的策略,具有较大灵活性和针对性。人员推销通过与消费者直接接触,增加沟通效率,有利于促进销售。广告策略是通过相关媒体向大众宣传企业产品信息,特点是传播面较广、影响力大,但是缺乏针对性。公共关系是通过双向沟通,协调组织内部和加强与公众联系,促进组织与公众相互理解、支持和协作,树立组织形象,促进产品销售的方法。公共关系策略注重产品的长期发展,能为产品营造一个稳定的竞争环境。营销推广是最常用的促销策略,通过运用降价、打折、抽奖、赠品、代金券、积分兑换等形式,刺激消费,增加销售量。营销推广效果明显,但是时效较短。

创业者在制定营销策略时,首先要确定营销对象,然后一定要结合产品特点和营销目标,所制定营销策略才具有针对性和可操作性。当营销方式有资金限制时,还需要对营销费用进行简单预算。对于同一产品的不同阶段,其营销策略可能会有所不同,这时也需要在商业计划书中体现出来。

【实例 9—5】 澳中盖特威(北京)科技发展有限公司商业计划书对市场营销介绍如下:

(1)产品策略

盖特威静电扬声器结合市场推广和销售计划,对公司的各种技术和产品的研发进程进行相应的调查和改进。

在第一阶段,公司将重点推出配合家庭影院的静电扬声器,同时公司还将把澳大利亚盖特威团队研制的高品质低成本的功率放大器同时推向市场,更加体现静电扬声器高保真的音响效果。

第二阶段,公司将推出数码与新型等离子电视机的小型静电扬声器,以其音色纯美、外观新颖、成本低廉,取得消费者的喜爱。

第三阶段,公司将推出车载小型静电扬声器,取代价格昂贵的车载音响,提高音色质量。

(2)定价策略

静电扬声器是音响领域一种全新的产品，静电扬声器的产品定价参考了国际价位，考虑到产品的市场定位，我们以国际市场价格的 1/10～1/5 的价位，推向中国市场，这是平民百姓能够接受的价格。

(3)促销策略

公司初创阶段在互联网上建立盖特威静电扬声器网站：http://www.aust-chinagateway.com，介绍静电扬声器产品和技术服务。

加强盖特威静电扬声器产品介绍，加强与相关的特别是大型电器公司与营销公司的联系，收集社会各界对静电扬声器需求的信息，不断进行产品改进。

参加有关音响器材、电器产品的博览会和订货会，现身说法宣传盖特威静电扬声器产品。

(资料来源：李伯亭，王祖文．商业计划——创业融资的敲门砖[M]．北京：新时代出版社，2004)

三、客户关系管理

客户是市场营销中最宝贵的资源，只有符合客户的喜好，满足客户的消费价值，产品才能在市场竞争中生存和发展。因此，客户管理显得非常重要。

客户关系管理是指对企业和客户交互活动进行管理的过程，它强调以客户为中心，提高对客户的服务水平，满足客户的消费价值，是以提高顾客满意度为目的的管理活动。客户关系管理贯穿于企业与客户联系的经营和管理的各方面，包括客户获取、接触、分析、服务和维持等全过程。客户关系管理的关键环节有客户组合分析、客户信息积累、客户价值设计和传递、客户周期管理和客户满意度评估。

(一)客户组合分析

客户组合分析是客户关系管理的前提，企业首先要寻找目标客户，可以结合前文市场细分和市场定位的内容。除了识别出既定的目标客户外，挖掘潜在客户也是非常重要的。其次要寻找有价值的客户，因为并不是所有的客户都能给企业带来效益，所以要尽量寻找有价值的客户。最后要选择适当的关系战略，争取为有价值的客户保持亲密的联系，为其提供更多的、长期的服务。

(二)客户信息积累

积累客户的信息有利于深入了解客户的喜好和需求，为客户提供更多个性化的服务。建立完整的信息库是客户信息管理的基础，企业可以运用计算机、通讯或网络技术来传递和储存客户信息，然后将客户信息分类整合，以便进行数据挖掘。客户信息的收集是一个动态的过程，所以需要实时更新信息库。最后需要注意的是，要设计一系列明确的政策和措施，以保证客户隐私受到保护。

(三)客户价值设计和传递

客户价值设计和传递是通过对客户信息的分析和研究，主动为客户创造价值，开发令客户满意的产品和服务，然后将其传递给客户，最后为企业带来价值的过程。这里的客户价值具有“企业为客户创造价值”和“客户为企业带来更多价值”两方面含义。为客户创造价值可以采取市场竞争导向战略和客户需求导向战略。市场竞争导向战略是指企业在设计客户价值时参考竞争对手的价值方案，在借鉴、改善的基础上发展创造客户价值的方案。客户需求导向战略是以客户为中心，通过观察客户需求的变化，在考虑企业条件的前提下发挥主观能动性，适时、合理地满足客户需求。

(四)客户周期管理

从客户分析、客户信息积累到客户价值设计和传递的过程并不是一次性的,而是一个不断循环的过程。客户周期管理就是要关注不同阶段客户的需求变化,从而不断重新进行客户分析、信息积累、价值设计和传递,最终实现留住客户的目的。在客户周期管理中通常避免不了客户流失的情况,对于此类情况企业首先要设定客户流失的警戒点,如客户订单数降低到一定标准后,企业应该开始警戒。其次是要分析客户流失的原因和估算客户流失的损失,这也是客户流失管理中的重要环节。最后采取应对措施时需要计算挽留客户的费用与客户流失所损失的利润,当挽留客户的费用小于客户流失所损失的利润时,则应选择挽留客户,反之选择放弃客户。

(五)客户满意度评估

重视对客户满意度的评估有利于企业加深对客户的了解,不断调整自身工作。如表9—4所示,在客户关系管理中,常用的客户满意度评价指标体系可以从核心产品、服务支持与流程和人员互动三个维度若干指标进行。

表9—4 客户满意度评价指标体系

维度	考察内容	评价指标
核心产品	产品的基本价值	产品性能
		产品性价比
		产品外形和风格
		产品使用寿命
		产品维修保证
		产品配送
		产品售后服务
服务支持与流程	企业的可靠性、对客户的反应速度和质量	完成服务时长
		响应客户时长
		与客户沟通次数
		信息记录准确性
		客户评分
人员互动	企业对客户的关注度、尊重与理解程度	员工礼仪
		互动频率
		沟通有效性
		个性化关心次数

第六节　生产运营

对于产品生产型企业来说，生产运营计划是商业计划书中必不可少的内容，因为生产运营会占用大量的资源和资金，并且创业者需要根据生产运营的关键环节来评估项目价值，以便确定融资资金。

一、经营地选择

经营地的选择往往与成本控制和项目盈利息息相关。选址要考虑所处地段的房产价格、租金价格、人力资源是否充足、原材料采购和运输的便利性、市场环境是否有利于销售，所处地区有无产品优惠政策等内容。介绍选址时不仅要说明详细地点，还要说明选址所考虑的因素和期望达到的效果。撰写过程中可以通过比较多个备选的选址地点，编制选址评价表的方式来突出该选址地点的优势。也可以采用加权计分的方式，给每一个因素赋予权重，然后对不同选址进行评分，最后计算出总分，选择最合适的地方。如表 9—5 中，在五个选址因素中，地点 1 相比来说具有明显优势，所以应该是最佳生产地址。

表 9—5　　选址因素比较决策表

因素	地点 1	地点 2	地点 3
房产价格	*		
与供应商相隔距离	*		
客户密集度	*		
人群消费水平		*	
工资水平			*

二、运营要素计划管理

根据生产要素投入理论，开展生产必须具备的要素有资产、土地、资金、技术等，在商业计划中应该全面考虑这些要素的可得性。各种要素具体表现在：

(一)设备引进

设备的成本关系到生产的成本，设备的优良关系到产品质量的好坏，设备的布局关系到生产运作的效率，所以设备引进是在生产运营中非常重要的一个环节。设备引进可以从设备供应商、价格、组装情况、使用年限、维修安排、折旧计划和设备布置等方面进行选择。

(二)工艺流程

工艺流程是指将原材料通过各个工序逐渐生产成产成品的过程。在商业计划书中主要介绍工艺流程的设计和流转过程，让投资者明白产品是如何一步步生产出来的。在撰写工艺流程部分时，可以附上相应设计图纸，说明这种设计的优势是什么，能达到什么样的效果。如空调零部件装配流水线的设计，通过在不同的工作站点安排专门装配人员，负责其中一个零件的装配，通过单一重复的工作，保证员工工作熟练度，减少不必要动作，保持流水线装配的匀速运作，使各工序处于更加平衡的状态。

(三)生产作业计划

合理的生产计划能充分利用经营资金,节约生产成本。生产计划考虑的因素有很多,如厂房规模、原材料供应情况、预计订货量、季节性因素等。在介绍生产作业计划时,要指出制定该计划考虑的因素,突出生产计划是在综合分析之下得出的最合理、最经济的计划。其次要介绍生产作业计划的具体内容,如标准消耗量,每季、每车间、每班组的预计生产量,员工和设备补充安排等。

(四)库存管理

库存管理涉及企业的储存成本、机会成本以及管理成本等。可以通过相关模型和管理方法,确定企业的原材料、周转材料、在产品和产成品等存货的经济存货量、经济订货点和日常管理办法。库存管理中常用的模型是经济订货量模型(如图 9—9 所示),在不考虑缺货的情况下,将存货成本中的变动性成本分为储存成本和订货成本,年订货量为 A,每次订货成本为 P,单位储存成本为 C,经济订货批量 EOQ 为:

$$EOQ=\sqrt{2AP/C} \tag{9—1}$$

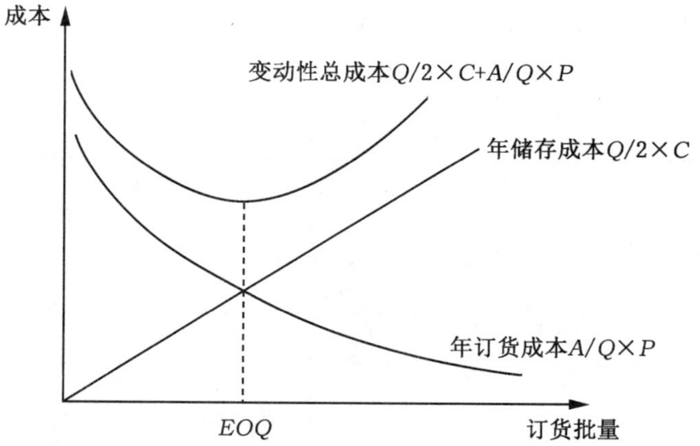

图 9—9　经济订货批量模型

库存管理中常用的管理方法是 ABC 分类管理法和 JIT 准时生产制。ABC 分类管理法是将存货按照一定标准,如数量或金额,分为 A、B、C 三类,对 A 类存货严格控制,对 B 类存货一般控制,对 C 类存货简单控制。而 JIT 准时生产制是一种零库存的管理思想,通过与供应商和客户高度协调,在需要原材料时能及时获取,在生产成功时立即售出,最终实现零库存的目的。一般来说 JIT 在管理上要求极高。库存管理部分除了介绍企业选择的存货模型和存货日常管理方法之外,还应介绍管理过程中突发事件的应对措施,如缺少原材料情况下的紧急情况方案,管理不善的相关责任赔偿等。

(五)人力资源

任何生产运作都离不开劳动力。前面人力资源部分已经详细介绍过人员配置和招聘等内容,为了满足条件,创业者需要对当地劳动力市场结构、就业情况、薪酬水平、员工住宿和福利待遇等多方面进行调查,并在商业计划书中详细说明。

三、运营质量控制

运营质量控制是通过监管产品或服务的形成过程,采取一定管理措施消除引起其质量不合格的因素，最终实现达到质量要求、获得经济效益的目标。质量控制首先要确定控制的关键点，尤其是生产或服务过程中容易出现质量偏差的环节，如餐饮行业在原材料采购环节，采购到不新鲜的果蔬或者过期饮品会严重影响提供的餐饮质量。其次要确定控制的内容，如温度、时间等。在控制过程中可以设定指标值和误差范围，如 KFC 炸鸡的调料比例为面粉：生粉：香辣炸鸡粉＝2：1：1，油炸温度控制在 165℃以内，炸 5～6 分钟，在此范围内才能使炸鸡达到最佳口感。

【实例 9－6】 果友纸业有限公司商业计划书中介绍质量控制如表 9－6 所示。

表 9－6　　果友纸业质量控制关键点

控制点	控制对象	内　容	行　动
原材料	纸浆	重量、湿度	打折或拒绝
原材料	废纸	重量、湿度 禁止使用的原料 透气性	打折或拒绝
打浆结束期	纸浆池	浓度	调整浓度
复卷前	纸张	所有产品目录	标记或降级

资料来源：李伯亭，王祖文. 商业计划——创业融资的敲门砖[M]. 北京：新时代出版社，2004.

对于生产型企业，生产运营计划需要进行详细介绍，但是对于服务型企业来说，由于没有复杂的生产环节，在该部分着重介绍地理位置选择、人员雇佣和信息管理等经营内容。特殊的初创企业可能由于资产受限、管理经验不足而出现生产外包的情况，对于它们来说生产运营部分则需要注重外场厂商选择、外包方式和销售环节的介绍。

第七节　财务预测与分析

一、财务假设

商业计划书所进行的财务预测能很好地展示自身项目的投资价值，是吸引投资的数据支撑。但是对于一个新项目或者初创企业来说，许多财务数据都不是现时存在的，而是通过预测而来，而财务预测的基础则是科学的、有依据的财务假设。企业的财务假设是基于一个经济实体正常运行所必备的财务条件进行的，包括会计基本假设、会计基础、各种会计要素的假设等。

（一）会计基本假设

会计基本假设包括会计主体、会计分期、持续经营和货币计量，也包括会计核算和财务管理所依据的制度、准则、法律法规以及记账基础等。如假设会持续经营，年度会计期间为每年 1 月 1 日至 12 月 31 日，以人民币为记账本位币，会计基础为权责发生制等。

（二）各种会计要素计量和核算的假设

如发出存货选择不同的计价方法需要遵循不同的假设条件。先进先出法假设先购进的存货先发出；个别计价法假设实物流转与价值流转一致，需要逐一辨认发出存货和期末存货所属批别和价格；加权平均法根据期初和本期购进存货的数量和金额，在期末一次计算存货单价；移动加权平均法在每次取得存货时，都要重新计算存货单位成本。存货计价方法对损益计算、资产负债表存货数额和所得税数额都会有一定影响,企业应综合考虑存货特点,选择合适的存货计价方法,并在商业计划书中说明。

再如,固定资产计量中主要是需要考虑其初始成本、使用年限、折旧方法和预计残值,从而对固定资产进行价值确认。企业固定资产折旧方法包括年限平均法、工作量法、年数总和法和双倍余额递减法。所选用的折旧方法和残值需要创业者结合固定资产和企业实际情况进行合理假设。如果企业预计未来固定资产会发生减值,也需要在商业计划书中说明。在确定了合适的计量元素后,固定资产估值的撰写可采用表格的形式(如表9—7所示),以清晰表明固定资产预计的折旧情况。

表9—7　　固定资产折旧额估算一览表

序号	名称	数量	原值	残值率	使用年限	年折旧额	累计折旧	余值
001								
002								
003								
…								

成本和费用的假设和预测较为复杂,对于企业和投资者也很重要,主要项目包含原材料、周转材料、燃料、员工工资和设备折旧以及各项期间费用。因此,各项估算和假设内容需要结合市场、营销、人力以及生产运营所发生的所有成本和费用项目进行。如根据材料采购和消耗计划,估算直接材料和燃料动力数据;根据生产人员人数和工资计算出人工费用;根据固定资产折旧费、生产过程消耗的水电费、管理费等计算出制造费用。最后结合计划生产量,编制成本费用的估算表,从而计算出总成本和单位成本。

销售收入的预测需要基于产品价格和销售量的假设,主要依据是市场营销产品定价策略、营销渠道等内容进行确定。产品销售量也可以选择用市场调研和分析的方法进行预测,还可以选择目标利润或盈亏平衡时的销售量。

二、财务预测与分析

(一)财务预测

为了使投资者对企业财务状况、经营成果和现金流量有更清晰的认识,基于各种财务假设,企业需要对财务各方面进行预测。主要是基于假设的资产负债表、损益表和现金流量表的预测[①],如表9—8、表9—9和表9—10所示,为XY公司的财务报表预测。财务预测中需要注意的是,由于财务报表正表所占篇幅较大,也可将预测的财务报表在附录中体现。

表9—8　　××公司预计资产负债表

编制单位:××公司　　××年12月31日　　单位:元

资　产	期初余额	期末余额	负债及所有者权益	期初余额	期末余额
流动资产:			流动负债:		

① 企业可以根据融资需要和适当的预测依据如GDP增长率、人均收入水平、物价水平等,编制连续3～5年的财务报表。

续表

资　产	期初余额	期末余额	负债及所有者权益	期初余额	期末余额
货币资金			短期借款		
交易性金融资产			应付票据		
应收票据			应付账款		
应收账款			应交税费		
预付账款			应付职工薪酬		
应收利息			其他应付款		
应收股利			流动负债合计		
其他应收款			非流动负债：		
存货			长期借款		
流动资产合计			应付债券		
非流动资产：			非流动负债合计		
长期应收款			负债合计		
长期股权投资			所有者权益：		
固定资产			实收资本		
在建工程			资本公积		
无形资产			盈余公积		
其他非流动资产			未分配利润		
非流动资产合计			所有者权益合计		
资产总计			负债和所有者权益总计		

表 9—9　　**××公司预计损益表**

编制单位:××公司　　××年度　　单位:元

项　目	本年金额	上年金额
一、营业收入		
减:营业成本		
税金及附加		
销售费用		
管理费用		
财务费用		
资产减值损失		
加:公允价值变动收益		
投资收益		
资产处置收益		

续表

项　目	本年金额	上年金额
其他收益		
二、营业利润		
加:营业外收入		
减:营业外支出		
资产处置损失		
三、利润总额		
减:所得税费用		
四、净利润		
五、每股收益		
基本每股收益		
稀释每股收益		

表 9—10　　**××公司预计现金流量表**

编制单位:××公司　　××年度　　单位:元

项　目	本年金额	上年金额
一、经营活动产生的现金流量:		
销售商品、提供劳务收到的现金		
收到的税收返还		
收到的其他与经营活动有关的现金		
经营活动现金流入小计		
购买商品、接受劳务支付的现金		
支付给职工的现金		
支付的各项税费		
支付的其他与经营活动有关的现金		
经营活动现金流出小计		
经营活动产生的现金流量净额		
二、投资活动产生的现金流量:		
收回投资所收到的现金		
取得投资收益所收到的现金		
处置固定资产、无形资产、其他长期投资回收的现金净额		
收到其他与投资活动有关的现金		
投资活动现金流入小计		
购建固定资产、无形资产、其他长期投资所支付的现金		

续表

项　目	本年金额	上年金额
投资所支付的现金		
支付其他与投资活动有关的现金		
投资活动现金流出小计		
投资活动产生的现金流量净额		
三、融资活动产生的现金流量：		
吸收投资所收到的现金		
取得借款所收到的现金		
收到其他与融资活动有关的现金		
融资活动现金流入小计		
偿还债务所支付的现金		
分配股利、利润和偿付利息所支付的现金		
支付其他与融资活动有关的现金		
融资活动现金流出小计		
融资活动产生的现金流量净额		
四、汇率变动对现金及现金等价物的影响		
五、现金及现金等价物净增加额		

财务预测除了必需的三大财务报表外，还可以根据需要提供一些简洁的辅助报表，如表9—11所示的现金流量预测表以及如表9—12所示的产销量预测表。

表9—11　　**现金流量预测表**

指标	第0年	第1年	第2年	第3年	第4年	第5年
现金流入						
现金流出						
净现金流入量						

表9—12　　**产销量预测表**

年度	产量	销量	退货率	库存
第一年				
第二年				
第三年				
第四年				
第五年				

（二）财务分析

在预测的财务报表基础上，为了使投资者能通过各种能力指标对企业或项目的财务状况以及经营状况产生更加深入的了解，需要根据预测报表的数据对其流动性、盈利性以及发展性等进行判断分析。本小节内容以 XY 公司为例进行阐释，现将其 2018 年度资产负债表（表 9—13）和利润表（表 9—14）列举如下。

表 9—13 **资产负债表**

编制单位:XY 公司　　2018 年 12 月 31 日　　单位:万元

资　产	期末余额	年初余额	负债和所有者权益	期末余额	期初余额
流动资产:			流动负债:		
货币资金	1 800	1 600	短期借款	4 600	4 000
交易性金融资产	1 000	2 000	交易性金融负债		
应收票据			应付票据		
应收账款	2 600	2 400	应付账款	2 200	2 000
预付账款	140	80	预收账款	740	600
应收股利			应付股利		
其他应收款			其他应付款	200	360
存货	10 200	8 200	一年内到期的非流动负债		
一年内到期的非流动资产			其他流动负债		
其他流动资产	100	80	流动负债合计	7 740	6 960
流动资产合计	15 840	14 360	非流动负债:		
非流动资产:			长期借款	5 000	4 000
持有至到期投资	800	800	应付债券		
长期应收款			长期应付款		
长期股权投资			预计负债		
投资性房地产			其他非流动负债		
固定资产	30 000	26 000	非流动负债合计	5 000	4 000
在建工程			负债合计	12 740	10 960
工程物资			所有者权益:		
无形资产	1 100	1 000	实收资本(股本)	26 000	26 000
商誉			盈余公积	3 200	3 200
其他非流动资产			未分配利润	5 800	2 000
非流动资产合计	31 900	27 800	所有者权益合计	35 000	31 200
资产总计	47 740	42 160	负债所有者权益总计	47 740	42 160

表 9—14 利润表

编制单位:XY 公司 2018 年 12 月 31 日 单位:万元

项目	本年金额	上年金额
一、营业收入	44 000	38 000
减:营业成本	24 400	21 700
税金及附加	2 600	2 160
销售费用	3 800	3 040
管理费用	2 000	1 700
财务费用	800	600
资产减值损失		
加:公允价值变动收益		
投资收益	800	400
资产处置收益		
其他收益		
二、营业利润	11 200	9 200
加:营业外收入	700	400
减:营业外支出	1 500	1 200
资产处置损失		
三、利润总额	10 400	8 400
减:所得税费用	2 760	2 500
四、净利润	7 640	5 900

1. 偿债能力分析

该能力反映企业偿还短期和长期债务的情况,常用指标有流动比率、速动比率和资产负债率等。

流动比率是流动资产与流动负债的比值,速动比率是速动资产(流动资产扣除存货、预付账款和1年内到期的非流动资产部分)与流动负债的比值。这两个指标反映的是企业短期偿债能力。一般来说,这两个比率越高,表明企业短期变现能力较强,偿还短期债务的能力也越强。当然并不是比率越高越好,因为比率太高可能意味着企业资金的使用效率较低,占有流动资金的机会成本也较大。资产负债率是总负债与总资产的比值,反映的是企业长期偿债能力。资产负债率越低,对于投资者来说债权的保障程度就越高。

【实例 9—7】 根据表 9—13 的资料,XY 公司 2018 年的流动比率与资产负债率计算如下(保留两位小数):

年初流动比率为:

$$流动比率=\frac{14\ 360}{6\ 960}=206.32\%$$

年末流动比率为:

$$流动比率=\frac{15\ 840}{7\ 740}=204.65\%$$

XY公司年初和年末的流动比率较高,说明其短期变现能力较强,有较强的短期偿债能力。

年初资产负债率为:

$$资产负债率=\frac{10\ 960}{42\ 160}=26.00\%$$

年末资产负债率为:

$$资产负债率=\frac{12\ 740}{47\ 740}=26.69\%$$

XY公司年初和年末的资产负债率均不高,因此该公司具有较强的长期偿债能力,投资者的债权保障程度较高。

2. 营运能力分析

该能力反映企业各类资产的运转效率,常用指标有应收账款周转率、流动资产周转率以及固定资产周转率等。

应收账款周转率是销售收入与平均应收账款的比值,该比值越高,表明企业应收账款回收越快,出现坏账的可能性越低。流动资产周转率是销售收入与流动资产平均余额的比值,该指标不仅能反映流动资产的使用效率,也会影响盈利水平。固定资产周转率①,也称固定资产利用率,是企业销售收入与固定资产净值的比率。反映一个会计年度固定资产周转的次数,次数越多则周转效率越高。

【实例9—8】 根据表9—13和表9—14的资料,同时假设XY公司2016年末的应收账款余额为2 000万元,则该公司2017年度和2018年度的应收账款周转率和应收账款周转天数计算如下(保留两位小数):

2017年度的应收账款周转率和周转天数分别为:

$$应收账款周转率=\frac{38\ 000}{(2\ 000+2\ 400)\div 2}=17.27(次)$$

$$应收账款周转天数=\frac{360}{17.27}=20.85(天)$$

2018年度的应收账款周转率和周转天数分别为:

$$应收账款周转率=\frac{44\ 000}{(2\ 400+2\ 600)\div 2}=17.6(次)$$

$$应收账款周转天数=\frac{360}{17.6}=20.45(天)$$

以上计算结果表明,该公司2018年度的应收账款周转率比2017年度的应收账款周转率有所提高,而周转天数有所减少,表明该公司应收账款回收速度加快,出现坏账的可能性逐渐降低,XY公司对应收账款的管理比较稳健。

3. 盈利能力分析

分析盈利能力常用指标有资本收益率、资产收益率和销售净利率等指标。资本收益率是净利润与实收资本的比值,比例越高反映单位实收资本取得的净利润越大。资产收益率是净

① 对于轻资产的创业期来说,固定资产周转率类的指标就不那么重要。而反映无形资产利用效率的指标则更重要。

利润与总资产的比值，比值越高表明单位资产取得的净利润越大，对投资者来说投资获得收益的可能性也越大。销售净利率是净利润与销售收入的比值，是一项综合性较强的盈利指标，销售净利率越大表明产品的盈利能力越强。

【实例 9—9】 根据表 9—13 和表 9—14 的资料，XY 公司 2017 年和 2018 年的资产收益率计算如下（保留两位小数）：

2017 年资产收益率为：

$$资产收益率=\frac{5\ 900}{42\ 160}=13.99\%$$

2018 年资产收益率为：

$$资产收益率=\frac{7\ 640}{47\ 740}=16.00\%$$

计算结果表明，XY 公司的资产收益率在两年间有所提高，表明其资产的获利能力不断增强，投资者获得收益的可能性也在增强。

4. 发展能力分析

对于创业企业来说，是否具有发展能力以及其发展的可持续性是投资者很关心的一个问题。一般评价企业发展能力的常用指标有营业收入增长率、营业利润增长率、净利润增长率以及净资产增长率等指标。营业收入增长率是企业本年营业收入增长额与上年营业收入总额的比率，反映企业营业收入的增减变动情况。营业利润增长率是企业本年营业利润增长额与上年营业利润总额的比率，反映企业营业利润的增减变动情况。净利润增长率代表企业当期净利润比上期净利润的增长幅度。净资产增长率是指企业本期净资产增加额与上期净资产总额的比率。

【实例 9—10】 根据表 9—13 和表 9—14 的资料，XY 公司 2018 年的营业收入增长率和营业利润增长率计算如下（保留两位小数）：

$$营业收入增长率=\frac{44\ 000-38\ 000}{38\ 000}=15.79\%$$

$$营业利润增长率=\frac{11\ 200-9\ 200}{9\ 200}=21.74\%$$

计算结果表明，XY 公司营业收入和营业利润均体现出较快的增长水平。

根据创业企业性质和发展情况，以及商业计划书阅读者的兴趣和需求偏向，以上指标可以进行调整。

三、融资计划

商业计划书中融资计划主要是介绍资金的来源、结构和使用情况，具体包括：

(1)资金结构和融资需求。资金结构表明现有资金的数量和股权情况，更要说明未来的融资计划和股权结构安排。

(2)融资方式。可供企业融资的方式和渠道有很多（如本书第二章所述），但是可供初创企业选择的方式基本在本书中篇中进行了介绍。创业者需要根据自身实际情况清楚地了解可选择的融资方式以及每种融资方式的融资金额。

(3)资金安排。投资者往往也会关心自己所投资金的用处，详细的资金安排和使用规划则显得非常重要。商业计划书中可以详细列出资金使用的阶段、对象以及所需要的资金数额，如开办费、设备购买、研发费用等。如果涉及多个时间段，也可以按时间顺序依次说明，如第一季度研发费、第二季度研发费和第三季度研发费等。

(4)投资者权益和资本退出。投资权益的获取是投资者最为关注的部分,包括收益时间、收益金额以及投资者的权益等等。

随着我国资本市场建设的多层次化,投资者特别是风险投资者资本退出的方式也多样化,包括公开上市、股权转让、管理层收购、股份回购等等。投资者可以根据被投资对象选择合适的风险资本退出方式以及时间安排。

【实例 9—11】 果友纸业有限公司在商业计划书中介绍财务计划如下:

1. 目前资金需求量

(1)金额:400 万元人民币

(2)时间:2×19 年 6 月至 9 月

2. 资金类型

(1)权益:100%

(2)债务:0%

3. 资金来源

145 万元人民币——5 位高层经理投资

255 万元人民币——风险投资基金

4. 其他资金需求

在接下去的几年中,我们不会再向外界筹资或向银行借款,原因是由于该项目的高盈利性,公司每年的保留盈利已完全可以满足业务不断拓展的需求。

5. 资本金的使用

果友纸业公司在创业初始需要 355 万元人民币用于初期投资,具体安排如下:

(1)公司创办费:10 万元

办公室装潢:5 万元

各种证明、证书和执照:5 000 元

机器和产品测试:2 万元

初期促销费用:2.5 万元

(2)库存占用资金:270 万元

在第 1 年的 1 月,库存量将会达到顶峰,价值 270 万元。从那时起,库存将因为销售量的上升而逐渐减少。因此,我们设定初期在库存方面的资金准备为 270 万元。

(3)厂房和设备租赁:11 万元

用于生产的厂房和设备租赁:10 万元

办公室租赁:1 万元

(4)办公设备购买:8 万元

购买计算机、电话、传真机、复印机和其他办公设备的费用:8 万元

(5)实验室的建立和研发费用:16 万元

实验室的建立费用:10 万元

1 季度的研发费用:6 万元

(6)管理费用:13 万元

1 季度的总管理费用:13 万元

(7)营销费用:27 万元

1 季度的营销费用，如广告费、销售返利等：27 万元

（资料来源：李伯亭，王祖文. 商业计划——创业融资的敲门砖[M]. 北京：新时代出版社，2004）

第八节　投资分析

为了进一步说明创业项目的投资可行性和投资价值，商业计划书中可以通过各种方法和指标来论证项目的收益能力。

一、不确定性分析

生产经营的过程中可能会出现各种不确定因素对投资效益产生影响，可以使用不确定性分析方法对影响投资效益的程度进行研究和估计，说明创业项目的可行性。不确定性分析方法有盈亏平衡分析、敏感性分析、概率分析和准则分析等，商业计划书中常用的方法主要有盈亏平衡分析和敏感性分析。

（一）盈亏平衡分析

盈亏平衡分析也称保本点分析、本量利分析，是通过销售量、成本和利润的关系计算出保本的销售量（额）的一种方法。如图 9—10 所示，当销售收入与总成本相等的销售量即为盈亏平衡点（Break Even Point，BEP），在 BEP 的左侧，即销售量小于盈亏平衡销售量时，产品处于亏损状态；在 BEP 的右侧，即销售量大于盈亏平衡销售量时，产品处于盈利状态。其计算公式为：

$$BEP = \frac{\text{固定成本}}{\text{单位售价} - \text{单位变动成本}} \tag{9—2}$$

根据之前对销售量的预估，投资者通过比较可以清晰地分析在哪个时点上产品能够达到盈利点。

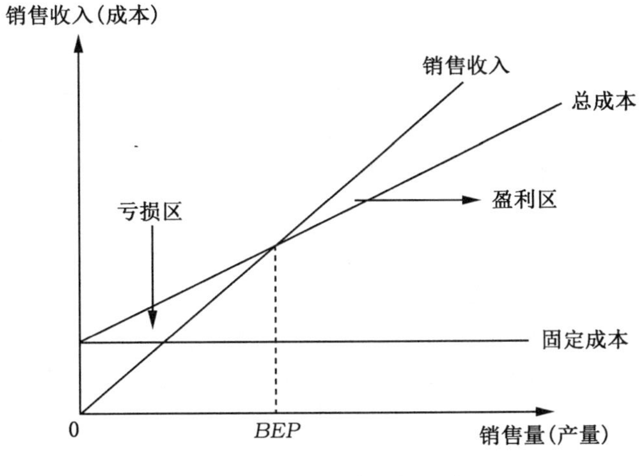

图 9—10　盈亏平衡分析示意图

【实例 9—12】 已知某企业年固定成本额为 40 万元，单位产品变动成本为 20 元，产量销

售价格为 40 元,若要实现盈亏平衡,企业产品的销售量应达到多少?

$$BEP=\frac{400\ 000}{40-20}=20\ 000(件)$$

由计算可得,若要实现盈亏平衡,企业产品的销售量应达到 20 000 件。

(二)敏感性分析

该种分析法是从多种不确定性因素中找到对某些重要指标如净利润等指标有重大影响的因素,然后计算其对投资效益指标的敏感性程度。敏感性分析的一般步骤有:

(1)确定敏感性指标。如净现值、净利润、投资收益率、投资回收期等。

(2)确定敏感性指标的目标值。一般将在正常状态下的有关指标作为目标值。

(3)甄别敏感性因素。找出影响敏感性指标的主要因素,如产品售价、单位变动成本、销售量和固定成本等,其中任何一个因素的变动都会引起企业利润的变动,甚至会使企业发生由盈变亏或扭亏为盈的转变。

(4)计算各敏感性因素变动对有关指标的影响程度。

(5)分析敏感性影响结果和原因,寻找提高或降低某指标的对策。

在撰写商业计划书时除了判断敏感性因素外,还可以简要说明该敏感性因素在什么范围内波动是项目可以承受的,如销售量处于什么数值范围时净现值能满足投资期望,进而判断项目承受风险的能力。判断出项目的抗风险能力大小之后,在这一部分如果能给出预防风险措施,在投资者看来是最好的,但也可以集中在风险管理部分介绍,在撰写过程中可以灵活处理。

不确定性分析的最后需进行一个简单的总结,表明商业计划设定的目标具有可行性,突出项目可预期的远大市场前景,强调对于投资者来说该项目是一个可靠的、值得投资的项目。

二、投资决策评价

投资决策评价指标是用来对项目的投资效益进行评价和分析,从而判断该项目投资是否可行的量化标准和尺度。在商业计划书中列出投资决策评价指标,能更有力地说明项目的可行性,增加投资者的投资信心。常用的投资决策评价指标有投资回收期、净现值和内含报酬率等。

(一)投资回收期

$$投资回收期=原始投资额/每年净现金流量 \tag{9-3}$$

该比值反映了收回初始投资额所需要的时长,适用于评价风险较大的投资项目。对于投资者而言,投资回收期越短意味着投资者收回初始投资越快。如果商业计划书介绍的项目是一个需要逐步发展的长期项目,则可能因为前期的净现金流量较少而使得计算的投资回收期较长,因此对于此类项目还需要结合其他的评价指标进行分析。

【实例 9-13】 已知 A 公司准备投资一个新生产设备,该项目编号为 1001。该设备需要一次性投入成本 400 万元,设备可立即用于生产,使用寿命为 10 年,采用直线法计提折旧,净残值为 0。已知该项目每年的现金净流量均为 112 万元,则其投资回收期的计算如下:

$$投资回收期=\frac{400}{112}=3.6(年)$$

该项目的投资回收期为 3.6 年。

(二)净现值

$$净现值=每年净现金流量现值之和-初始投资额 \tag{9-4}$$

净现值是决策时常用的贴现评价指标，它反映了项目在整个经济年限中可获得的总收益。当净现值大于或等于0时，表明该投资项目是可行的，否则表明该投资项目不可行。净现值考虑了货币时间价值和现金流量，在不限资本的情况下，使用净现值评价指标往往容易做出正确的决策。所以在决策评价指标分析这一部分，选择净现值指标会更具有说服力。

【实例9—14】 沿用实例9—13的资料，假设资本成本为10%，则1001项目的净现值计算如下：

$$\begin{aligned}净现值&=112\times(P/A,10\%,10)-400\\&=112\times6.1446-400\\&=288.1952(万元)\end{aligned}$$

项目的净现值大于0，说明其投资报酬率大于10%的资本成本，该投资项目是可行的。

（三）内含报酬率

内含报酬率是使投资项目净现值为零的折现率，反映了项目的实际报酬率。当内含报酬率高于资本成本率或预期收益率时，表明投资项目具有价值。

【实例9—15】 沿用实例9—13的资料，计算1001项目的内含报酬率。

$$年金现值系数=\frac{400}{112}=3.571$$

查年金现值系数表可得，当期限为10时，与3.571最接近的年金现值系教为3.5705，其所对应的折现率是25%，由于3.571与3.5705非常接近，可以认为项目的内含报酬率约等于25%。

但是大多数情况下，在系数表上不能直接找到一个相等或是非常接近的数值，而只能取得与之相邻的较大和较小的两个折现率，然后采用插值法计算内含报酬率。

第九节　创业风险及管控

由于创业在产品、管理、技术等诸多方面存在不确定性，创业风险可以说时时存在。所以，商业计划书的阅读者不仅仅关心市场占有率以及投资收益等，同时关心创业过程中存在的风险，以及创业者对风险采取的应对措施。

一、创业风险常见类型

由于引起原因的复杂性，创业风险的种类也很多，本书只针对创业过程中常见的风险进行介绍，在撰写商业计划书时可根据项目实际情况进行分析。

（一）市场风险

市场风险主要是考虑预估市场需求量是否有偏差，市场接受新产品、新技术所需时间是否确定，产品和技术在市场上的扩散速度是否迅速，产品和技术的竞争力大小以及战略是否可行等因素。

（二）技术风险

技术风险是由于技术的不确定性原因给项目带来的重大影响，其中不确定性因素包括技术可行性、技术前景和技术寿命等。投资者在阅读商业计划书时需要清楚地了解技术能否开发成功，效果是否显著，能不能成功投入市场收获好评，在短时间内会不会被替换，技术的生命周期有多长等。

(三)环境风险

环境风险主要指因所处环境的政府政策、法律、自然条件等发生变化而导致项目失败的可能性,如税收法律增加了环保税会加重项目的税收负担,减少可使用的流动资金,或者因为流感病毒而减少产品的销售等,具体的环境因素需要根据实际情况考虑。

(四)管理风险

管理风险是可控风险,影响管理风险的主要因素包括三个方面,一是创业者不具备良好的素质,如技术知识不扎实,不具有吃苦耐劳的精神,创业愿望不够强烈等。二是管理决策失误。三是组织结构设计不合理,组织结构未及时调整。

(五)财务风险

财务风险考虑的主要是资金问题。在项目或产品开发的前期,可能由于创业规模较大,融资渠道和融资金额有限而造成资金供应不足,产品生产销售受阻,最终导致创业失败。在项目中期也会存在持续投资能力不足的情况,如前期资金使用过度或收回较慢而导致后来资金预算不足,项目无法继续跟进。最后通货膨胀也是财务风险的影响因素,如果创业者能预测到政府可能会采取紧缩的金融政策,在商业计划书中也需要说明其政策带来的财务风险。

(六)人力资源风险

人力资源部分已经详细介绍过人员管理,所以一般来说前期因为人员能力不足、人员安排不合理而导致人力资源风险是不存在的,否则企业在创立初期就进行不下去。人力资源风险主要是在中期和后期因为管理人员离职、技术人员流失、创业团队解散等原因而导致企业危机。

(七)成长风险

成长风险是指在企业创业初期,可能因为创业者创业热情高昂,资金充足,市场反应较好,使得创业企业成长较快,但是随着时间推移,创业者会产生对资金谨慎保护的心理,市场对产品和技术反应也不再热烈,从而导致创业企业发展缓慢。如果创业企业不能快速成长,极有可能不再满足投资者的投资需求,这也是创业阶段要考虑的风险之一。

二、创业风险的管控

与其他风险一样,创业风险同样具有可管理性。表 9—15 所列对应性的风险管控措施可以根据具体创业企业面临的风险进行针对性管控。

表 9—15　　创业风险及其管控措施

风险种类	管控措施
市场风险	建立完善的市场信息反馈体系,尽量准确预测市场需求
	制定合理的营销策略,加快对新产品的推广
	加快新产品的开发,以适应市场变化
	降低产品成本、提高产品质量,增强市场竞争力
技术风险	完善、充实团队研发质量
	从市场、科研动向、专利申请等方面全方面跟踪了解科研及市场动态
	加快新技术的研发

续表

风险种类	管控措施
环境风险	加强对环境信息的关注和对环境的分析与预测
管理风险	建立学习型组织,提高创业管理团队的综合素质
	及时进行组织结构调整以适应企业发展
财务风险	合理安排融资计划,保证项目不断有资金跟进
	制定财务预算,减少资金浪费或防止前期资金过度使用
	签订外汇、物价指数保值条款合同防范通货膨胀
人力资源风险	做好人力资源预算工作,及时补充员工人数
	营造良好的工作环境,建立合理薪酬体系,吸引并留住更多优秀人才
成长风险	激发团队创业热情,拓宽管理者思路

【实例 9—16】 国福家庭保险销售服务公司商业计划书中对关键风险的介绍如下：

(1)地、县、店的人才引进的目标无法按期实现

评价:考虑到国福以门店式经营为主,主要需要的是一线人员,可供选择的人才较多,故人才引进的目标无法实现的可能性不大。

应急对策:对于县公司及其以上的人才,只要有经营管理团队的经验,公司将越级提拔使用,扩大视野,同时扩大宣传,增加招聘力量,用成功吸引成功。对于门店经理,只要增加一些过渡期政策的弹性,增强引进力度,人才的引进是可以解决的。为此所增加的支出部分,公司在财务预算中已经作了预留。

(2)已经建成的保险门店业绩无法达标

评价:国福保险门店建成以后,有的门店无法达标的情况肯定是有的,但是不会很多。因为,公司一开始确定的标准就是一个同行业较低的生存标准。

应急对策:公司将把它作为日常工作分门别类地进行解决。对于非门店经理原因的,公司将缺什么补什么,给以支持,帮助门店经理度过适应期;对因门店经理个人能力引起的,公司将及时换人,再选人才。门店达标是一个"门槛",公司要用这个"门槛"识别和使用人才。如果仅仅一两个月没有达标,对该门店年度达标有些影响,但是对所在区域的店均达标和对整个公司财务状况的影响不会很大,基本在可承受的范围以内。

(3)商业模式在外省市不适应

评价:目前在湖北城市和乡镇试点成功的保险门店商业模式还没有在外省推广,风险无法评估。

应急对策:首先,我们将努力提高保险门店商业模式的标准化和复制性;其次,要增加培训的时间和力度,改善培训的质量和效果,提高各级经营管理者的适应能力;最后,保持政策在一定范围内的弹性,让更多的保险客户和保险经营者前期就能享受到保险门店模式的创新成果。我们预计省际差异不会很大,而且所增加的投入公司已有预算。同时,公司还会注意争取得到当地保监局、工商等职能部门的关心和支持,确保保险门店建设的速度和效益。

(4)万家保险门店建设起来以后总公司的管理跟不上

评价:万家保险门店建成后总公司的管理跟不上。

应急对策:总公司将实行双向管理。一方面,公司实行分级管理制度,总公司负责管理省

公司,一个省公司管理 10 个地市,1 个地市管理 10 个县市,1 个县市管理 10 个门店,管理幅度是在比较好控制的范围之内;另一方面,总公司实行垂直管理,利用现代网络信息技术,直接管理到每一个保险门店、县市、地市和省,根据每一个层级的 KPI 指标发现它们处于"差、正常、好"的状况,实施各种必要的管理措施。

(5)来自竞争对手的快速反应

评价:其他竞争对手也采取保险门店的模式来从事保险销售服务业务。

应急对策:我们将通过引进优秀的从业人员和促成其门店尽快达标来确立对竞争者的领先优势。公司将通过提供免费服务,创造公司的品牌价值。同时将加快门店建设进度,早日建成万家保险门店,形成绝对优势以应对模仿者。这样即使后来有竞争者,国福仍然可以引领市场。

(资料来源:赵向阳,童欢. 国福家庭保险销售服务公司:商业计划. 中国管理案例共享中心. http://www.cmcc-dut.cn/Cases/Detail/915)

第十节 商业计划书附件

限于商业计划书的篇幅和简明扼要地突出重点内容的基本要求,一些支撑性信息无须在商业计划书正文中体现出来,但对于整个计划书以及为阅读者提供更具说服力的信息还是必要的,所以这类信息还需要在附件中出现。如证明材料或需要详细阐述的内容,为投资者了解项目提供更为充足的决策信息。商业计划书的附件包含的内容可以有:

(1)高管履历。丰富且优秀的人员履历对于投资者来说是投资成功的重要保障之一,所以,如果创业者或技术人员拥有优秀的履历,能够为创业产品或项目增加亮点,吸引投资者关注,则可以在附录中增加相关信息。当然,履历不宜过长,不要太个性化。如果人员履历不具备亮点和吸引力,就不用添加到附录。

(2)主要合同资料。附录中的合同资料一般是比较重大的合同,如客户订购的大宗合同、房屋租赁合同和设备购买合同、劳动合同等。客户订购的大宗合同表明产品是市场所需要的,并且只要能投入生产,马上可以为项目带来效益。房屋租赁合同和设备购买合同可以用来证明融资资金的需求量是真实、可靠、有依据的。劳动合同可以表明企业已经具有管理人员或技术人员等优秀人力资源。

(3)图片资料。除了需要特殊说明的图片,一般的图片资料不用在商业计划书的正文部分体现,只需放在附录部分。图片资料包括新产品样式图、技术模型或设计图、生产设备图片和生产线规划图纸等。

(4)技术信息。企业拥有的技术是投资者关注的重点之一,因此可以在附录中添加一些不涉及商业机密的技术信息,增加新产品的可靠度,提高对投资者的吸引力,如拥有的专利,专利授权证书,技术获奖证明,技术受专业检测的报告,与技术相关的优惠、鼓励政策等。

(5)市场调查。在撰写行业、市场及市场营销部分时,很多市场信息、客户群体等资料都是以市场调查的方式获取的。由于将市场调查过程及详细说明放在商业计划书正文部分会显得过于冗长,因此可以将市场调查的内容放在附录部分,包括调查的时间、地点、方式和样本,问卷内容及结果,整理的相关数据和调查的详细分析过程等。

(6)人力资源管理。人力资源部分已经介绍过人员管理的内容,如果需要的话,可以在附录部分添加更为详细的资料，如企业管理制度、员工工作时间表、员工培训的具体内容、绩效评价表和奖惩制度等。

(7)政策文件。如果政府颁布的一些政策文件对企业的创立或项目的发展具有积极的影响，可以将其放在附录中，以表明未来发展的光明前景。政策文件要注明文件名、颁布时间和文件号。

(8)相关数据测算和解释。商业计划书中有一些数据可能是需要大量演算才能得到的，而演算的这部分不方便在正文部分详细介绍，因此可以将演算的全部过程放在附录部分，如若投资者在阅读正文时对数据存在疑惑，可以通过附录得到解释。

(9)其他方面信息。除上述信息外，还可将企业法人证书、企业信誉证明、分支机构资料、生产制造信息和企业宣传资料等作为附件材料。

值得注意的是，附录应与商业计划书正文部分分开装订，附录内容不宜过长，以免喧宾夺主。另外，不是所有的不在正文体现的信息都要添加到附录中。附录只是起到对正文内容进行补充说明，增加正文真实性和可靠性的作用。如果附录内容不能给正文内容提供有力支持，则可以删除。当附录部分的附件较多时，应将各附件进行分类整理，做到装订美观，阅读方便。

本章小结

商业计划书是对创业企业未来发展全方位计划和描述的规范文本，是对企业或拟建企业进行宣传包装，为新产品、新技术、新服务寻求资金和发展资源的工具。其目的是使投资者或资源提供者了解企业或项目的行业和市场前景、生产运营、市场营销、财务及投资价值等各方面情况，吸引其对项目进行投资或提供资源。

商业计划书应包括封面、摘要、公司与产品、行业与市场、公司组织和人力资源、市场营销、生产运营、财务预测和分析、投资分析、风险预测和管控及附录等内容。

在撰写商业计划书的过程中应按照商业规范进行行文安排，要求章节合理，富有逻辑，体现特色，不能存在文字和语句错误。商业计划书的内容要符合企业或项目的实际情况，提出的目标、策略和措施等要具有可行性和可操作性。在表述过程中尽量简洁通俗，使商业计划书的阅读者产生阅读兴趣。

本章中英文关键词

商业计划书(Business Plan)　　产品生命周期(Product Lifecycle)
组织结构(Organization Structure)　　营销理论(Marketing Theory)
客户关系管理(Customer Relationship Management)
投资价值(Investment Value)　　创业风险(Start-up Risk)

复习思考题

1. 商业计划书的基本内容包括哪些？
2. 如何运用 PEST 分析法、SWOT 分析法和波特五力竞争模型进行环境分析？
3. 什么是 4P 营销理论？
4. 如何对项目进行盈亏平衡分析和敏感性分析？

5. 一般创业企业面临的风险及管控措施有哪些?

综合分析案例

赫宸环境的创业之路

一、引言

2013年入冬以来,雾霾袭击了中国的大江南北。新华网报道,雾霾波及中国的25个省份,100多座大中型城市,当年全国平均雾霾天数高达29.9天,创52年来之最。“霾”是指因大量烟、尘等微粒悬浮而形成的浑浊现象。当这些微粒物当量直径小于或等于2.5微米(PM2.5)时,活性强,易附带有毒、有害物质(例如,重金属、微生物等),在大气中的停留时间长、输送距离远,并且可以直接吸入肺部,损害心肺功能,长远可能导致死亡。1952年伦敦的霾造成了超过4 000人死亡。

“如此看来,再次证明了我们选的是正确的路,做的是正确的事……”北京赫宸环境工程有限公司(以下简称“赫宸环境”)的当家人赵健飞浏览完当天的新闻后,情不自禁地说出了这句话。赫宸环境自2010年创立以来,不知遇到了多少挫折,每一步都走得异常艰难。但每一次困境,每一次追问,都让赵健飞坚定了创业之初的蓝天梦想,对于梦想的实现也愈加坚定。

二、公司简介

2010年初,赵健飞、彭志民、王爱强三人怀揣着“蓝天要蓝”的梦想,利用已经获得国家专利的静态清灰袋式除尘技术,创建了北京赫宸环境工程有限公司。公司拥有高、中级工程技术研究人员30多名,为用户提供工业烟尘污染治理的系统解决方案,主营业务包括生产静态清灰除尘器、组合式无泄漏阀门、专业承包、技术开发、技术咨询、技术转让、技术服务、工程勘察设计;销售通用设备及配件。目前公司主要产品有静态清灰袋式除尘器、大型烟道截止阀、高密度袋笼等。其中,静态清灰袋式除尘器是用于分离工业燃煤锅炉烟气中粉尘的设备,是工业烟气排放处理系统的核心组成部分。公司生产的静态清灰袋式除尘器在除尘效果、设备生产成本、设备运行节能度、设备运行寿命等方面,相比动态清灰袋式除尘器均具有较大的竞争优势。公司的主要客户群体为电力、热力等工业烟尘污染物排放企业。公司业绩增长幅度较大,2011年、2012年和2013年的公司营业收入分别为2 194.66万元、4 032.12万元和7 604.70万元,增长速度分别为83.7%和88.6%。快速发展中的赫宸环境于2013年始酝酿上市。2013年5月8日,赫宸环境有限公司召开股东会,决议变更为股份有限公司,注册资金4 200万元人民币,注册于北京国家级高新技术开发区,总部位于北京市朝阳区金泉时代。2014年1月24日,正式在全国中小企业股份转让系统(NEEQ)挂牌(简称“新三板”)。

三、公司创业历程

在创业之前,赵健飞在一家大型上市公司做高管,拿着不菲的薪水,可谓过着名利双收、衣食无忧的生活,令旁人甚是羡慕。但是不安于现状的他总觉得自己的人生应该更有意义一点。赵健飞毕业于哈尔滨工业大学电气专业,上学时,他就发现我国的工业除尘普遍采用静电除尘设备,除尘效果不佳,而国外的袋式除尘设备又因成本高、寿命短,很难在我国采用和推广。

近年来,大气污染问题日趋严峻,北京基本上不见蓝天,这让赵健飞想起了大学时期那个未解的难题,他想,有没有办法降低布袋除尘的成本同时延长除尘设备的寿命呢?如果布袋除尘设备能够像电除尘设备那样经久,面临巨大减排压力的火电厂及其他工业企业一定乐意接受。这让他觉得为社会、为下一代做点什么的时刻来临了。他重返校园，找到了除尘技术专家彭志民教授，两人一拍即合。2010 年，怀揣着“蓝天要蓝”之梦的赵健飞、彭志民和好友王爱强共同出资 100 万元，组建了赫宸环境工程有限公司。其中，赵健飞出资 34.5 万元，是他的全部积蓄。

赫宸环境初建，市场占有率为零，刚刚开发的除尘技术还需要继续投入大量资金进行研发，加上日常经营管理费用，仅员工工资就是一笔“巨款”。当时赫宸环境现金需求量很大，而且极不稳定。一到月底，赵健飞就奔波于各家银行之间。100 万元的创业资金很快就满足不了公司的运营了。无奈之下，向来不会低头求人的赵健飞开始向身边的亲戚朋友求助，赵健飞又找中介卖掉了自己位于北京东四环外的房子，才勉强维持着公司运转。

功夫不负有心人，2011 年初赫宸环境研发的基于“静态气化清灰原理”静态清灰袋式除尘技术终于取得了突破性进展。这项除尘技术真正解决了赵健飞心中那个未解之题，该技术不用滤袋抖动，靠反吹烟气，在滤袋和粉尘层之间形成气化层，使附着的粉尘自然脱落。由于不用抖动布袋，这项技术就既可以延长布袋的寿命，又可以降低除尘的能耗。

大家还没来得及高兴，资金问题再一次出现，材料和设备的购买、运输、人工……又是一笔不小的投入。此时的赵健飞已经拿不出一分钱了。不忍心看着年轻的赫宸环境就此夭折，赵健飞积极寻找各种融资渠道。这时，做过大学教师的彭爱民提示他想到还有一条路可以试试看。国家财政为支持高科技新创企业发展设立专项资金，只要符合条件，企业也应该可以申请。通过一轮又一轮的专家答辩和评审，赫宸环境在资金链几乎断裂的时候，得到了北京市科委雪中送炭的国家扶植科研基金。北京市科委一次性给予这个注册资本仅 100 万元的民营小企业 1 000 万元的资金，支持赫宸环境的技术升级。赫宸环境柳暗花明、起死回生。

随后，静态清灰袋式技术在山西漳山电厂的成功应用，是赫宸环境技术实力的最好佐证，也为赫宸环境后续的发展提供了样板和示范。两位天使投资人——曾军和申屠军分别注资 200 万元、100 万元，换取赫宸 4%和 2%的股权。在曾军和申屠军加入赫宸环境后，风险投资机构纷纷抛来橄榄枝，资金令赫宸环境如虎添翼。在不断完善、提升现有产品性能的同时，公司全力推进工程的设备化，即实现未来工程的标准化、模块化、模具化，减少对安装水平的依赖，降低安装时间和安装强度。在产品研发方面，公司根据行业技术发展以及市场需要，实现“设备保姆计划”，并依托信息技术，实现产品的售后服务跟踪体系。同时开发关键数据的“参数化设计软件”，大大降低设计强度，缩短了设计周期。在市场拓展方面，着重加强海外市场的开拓工作，通过引进业内资深人才，战略性布局销售网点，为公司全面开展海外业务做好准备。同时依托公司产品的技术优势，加强同国字头的央企技术交流，尽快将业务拓展到主流市场。

赫宸环境的关键性资源要素在于自主研发并具有自主知识产权的核心技术，以及稳定及经验丰富的技术团队。公司通过近年来在袋式除尘器行业的技术积累，在现有产品的基础上，能够针对客户的需求和定制产品的不同特征，进行技术的研发和更新换代。“既然技术服务是我们的核心竞争力，那我们就应该将自己的设备与技术服务打包，一并出售给客户”，永不言败的赵健飞团队开始将此理念注入 EPC 总承包模式。这样的话，整个静态清灰袋式除尘工程就可以以固定总价合同进行承包，由赫宸环境承揽整个建设工程的勘查、设计、采购、施工，并对所承包建设工程的质量、安全、工期、造价等全面负责。通过系统优化整合，这种模式对提高管理水平、缩短建设周期、提高工程质量、降低工程造价具有重要作用。但 EPC 并不能解决赫宸环境前期确定的“先施工后付款”的方式所导致的资金需求巨大的压力。赵健飞又将目光瞄向了“新三板”。2013 年 12 月，赫宸发布公开转让说明书，此次挂牌交易股票总量 4 200 万股，每股面值1.00元。2014年1月24日,赫宸正式在全国中小企业股份转让系统挂牌,股票代码430365,股份名称为赫宸环境。

国家发展改革委2013年8月出台新政策:对采用新技术进行除尘设施改造、烟尘排放浓度低于30mg/m^3(重点地区低于20mg/m^3),经环保部门验收合格的燃煤发电企业除尘成本予以适当支持,电价补偿标准为每千瓦时(度)0.2分钱。除尘补贴电价对赫宸环境的发展有何意义呢?全国各地的订单接踵而至,销售业绩不是问题了,但在目前的项目经营模式下,赫宸环境必须承担前期高额的资金投资压力,刚刚上市的赫宸环境再次面临新的挑战 。

(资料来源:孙冬,闫庆友等.融资助力,与霾共舞——赫辰环境的创业之路.中国管理案例共享中心,http://www.cmcc-dut.cn/Cases/Detail/1654)

案例思考题:

从这个案例我们可以看出,对于赫宸环境来说,只有资金充足才能支持技术和产品的研发、转化和推广,假设赫宸环境需要进行新一轮融资,根据上述资料,为赫宸环境撰写一份商业计划书。

第十章　商业计划的演示

【引导案例】

创业计划竞赛起源于美国，又名商业计划竞赛。中国第一届创业计划竞赛是 1998 年在清华大学举办的。如今，大学生创新创业已经成为国内高校关注的重点，各种竞赛也在火热地开展。

“创青春”全国大学生创业大赛是共青团中央、教育部、人力资源和社会保障部、中国科协和全国学联共同组织开展的创业类竞赛，每两年举办一次。2018 年浙江大学、共青团浙江省委、金华市人民政府和浙江师范大学共同承办了“创青春”浙大双创杯全国大学生创业大赛，引起全国高校的高度关注与积极参与。

经过激烈的比赛，迎来了决赛环节。以下是关于大赛终审决赛评审有关事项的通知中第四部分终审决赛的评审程序。

1. 终审决赛将通过网络评审、网络投票(公益创业赛)、现场答辩等环节决出各奖项。其中，(1)第十一届“挑战杯”大学生创业计划竞赛：网络评审得分占 40%，现场答辩得分占 60%。已创立项目由全国评委会视实际运营情况，在实际的总分基础上给予不多于 5%的加分。(2)创业实践挑战赛：网络评审得分占 20%，现场答辩得分占 80%。(3)公益创业赛：网络评审得分占 40%，现场答辩得分占 60%(展示内容须包含社会实践环节)。

2. 为提升大赛的积极影响和广泛覆盖，进一步促进大赛的公开、公正、公平，除特别申请项目外，三项主体赛事终审决赛的现场答辩环节将全部实行公开答辩，由参赛师生及观摩团等作为现场观众进行旁听。参赛团队的主要核心成员必须到现场参与答辩，否则将影响最终成绩直至取消参赛资格。

3. 各参赛团队现场答辩环节的自我陈述部分时长为 10 分钟。现场答辩用电脑及数字投影设备由组委会提供，各参赛团队须自备移动硬盘或 U 盘，准备答辩用演示文稿及所需软件，并在答辩彩排时安装到答辩用电脑上(对电脑确有特殊要求的参赛团队可自备)。同时允许参赛团队携带必要的文字、图片、产品作品等可用于辅助说明的器材。

4. 其他未尽事宜请关注后续通知以及官方网站公告。

(资料来源：创青春全国大学生创业大赛 . http://www.chuangqingchun.net/article/15998/)

案例启发与思考：

1. 从上述参赛通知中我们可以看出，创业大赛现场答辩环节得分所占比例最高。请思考为什么现场演示和答辩所占分数比例较高？

2. 在现场答辩环节，最常使用的辅助工具是PPT，PPT该如何设计与制作？除了PPT演示以外，现场路演还要注意哪些事项？

【本章学习目标】

1. 提高学习者对商业计划演示PPT制作重要性的认知。
2. 提升学习者对商业计划演示PPT的设计与制作能力。
3. 使学习者掌握商业计划演示实践的重要环节。

第一节　商业计划演示概述

一、商业计划演示的功能

演示也被称为路演，原意是指所有在马路上进行的演示活动。因为商业计划演示能够在短时间内给受众传递大量的信息，并且在演示过程中提供双方交流的机会，所以商业计划演示是创业者和投资者之间能够直接交流的主要工具。

商业计划演示的目的就是把商业计划书的内容聚核化，提炼其关键点与核心内容，通过PPT、图片和视频等方式将商业计划的关键信息传递给受众。演示者将晦涩难懂的专业用语转化为通俗易懂的语言，用富有感染力的形式展示出来，用手势、表情和语气加以辅佐，引起受众的共鸣，从而达到自己的目的。创业者可以通过商业计划演示，让投资者充分了解自己的创业项目，引起投资者的兴趣，争取进一步的沟通与合作，从而争取到投资机会。

商业计划演示的一个很重要的功能是吸引投资者。实际上，除了吸引投资，商业计划演示还有很多其他功能，比如产品发布、渠道招商、成交客户、凝聚人心、吸引人才和影响股东等。当然，对于大学生来说，无论以后创业还是工作，都可以借助演示这个工具来传递和推销自己的想法、创意以及项目。

二、商业计划演示的主要形式

一般情况下，商业计划演示主要是现场演示，但随着网络化的普及，出现了线上演示。所以，从演示形式上看，可以把演示分为两大类，其一是线上项目演示，其二是线下项目演示。线上项目演示主要是通过在线视频等互联网方式对项目进行演讲与展示，线下项目演示主要是通过在特定的活动场地面对面与投资人进行演讲与交流。

比较而言，商业计划线下演示的使用更为广泛，本书主要介绍商业计划的线下演示。对于创业者来说，线下演示的氛围和效果会更好，可以对现场进行布置，设计一些亮点来吸引投资者的关注，甚至可以让投资者现场体验自己的产品或者服务。对于风险投资者来说，投资者可以和创业者面对面进行交流讨论，有什么问题可以及时提出来。而且可以根据创业者现场演示的综合表现和效果，进一步加深对创业团队和项目的认识。

目前，全国范围内、各区域、各省市都会有各类创新创业大赛，有的是针对大学生创业者，有的针对社会创业者，无论什么样的比赛，一个好的商业计划演示能够使比赛者在比赛中脱颖而出，不仅能够获得荣誉和奖金，而且还能吸引投资者。

三、商业计划演示的注意事项

商业计划的演示并不是一件简单轻松的事情，它与普通演讲有所区别。在进行演示之前需要考虑诸多事项，以下三点则是必须考虑的：

第一，应从投资者需求的角度进行内容展示。在普通演讲中，演讲者通常会从自己的角度出发，重点讲述自己做了什么事情，有什么样的贡献等。但是，在商业计划演示时要有明确的目的性和针对性，演示者面对的是风险投资者，因此，要多从投资者的角度来考虑演示的内容，如：投资者关注什么，目标投资者更想要了解哪方面的内容等。

在商业计划演示中，演示者经常会强调技术研发内容，很可能会把技术原理和研发过程作为演讲的主要内容。但是对于风险投资者来说，这些专业性的术语可能晦涩难懂，就算可以理解，投资者也更关心项目的市场占有率、投资回报率以及未来发展前景等方面的内容。所以，从自身的角度来设计演示内容，显然不是明智之举。只有认真分析投资者真正想要了解什么，才能够引起投资者的兴趣，争取到进一步交流合作的机会。

第二，应从投资利益的角度出发。创业者想要通过商业计划演示来吸引投资，投资者想要通过投资来获取收益。一般来说，风险越高的项目收益也会越高。不同的风险投资者对于风险的接受能力会有所差异，有些人喜欢高风险高收益，有些人可能更偏向于中低等的风险和收益。如果能够将风险控制在投资者能够接受的范围之内，并且给出相对较高的收益，往往能够打动投资者的心，争取到投资。所以，演示者的每个观点和主题最好都与风险投资者的利益相关，抓住投资者的心，让对方跟着演示者的思路走，才能使商业计划演示达到更加好的效果。

第三，在有限的演示时间内传达最有效的信息。每个人的时间都是十分宝贵的，投资者更是如此，没有人愿意花大量的时间在无用的事情上。演示者要充分考虑时间这个因素，要能够在很短的时间内，将创业团队、创业项目、未来发展潜力等信息直接传递给投资者。

第二节　商业计划演示 PPT 的设计与制作

一、商业计划演示 PPT 的设计

PPT 是商业计划演示最常使用的辅助工具，所以学会 PPT 的制作十分重要。商业计划演示 PPT 与普通 PPT 的设计有着共同的原则，那就是简洁大方和美观。演讲者在演示现场主要是靠口头表达向听众传递信息，PPT 只是辅助工具，用来展示关键数据和图表。所以，PPT 一定要一目了然，一张页面不要放过多的文字。此外，对于 PPT 设计来说，美观的模板设计也很重要。如果页面看起来既美观又大方，会让人觉得赏心悦目，如同欣赏艺术品，更有听下去的兴趣。

商业计划演示 PPT 的制作一般分四步进行，即理顺逻辑、构思版面、制作初稿以及修改完善。PPT 的制作不要急于求成，要一步一步来。

第一步，要理顺演讲逻辑。商业计划书的内容很多，不可能全部在 PPT 中展示出来，制作者要充分理解熟悉商业计划书的精要所在，才能将演讲思路理顺。正常情况下，建议商业计划

书演示 PPT 由一个人负责完成,制作者同时也是演示者。也可以由演示者负责整体逻辑框架和模板设计,各部分商业计划书文本的撰写者负责相应的模块,最后由演讲者统一完成编辑。最糟糕的是,商业计划书文本撰写者完成相应 PPT 内容,然后各部分拼凑完成一个演示 PPT。

第二步,构思版面。整个逻辑理顺以后,就可以对 PPT 的版面进行构思与设计。在版面的构思环节,制作者要考虑每页的主题放在什么位置,是居中还是靠左,图表与文字的比例等等。网络上会有很多 PPT 的模板,也可以选择一些商务型的拿来使用。但是,要注意模板风格和演示内容的统一性,商业计划书的模板建议简洁大方,体现商务感和正规性。

第三步,制作初稿。商业计划书演示 PPT 必须考虑到演示的时间限制,进而决定演示 PPT 的总页数的控制范围。然后演示对 PPT 的整体结构进行策划,一般分为封面、目录、主体内容和结尾四个部分。封面、目录以及结尾一般预留一页,剩下的页面都用来介绍商业计划的主体。

第四步,修改完善。演示 PPT 初稿完成后,演示者需要仔细检查每一页 PPT。首先是整体演示 PPT 结构上是否存在逻辑问题;然后认真检查每一页是否存在错别字、语句不通的错误。如果涉及图表数据,则必须认真核对每一个数据。最后,检查演示 PPT 的表达风格是否统一,细节是否完善。PPT 完善后,需要在团队内部进行多次演练,演练结束后再对 PPT 进行调整,直到最后团队内形成统一意见。

二、商业计划演示 PPT 的制作

(一)制作技巧

PPT 已经应用于很多人学习和工作的方方面面,但是真正拥有制作精良的 PPT,需要在以下方面多下功夫。

第一,模板和背景要简洁大方。PPT 的模板和背景能够在第一时间给听众形成视觉冲击力,因此,模板和背景的选择和设计就非常重要。商业计划演示 PPT 可以通过网络和系统自带得到很多模板,建议演示者挑选简洁大方又美观的模板进行使用。根据美学原理,最后呈现在听众面前的 PPT 颜色建议不要超过 3 种。

第二,文字忌多。商业计划演示 PPT 建议少用文字,因为图表和数据比较能直观反映信息,容易抓住听众的心。但是重要的文字信息必不可少,但必须经过精心总结提炼而成,切忌大段文字上去。文字的颜色、字号、字体和行间距等都要细心设计,才会使整个页面看上去更具可读性。

第三,图表详略得当。商业计划演示 PPT 中,图表和数据能够提供最富有说服力的信息,表达方式也简洁明快。一般来说,图表有条形图、柱状图、折线图和饼图四种,选择什么样的图表来展示数据,主要根据演示者表达的需要和听众所需。为了防止由于电脑系统版本不兼容而发生演示过程中 PPT 播放出现意外,建议将图表转化成图片格式,再插入演示 PPT 中。

最后,考虑动画和其他部分。商业计划演示 PPT 中的动画不建议太多,因为太多动画会分散投资者的注意力,还会浪费时间。如果确实需要,可以在 PPT 中加上视频或者音频的链接,增强现场效果。比如路演的项目为无人机项目,在现场演示的时候播放一段无人机试飞的视频,现场的气氛立刻达到高潮。

(二)制作方案

商业计划 PPT 的整体结构应该包括的内容有:封面、目录、主体内容和结尾。有关页面内容具体制作方案为：

1. 封面

封面主要是用来介绍演示者公司信息以及演示主题的。演示者应该将演示主题、公司名称、地址、联系人以及联系电话等信息放在封面上，设计建议如图 10—1 所示。演示主题可以采用问句形式，吸引投资者兴趣，引发思考，也可以采用陈述句形式，直接告诉投资者演示主题是什么。如果公司有设计精美的 LOGO，也可以放在封面合适的位置，会给公司形象加分不少。这部分建议用 1 页 PPT 阐述。

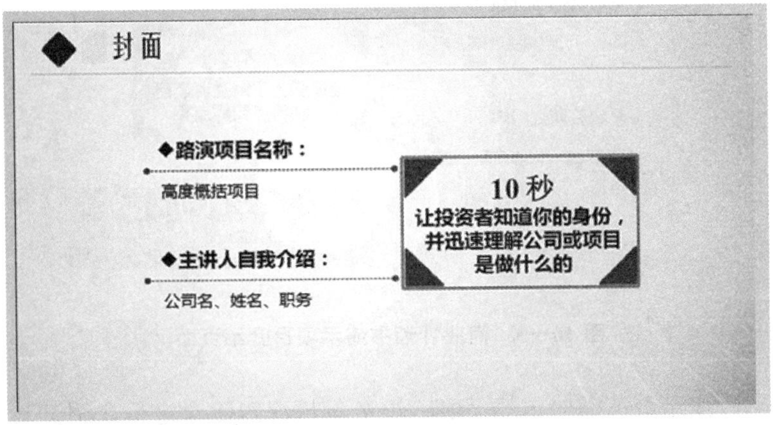

图 10—1　商业计划书演示 PPT 封面

2. 公司介绍

此页主要介绍公司成立(或拟成立)时间、公司价值观、创业愿景、主营业务情况、竞争实力等情况，让投资者在最短的时间了解公司的背景及优势，设计建议如图 10—2 所示。这部分建议用 1 页 PPT 阐述。

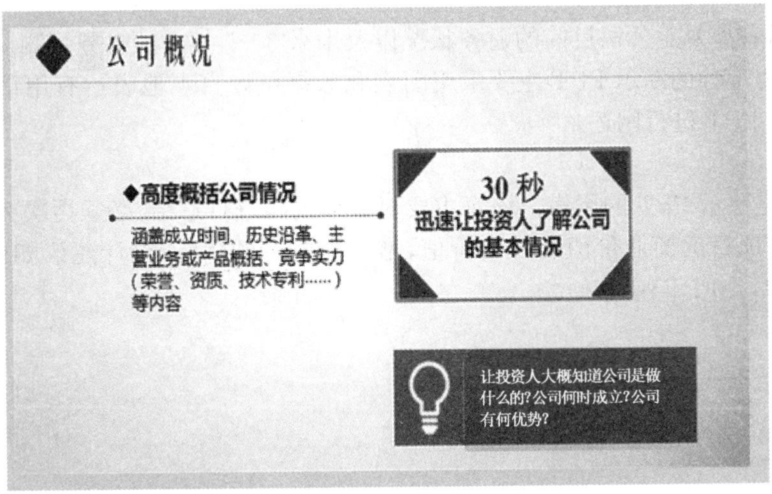

图 10—2　商业计划书演示公司介绍页

3. 项目介绍

该页包括项目基本介绍如特点、原理和优势等,也包括对项目所处阶段进行的介绍,使投资者对项目的现状产生比较清晰的定位。为了产生更直观的演示效果,PPT 制作时可加入项目和产品的图片、模型或者效果图等。设计建议如图 10—3 所示。

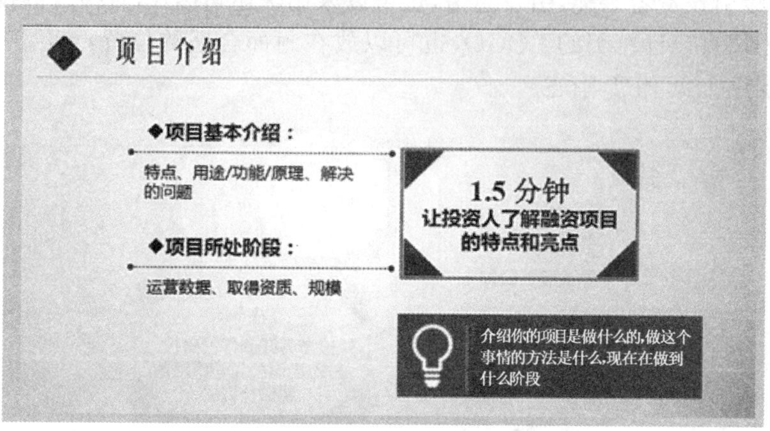

图 10—3　商业计划书演示项目介绍页面

除以上内容外,演示者还需对市场、团队、财务等情况对听众进行介绍。其中:市场分析是商业计划的重要内容之一,演示者可以重点介绍市场上同类产品的情况,现存竞争者情况、市场空间,本公司的产品在市场上的竞争优势。要重点介绍差异化战略,突出优势。这部分内容建议用 2~3 页 PPT 阐述。

同时,由于团队是公司运营的核心主体,所有的创意、创新以及方案都出自团队,有的投资者甚至更加看重创业团队在志趣、价值观以及创业理念上的一致性。因此,关于团队(特别是核心成员或创始人)介绍的 PPT 中,要重点突出团队的凝聚力、创造力以及管理能力。团队介绍建议用 1~2 页 PPT 阐述。

另外,演示者需要对公司目前的财务状况以及未来 3~5 年内的财务预测及投资价值进行客观评价。财务部分的演示 PPT 主要采用图表和数据可以直观地表达有用信息。财务部分建议用 2~3 页 PPT 进行阐述。

4. 结尾

结尾部分是演示 PPT 的尾声。该页主要对整体内容进行总结,必须再次突出强调项目重点和优势,重申项目的商业价值和社会价值,增强投资者的信心,设计建议如图 10—4 所示。这部分建议用 1 页 PPT 阐述。

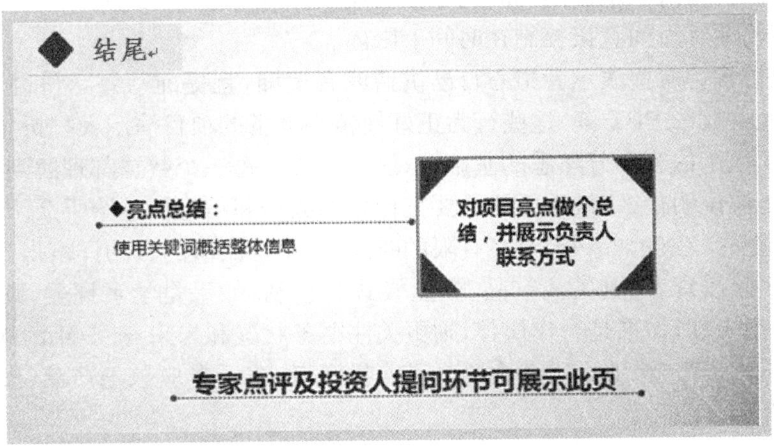

图 10—4　商业计划书演示结尾页面

第三节　商业计划演示实践

商业计划书演示 PPT 和辅助视频等资料都是为现场演示所进行的精心准备，演示效果的好坏主要根据演示者在准备、演示进行中和沟通环节中的实际表现。

一、演示前准备环节

演示正式开始前，创业团队首先要注意的是着装以体现团队的精神面貌。一般来说都是要求穿正装。男生可以搭配领带，女生可以搭配丝巾。一般不建议佩戴太过复杂的首饰，除非因为项目的需要，比如 DIY 珠宝企业可以让演示者佩戴自己设计的首饰。

其次，团队各个成员要迅速进入状态。入场后演示者要保持站姿，面带微笑，仪态大方；其他成员要对场上状况保持关注，出现任何问题都要机智应对，快速解决。

最后，在演示正式开始之前，演示者最好观察一下评委的状态。如果评委全部准备就绪，演示者就可以直接开始。若评委还在下面窃窃私语，演示者可以静候引起评委的关注，或者直接问一句“我可以开始了吗？”，以此引导大家进入演示环节。

二、演示进行中

演示内容环节是整个演示过程的核心，需要在各个方面全身心投入地去完成，才能获得更加好的现场演示效果。

第一，站姿仪态、表情控制以及节奏把握。演示者要注意基本的仪态，要大方得体，一定要充满自信地展示自己的项目。在演示过程中，介绍自己的项目能够像讲故事一样，感情充沛而又形象逼真。通过动作手势带动评委和观众跟着演讲者的思维走。

第二，时间控制。在正规的路演现场，一般都会有对路演时间的限制，演示者必须在规定的时间内演示完自己最想展示的内容。所以，要提前做好演练，演练的时间最好与给出的时间上限一致。对于大多数人来说，在正式的场合往往会因为紧张等原因而语速加快，甚至是忘记一部分内容。因此,正式演示所用的时间往往会比演练时间短1～2分钟。如果演示者发挥比较稳定,就可以将演练时间直接控制在时间上限内。

第三,脱稿讲解。有些演示者担心自己讲错或者遗漏,就提前写好一份稿子,带着稿子演讲或者是直接照着投影PPT读,这些行为正好使精心准备的项目演示大打折扣。脱稿演讲建立在演示者对于演示内容十分熟悉的基础上,演示者要对每一个数据都理解到位,明白数据是怎么来的以及能够说明什么,最重要的是要把计划书数据和信息传达给听众。

第四,重点把握。演示者一定要在有限的时间内,根据路演的目的详略得当地将内容陈述完整。如果是风险投资者,更关注产品、商业模式和获利;如果是学者评委,则更关注产品原理、商业计划的逻辑性;如果是合作伙伴,则更关注财务状况和未来3～5年的规划等。比如商业计划的目的是融资需要,那么听众主要是风险投资者,演示者应该把产品、模式和获利作为重点内容进行介绍。

三、演示后沟通环节

演示后沟通是演示者和投资者或听众对商业计划书有关信息进一步交流的必要环节。投资者或听众对自己关心的问题或者不理解的地方进行提问,演示者回答问题。当然,聪明的演示者往往不会让自己处于被动状态,在演示的过程中可能就已经对评委进行了诱导,对于评委要提的问题也已心中有数。

演示者在沟通环节注意的事项主要有:首先,对任何问题保持谦虚和冷静。演示者应该注意自己的礼貌礼仪,在回答问题的时候要跟评委保持社交距离。个别评委提的问题可能比较犀利,演示者也要调整好自己的心态,礼貌尊重不能少,回答也要有理有据。其次,要做好充分的知识准备和心理准备。演示者要对项目烂熟于心,尤其是关键点与核心点。只有自己准备充分了,才能够针对性地回答问题。最后,要掌握回答问题的小技巧。如果对于评委的问题没有听懂,万万不可含糊回答,会让评委觉得你很敷衍。一定要礼貌又谦逊地跟评委确认,可以以这样的句式确认"您的意思是……吗?"如果对于评委的问题确实不知道,演示者可以根据自己的理解谈些看法,并且向评委表示歉意。

本章小结

演示也被称为路演,原意是指所有在马路上进行的演示活动。因为商业计划演示能够在短时间内给受众传递大量的信息,并且在演示过程中提供双方交流的机会,所以商业计划演示目前是创业者和投资者或评委、听众之间有效信息交流的主要方式。所以,商业计划演示的功能不仅是吸引投资,也有产品发布、渠道招商、成交客户、凝聚人心、吸引人才和影响股东等作用。

商业计划演示PPT的设计与制作是宣传项目的重要工具和表达方式,制作商业计划演示PPT按照理顺逻辑、构思版面、制作初稿以及修改完善的顺序进行。

商业计划演示的实践环节包括演示前准备、演示进行中与演示后沟通。在有限的时间内充分表达商业计划书的核心和精华内容,演示者一定要注意在每个环节尽可能尽善尽美。

本章中英文关键词

商业计划演示(Business Planning Demonstration)
路演(Road Show)
商业计划演示 PPT(Business Plan Presentation PPT)
演示后沟通(Communication after Presentation)

复习思考题

1. 商业计划演示具有什么样的作用?
2. 商业计划演示 PPT 该如何制作? 有哪些注意事项?
3. 商业计划演示实践过程中该如何做才能给投资者或评委留下好印象?

综合分析案例

某省股权交易中心企业投融资常态化路演 PPT 指导

一、路演简介

某省股权交易中心企业投融资常态化路演由股权托管交易中心与深圳证券信息有限公司合作举办,通过“中国高新区科技金融信息服务平台”,以视频、文字等形式,采取“现场路演+网上直播”、“嘉宾分享+专家点评+线上线下问答交流”的方式,邀请各投资机构到场,同时线上向全部通过认证的专业投资人开放同步直播,由企业高管向各位投资人详细介绍企业和项目的相关情况及融资需求。

二、路演 PPT 注意事项

1. PPT 页数:20 页左右(路演时间为:15 分钟主讲人演讲+10 分钟嘉宾点评和现场投资人提问,请勿超时,请主讲人提前演练)。

2. 本平台路演为线上线下直播模式,PPT 会通过直播系统转译一次,请勿使用复杂的动画效果,容易导致转译失败,影响路演直播系统的播放速度。

3. 路演为现场直播,PPT 需要由工作人员提前上传到直播系统。PPT 终板一旦提交,无法更改。应提前告知路演企业。

4. 路演结束后,认证投资人可以在“燧石星火”App 查看路演回放,若路演企业有保密资料,建议不写进 PPT 中,可在路演现场口述。

三、路演 PPT 制作指导

路演 PPT 制作指导部分,包括对路演 PPT 结构的设计以及对每一部分的建议。

案例思考题:

根据上述案例内容,结合课本内容分析这份路演 PPT 指导的完整性。请分析补充有关内容,形成完整的路演指导书。

第十一章 “创业融资”相关案例

案例一

康达尔“两虎”怒争控制权，公司价值受牵连[①]

摘　要：2013 年 9 月 5 日“林志组”借用 13 个账户分散增持康达尔股份，不仅是康达尔前两大股东争夺控制权的导火索，同时也是康达尔控制权归属的关键节点。自此康达尔前两大股东为争夺控制权进行长达四年之久的反复纠葛。本案例在回顾前两大股东分庭抗礼的基础上，再现 2016 年 9 月 14 日康达尔 2016 年第一次临时股东大会的激烈场面。最后总结得出控制权争夺通过影响公司形象、管理层精力和决策成本，最终对公司价值产生影响。

关键词：控制权；公司价值；康达尔公司

0 引　言

2016 年 9 月 14 日，这个看似朴实无华的日子，在深圳市康达尔(集团)股份有限公司(本案例简称“康达尔”)的股东大会上却显得与众不同，前两大股东不仅口舌战不断，更有惊险过招。前两大股东之所以招招制敌，是因为前两大股东持股比例仅相差 0.01%，此时抢占公司董事会席位、更换管理层是要直取对方要害的招数。但此战却并未分出高低，一直持续至今也未有最终定论，根源主要在于证监会等裁决机构的判决迟迟不来，使原本激烈的控制权争夺显得更为扑朔迷离。

康达尔长达四年之久的控制权争夺，赚足了公众的眼球，公司价值变动更是关注的重中之

---

① 本案例由武汉理工大学管理学院的沈俊、鲍艳撰写，作者拥有著作权中的署名权、修改权、改编权。本案例授权中国管理案例共享中心使用，中国管理案例共享中心享有复制权、修改权、发表权、发行权、信息网络传播权、改编权、汇编权和翻译权。由于企业保密的要求，在本案例中对有关名称、数据等做了必要的掩饰性处理。本案例只供课堂讨论之用，并无意暗示或说明某种管理行为是否有效。

重。第二大股东叫板第一大股东时，可强化对第一大股东的监督，削弱第一大股东对上市公司的掏空行为，有利于提升公司价值。但控制权争夺并非良药，因为控制权争夺会导致管理层不知听令于谁，致使公司决策成本增加、影响公司经营效率和效果。在2017年6月底的股东大会上，康达尔副总裁兼财务总监李力夫直言第二大股东京基集团屡次提出罢免议案，直接影响公司经营活动。那我们不禁要问，康达尔“两虎”控制权争夺究竟使康达尔的公司价值增值还是毁损呢？

1 背景简介

1.1 康达尔公司简介

康达尔是1979年创立并于1994年上市的首家农牧公司，业务覆盖种猪与肉猪、种鸡与肉鸡养殖与销售，中高端品牌猪肉与鸡蛋等生鲜农产品销售，饲料生产与销售，交通运输，自来水供应，房地产开发，物业管理、金融投资等。可见，康达尔业务关联度高、协同性强，而且协同效应会随互联网金融更加产业化。2003年以来，华超投资稳居康达尔控股股东之位，其资金雄厚、管理经验丰富，推动着康达尔稳步发展，有助于实施“适度多元化的相对产业聚焦”的整体战略，即聚焦核心业务农业时，增加金融业务。其次，农业板块底蕴深厚，康达尔曾是中国最大的家禽养殖企业和供港活鸡商，同时也是最早一批饲料企业，曾跻身全国饲料百强，有难以复制的组织经验。康达尔核心成员大多在农牧业工作二十年有余，具有很强的管理经验，能保障农业板块稳步推进、成功升级。最后，康达尔地产在深圳市拥有良好品牌和口碑效应，增强了其发展的后劲。

1.2 华超投资简介

深圳市华超投资控股集团有限公司(本案例简称“华超投资”)于1996年5月由罗爱华及其配偶陆伟民设立，持股比例分别为60%、40%。目前，华超投资已成功介入国内资本市场，其依托经验丰富、高度专业化的管理团队实现科学决策和资本规范运作，促使多元化经营与产品开发有机结合，已在房地产开发、建筑设计和投资等领域独树一帜，成长为净资产数十亿元的大型集团化企业。此外，华超投资自2003年以来一直控股康达尔，其丰富的投资经验为康达尔提供了更专业的服务和更优质的资源，使康达尔的资源整合能力更强、公司价值更高。

1.3 京基集团简介

京基集团有限公司(本案例简称“京基集团”)1994年起家于广东深圳，集房地产开发与经营、商业经营与管理、五星级酒店投资与管理、物业管理、高尔夫俱乐部、餐饮于一体的多元化产业集团。私营房企京基集团凭借其在地产板块的专业性已跻身中国最具价值的泛地产品牌行列。董事长陈华个人魅力强大，先后被授予多项社会荣誉。但其对地产开发奉行“无贷款运营”的稳健发展之道，使公司发展大为限制，导致截至2016年年底仅布局深圳、湛江、北京、天津等4个城市。不过京基集团于2017年6月与中信银行签订战略合作协议，有望扩展公司保守型的融资渠道。

京基集团目前已成为康达尔第二大股东，与第一大股东持股比例仅相差0.01%，远超康达尔其他前八大股东，具体见图11－1。

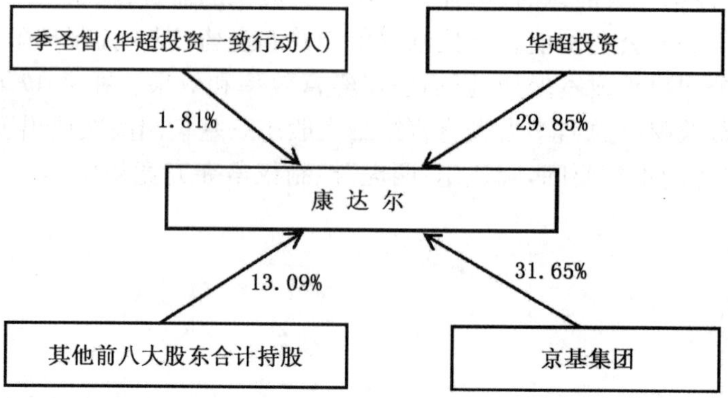

图 11—1 康达尔 2016 年 9 月 30 日股权分布图

2 再现康达尔控制权争夺的激烈场面

2.1 控制权争夺的潜伏期(2013.09.05—2014.06.30)

2013 年 9 月,京基集团并未出手,林志组利用 13 个账户分散增持康达尔股份。短短五个月,林志组就由不足为虑、持股 5.12%的小股东华丽变身为持股高达 15.81%的大股东,时间之短暂、动作之迅速,可见是精心准备之作。同时,这一增持行为的合法性成为后期控制权归属的核心所在。2014 年 6 月 30 日华超投资持股 26.36%,后九位股东持股合计仅 16.24%,纵使全权联合也因实力悬殊而无法与华超投资抗衡;而且林志组散户操作,隐蔽性较强,华超投资未有察觉也在情理之中。所以第一阶段属于控制权争夺的潜伏期,前两大股东控制权争夺战还未正式上演。

2.2 控制权争夺的爆发期(2014.07.01—2016.02.24)

林志组散户增持行为于 2014 年年末暴露,控制权之争正式上演;此时华超投资持股仍为 26.36%,林志组以 15.81%位居第二,林志因未按规定披露信息被罚 60 万元。华超投资先发制敌,林志组同样不甘示弱,双方均继续不断增持。2015 年 8 月 31 日京基集团、林志组和王东河(京基员工,历任财务管理中心总经理、副总裁)携手成为一致行动人,合计持股 24.74%。其中,京基集团持股 4.84%,出场低调且看似不成气候,但经多轮增持及股权转让后,于 2015 年 12 月 31 日京基集团及其一致行动人持股比例高达 29.68%,短短四个月京基集团就荣登第二大股东之位。

2015 年年末华超投资及一致行动人合计持股仍为 31.66%,暂时领先 1.98%。京基集团作为后起之秀,更是奋起直追、勇不可当,截至 2016 年 2 月 24 日京基集团单独持股 29.74%,对华超投资威胁更甚。纵观第二阶段,华超投资在前半场依旧占据主动,应对从容,后半场京基集团无疑更胜一筹。

2.3 控制权争夺的胶着期(2016.02.25—2017.03.30)

林志组、王东河于 2016 年 2 月 24 日与京基集团分道扬镳后,京基集团依旧身手不凡,直逼控股股东之位。相比之下，华超投资却不再神采如初。2016 年 3 月 24 日陆伟民将其所持股份 1.31%全部转与华超投资，至此华超投资单独持股 29.85%，合计持股仍为 31.66%，一直持续到 2016 年 9 月 30 日。当京基集团持股仅落后 0.01%时，华超投资仍缺乏有效应对之策，导致处境尴尬。由于证监会等仲裁机构无法及时有效裁决，导致双方陷入无休止的诉讼大战中，最终控制权争夺处于胶着状态。

2.4 控制权争夺的行动举措

在此过程中，康达尔前两大股东主要行动举措有三种：不惜重金增持股份、锲而不舍地提起诉讼、反复再三提交各种议案。在此期间，华超投资、京基集团及其一致行动人合计持股如图 11—2 所示。

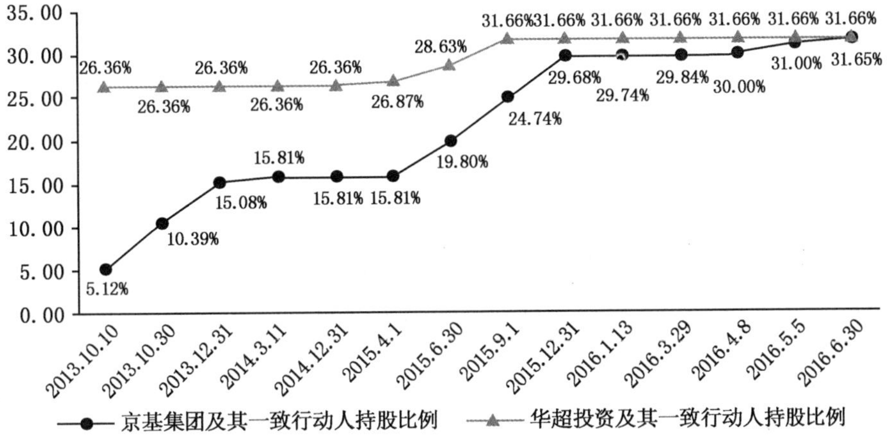

图 11—2 三个阶段中前两大股东合计持股比例图

京基集团对华超投资步步紧逼，持股差距越发缩小，康达尔控制权大有易主之势，但双方仅凭持股优势无法解决控制权问题，不得不借助外力。纵观 2015 年至 2016 年频繁爆发的控制权大战，无论是资本方蓄谋已久抑或乘虚而入，几乎所有资本方介入后，都从更换管理层开始，京基集团也不例外。自 2016 年 6 月 12 日以来，京基集团多次向康达尔董事会施压，先后于 2016 年 6 月 17 日、6 月 29 日、7 月 13 日、7 月 18 日频繁提交议案，使出浑身解数欲改组康达尔董事会及管理层，意欲免去现任董事及监事、增加其提名的董事会成员。但截至 2017 年 3 月 30 日康达尔管理层并未随京基集团意志而改组。

康达尔如法炮制，以京基集团违规增持为切入点，以京基集团“所持股份不具有表决权”或“提案内容不合法”等为由拒绝提案。进一步验证了京基集团持股表决权的效力评定是控制权争夺的关键，但效力评定目前仍在受理当中，由此导致双方矛盾更为激化。

此外，前两大股东还通过联合其他股东成为一致行动人的方式增强控制权，加强对另一方的制约。京基集团通过联合一致行动人而迅速成为第二大股东，华超投资通过联合其他股东而以微弱的持股比例优势暂居控股股东之位。随着前两大股东持股比例不断接近，中小股东的态度也成为决胜的关键所在。双方攻防“拉锯战”难解难分，最后顺理成章的股东大会也闹剧重重，引发了 2016 年 9 月股东大会成了“比武大会”，导致公司价值几度浮沉。

3 控制权争夺前后康达尔公司价值变动

从近年来控制权争夺事件可知,上市公司很少因被举牌导致核心人员集体流失、经营停滞、公司被掏空等严峻后果,但管理层仍不欢迎举牌方,并坚决抵抗。华超投资和康达尔同样对举牌方京基集团强烈抵制,双方博弈不断,导致各类报道不绝于耳、公司价值在控制权争夺前后出现大幅波动。

3.1 控制权争夺前的公司价值

华超投资在此过程中持股维持在 26.36%,绝对控股、话语权最强,不易受其他股东影响;林志组通过 13 个账户分散增持股份,隐蔽性极强,不足以影响相关决策。所以将 2013 年 10 月 10 日到 2014 年 12 月 31 日划定为控制权争夺前的阶段,控制权争夺前康达尔的价值状况,见表 11—1。

表 11—1 康达尔控制权争夺前公司价值指标汇总表

指标名称	2013.12.31	2014.3.31	2014.6.30	2014.9.30	2014.12.31
净资产收益率(%)	−2.05	0.53	1.19	3.45	19.87
资产负债率(%)	63.65	66.12	69.68	71.74	69.51
总资产周转率(次)	1.18	0.23	0.45	0.71	1.08
净资产增长率(%)	−2.06	0.53	1.25	3.65	25.01
托宾 Q 值	3.26	2.78	2.22	2.45	2.08

数据来源:国泰安数据库财务指标分析栏,http://www.gtarsc.com/Home.

由表 11—1 可知,康达尔的净资产收益率在控制权争夺前逐年显著提升,公司盈利能力提升显著,主要是因为康达尔于 2012 年摆脱 ST 束缚,盈利状况得以明显改善。康达尔的资产负债率均高于 63%,说明企业资金主要由负债筹资提供,偿债压力较大且有所提升,公司面临较高的财务风险。公司营运能力方面,公司总资产周转率先降低后上升的原因主要是:(1)基于房地产战略布局的考虑,康达尔收购了主营业务为建筑装饰的金鹏辉实业发展有限公司,延伸了房地产产业链,收购整合时期对资产周转有所制约;(2)康达尔为打造农业金融,收购了深圳本土的互联网金融 P2P 平台,在黑龙江成立国内首家农业金融租赁公司,战略布局的调整降低了总资产周转率。发展能力方面,公司净资产增长率由−2.06%升至 25.01%,说明公司前景光明、潜力巨大,主要是康达尔能顺应国家大力支持现代农业发展的趋势,同时凭借其在农业领域的专业优势,能抓住机遇并促进公司快速发展。

市场表现方面,康达尔 2013 年获得"深圳市农业龙头企业"荣誉称号,山海上园项目获得 2013 年中国房地产年会"生态人居大盘奖",使康达尔在房地产行业的品牌优势进一步加强;2014 年则获得深圳市"菜篮子"基地荣誉称号,再度体现农业板块的品牌价值。康达尔的托宾 Q 值均大于 1,2014 年虽有所下降,但公司发行股票的市场价值仍高于资本重置成本,公司有进入资本市场变现套利的动机。

3.2 控制权激烈争夺过程中的公司价值

截至 2015 年 7 月 23 日,华超投资合计持股 31.66%,控股之位看似坚若磐石,不想再次受到挑战。2016 年 9 月 30 日，京基集团仅以 0.01%落后华超投资，直逼控股之位。

由于 2015 年以来股权变动频繁，故根据增持重要时点及信息披露时点选取以下时间点予以分析，见表 11—2。

表 11—2 康达尔控制权争夺过程中公司价值指标汇总表

指标名称	2015.3.30	2015.6.30	2015.9.30	2015.12.31	2016.3.31	2016.6.30	2016.9.30	2016.12.31	2017.3.31
净资产收益率(%)	1.21	19.50	23.14	26.15	1.09	2.12	4.29	0.73	−2.56
资产负债率(%)	70.96	63.61	61.84	58.66	57.38	56.93	56.06	57.85	63.48
总资产周转率(次)	0.17	0.59	0.89	1.19	0.17	0.38	0.61	0.80	0.14
净资产增长率(%)	2.33	25.63	26.94	32.69	0.44	4.11	6.47	2.96	−3.54
托宾 Q 值	2.86	4.74	4.71	7.33	6.96	7.20	6.85	—	5.96

数据来源：国泰安数据库财务指标分析栏，http://www.gtarsc.com/Home.

控制权争夺过程可再细分为两个阶段，2015 年年初至 7 月 23 日华超投资通过增持股份等途径增强自身控制权；2015 年 8 月至 2016 年 9 月 30 日京基集团对康达尔控制权的争夺更为激烈，2016 年 9 月 30 日至今前两大股东持股比例保持不变，但控制权矛盾仍未消除。从表 11—4 可看出，净资产收益率于 2015 年年末发生转折，自 2016 年年初净资产收益率显著下降，主要是当第二大股东对控股股东制约能力越强时，公司管理层注意力越分散，且公司决策也因京基集团控制权增强没有之前决策那么果断、有效、连续，导致公司运营受到严重干扰而使公司盈利水平下降。从偿债能力来看，华超投资强势增持股份期间公司资产负债率连续下降，降幅不低于 2.78%；而京基集团股份增持期间公司财务风险虽持续走低，但降幅明显放缓，降幅不超过 2.18%；当 2016 年 9 月 30 日前两大股东持股稳定时期，公司资产负债率显著上升，接近 2013 年年末负债水平。营运能力方面，2015 年公司总资产周转率呈现稳步上升趋势，到 2016 年大幅下跌，跌幅达到 85.71%，后又呈现稳步增长趋势。公司总资产周转率大幅下降的原因主要有：(1)因为京基集团频繁提交议案，导致康达尔决策成本增加，管理效率降低；(2)京基集团房地产业务对康达尔地产板块有较大冲击，导致地产销售业绩大不如前、资产周转有所放缓。在发展能力上，公司净资产增长率于 2015 年快速增长，说明康达尔在 2015 年实现了规模扩张，主要表现在饲料板块增加了线上营销渠道，有效扩大了销量；公共事业板块信息系统上线、积极推动新能源项目；而到 2016 年第一季度净资产增长率就由 32.69%降至 0.44%，降幅高达 98.65%，随后虽有小幅回升，但与 2015 年差距明显，2017 年第一季度净资产增长率是近三年来的最低值，可见公司发展受到严重冲击。

在市场表现方面，康达尔的托宾 Q 值在 2015 年大幅上升，但 2016 年至 2017 年 3 月底一直持续下降。2015 年康达尔荣登广东省企业 500 强榜单，说明控制权争夺并未影响投资者对康达尔的信心，反而因为第二大股东不断增持股份，而更加看好公司未来发展。随着控制权争夺不断激烈化，前两大股东争夺控制权过程中的各类报道纷纷扰扰时，市场和客户都对康达尔产生一定程度的质疑，说明两虎争夺控制权对公司形象有一定影响。

4 控制权争夺对康达尔公司价值变动的影响方式

康达尔在控制权争夺前后，通过影响公司形象、管理层精力、决策成本而使公司价值发生变动。

4.1 对公司形象的影响

京基集团不断增持，意欲改组董事会、监事会，以控制康达尔，但其举动遭到华超投资强烈抵制，双方陷入反复纠葛的控制权争夺比拼中，双方大战数回合，仍不知最终控制权花落谁家，所以矛盾持续升级、公司陷入难以调和的"一山不容二虎"的为难局面。两虎怒争控制权时，均不忘互相爆料，信息通过媒体逐步放大，致使公众对前两大股东行为猜测等信息不断放大。康达尔公司形象也受到不同程度的影响。

双方各执一词的诉讼，一定程度上损害公司形象。华超投资先后就林志组未按规定披露信息将其诉讼至法庭；随后又质疑京基集团在 2013 年时借用他人之名暗中恶意收购股权，旨在获取房地产资源；目前又因京基集团与吴川联合疑似一致行动人而要求其不断减持公司股份。受到康达尔质疑时，京基集团则质疑康达尔 239 亿元的合同款涉嫌转移上市公司资产。双方为争夺控制权频繁向公众披露对彼此发展不利的信息，导致公众对康达尔的原有认知随之变化。

随着时间的推移，康达尔控制权争夺由情节波澜起伏的生活片升级成了惊心动魄的功夫片，在 2015 年年度股东大会上，部分"身份不明、疑似京基集团指使"的中小股东不仅导致股东大会无故多次终止，而且在频频发问得不到满意答复时，在会场发生严重的肢体冲突。康达尔管理层在投票完毕后，却将投票箱带离现场。康达尔命运多舛的年度股东大会第二天就在网上引发了各类争议。控制权争夺严重损害了广大投资者的信心和公司形象。股东大会尚不能规范的企业，会使利益相关者对其前途产生怀疑，不明就里的大众也会因此对其管理能力、产品质量、未来发展产生疑虑甚至失去信心，进而引发一系列抛售行为。

经营管理形象是企业形象的核心内容，康达尔在面临激烈的控制权争夺时，不科学的决策导致社会公众对公司态度和所采取的行为都较为消极。2015 年年度股东大会结束不久，有股东坦言，因公司管理混乱，计划下周就逐渐清仓，而该股东目前持股市值超过 10 万元。可见，在我国投资者理性不足的情况下，各类报道甚至小道消息都会影响公司形象、左右投资者行动，康达尔前两大股东为争夺控制权引发的负面报道更是如此。中小投资者看不到前两大股东相互监督、共谋发展的积极形象，反倒为争夺控制权和资源而相互质疑和诋毁，投资者对自身利益保障程度产生严重疑虑，对公司形象和价值也有害无益。

4.2 对管理层精力的影响

由于京基集团与康达尔存在利益冲突，所以康达尔管理层会采取各类措施应对京基集团的"进攻"，其不仅要关注公司内部管理，也要注重公司外部控制。当京基集团对华超投资形成股权制衡时，为防止京基集团恶意收购，管理层会更努力工作，提高公司价值，以提高收购成本。但随前两大股东不断向法院提起诉讼，向监管层举报，导致管理层不得不抽出精力配合各项检查，甚至迫于稳定公司发展的压力，而放弃部分高风险、高收益项目；随第二大股东控制能力增强，控股股东和公司管理层对公司逐渐失去管控力，公司发展战略、市场定位、核心业务已不再完全受控于公司实际控制人。外部控制增强，使管理层不能全心投入初设的发展目标，而疲于平衡资本各方的利益诉求和第二大股东施加的重重压力。京基集团强势要求更换所有现任管理层，导致管理层不得不采取防止控制权转移的措施，最终导致公司经营效率和公司价值降低。

农林牧渔板块最近三年中报净利润分别是2016年中期160.01亿元、2015年中期50.51亿元、2014年中期31.54亿元；近两年增速分别为216.78%、60.15%。但康达尔公司价值在行业发展欣欣向荣之时却呈现反向变化。在过去两年净利润增长良好的公司中，康达尔2016年前三季度业绩净利润仅为2015年全年净利润的1/10左右；2016年以来，农业板块市场良好，年度涨幅17.01%，但2016年康达尔净利润却下跌3.85%。康达尔房地产开发业务山海上园一期商品房在2016年上半年仅有少量尾盘实现销售，导致该块业务收入和利润同比大幅下降。可见在控制权争夺的冲击下，康达尔公司价值有所下降。

行业高速发展的黄金时期，康达尔2016年表现明显与行业发展不符。究其原因主要是前两大股东频繁争夺控制权，对康达尔董事会和管理层的任免造成严重冲击，造成的后果主要有：一是导致公司方针政策不如之前清晰和稳固，管理层努力方向模糊化；二是控股股东变更会影响管理层发展，从而降低管理层的努力程度和积极性；三是在公司外部受敌的混乱状况下，公司面临的不确定性增加，管理层来不及做出及时有效的调整，导致公司管理规范性有所减弱，公司价值也随之降低；四是康达尔管理层为保持对公司的控制，必须分散精力寻找其他应对措施，例如计划进行资产重组，但筹划三月之久的重大资产重组事件，因交易双方尚未就核心条款达成一致，而于2017年3月24日发出正式终止函。管理层耗费巨大精力，却无疾而终。可见，当公司只有一个大股东时，集中的控制权使公司决策主要由大股东主导，管理层行为主要受控股股东影响，此时管理层精力集中在明确的目标上。但当前两大股东持股比例不相上下时，基于自身利益考虑，容易产生多种决策行为，使管理层不仅要权衡不同决策对生产经营的影响，还要对管理层控制权可能丧失采取相关措施，最终致使管理层精力被分散。

4.3 对决策成本的影响

当公司仅有一个强劲股东时，决策时间相对较短，决策方式和结果容易受控股股东个人偏好影响，风险较大。第二大股东的参与和监督可使决策更科学，能削弱盲目扩张等风险，但董事会决议直接牵动双方切身利益时，导致前两大股东争夺控制权的矛盾更尖锐。康达尔管理层面对双方各自为政的提议，不仅要花费更多时间、精力权衡利弊，同时公司还要就决策的合法合规性接受审查，使决策成本上升。

康达尔股东大会上，除《公司2015年利润分配预案》及《关于控股子公司为母公司提供担保的议案》顺利通过外，其他预案均与第二大股东京基集团表决权有效与否息息相关，若京基集团表决权无效，表决结果为通过，反之则未通过。表决权有效与否直接影响双方在董事会的地位及利益，导致顺利召开股东大会绝非易事。原本应在4点顺利结束的股东大会，一直僵持到7点；而且一方提出的议案总是遭到另一方反对，导致双方不得不进行多轮博弈。相比华超投资占主导地位时的股东大会，随京基集团出现发生了根本性转变。前两大股东并存时，公司决策不再仅由控股股东单独定夺，需要双方不断博弈，导致决策效率降低、决策成本大幅上升。京基集团表决效力直接影响股东大会议案结果，目前监管机构对其表决权有效性尚无论断，导致决策更复杂、更曲折。

京基集团增持股份过程中诸多细节有待商榷。如林志组的刘杉杉和谭帝土目前仍是京基集团下属企业员工，温敏、陈浩南、杨开金曾是京基集团下属企业员工，京基集团对此却未加披露。而揭露这些隐蔽关系，需借助证监会等外部监督机构。但证监会最终裁决需要花费时间，在未有明确判决前，前两大股东控制权争夺会使决策成本增加、决策效率滞缓，导致公司价值不升反降。

启发思考题

1. 前两大股东争夺控制权的途径有哪些?京基集团采取的是何种途径?京基集团采取不同途径基于什么理由?

2. 基于公司价值最大化目标,前两大股东应如何有效应对控制权争夺对公司价值产生的冲击?

3. 外部监管机构在此过程中发挥着怎样的作用?有哪些值得改进的地方?

案例二

控制与收益:私募股权投资 KKR 对圣农发展公司治理的影响①

摘　要:获得被投资公司的公司治理权会影响私募股权投资未来资本增值效果。本案例介绍私募股权投资和畜禽养殖行业发展背景下,选择在业界产生一定影响的 KKR 投资圣农发展为案例对象。回顾 KKR 投资圣农发展主要过程,再现 2015 年 5 月 18 日 KKR 耗资约 4 亿美元取得圣农发展 18%的股权后,KKR 通过参与圣农发展公司股东大会控制权、董事会决策权及监事会监督权的方式参与公司治理,展现了私募股权投资影响被投资公司治理的情境。

关键词:私募股权投资;公司治理;控制权;决策权;监督权

0　引　言

2015 年 5 月 18 日,在这个特殊的日子里,福建圣农发展股份有限公司(本案例简称"圣农发展")与私募股权投资机构 KKR 联合发表声明,双方已经完成战略投资交易。此时,KKR 利用此次投资机会成为圣农发展的股东。不仅如此,KKR 为了让投资取得更大的效益,与圣农发展形成了多方位的战略合作,诸如改善圣农发展运作、影响公司治理等各个方面。这种深入的合作方式引起了媒体的广泛关注。各路媒体、投资者以及学界最关心的是:KKR 是如何参与圣农发展公司治理的?KKR 是如何对圣农发展的股东大会控制权、董事会决策权以及监事会监督权施加影响的?其权力变化结果如何,对双方未来收益将产生什么影响?

1　相关背景

1.1　私募股权投资的蓬勃发展

近几年来,私募股权投资如雨后春笋般快速发展壮大。在这个合作共赢的时代,越来越多

① 本案例由武汉理工大学管理学院的沈俊、熊芳芳撰写,作者拥有著作权中的署名权、修改权、改编权。本案例授权中国管理案例共享中心使用,中国管理案例共享中心享有复制权、修改权、发表权、发行权、信息网络传播权、改编权、汇编权和翻译权。由于企业保密的要求,在本案例中对有关名称、数据等做了必要的掩饰性处理。本案例只供课堂讨论之用,并无意暗示或说明某种管理行为是否有效。

的私募投资者瞄准了改进公司治理来获取长远利益的发展契机。私募投资方充分运用投资优势来创造价值,进而给被投资方的经营运作带来了福音。私募投资方一边利用其股东身份来扩大其话语权,一边充分发挥其专业优势来行使其建言权,从而达到影响被投资公司的决策、改善公司的治理状况的意图。在投资对象的选择上,私募股权投资方更偏向于大股东“一股独大”的企业。这样的公司一旦成为私募股权方相中的对象,对双方而言都是福气。KKR 正是看中了圣农发展改进的空间,才大刀阔斧地向圣农发展进行大规模投资,赢得抢占先机的机遇。

1.2 畜禽养殖业发展状况

圣农发展以生产鸡肉为主业,属于畜禽养殖行业的老大。在销售收入方面,圣农发展 2015 年第一季度的销售收入达到 142 453.87 万元,而排在行业老二的牧原股份销售收入仅为 49 990 万元,牧原股份的销售收入仅仅是圣农发展的 35.09%,连行业老大的一半都没有达到,可见,圣农发展把行业老二远远地甩在身后。这在某种意义上增强了 KKR 投资圣农发展的吸引力。对 KKR 来说,信心真的是了不起的东西,无形之中给予公司每一个人传递着巨大的能量,为企业的发展注入活力。借着 KKR 对圣农的投资机遇,圣农发展在后期抢占发展的制高点,2015 年第二季度的销售收入达到了 176 420.92 万元,增长了将近 23.84 个百分点。如此快速的增长速度反映了私募股权 KKR 有效提高了圣农发展的市场认可度。圣农发展的行业知名度为其后续的发展后劲提供了有效的发展基石。一位了解 KKR 的资深人士表态认为:圣农发展的发展状况远超出他们的预期,而且这项合作具有极大的发展潜力[①]。为了佐证圣农发展的行业潜力及其发展速度,可以依据表 11—3 中 2015 年第一和第二季度 KKR 投资前后畜禽养殖业 13 家公司的销售收入变化,圣农发展的市场拓展空间可见一斑。

表 11—3　　KKR 投资圣农发展前后畜禽养殖业 13 家公司销售收入对照表　　单位:万元

序　号	公司名称	2015 年第一季度	2015 年第二季度
1	圣农发展	142 453.87	176 420.92
2	雏鹰农牧	45 808.75	79 198.75
3	牧原股份	49 990.00	62 482.64
4	大康牧业	15 541.90	83 609.23
5	华英农业	47 095.41	45 708.95
6	仙坛股份	42 696.30	47 714.31
7	新五丰	26 424.47	31 838.53
8	福成五丰	29 968.56	26 618.32
9	民和股份	22 355.05	22 377.51
10	西部牧业	16 082.34	20 865.49
11	罗牛山	14 942.44	21 534.50
12	益生股份	17 859.81	13 972.83

① 该人士不愿透露其姓名,故此处只援引其评论。

续表

序　号	公司名称	2015 年第一季度	2015 年第二季度
13	天山生物	1 782.35	3 263.64
合　计		473 001.25	635 605.62

数据来源:2015 年畜禽养殖业 13 家公司的第一季度、第二季度报表。

从表 11－3 我们可以看到,2015 年第一季度畜禽养殖业的销售收入总额为 473 001.25 万元,2015 年第二季度的销售收入总额为 635 605.62 万元,增长幅度将近 34.38 个百分点,在一定程度上足以反映畜禽养殖业的市场前景呈现逐步回升的趋势。市场前景的发展潜力无疑给 KKR 投资圣农发展埋下了伏笔,除此之外,"圣农发展的迷人之处还有哪些方面让 KKR 坚定地选择其作为投资对象"也成为我们要了解的问题。

2　圣农发展私募融资简介

2.1　KKR 简介

KKR 集团(Kohlberg Kravis Roberts & Co. L. P. ,简称为 KKR),金融史上最成功的产业投资机构之一 ,全球历史悠久且经验丰富的私募股权投资机构之一。KKR 集团总部设在纽约,并在旧金山、伦敦、巴黎、香港、东京、北京等地设有多个办事处。KKR 集团擅长于管理层合作,充分利用其资源和资历来实现价值的创造。

克雷维斯和罗伯茨于 1976 年创立 KKR。值得玩味的是,KKR 的第一个 K 意味着另一位共同创始人杰尔姆·科尔伯格(Jerome Kohlberg),遗憾的是,这位创始人于 1987 年向公司请辞。让 KKR 名声大振的是 RJR Nabisco 收购案。

KKR 与众不同之处是在其追求利润的过程中,恰当运用公司治理机制——债务、经理持股和董事会监督。债务的硬约束作用让管理层经理吐出企业中"闲置的现金流量",制约着管理层对投资项目的选择权;KKR 为了赢得被投资公司的决策权,选用管理层经理的大量持股方式。为此,KKR 投资的众多案例也向人们展示了作为股东和大股东以及债权人的代表,是如何妥善处理董事会和管理层之间的职责分离的。

2.2　圣农发展简介

圣农发展于 2006 年 10 月成立,并在 2009 年 10 月 21 日上市。作为一家自养自宰白羽肉鸡专业生产企业,以肉鸡饲养、肉鸡屠宰加工和鸡肉销售为主业,鸡肉产品行销各地。其产品已然成为国内快餐业、大型超市、大中城市的主要市场供应商。依托于武夷山自然保护区和闽江源头富屯溪,这为圣农发展生产优质无污染的鸡肉提供了得天独厚的屏障条件。公司下辖 50 多个生产基地,现已形成集饲料加工、种鸡养殖、种蛋孵化、肉鸡饲养、肉鸡屠宰加工与销售为一体的完整的白羽鸡产业链,在源头上保证了产品的质量。

2.3　KKR 投资圣农发展主要过程

2014 年 8 月,圣农发展已经和蜚声海内外的 KKR 达成初步合作协议,双方达成长达 3 年的长期战略合作。圣农发展公告:将以每股 12.3 元的价格向 KKR 定向增发共计 2 亿股,募集资金24.6亿元。增发完成后，KKR将持有圣农发展18.0%的股权。

截至2015年5月18日，圣农发展与KKR完成战略投资交易，KKR用4亿美元取得圣农发展18%的股份，成为圣农发展的股东。在获得股权投资的同时，KKR与圣农发展达成战略合作协议，双方将建立联合工作小组，通过运营优化、改进企业治理以及其他战略性举措实现合作共赢。圣农发展与KKR的全新战略合作关系一方面有利于扩大发展规模，另一方面有利于双方之间取长补短，实现优势互补。

私募股权投资机构KKR在完成对圣农发展的战略投资之后，依据其股权投资享有股东身份，打破了圣农发展公司大股东控股的局面，形成了股东之间相互牵制的新格局，从而防止控股股东做出损害中小股东的利益或公司整体利益的情形。股东身份的获得为KKR通过影响圣农发展公司股东大会控制权来改善公司治理埋下了伏笔。持股18%的KKR凭借其第二大股东身份向圣农发展公司提名其具备资深国际化职业背景的董事人选华裕能作为圣农发展公司的非独立董事成员。全新的董事会成员给董事会注入了新的活力，不同意见的探讨与综合让公司的决策更加民主与科学。KKR正是利用其影响圣农发展公司董事会决策权的方式来对公司治理施加影响。值得进一步重点关注的是，KKR入驻圣农发展后，监事会成员面临着换届选举。从某种意义上来说，监事会成员的选任需要经过私募股权投资方的认可。不仅如此，KKR为了实现自身利益最大化的目的，会积极主动地给监事会成员施加压力，逼迫监事会成员尽职履行职责，进一步促进决策的科学性。如果从这个角度出发的话，可以从KKR影响圣农发展监事会监督权的侧重点上来描述私募股权投资对公司治理施加的影响。总结起来可以说，KKR影响圣农发展公司治理的途径可以从影响股东大会控制权、董事会决策权及监事会监督权的角度来诠释。这里需要我们进一步思考的是，除了从这三个角度来影响圣农发展公司治理，KKR是否存在采用公开建议的途径抑或采取其他方式和手段来对圣农发展的公司治理进行干预？

3 KKR影响圣农发展公司治理的方式和手段

3.1 KKR对公司股东大会控制权的影响

股东行使其权利的方式主要是在股东大会行使其表决权。简而言之，股东利用股东大会来表示自己的真实意见，这种意见就会对公司其他股东的意志进行干预，特别是在大股东拥有一票否决的情况下，这种不同的心声在某种意义上限制了大股东对股东大会的操控力度。为了方便读者理解，需要指出的是，公司所有股东的持股比例实质上是参与股东大会的股东掌握的股东大会的控制权情况。为了方便理解，可以比较圣农发展公司前五大股东的持股比例变化及相对控股股东人数变化来诠释私募股权投资对圣农发展股东大会控制权施加的干预。为了更形象地描述其变化情况，反映投资前后圣农发展前五大股东的持股比例是很有必要的。投资前后圣农发展公司前五大股东持股比例变化如表11—4所示。

表11—4　　KKR投资前后圣农发展前五大股东持股比例变化表

序号	前五大股东	投资前持股比例	投资后持股比例
1	福建省圣农实业公司	51.55%	42.27%
2	KKR	0	18.00%

续表

序号	前五大股东	投资前持股比例	投资后持股比例
3	傅长玉	4.37%	3.58%
4	中国银行股份有限公司证券投资基金	3.95%	1.61%
5	中国工商银行—广发大盘证券投资基金	3.36%	1.48%
6	苏晓明	1.43%	1.18%

数据来源:圣农发展公司2015年第一季度财务报告及半年报。

由表11—4可以清楚地了解到,圣农发展在获得私募股权投资后,公司第一大股东持股比例由51.55%下降到42.27%,降幅达到9.28个百分点。随着KKR介入圣农发展,KKR顺理成章地成为公司的股东,而且一跃成为仅次于福建省圣农实业公司的第二大股东。两个可以相互抗衡的股东之间必定有一场较量,这种斗智斗勇的过程实际上是一种相互牵制的明争暗斗,避免出现大股东肆无忌惮地操纵股东大会的局面。更值得一提的是,实际控制人傅光明、傅长玉及傅芬芳合计持股比例由原来的57.11%降低到46.82%,这在某种意义上削弱了家族企业中家族成员在股东大会的话语权。虽然KKR持股比例比第一大股东持股比例少24.47%,但是值得庆幸的是,KKR持股比例远大于10%。这意味着什么呢?要厘清这一点需要从圣农发展的公司章程大做文章。因为圣农发展公司章程明文规定,单独或合计持有公司10%以上股份的股东可以提请召开临时股东大会。为什么说提请召开临时股东大会很重要?这就不得不提及行使话语权的途径,而临时股东大会正是股东顺利地发挥其话语权的场所,有了话语权,就能让自己内心真实的想法得以落实。这里尤为需要注意的是,针对大股东不择手段的自私自利的行为,此时,其他股东可以有申诉的权利,借用临时股东大会这个平台来联合抵制大股东的损人利己行为。由此可知,形成相互牵制的格局有利于抑制大股东的绝对控制权,对大股东的控制权施加有效的影响。

3.2 KKR对公司董事会决策权的影响

投资前圣农发展每年召开的董事会定期会议、临时会议在一定程度上保证公司的决议不是随意决策出来的,而是在董事会这个平台经过全体董事会成员商议制定的,这种符合大多数人意愿的决议才是相对科学的。从某种层面上来说,董事会定期会议、临时会议为圣农发展董事会决议的公正性提供了制度保障。

有一句话说得确实在理,“理想很丰满,现实很骨感”。任何事情你设计得再好,在现实中都会或多或少遇到阻碍,这也是为什么要在一次次尝试中吸取教训,不断调整,让预想的结果不至于偏离太多。这个道理在圣农发展的董事会决策方面同样存在类似的问题。制度的保障并不能百分之百保证公司的董事会决策出现失败的局面。毕竟世事难料、人无完人,圣农发展就出现过违规操作的情况。2013年1月9日,深圳证券交易所向公司出具了《关于对福建圣农发展股份有限公司的监管函》(简称《监管函》)。《监管函》明确指明,公司2011年度股东大会审议通过了2012年预计公司及子公司与实际控制人所控制的关联方福建圣农食品有限公司、福建省光泽县兴瑞液化气有限公司、福建省圣农实业有限公司累计发生的日常关联交易总额为22 981.00万元,而公司截至2012年12月26日与上述关联方实际发生的日常关联交易总额为26 282.17万元,实际发生的日常关联交易比预计的超出3 301.17万元。公司针对此超过预计金额的日常关联交易没有及时履行信息披露义务,直至2012年12月28日才公告相关事项。公司的上述行为违反了《上市规则》第10.2.11条规定。证监会要求公司董事会充分重视上述问题，吸取教训，及时整改，杜绝上述问题的再次发生。对于投资前圣农发展公司的这种10人组成的董事会成员中的6名非独立董事全部由与圣农发展的控股股东有直接经济利益的人员担任的极端情况极易助长歪风。相信看到这种特殊情形，我们可以坚信类似违规情况的发生不是偶然，这是根据董事会成员构成的情况可以预料的。在当今社会，我们常常见到亲属回避制度可能就是这个道理。为什么说实质重于形式，不要被表象所迷惑也许正印证了这一点。投资前圣农发展的定期会议、临时会议制度实际上是一种表面上的公正，在实际操作过程中，董事会的决议成了非独立董事操纵的平台，从这个层面来说，公司治理在董事会层面上的治理状况存在大股东侵占公司利益的治理问题。

值得庆幸的是，KKR的投资给圣农发展的未来带去了福音。KKR积极协助圣农发展组建了具有国际化色彩的董事会团队，它将具有“国际级”工作背景的人员引入圣农发展，这无疑为圣农发展带来了新的活力。就拿董事会新成员华裕能来说，华裕能不仅是注册会计师(CPA)，而且还是美国注册管理会计师(CMA)。也许你会说，考证不代表工作实力，然而，华裕能就是那种不仅专业知识渊博，而且实战经验丰富的人。华裕能曾先后就职于Lazard Freres的合并收购组、Coopers&Lybrand's金融咨询公司、摩根士丹利的私募基金部门。如此丰富的国际工作经验能为圣农发展带来的发展潜力是不言而喻的。虽然投资后圣农发展公司的董事会成员中KKR派出的人员只有一名代表，但相比投资前圣农发展公司董事会成员构成，这无疑是一个巨大的进步。代表其他股东利益的新的董事会团队已经能够照顾到除控股股东以外的股东利益，而且董事会成员的专业水平比之前得到了显著的提高。这毫无疑问提高了公司的治理水平，极大地避免了公司再次出现违规情况。同时兼具国际化色彩的新董事会团队为公司充分利用KKR带来的国际资源，为公司进一步开拓国际市场，提升公司的行业地位提供了契机。

“对比越直观，反响更明显”，为了进一步说明私募股权投资对圣农发展董事会决策权的影响，通过对比投资前后圣农发展公司治理状况进行佐证。表11—5是投资前后圣农发展董事会治理对照表。

表11—5　　KKR投资前后圣农发展董事会治理对照表

序　号	名　称	投资前	投资后
1	代表私募股权方利益的董事人数	0	1
2	专业胜任能力	国内任职经历	国际任职经历
3	公司出现的违规次数	2	0
4	治理效率	一般	得到提高

根据表11—5可以知道，私募股权投资方派驻的董事越多，董事的专业胜任能力越高，越有利于公司治理状况的改善。

3.3　KKR对公司监事会监督权的影响

投资前圣农发展公司为监事会设置常设机构和独立办公场所，并配备必要的工作人员，为监事开展工作、履行职责提供必要的后勤保障；为了方便监事履行职责，相关人员在不干预监事会履行职责的基础上还需要协助其履行职责。这在一个侧面就有效地反映出圣农发展针对监事会的监督做到了双重保障(制度保障和权力保障)。

当KKR入主圣农发展公司后,变化也就在悄悄地发生着。圣农发展第三届监事会团队也面临着换届选举,第三届监事会第十九次会议于2015年7月9日以现场会议方式召开。经与公司主要股东协商,公司监事会同意提名严高荣先生、张玉勋先生两人为公司第四届监事会股东代表监事候选人,并提请公司股东大会采取累积投票制进行选举。值得关注的是,KKR此时在决定监事候选人上发挥着举足轻重的作用。这就意味着公司股东代表监事的选举必须得到KKR的审查与认可。得到认可的人选则毫无疑问从第三方认证的角度确保了公司股东代表监事的独立性与专业胜任能力。现实生活中,取得贷款的第三方担保正是与增强其可信度一致的用意。虽然圣农发展公司第三届监事会成员与目前公司监事会成员没有发生变化,但是这并不妨碍监事会成员的公正履职程度。究其原因在于第三届成员的股东代表监事是在主要股东(包括KKR)协商同意下再次成为候选人,且经过股东大会的表决成为监事会人选。候选人的确定及审议表决程序在无形之中增加了针对监事人员的信赖程度。

值得一提的是,KKR进驻圣农发展后,候选监事的任职条件也在发生着相应的变化。除了满足法律的基本规定外,还需要得到具有资深专业背景的私募股权投资方的认可。不仅如此,KKR还拥有着对监事会履职情况进行监督的权利。KKR自从对圣农发展进行投资后,KKR与圣农发展也就是拴在同一根绳子上的蚂蚱,为了让投资变得有价值,KKR无形之中就自觉地密切监督着监事会成员的履职情况。一旦发现其未尽职尽责,KKR就会想方设法阻止这种情况的发生。这时候,召开临时股东大会提出更换监事的权利成为KKR实现利益最大化的有效途径。从这个层面上来讲,根据更换股东代表监事难易程度、监事任职门槛高低及对监事履职情况的监督程度可以用来比较投资前后圣农发展公司在监事会监督权角度上的治理状况。表11－6为投资前后圣农发展在监事会监督权层面上的治理状况对照表。

表11－6　　KKR投资前后圣农发展在监事会监督权层面治理状况对照表

序　号	名　称	投资前	投资后
1	更换股东代表监事难易程度	比较容易	容易
2	监事任职门槛高低	比较高	高
3	对监事履职情况的监督程度	比较严苛	严苛
4	治理效率	比较高	高

我们可以确信的是,股东代表监事的候选提名与审议需要经过KKR的认可,在某种意义上就赋予了监事会人员的公正性。更值得关注的是,一旦监事会成员没有做好本职工作,则会面临着被辞退的压力,这在无形之中督促着监事会成员认真做好本职工作。而且,不单单只有监事会成员有被辞退的压力,KKR同样也面临着监督监事会履行职责的压力。为什么KKR作为投资者也会有这种监督监事履职的压力?我们可以用生活中的实际情况来解释。大家都知道,高考是每一个学生人生中最重要的事情。正因为其重要,学生自然就会有做好努力学习的本职任务,否则就会被重点大学拒之门外,这无形之中给予了学生勤奋学习的压力。值得注意的是,高中老师同样有着监督学生努力学习的压力。如果老师不积极履行其监督学生学习,老师的利益就会受到损害。众所周知,老师积极履行自己的监督职责会提高学校的高考上线率,这毫无疑问就与老师的利益密切相关,老师会在维护自身利益不受损害的压力下,自觉履行监督学生学习的职责。同样的道理,KKR在维护自身利益不受损害的压力下,会竭尽全力去监督监事会成员是否积极履行其本职工作(监督职责),这在某种意义上给予监事会成员一

定的压力，迫使监事会成员积极履行其本职工作，从而避免出现监事会成员消极怠工的情况。那么，从股东代表监事的选举与相对控股股东对监事会成员监督的层面来说，投资后的圣农发展公司治理水平得到了有效的改善。

4 尾 声

KKR 投资圣农发展曾一度引起投资界和畜禽养殖业的关注，KKR 通过对圣农发展控制权、决策权、监督权的参与将会对圣农发展公司治理的影响程度如何，这需要根据未来圣农发展的经营状况及财务成果给出合理的解释。通过表 11—7 数据分析发现：KKR 投资圣农发展后，已对其有关财务指标产生一定程度的影响(或正或负)。由于 KKR 参与公司治理，未来圣农发展有关财务业绩会产生何种变化，就让我们拭目以待吧。

表 11—7　　圣农发展 2014—2015 年重要财务指标

指标 \ 年份	2014 年	2015 年
流动比率	0.441 9	0.470 0
速动比率	0.190 9	0.178 3
存货周转率(次)	5.059 8	4.934 5
资产负债率(%)	63.724 1	49.095 7
应收账款周转率(次)	25.205 7	26.291 7
现金比率(%)	9.587 6	10.437
经营现金净流量与销售收入比(%)	0.143 1	0.062 4
净资产报酬率(%)	30.906 6	17.375 6

资料来源：根据圣龙发展 2014 年与 2015 年年度报表计算而得。

5 补充材料

5.1 KKR 近些年在中国的投资领域

KKR 团队在中国的投资领域包括农业和食品安全领域、环保领域、医疗领域等，其中代表性投资案例包括平安保险、南孚电池、蒙牛乳业、百丽鞋业、恒安国际等。近些年 KKR 团队更加关注的是食品安全、医疗、环保等全新领域。KKR 团队借助在这些领域的投资，从而抢占投资先机，进一步提高 KKR 的投资报酬率。

针对农业和食品安全领域，KKR 团队从 2008 年起逐步选择现代牧业、亚洲牧业、中粮肉食及圣农发展。值得一提的是，针对现代牧业的投资，KKR 团队已经实现资本投资的退出，获得了较高的投资回报率。

针对环保领域，KKR 团队于 2011 年选择联合环境进行投资，KKR 入主联合环境后，联合环境的利润增长率平均每年保持在 63%的水平。2015 年 KKR 选择将中信集团作为战略投资者，并成功实现了部分资本退出。由此可知，在投资对象的选择上，KKR 团队比较关注环保领域。

针对医疗领域，KKR于2012年选择对中国脐带血库进行投资。近三年来公司达到了每年用户数增长保持在27%的增长率和复合利润增长率维持在22%的比率。同时金卫医疗向中国脐带血库提出收购要约，提出的条件是以6.4美元/股对中国脐带血库公司的股票进行回购。由此可知，医疗领域的投资是值得投资的重点投资领域。

5.2 圣农发展2016—2021年升级商业模式的战略布局

圣农发展提出2016—2021年升级公司的商业模式，采用特许加盟的模式向目标消费者销售冰鲜鸡肉产品。

(1)未来五年的战略目标

圣农发展将和福建省南平市政府联合打造“大武夷—大圣农”项目，预计可以在国内11个省、1 000个县，达到设立1 400家“圣农鲜美味”旗舰店及20 000家“圣农鲜美味”专营店，并依托“互联网＋”等新模式来扩大品牌知名度。到时候“圣农鲜美味”的客户将达到6亿，直接向消费者提供冰鲜鸡肉产品，同时，公司与南平市政府将在整合地区优质资源的基础上，有效提高“圣农鲜美味”品牌附加值。

(2)目前运行状况

圣农发展于2015年8月底开启了“圣农鲜美味”的试运营，以公司的三个生产基地为中心向外延伸至周边地级市。部分门店陆续开业运营，截至11月23日，公司已在50个县市开设门店，其中已超过40个县市开业，总计开业门店数量将接近100家。

(3)对圣农发展未来的影响

①圣农发展的销售模式从“B2B模式”转变成“B2B＋B2C”的新模式。

圣农发展逐步形成横跨养殖、加工、物流、零售业及电子商务整个产业链的新型发展模式，形成五大行业同步发展壮大，不断强化圣农发展在国内同行业的竞争力。

②形成良好的社会效益，促进圣农发展的可持续发展。

圣农发展预计将提供小微个体户的数量超过1 000个、提供就业岗位数量超过60 000人，从而让广大消费者购置最优质的产品，在社会上掀起质量第一的社会风气，进而形成良好的社会效益。圣农发展注重产品质量的品牌形象将为公司的可持续发展提供坚实的基础。

③优化圣农发展的销售渠道、增强品牌效应。

圣农发展通过采用招商加盟的模式来升级商业模式，由此发生的费用相对较少，基本属于零投资。在“B2B＋B2C”模式下，圣农发展利用扩大“圣农鲜美味”知名度的方式，一方面逐步引进“圣农鲜美味”加盟商，转变原有的经营格局，强化同区域的经销商竞争，调动加盟商的潜能，从而逐步提高圣农发展的营运能力、盈利能力、偿债能力及发展能力，达到全面提高圣农发展的综合实力。另一方面“圣农鲜美味”的新型销售模式将逐步扩大公司的发展规模，充分提高公司的市场占有率，创造圣农发展新的利润增长点，同时提高圣农发展的品牌影响力，在改变居民消费习惯的基础上，形成新的消费需求点，从而为圣农发展产品扩大国际知名度，强化品牌效应提供坚实的基础。

启发思考题

1. 圣农发展公司能够引入私募股权投资的原因是什么？
2. 私募股权投资如何影响公司股东大会的控制权？

3. 如何分析本案例中私募股权投资对公司董事会决策权的影响?
4. 本案例中私募股权投资是如何影响公司监事会监督权的?
5. 本案例中私募股权投资者是否可以通过公开建议的方式改善公司治理状况?

案例三

苏宁易购收购“红孩子”①

摘　要:近年来,“去电器化”和“综合化”一直是苏宁电器的重要发展战略,而其“线上”平台苏宁易购无疑承担了开路先锋的角色。苏宁易购收购“红孩子”作为“2012 年度中国网络零售行业十大事件”之一,同时也是 2012 年度最令人震动的电子商务行业并购案例,一方面,苏宁易购通过收购“红孩子”正式成为多品类的 B2C 电子商务企业,另一方面,“红孩子”也成为电子商务领域首个被收购的对象,因此这一收购事件具有较高的研究价值。本案例主要用于电子商务企业并购方面的教学,目的在于使学生理解和掌握电子商务企业并购动因、并购谈判以及和并购后整合的知识。

关键词:电子商务;“红孩子”;收购动因;收购后整合

0　引　言

2012 年 9 月 25 日,苏宁电器发布《关于收购红孩子业务及资产的公告》称,公司已于 2012 年 9 月 24 日与红孩子公司(以下简称“红孩子”)及开曼公司签署了《收购协议》,拟通过旗下电子商务 B2C 平台苏宁易购全面收购红孩子公司在中国国内以“红孩子”“缤购”等品牌开展的母婴、化妆用品等产品的销售业务、品牌与相关资产。

在这次收购交易中,苏宁易购的收购对象是红孩子公司和开曼公司,其中红孩子公司即为天津红孩子商贸有限公司、天津宏品物流有限公司、北京红孩子互联科技有限公司、北京红孩子视线广告有限公司以及北京红孩子信息技术有限公司这五家公司的总称,开曼公司为其主要运营实体天津红孩子商贸有限公司的唯一股东。

1　收购背景

1.1　行业背景

伴随着我国网络购物环境的日趋完善与成熟,大量的网络零售企业应运而生,同时也有越来越多的人开始关注网络购物市场,并且使之慢慢融入自己的日常生活。网络零售企业一般包括 B2C 和 C2C 两种电子商务交易模式,其中,B2C 是我国最早产生的电子商务交易模式,以

---

① 本案例由武汉理工大学管理学院的沈俊、张欣撰写,作者拥有著作权中的署名权、修改权、改编权。本案例授权中国管理案例共享中心使用,中国管理案例共享中心享有复制权、修改权、发表权、发行权、信息网络传播权、改编权、汇编权和翻译权。由于企业保密的要求,在本案例中对有关名称、数据等做了必要的掩饰性处理。本案例只供课堂讨论之用,并无意暗示或说明某种管理行为是否有效。

My8848 网上商城正式运营为标志。

据中国电子商务研究中心监测数据显示,2012 年我国国内电子商务市场的交易额共计 7.85 万亿元,同比增长 30.83%。其中,网络零售市场交易额达到 13 205 亿元,同比增长 64.7%,占社会消费品零售总额的 6.3%,预计 2013 年有望达到 18 155 亿元,具体如图 11—3 所示。

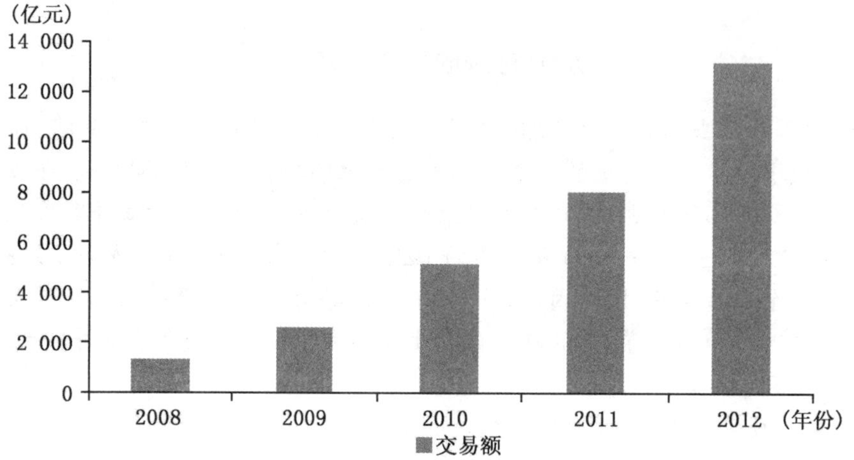

资料来源:www.100EC.com。

图 11—3 2008—2012 年中国网络零售市场交易规模趋势图

由于网络零售行业竞争的全面加剧,大多数企业面临着"内忧外患"的局面,一方面是来自外部政策的影响,如销售外来商品的关税压力、网络实名制的要求等等;另一方面是企业自身出现商业模式不清晰、资金链断裂等问题,这就造成 B2C 电子商务企业对于资本都有着急剧的需求,并期望能够得到长期资本的注入。

在电子商务企业纷纷寻求投资的同时,风险投资者也对未来成长性高的电子商务行业密切关注。据清科研究中心发布的数据显示,2005 年至 2012 年上半年,已披露的中国电子商务行业风险投资案例共有 319 笔,资金总额共计 67.33 亿美元。毫无疑问,风险资本的加入促进了电子商务蓬勃发展。

然而,风险资本毕竟是一把双刃剑,在风险投资机构给企业带来充足资金的同时,也会带来一些隐患。风险投资机构向企业投入资本的目的是在退出时获得高额的回报,而企业的管理者特别是创业者则期望企业能够长期持续良性发展。许多 B2C 电子商务企业在引入风险资本后,常常会发生争夺控制权的事件,当双方矛盾激化的时候,企业往往会停滞不前,失去最佳的发展时机,最终以被并购甚至破产清算收场。

1.2 苏宁易购简介

(1)苏宁易购概况

苏宁易购是苏宁电器旗下新一代 B2C 综合网上购物平台,2009 年 8 月上线试运营,2010 年 2 月 1 日正式上线,现已覆盖传统家电、3C 产品、家居、百货、金融产品、虚拟服务等多个品类。

1990 年 12 月,苏宁电器最早诞生于江苏省南京市,最初名为"苏宁交家电",是一家 200

平方米的空调专营店。2004 年 7 月 21 日，苏宁电器股份有限公司(002024)在深圳证券交易所上市，成为国内首家 IPO 上市的家电连锁企业。近年来，苏宁电器采取"租、建、购、并"四位一体、立体开发的经营模式，保持着稳健、快速的发展态势。凭借着优良的业绩，苏宁电器得到了投资市场的高度认可，目前是中国 3C 家电连锁零售企业的龙头企业，也是国家商务部重点培育的"全国 15 家大型商业企业集团"之一。与此同时，苏宁电器坚持"线上线下、虚实融合"的商业模式，实体店面和电子商务协同发展，稳步推进海外市场的开拓。

2011 年 6 月 19 日，苏宁电器发布未来十年的发展规划，坚持以"科技转型、智慧再造"为核心，立志打造成一个在连锁地域、经营规模、科技创新、服务能力等方面都具备全球化竞争力的世界级企业。根据这一规划，预计到 2020 年，苏宁电器"线下"实体店面将突破 3 500 家、销售规模 3 500 亿元，"线上"平台苏宁易购电子商务销售突破 3 000 亿元，海外销售达 100 亿美元。

(2)收购前苏宁电器的经营状况

由于在此次收购交易发生之前，苏宁易购的真正运营还不到 3 年的时间，因此并不能对其经营状况进行单独的趋势判断与分析。事实上，苏宁电器的良性发展已为苏宁易购发展电子商务业务提供了前期强大的支持。作为苏宁电器的"线上"平台，未来苏宁易购经营状况的好坏也会对整个苏宁电器的经营业绩有着越来越大的影响。

由图 11—4 和图 11—5 可以看出，2003 年至 2011 年间，苏宁电器的营业收入和归属母公司的净利润皆保持连续增长的态势。根据苏宁电器发布的《关于电子商务业务发展情况的说明公告》可知，通过供应链拓展、团队组织建设、互联网营销能力、服务基础建设的提升，2012 年苏宁电器在电子商务业务发展方面取得了一定的成效，实现商品主营销售收入 152.16 亿元(含税)，其中，商旅、充值、彩票、团购等虚拟产品代售业务规模约为 15 亿元。

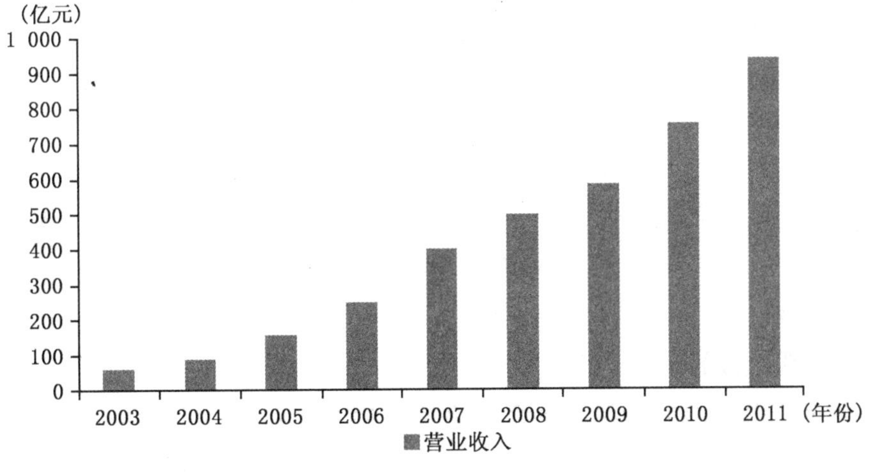

数据来源：东方财富网。

图 11—4 苏宁电器 2003—2011 年年度营业收入变化趋势图

(3)苏宁易购的市场地位

据中国电子商务研究中心监测数据显示，截至 2012 年 12 月底，我国国内 B2C 网络零售市场(包括平台式与自主销售式)上，排名第一的是天猫，占据了 52.1%的份额；京东商城名列第二，达到了 22.3%的份额；而苏宁易购位于第三位，仅占比 3.6%，如图 11—6 所示。

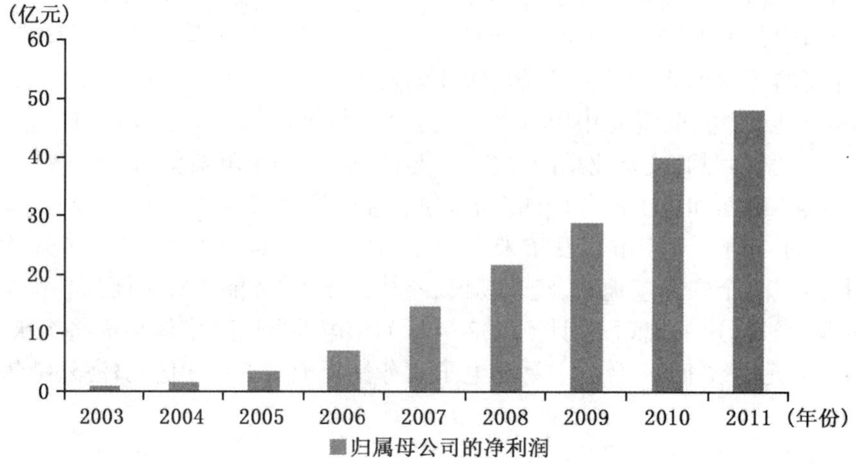

数据来源:东方财富网。

图 11—5　苏宁电器 2003—2011 年年度归属母公司的净利润变化趋势图

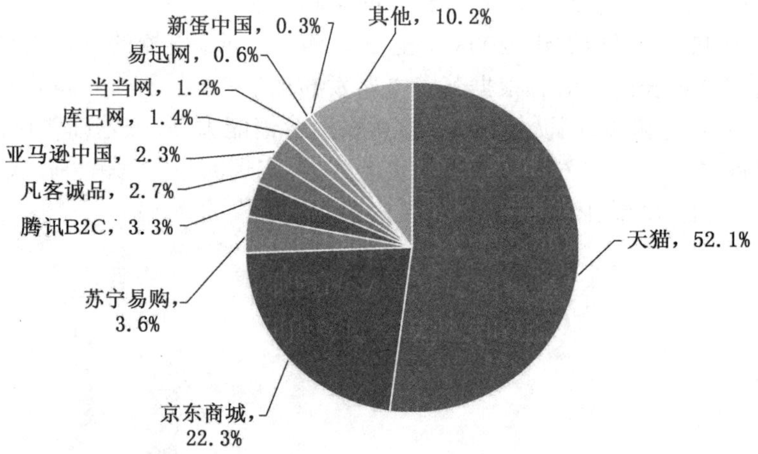

资料来源:www.100EC.com。

图 11—6　2012 年中国 B2C 网络零售市场交易份额占比图

1.3　"红孩子"简介

(1)"红孩子"概况

红孩子公司成立于 2004 年 3 月,成立之初是以直接邮寄广告(DM)目录形式来营销母婴产品。随后推出"redbaby"的 B2C 网站,是中国国内最早专注于母婴用品的电子商务企业。2011 年,公司又推出以化妆品、食品为主的女性网购品牌"缤购"。经过 8 年多的发展,"红孩子"经营的主要产品已覆盖母婴用品、美容化妆、图书、音像制品、健康美食、养生保健等多个品类,超过 80 000 个 SKU(库存量单位)。

"红孩子"始终坚持以消费者需求为导向,以电子商务为平台,以数据库营销为特色,目前已经成为国内领先的垂直专业 B2C 商城,"缤购"也已在国内化妆品、食品垂直专业 B2C 商城中位于前列，总共拥有750万注册会员，2011年度会员重复购买率达50%以上。

(2)“红孩子”的融资历程

2004年3月，天津红孩子商贸有限公司正式成立，注册资本为200万元，其中，李阳和杨涛各出资60万元、徐沛欣和郭涛各出资40万元，因此，他们四人在“红孩子”的持股比例为3∶3∶2∶2。“红孩子”在成立之初就迅速蹿升为母婴市场的新星，很快就吸引了风险投资者的目光。与此同时，创业者们投入的原始资金已经难以满足公司规模扩大的需求，于是，“红孩子”开始启动融资计划。

据公开资料显示，“红孩子”先后进行过六轮融资，总共获得约1.2亿美元的资金，具体如表11—8所示。

表11—8 “红孩子”融资历程一览表

第一轮	第二轮	第三轮	第四轮	第五轮	第六轮
2005年11月	2006年11月	2007年11月	2010年6月	2011年6月	2012年7月
250万美元	300万美元	2 500万美元	5 000万美元	2 000万美元	2 000万美元

2005年11月，“红孩子”的四位股东一起出让30%的股权，获得北极光和美国著名风险投资基金NEA共计250万美元的投资，成为母婴市场上第一个获得风险投资的企业。借助着客户和销量猛增的势头，“红孩子”将这笔资金用于在全国建立分公司，这拉开了“红孩子”从单一领域市场向全国市场迈进的帷幕。

2006年11月，北极光和NEA又追加300万美元的投资，持股比例由30%升至50%，创立不到3年的“红孩子”成为中国最大的母婴零售商。

2007年11月，“红孩子”引进第三轮融资，由新的股东KPCB China基金(凯鹏华盈)投资2 500万美元，VC持股比例超过60%。此外，2008年原凯鹏华盈的执行合伙人周志雄离开时一并带走包括“红孩子”在内的七个项目，因此“红孩子”原本归于凯鹏华盈的投资转为由周志雄创立的凯旋创投所有。

2010年6月，红孩子创始人之一的徐沛欣宣称“红孩子”将在年内完成5 000万到1亿美元的第四轮融资。据保守估计，此轮融资应该为由北极光、NEA及凯旋创投三家追加了5 000万美元的投资。

2011年6月和2012年7月，“红孩子”又完成两轮2 000万美元的融资，仍由原来的三家VC追加投资。

(3)收购前“红孩子”的经营状况

在电子商务B2C行业中，像当当网、卓越网这样拥有丰富运营经验的企业经过多年的发展仍处于亏损的状态，相比之下，“红孩子”在成立的初期就取得盈利，凸显出巨大的发展潜力。

由图11—7可以看出，“红孩子”2004年和2005年分别实现营业收入600万元和4 000万元。在随后的三年里，“红孩子”的规模更是以火箭般的速度迅猛成长，其营业收入成倍增长，2006年1.2亿元，2007年4亿元，2008年突破10亿元。很明显，2008年对于“红孩子”来说无疑是一道分水岭。从2009年开始，“红孩子”的增速放缓，2009年实现营业收入15亿元，2010年15亿元，2011年10亿至15亿元。

然而，在营业收入增长停滞的同时，“红孩子”的财务状况也在不断地恶化。2008年“红孩子”初现亏损，亏损额约为1 000万元，但2009至2011年，亏损额连续增大，分别高达8 000万

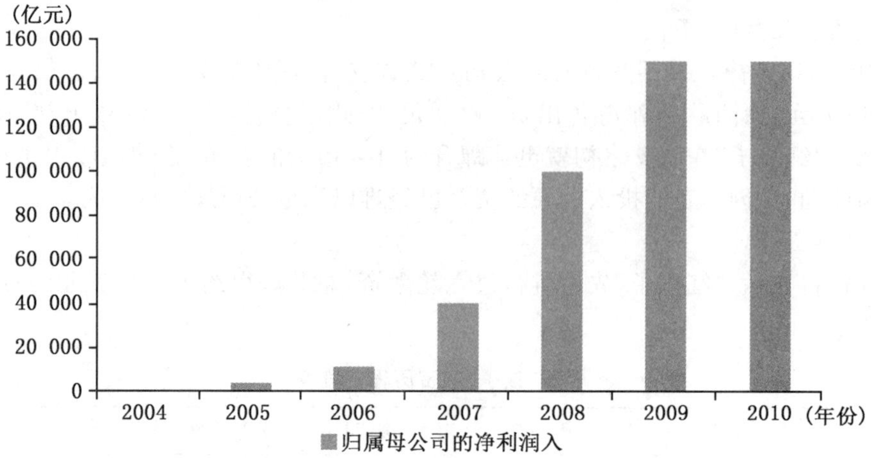

数据来源:东方财富网。

图 11—7 红孩子公司 2004—2011 年年度营业收入变化趋势图

元、1 亿元和 1.2 亿元。

(4)“红孩子”的市场地位

据艾瑞咨询数据显示,2012 年上半年“红孩子”的营业收入(含电话渠道销售)为 4.6 亿元人民币,虽居于母婴网购 B2C 电子商务行业的第三位,但交易规模份额仅占整个市场的 6.0%,远低于占比 47.0%的天猫和占比 11.4%的京东商城,具体如图 11—8 所示。

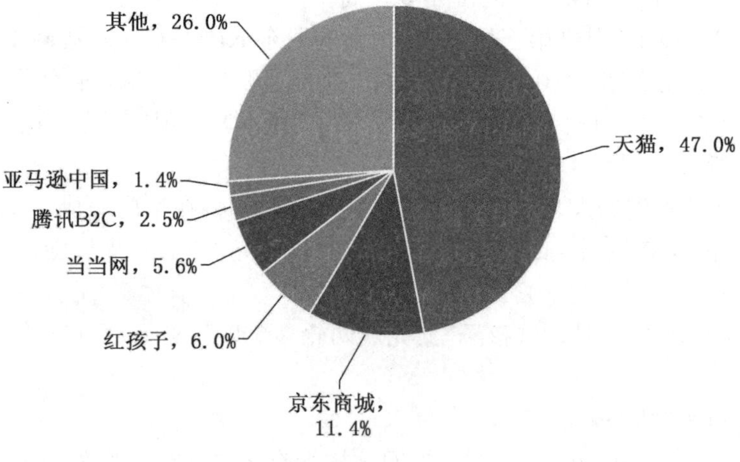

资料来源:艾瑞网。

图 11—8 2012 年上半年中国母婴网购 B2C 市场交易规模份额比例图

2 收购过程

2.1 收购方案简介

(1)收购的标的

天津红孩子商贸有限公司为“红孩子”的主要运营实体，天津宏品物流有限公司、北京红孩子视线广告有限公司、北京红孩子信息技术有限公司为业务与母婴、化妆品在线销售业务相关的辅助性公司，在这次收购交易中苏宁易购收购这些公司的原有资产及业务，不收购其股权。

与此同时，北京红孩子互联科技有限公司作为另一家辅助性公司，苏宁易购先收购取得徐沛欣及其一致行动人控制的该公司股权，并通过该公司收购上述红孩子公司的业务、品牌及相关资产。

(2)收购的基本架构

为“红孩子”运营连续性考虑，在此次收购过程中，开曼公司先行在南京成立了一家控股公司(“新 WFOE”)，苏宁易购首先收购取得“新 WFOE”的股权，并通过“新 WFOE”收购北京红孩子互联科技有限公司的股权，由北京红孩子互联科技有限公司收购天津红孩子商贸有限公司等其他红孩子公司的品牌、业务及相关资产。

(3)支付方式

按照收购协议的约定，苏宁易购是以现金收购红孩子公司相关业务及资产，所涉价款由苏宁电器自筹解决，可分期向红孩子公司及开曼公司支付。

2.2 收购价格的确定

经双方协商确定，苏宁易购因收购“红孩子”、“缤购”业务、品牌及资产，确定的基准对价为 6 600 万美元(约合人民币 4.16 亿元)。

在此次收购交易发生时，红孩子公司 2012 年度预计的销售收入大概在 10 亿～10.5 亿元(含税)，根据 PS(市销率)估值法以及近期电子商务行业按照销售收入 0.4～0.5 倍的估值水平来计算，其估值应该确定在 4 亿元到 5 亿元之间较为合理。另考虑到在实施整合以后，红孩子公司将依托苏宁易购现有的采购与物流平台，在其供应链管理、广告促销推广、物流配送服务等方面都能够得到有效的整合提升，有助于其营业收入的增加，估值水平也将更加合理。

根据苏宁电器对外披露的 2012 年年报显示，截至 2012 年 12 月 31 日，苏宁电器已支付此次收购款项人民币 6 278 万元(等值 990 万美元)。也就是说，双方的股权交易并未彻底完成。

3 收购动因

3.1 苏宁易购发起收购的动因

苏宁易购自 2010 年初上线以来，一直保持着高速的发展趋势，尤其在 2012 年，苏宁易购市场活跃度、增速大幅提升。在高速发展的同时，苏宁易购经营的品类已从家用电器、3C 产品延伸至图书、百货、金融产品、虚拟服务等多个领域，目前 SKU 数量已达到 100 万。

根据苏宁电器 2011 年发布的未来十年战略发展规划，苏宁易购计划至 2020 年，SKU 总量达到 200 万以上，注册会员数达到 1 亿人，销售规模位居行业第一。很显然，发展女性用户群体是实现这一目标的重要策略，市场容量大、关联产品多的母婴品和女性适用性广泛的化妆品自然成为苏宁易购首先需要攻克的品类。因此，苏宁易购发起收购的具体原因如下：

(1)我国母婴网购市场存在巨大的潜力

自 2008 年以来，我国又迎来新一轮生育高峰。目前，我国 0 至 3 岁的婴幼儿数量有 7 000 多万，其中每年新生婴儿数量达 1 600 万至 1 800 万，由此带动母婴市场需求的大规模爆发。

据艾瑞咨询数据显示,2012年上半年中国母婴网络购物市场交易规模超过200亿元,预计全年将增长86%,达到610亿元,约占中国网络购物整体市场的4.3%。

我国母婴网购市场之所以高速增长,还存在以下几点原因:第一,当前我国婴幼儿的父母们大多为80后年轻群体,他们中的绝大多数人都已习惯于选择“网购”这种快捷便利、价格实惠的购物方式,因此B2C形式的母婴产品具有广泛的消费群体,且具有较高的忠诚度和黏性;第二,母婴产品与家用电器、3C产品类似,产品的标准化程度高,品类基因决定了母婴产品适合网上购物;第三,根据网易旗下导购网站惠惠网发布的《婴幼儿奶粉购买调研报告》显示,国内父母最主要的购买奶粉渠道仍然是“线下”实体超市,不过随着国内奶制品安全问题频出,而“水货奶粉”的产品和服务又很难得到保障,因此“线上”购买已经成为一种趋势,更多的父母愿意选择在正规授权的B2C网站直接购买奶粉;第四,母婴产品的上游供应商还比较分散,同业竞争格局上仍未出现犹如家电行业中类似苏宁电器、国美电器两家独大的局面。

(2)“红孩子”的品牌价值

“红孩子”成立于2004年,最初定位的服务对象主要是年轻妈妈,目前“红孩子”的忠实用户多达750万人,其中大部分是准妈妈或年轻妈妈这类女性消费者,在年轻妈妈消费群体中有着较高的品牌认知度。随着“红孩子”在母婴消费市场地位的不断提升,现已成为国内专业性最强的母婴和化妆品垂直型电子商务企业。目前苏宁易购的业务优势主要集中在家用电器以及3C产品,在母婴这一细分市场,“红孩子”在直销、店铺销售、网络销售等方面都具有绝对的优势。

收购交易完成之后,“红孩子”将为苏宁易购带来大量的中青年女性用户,这部分用户正是苏宁易购想要拓展的重点用户,正好与其现有的以男性为主的用户群形成有效补充。再者,苏宁易购将获得“红孩子”及其旗下“缤购”两大品牌,这对于苏宁易购品类的拓展、规模的扩大具有十分重要的意义,通过规模化来获得市场地位,平衡各项业务结构,走多品牌战略路线,加速成为综合型的电子商务平台。

(3)“红孩子”的专业团队

“红孩子”的团队是国内非常专业的母婴市场运营团队,其从2004年开始就已从事母婴市场的运营开发,经过8年时间的积累,“红孩子”已拥有非常丰富的母婴市场销售经验,并创造了高达10亿元的销售业绩,这在垂直型电子商务企业中十分难得。因此,苏宁易购非常看重“红孩子”的专业团队,并对其寄予厚望。

收购交易完成之后,通过对接“红孩子”的专业技术、人才团队,将给整个苏宁电器在百货类供应链管理能力、客户研究能力、市场推广能力与服务保障能力方面带来帮助,持续优化用户的购物体验。

(4)时间成本的考虑

对于没有任何母婴产品经验的苏宁电器来说,如果想要重新打造一个与“红孩子”规模相当的母婴网站,至少需要2到3年的时间,而这对于急于长大的苏宁易购而言,显然没有足够的时间等待。相反,通过对“红孩子”的收购,苏宁易购能够实现在母婴产品、化妆品方面的快速切入,既可以缩短新进品类的培育时间,同时也能有效提升自己的市场规模。

3.2 “红孩子”接受收购的动因

2012年,“红孩子”被爆继续存在严重亏损,显然,占据绝对控股地位的风险投资机构不得不想办法尽快退出。通常情况下,VC退出的渠道只有三条:一是寻求IPO上市;二是直接出售；三是破产清算。事实上，2011 年“红孩子”就已经在筹划上市了，但由于资本市场遇冷，中国概念股上市窗口关闭，“红孩子”的上市计划以失败告终。

最终，投资人选择接受苏宁易购的收购对于“红孩子”来说也算是一条不错的出路。一方面，“红孩子”可以借助苏宁易购领先的仓储配送网络和市场推广资源，突破资金、物流方面的瓶颈，从而降低自身的成本，快速提升规模，并获取利润；另一方面，通过借助苏宁电器的“线下”零售渠道，“红孩子”还可以进一步开拓其“线下”的市场。

正是由于“红孩子”经营的失败才导致其不得不接受收购，因此，“红孩子”接受收购的具体原因如下：

(1)管理层内部存在严重分歧

“红孩子”的前身是创始人之一李阳的妻子王爽于 2003 年在北京开的一家母婴用品零售店，他们依靠“目录销售”很快就获得利润，看到市场潜力的夫妻俩决定邀请杨涛、徐沛欣和郭涛一起创业。

红孩子公司在成立之初，只有李阳和杨涛在参与公司的经营管理，徐沛欣和郭涛更多的是扮演“财务投资人”的角色。后来，郭涛因为有另外的创业机会在 2007 年最早离开了公司。2006 年，“红孩子”在完成第二轮融资之后，VC 的持股比例由 30%上升到 50%，失去控制权的李阳和杨涛感受到了前所未有的危机感。于是，他们邀请“懂资本”的另一位创始人徐沛欣担任公司的首席执行官(CEO)，负责与投资人及外界沟通，李阳和杨涛则任执行总经理，负责公司不同的业务。

然而，事与愿违，徐沛欣出任 CEO 之后，在公司的发展战略上与李阳存在许多分歧，并日渐凸显。矛盾主要集中体现在四个方面：第一，李阳坚持要把企业“做强”，只做商品的零售业务，他找人代工贴牌生产“红孩子”的自有产品来提高毛利，每扩张一个新的品类，他考虑的关键都是能否获利，并始终坚持要做精母婴业务，但徐沛欣则坚持要把企业“做大”，他曾提出“四大马车”的多元化发展战略，即“红孩子”除了发展零售之外，还应该大力发展物流、传媒以及金融三大领域；第二，徐沛欣坚持对公司进行 IT 改造，上 SAP 信息化系统，李阳却坚决反对；第三，李阳一直都坚持创业文化，徐沛欣则希望推崇职业经理人文化。

虽然徐沛欣贵为公司的 CEO，但“红孩子”的母婴、健康和百货三大事业部以及全国 16 家分公司都是由李阳主管，其妻王爽则负责母婴事业部的采购业务。也就是说，李阳夫妇几乎掌控着公司 80%的业务，无疑拥有绝对的发言权。由于徐沛欣与李阳两人互不退让，不可避免导致最终激烈的对抗。2008 年 10 月 4 日，徐沛欣找李阳单独谈话，希望他和他的妻子王爽必须有一人离开“红孩子”，显然这次谈话无果而终。两天后，就发生了 VC 代表董事会通知李阳离开的局面。最终，李阳夫妇决定一起离开他们一手创办的“红孩子”。在公司的老员工眼里，李阳夫妇的离开，是人心涣散的开始。2011 年初，曾经默许徐沛欣驱逐李阳的杨涛，也以“长期休假”的方式离开了“红孩子”。四位创始人中，最终只剩下徐沛欣一人。

(2)管理层经营决策失误

扩张是企业发展的一种增长战略，是企业成长过程中至关重要的一步。在企业实施战略扩张的过程中，根据内外部环境的不同，企业选择的方向也会有差异。企业通过多元化扩张可以扩大经营范围、分散经营风险，相反也可能会分散资金，弱化原本的优势。

2007 年，“红孩子”旗下的红品传媒推出了一本名为《insider 社交商圈》的高端杂志，这本杂志专门介绍当今中国上流社会的生活品位，“红孩子”创办这本杂志的意图是想进入奢侈品领域。不过，在亏损了几千万元之后，这本杂志被剥离到徐沛欣个人拥有的一家公司名下。

2009年,“红孩子”将自己的物流部门独立出来,成立了一家专门的物流公司——宏品物流。这家公司不仅承接“红孩子”的全部订单,也同时承接来自第三方的业务,目的是想打造成为能与顺丰、宅急送等抗衡的大型物流公司。然而,事与愿违,2011年,“红孩子”又关闭了各地的物流公司,将这块业务重新纳入“红孩子”的内部管理之中。

此外,“红孩子”还积极地与银行开展合作,2008年成立“信用卡分期付款商城”,银行信用卡客户在商城购物后,可根据账单进行分期付款。徐沛欣希望借此发展新用户,从而切入3C产品的业务。表面上这种方式虽然能让“红孩子”一个月有过亿元的销售额,但最后同样以亏损收场。2010年底,“红孩子”将商城和目录服务一起并入网站中统一管理。

在尝试了一系列并不成功的领域之后,“红孩子”最终回归到了正途——重新聚焦零售,并真正发力互联网。但这个时间,已经是2010年的第三季度。2011年2月,“红孩子”出于准妈妈们后期保养的考虑开始涉足美妆,进而进军百货市场,“缤购”正式上线。然而,“红孩子”把大部分资金投资在缤购网上,反而忽视了原本具有优势的母婴市场的发展。缤购网运营的最初2年里,仅仅是广告费就支出了1亿多元的资金,却几乎没有收到任何回报。

值得庆幸的是,2012年年初,公司当时的首席运营官(COO)陈爽对“红孩子”的业务进行了重新调整,重点围绕着母婴和女性产品。

(3)来自外部竞争者的压力

在母婴市场里,曾连续几年占据市场第一位置的“红孩子”做了很多开创性的壮举。可以说,是“红孩子”培养了这个市场,做大了这个市场。

“红孩子”是最早以“目录 + 呼叫中心”的模式销售产品的垂直电商,并在2006年10月建成了国内最大的母婴用品呼叫中心。早在2005年“红孩子”就开始建设自己的BBS论坛,并在此基础上发展成为黏性很强的社区,很多妈妈和准妈妈们每天都要花一两个小时泡在社区里面。除此之外,“红孩子”还拥有自己的物流公司以及在重点城市建立了自己的仓库,并在业内第一个做出北京“四环内24小时送达”的承诺,打破了过去行业内“四环内48小时送达”的惯例。

凭借着这些优势,“红孩子”虽然击败了乐友、丽家宝贝等以“线下”渠道销售为主的专业母婴品牌,但可惜的是,这些优势并没有成为真正的行业壁垒。并且,母婴市场虽不算大,但它对家庭用户强大的黏性以及这个市场巨大的发展潜力仍然吸引了平台型电子商务企业的关注。

在中国,电子商务行业仍处于新兴时期,消费者更在意的仍然是商品的价格。在价格竞争中,相对于规模和实力都很强大的平台型电商,“红孩子”等垂直电商自然处于下风。2010年5月之后,当当网和京东商城先后进军母婴市场,凭借巨大的流量以及低价优势,迅速地占领了市场主导地位。2011年11月,当当网CEO李国庆表示,当当网的母婴类商品月销售量达3 000万元,增长率超过300%,已超越“红孩子”。2012年5月,京东商城公开宣布其母婴频道3月销售额突破1亿元,成为中国B2C行业中“首家母婴业务月销售额超亿元”的企业。与此同时,天猫、1号店等电子商务企业的母婴业务也在迅速增长。

4 收购后的整合

4.1 整合思路

苏宁易购在发起收购之前已经清晰地明确要通过产品品类的扩张来完成“去电器化”的战

略目标，并且目标企业红孩子公司符合这一战略目标的要求。在完成收购交易以后，苏宁易购按照计划开始进行全面的整合，目的是希望“红孩子”能在最短的时间内纳入自身的经营与管理体系中来，最终产生良好的收购效果。苏宁易购收购“红孩子”后的总体整合思路如图11—9所示。

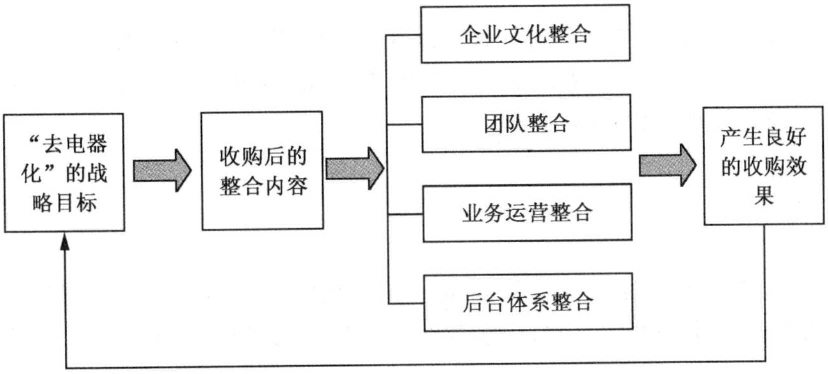

图11—9 苏宁易购收购“红孩子”后的总体整合思路图

4.2 整合内容

根据苏宁电器制定的收购整合计划，目前具体的整合内容主要体现在以下四个方面：

(1)企业文化整合

虽然苏宁易购与“红孩子”同属于B2C电子商务行业，但由于双方产生的历史背景不同，企业文化显然会存在一定的差异。在企业文化整合的过程中，双方将互相取长补短，并最终走向一体化，形成新的企业文化。

(2)团队整合

“红孩子”优质专业的管理团队是苏宁易购最看重的资源之一，在收购交易完成以后，“红孩子”的原有团队将继续保留，并保持之前的状态进行运作。在未来的发展过程中，“红孩子”的团队将逐渐与原苏宁易购母婴采购的团队合并，并专职负责整个苏宁电器母婴垂直类市场的运作。

(3)业务运营整合

从长远发展考虑，“红孩子”和“缤购”两大网站将全面并入苏宁易购平台，“红孩子”的品牌及独立域名同时也将保留。在整体的客户流量导入上，“红孩子”将更多依托苏宁易购的整体宣传，获得大量的客户与浏览量，其广告营销投入将大幅下降，投入产出水平将快速提升。这样，既可以保留“红孩子”的原有客户关系管理和精准营销相对的独立性，使其发挥特色，又可以丰富苏宁易购的产品品类。

此外，苏宁易购将对“红孩子”的母婴类优势业务采取“线上线下互动”的方式运营。一方面，将通过在Expo超级店、乐购仕生活广场设立“红孩子”母婴专营区的方式，结合早教、母婴产品、儿童食品、玩具、儿童乐园等品类的拓展，全面发展母婴产品系列；另一方面，将借助网站技术、移动互联网实现“红孩子”品牌的“线上”业务与“线下”业务的互动，尤其是在产品体验、物流服务、促销推广上加快模式的创新。这将有效提升实体门店运营效率，提供更好的“线上”、“线下”融合的客户体验。

(4)后台体系整合

收购交易完成之后,双方的后台将进行全面对接,共享采购、物流、服务、信息等方面的资源。在此之前,"红孩子"的物流体系一直是依靠承租仓库,采用自用配送和干线第三方配送两种方式运行,加入苏宁易购以后,"红孩子"的仓储配送体系将整合至苏宁易购体系下,即合仓,统一使用苏宁电器的大仓。借助苏宁电器已经形成的强大后台能力,双方将共享各类资源,从而达到进一步提升供应链效率、优化费用结构、降低经营成本、提高市场地位的目的。同时,考虑到"红孩子"目前的资金状况、物流能力对其销售的制约,通过在苏宁易购平台上的整合运营,也可以快速提升其规模和利润。

5 尾 声

苏宁易购收购"红孩子"是苏宁电器在电子商务领域发起的首次并购交易行动。从 2012 年 6 月开始,经过约一个季度的谈判,交易双方达成共识,顺利地完成了并购交易。

启发思考题

1. 苏宁易购收购"红孩子"前的经济、政治、法律、行业等环境如何?
2. 苏宁易购收购"红孩子"案例的成功经验有哪些?从电子商务企业并购对象选择、并购价格确定、并购关键矛盾解决等方面进行分析总结。
3. 苏宁易购收购"红孩子"后将面临哪些整合风险?请提出防范风险的建议。
4. 苏宁易购收购"红孩子"对整个电子商务行业发展和竞争格局的影响如何?

案例四

风险投资:是天使还是魔鬼——蒙牛的融资之路①

摘　要:1999 年,牛根生离开伊利,注册成立了"内蒙古蒙牛乳业股份有限公司",并迅速走上了高速发展之路。随着企业的不断发展壮大、市场份额的快速增长,到了 2002 年,资金短缺成为制约蒙牛跨越发展的最大障碍。此时,高速发展的蒙牛已引起了顶级国际风险投资者的关注。本案例回顾了蒙牛在快速发展期的融资过程,着重梳理在此期间蒙牛与摩根等三大风险资本的合作与博弈,再现了蒙牛引入风险资本的过程以及该过程的"得"与"失",呈现了一个真实的企业融资实践。案例主要用于企业融资,特别是企业引入风险资本方面的教学,目的在于让学生了解企业融资中利用风险资本,特别是国外风险资本所引起的系列内容和注意的相关问题。

---

① 本案例由武汉理工大学管理学院的沈俊、罗毅、徐蓉撰写,作者拥有著作权中的署名权、修改权、改编权。本案例授权中国管理案例共享中心使用,中国管理案例共享中心享有复制权、修改权、发表权、发行权、信息网络传播权、改编权、汇编权和翻译权。由于企业保密的要求,在本案例中对有关名称、数据等做了必要的掩饰性处理。本案例只供课堂讨论之用,并无意暗示或说明某种管理行为是否有效。

关键词：蒙牛；企业融资；风险投资；对赌协议；可转股债券

0 引 言

2002年，蒙牛已经经过了3个发展年头，作为企业创始人的牛根生是喜忧参半。喜的是蒙牛经受住了初创期的种种考验与煎熬，企业经营已初具规模：在1999—2002年这三年间，蒙牛的总资产从1 000多万元增长到近10亿元；年销售额从1999年的4 365万元增长到2002年的20多亿元；在全国乳制品企业排名中，也从第119位上升到第4位。忧的是牛根生知道现有的业绩还远远不够，已驶入快车道的蒙牛对资金仍然十分渴求，资本的注入对其成长至关重要。当前蒙牛正是小有成就、呈现良好成长势头的时候，生产资金的短缺却使蒙牛面临着坐失崛起良机的局面。

正在牛根生领导下的蒙牛对资金投入遍寻无门的时候，摩根士丹利与鼎晖投资通过相关关系找到蒙牛，要求与蒙牛团队见面。见面之后摩根等机构劝其放弃正在筹划的到中国香港二板市场上市的计划，引入风险投资机构，利用风险资本帮助企业成长与规范化，待蒙牛发展到了一定程度再帮助其在香港主板上市。

摩根士丹利这等国际顶级投行的出现，无疑使蒙牛乳业以及牛根生团队看到了一条迥异于同类企业的发展道路。摩根士丹利这个名字给蒙牛带来的不单是现金和希望，更多的是国际资本力量的专业精神的震撼和冲击。“他们在投资我们之前已经把我们研究了个底儿掉，而事先我们根本就不知道，他们光资料就积累了这么一沓子！”蒙牛副总裁孙先红之后和外界透露：“他们还请了可口可乐的专家给我们做快速消费品的营销战略策划与培训。”

但是，对于以摩根士丹利为首的风险资本主动向蒙牛投怀送抱，我们应该如何看待？是雪中送炭、帮助中国企业发展的天使，还是意在牟利、获取中国企业资本价值的逐利者？

1 蒙牛融资环境

1.1 液态奶行业环境

基于中国乳业市场巨大的增长潜力，牛根生对蒙牛的盈利前景信心十足。他曾在招股新闻发布会上指出，1998年至2002年期间，中国的液体奶消费总量每年以26%的复合增长率增长。中国人均液体奶消费量虽由1998年的0.6公斤增至2001年的2.2公斤，但仍大约只是当时日本的十八分之一，韩国的二十九分之一，中国液态奶市场空间非常大。

创办初期，蒙牛市场占有率远不及伊利(见表11—9)，在蒙牛创办后第三年(即2001年)，伊利的全年乳制品零售总额为27.02亿元，而蒙牛只有7.24亿元，为伊利当时的两成七。除了伊利之外，光明、三元、三鹿等也是蒙牛强有力的竞争对手。但蒙牛所表现出的快速发展的良好势头，还是在乳制品行业内外引起了强烈关注。

表11—9　　2000—2002年乳制品行业企业销售额　　单位：亿元

企业名称	2000年	2001年	2002年
内蒙古伊利集团	16.00	27.02	40.10

续表

企业名称	2000年	2001年	2002年
光明乳业集团	22.70	35.20	50.20
石家庄三鹿集团	7.20	23.60	30.70
北京三元食品公司	6.80	15.70	—
内蒙古蒙牛集团	2.47	7.24	21.00
行业产值	193.80	290.00	358.30

资料来源：根据零星资料整理而得。

1.2 蒙牛的融资环境

由于蒙牛是新兴的乳制品生产企业，底子薄，银行信用还没有建立起来，所以银行不太愿意将大量资金借贷给蒙牛。蒙牛副总裁孙先红曾对笔者感叹："当年想贷款，谁理我们呀。"因此，此时银行借贷这条路对蒙牛行不通。

从2001年开始，蒙牛开始考虑一些上市渠道，希望通过上市来筹集跨越发展所需要的资金。首先他们研究当时盛传要建立的深圳创业板，但是后来创业板没做成，这个想法也就不得不搁浅。同时他们也在寻求A股上市的可能，但是根据蒙牛当时的情况，在A股上市恐怕需要好几年的时间，蒙牛根本就等不起。他们也尝试过国内民间融资，但几乎都以失败而收场。其中国内一家知名公司来蒙牛考察后，要求蒙牛团队给他们51%的控股权，对此蒙牛不答应；另一家大企业本来准备要投资，但被蒙牛的竞争对手给劝住了；还有一家上市公司对蒙牛也有投资意向，结果又因为它的第一把手突然被调走而把这事搁下了。

2002年初，股东会、董事会均同意，在法国巴黎百富勤的辅导下在香港二板上市。蒙牛不能上主板的原因是当时蒙牛历史较短、规模小，不符合上主板的条件。然而香港二板除了极少数公司以外，流通性不好，机构投资者一般都不感兴趣，企业再融资非常困难。就在这时，摩根士丹利与鼎晖投资找到了蒙牛和牛根生团队，劝其引入风险投资机构，并利用专业化的资本运作帮助企业成长与规范化，等达到一定条件后就直接在香港主板上市。这也似乎是当时条件下蒙牛融资的最佳选择，从此，蒙牛开始了与国外风险投资机构的合作与博弈之路。

2 蒙牛的第一轮融资

2.1 融资过程

2002年6月，摩根士丹利等三家风险投资机构在开曼群岛注册了几家壳公司，其中最重要的有China Dairy Holdings(中国乳业控股)、MS Dairy Holdings(摩根乳业控股)、CDH(鼎晖乳业控股)及CIC(英联乳业控股)。其中第一家是未来蒙牛乳业上市的真正主体，而后三者是第一家的直系股东。

2002年9月，蒙牛的发起人在英属维尔京群岛(BRITISH VIRGIN ISLANDS，简称BVI)注册成立了金牛。同时，蒙牛的投资人、业务联系人和雇员注册成立了银牛(BVI)。

2002年10月17日，"金牛"与"银牛"以1美元/股的价格，分别投资1 134美元、2 968美元认购了开曼公司1 134股和2 968股的A类股票，加上以前各自分别持有的500股旧股，合计持有A类股票5 102股。紧随其后，摩根士丹利等三家风险投资机构以530美元/股的价格分别投资17 332 705美元、5 500 000美元、3 141 007美元，认购了32 685股、10 372股、5 923股的B类股票，合计持有B类股票48 980股，三家风险投资机构总投资约为2 597万美元(折合人民币约2.1亿元)。从这些资金的入账情况来看，当时这笔所谓的“外商投资”根本没有打入内蒙古蒙牛股份的账上，而是打到了摩根士丹利自己控制的中国乳业控股(China Dairy Holdings)。

根据开曼群岛的公司法，公司的股份可以分成A类股和B类股，A类股一股有十票投票权，B类股一股有一票投票权，“金牛”和“银牛”共拥有5 102股A类股，三家风险投资机构则拥有48 980股B类股，双方投票权之比恰好为51%∶49%；但是，股份数量比例即收益权却是9.4%∶90.6%，企业股权结构如图11－10所示。

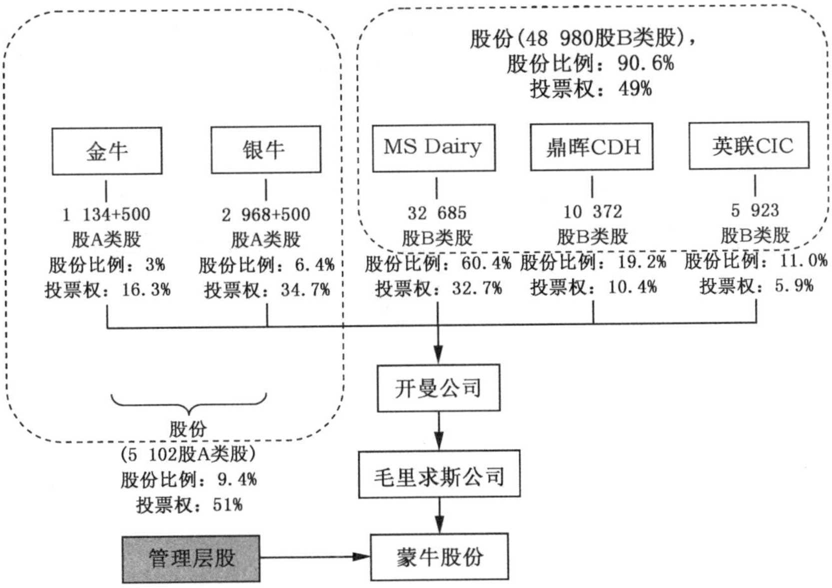

图11－10 第一轮融资后蒙牛股权结构

第一轮融资过程中，机构投资者提出了一个“对赌协议”：如果“蒙牛”的管理层在一年之内没有实现维持高速增长的诺言，那么作为惩罚，开曼公司及其子公司毛里求斯公司账面上剩余的大笔投资现金将要由投资方完全控制，并且投资方将因此占有“蒙牛股份”60.4%(开曼公司内部的90.6%股权，乘以开曼公司对“蒙牛股份”的66.7%股权)的绝对控股权，可以随时更换“蒙牛股份”的管理层。一年后，如果管理层完成了任务，投资方才答应A类股可以1拆10的比例无偿转换为B类股。因此，只有一年后“蒙牛”的管理层完成业绩增长任务，这51%的股票才能拥有51%的收益。否则，三家风险投资机构就是以2 597万美元投资完全控制了蒙牛，蒙牛的管理层包括总裁牛根生将会彻底沦为打工者或者失业出局。

2.2 融资结果

2003年8月，蒙牛已经提前完成了任务。“蒙牛股份”的财务数据显示：税后利润从7 786万元增至2.3亿元，增长了194%。鉴于良好的业务，2003年9月19日，外资允许“金牛”“银牛”分别将所持有的中国乳业控股1 634股(500股中国乳业控股最初成立时“金牛”所持股份，加上 1 134 股管理层于首次增资前认购的股份)、3 468 股(同上的 500 股,加上 2 968 股)A 类股票转换成 16 340 股、34 680 股 B 类股票,管理层股东在中国乳业控股中所占有的股权比例与其投票权终于一致,均为 51%。

可以说,2002 年 6 月达成的投资对赌协议,直到一年后的 2003 年 9 月 19 日才真正完成,所幸的是这一跳有惊无险。但从中可见,2003 年 9 月三家风险投资机构视蒙牛经营状况决定在 A、B 类股间互相转换,可以说是蒙牛中方管理层和外资以企业控制权为赌注的第一次豪赌。博弈的结果是,蒙牛的资本控制权暂时留在了中方手里。

在这第一轮的融资过程中,蒙牛顺利获得了摩根士丹利、鼎晖投资、英联国际三家风险投资机构的投资,解决了资金短缺的问题。1999 年刚创立时,蒙牛一文不名,名列中国乳业的第 119 位。然而在经过风险投资融资后,三家来自海外的风险投资机构不仅为蒙牛带来了巨额的资本,更带来了蒙牛能与国际长期投资者合作的桥梁与通行证。蒙牛纵声一跃,跻身中国乳业前三名,几乎是"平均一天超越一个同类企业",从一个处于成长初期的中小企业,迅速发展成为一个高速成长的、步入初步成熟阶段的企业。吸收第一轮风险资本后,蒙牛的股权结构如图 11—11 所示。

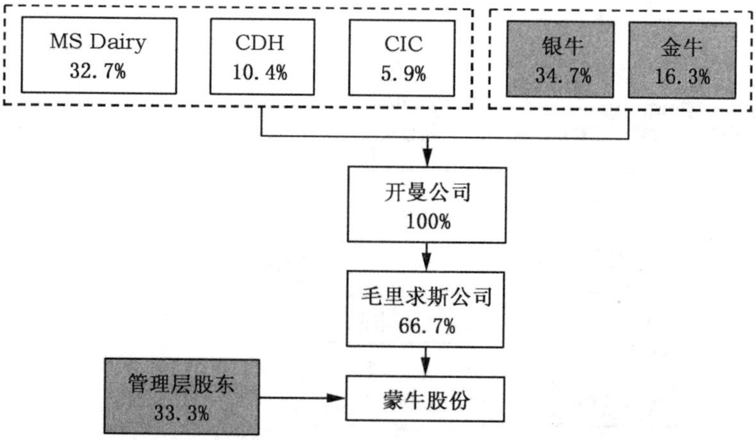

图 11—11　完成股权转换后企业股权结构

3　蒙牛的第二轮融资

3.1　融资过程

在接下来的 2003 年,蒙牛仍保持着高速发展的成长性,业务发展神速(见表 11—10)。处于这一成长发展阶段的蒙牛开始谋求上市。

表 11—10　蒙牛销售收入和同业排名变化表

年　份	实现销售收入(亿元)	同业排名
1999	0.37	119
2000	2.47	11

续表

年　份	实现销售收入(亿元)	同业排名
2001	7.24	5
2002	16.68	4
2003	40.71	3
2004	72.14	2

资料来源：根据零星资料整理而得。

根据蒙牛2003年的辉煌成果，金牛和银牛获得了以面值认购新股的权利，认购的上限是金牛和银牛的合计持股数量不能超过开曼公司总股本的66%。金牛和银牛分别新认购13 975股和29 661股，这时蒙牛系与三家风险投资机构在开曼公司的股比变为65.9%：34.1%。

2003年10月，三家风险投资机构鉴于“蒙牛股份”当年的税后利润将超过2.3亿元，前期投资市盈率已经下降到2.82倍以下(外资以2.16亿元获得了近1/3的股权，因此市值仅约6.5亿元，2.16/(2.3×0.33)=2.82)，因此，决定增大持有量，由于牛根生坚决不放32%的最高外资投资底线，于是新的投资只能以认购可换股证券来实现。

2003年10月，鼎晖投资、摩根士丹利和英联国际三家风险投资机构斥资3 523万美元(折合人民币2.9亿元)，购买了3.67亿股蒙牛上市公司可转债。约定的未来转股价为0.74港元/股，2004年12月后可转股30%，2005年6月后可全部转股。

9月18日，毛里求斯公司以每股2.177 5元的价格购得蒙牛的80 010 000股股份；10月20日，再次以3.038元的价格购买了96 000 000股蒙牛股份，对蒙牛股份的持股比例上升至81.1%。第二轮吸收风险资本后，蒙牛股权结构如图11—12所示。

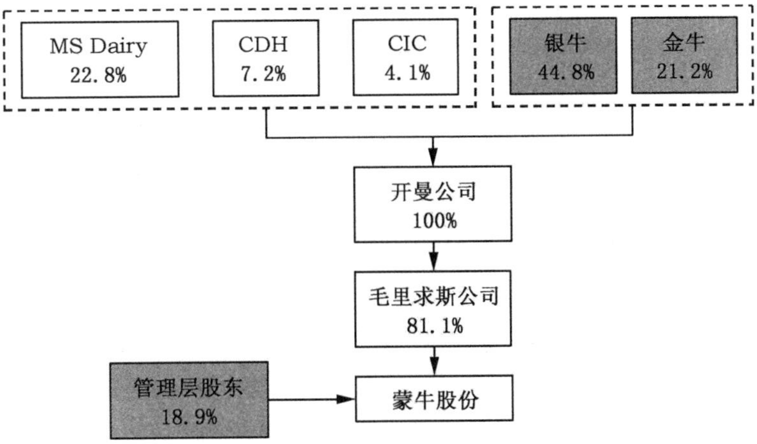

图11—12　第二轮融资后企业股权结构

3.2　融资结果

为了控制投资项目的风险，“业绩奖惩条款”贯穿了蒙牛与三家风险投资机构的再次合作过程。在这一次的“对赌协议”中，条款规定：如果蒙牛的效益达不到三家风险投资机构期望的增长率,那么,三家风险投资机构就可没收(需要蒙牛管理层支付股票或等额现金)金牛公司(蒙牛管理层)所持有上市公司的 7 830 万股(金牛一共只有 1.58 亿股,7 830 万股约占上市公司总股数的 6%),以惩罚蒙牛的管理团队。当然,如果目标实现,三家风险投资机构股东则向管理团队兑现同等奖励。其中,这一期望的增长率是指未来 3 年的年盈利复合增长达到 50%。也就是说,蒙牛在 2006 年的销售额需要达到 120 亿元以上。可以看出,所谓的对赌协议,三家风险投资机构根本就没有任何风险,他们更像是坐在驾驶席的车夫,轻松地赶着一辆牛车,而车辕上套着的,正是为了三年后 7 830 万股奖励而搏命以"蒙牛速度"狂奔的蒙牛管理层。

4 蒙牛上市与风险资本退出

4.1 蒙牛上市

2004 年 2 月,蒙牛乳业在开曼群岛注册成立。根据协议,按确切股份比例及类别,向管理层股东、牛根生及三家金融机构投资者配发及发行股份,以换取其当时持有的开曼公司股份,及向三家机构投资者发行可转债,以换取其持有的开曼公司可换股证券,从而建立如图 11—13 所示的蒙牛乳业与开曼公司的股权结构。

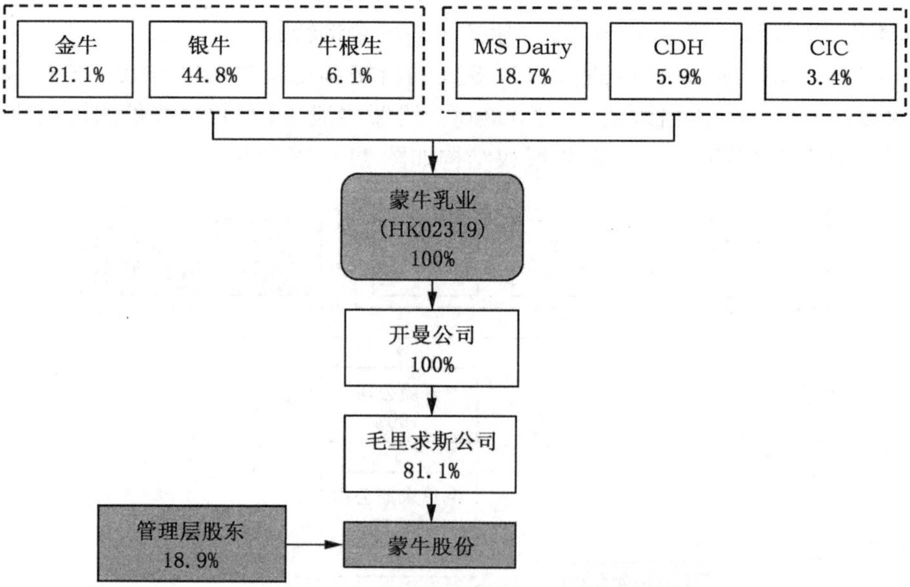

图 11—13 蒙牛上市前企业股权结构

2004 年 6 月 10 日,蒙牛乳业在香港挂牌上市,公开发售 3.5 亿股,其中 2.5 亿股是新发,另外 1 亿股来自三家风险投资机构的减持。发行价为 3.925 港元,共募集资金 13.74 亿港元。成为中国第一家境外上市民企红筹股。上市后股权结构如图 11—14 所示。

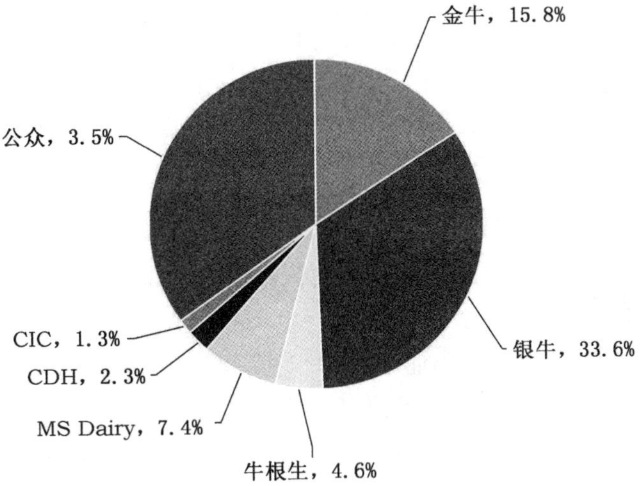

图 11－14 蒙牛上市后企业股权结构

4.2 风险资本退出

IPO 时，三家风险投资机构共出售了 1 亿股蒙牛的股票，套现 3.92 亿港元。摩根士坦利、鼎晖和英联分别卖出了 35 034 738 股、11 116 755 股及 6 348 507 股，分别相当于蒙牛已发行股本约 2.6%、0.8%及 0.4%。

2004 年 12 月，风险投资机构行使第一轮可转股债券转换权。摩根士丹利、鼎晖投资和英联国际三家风险投资机构将自己分别持有蒙牛的 11 227 万股、3 562 万股、2 034 万股共计 16 823 万股股份配售给投资者，配售价为每股 6.06 港元。配售完成后，这三家风险投资机构累计套现 10.2 亿港元。其中摩根士丹利将第一批可转债(30%)转换并以 6.06 港元/股的高价抛出 1.1 亿股蒙牛股份，套现 6.7 亿港元。2005 年 4 月 6 日，蒙牛乳业(2319.HK)公告其 2004 年度业绩(见表 11－11)。

表 11－11 **蒙牛上市公司 2004 年度利润表节选** 单位：人民币千元

	01/01/2004－31/12/2004	01/01/2003－31/12/2003
营业额	7 213 827	4 071 468
经营溢利/(亏损)	438 618	305 950
财务费用	(29 086)	(12 900)
应占联营公司之溢利/(亏损)	32	738
应占共同控制个体之溢利/(亏损)	不适用	不适用
扣除税项及少数股东权益后之溢利/(亏损)	319 393	164 372
相对上期之百分比增减	+96.3%	
每股盈利/(每股亏损)—基本	0.357	0.192
每股盈利/(每股亏损)—摊薄	0.285	不适用
非经常性收益/(亏损)	不适用	不适用

续表

	01/01/2004—31/12/2004	01/01/2003—31/12/2003
扣除非经常性项目后之溢利/(亏损)	319 393	164 372
末期股息(每股)	0.0585	不适用

资料来源：香港交易所 HKExnews 披露易上市公司公告(2005 年 6 月 4 日)。

由表 11—11 可知，蒙牛乳业 2004 年度乳业营业收入高达 72.138 亿元，比 2003 年上升了 77.18%，净利润高达 3.194 亿元，增幅为 94.3%，高出公司在 IPO 时许下的盈利承诺，每股基本盈利为 0.357 元，上升 85.9%。

此时，公告显示，由于蒙牛的杰出业务表现和利润增长理想，业绩奖惩条款生效，三家风险投资机构提出把以可转股债券(本金金额为 5 987 644 美元)方式持有的蒙牛乳业股权 6 260 万股股票转让给金牛——蒙牛管理层控股公司。代价是提早终止金牛公司与风险投资机构于 2004 年 5 月 11 日签订的股东协议内的估值调整机制。管理层控股公司则获得蒙牛乳业 6 260 万余股股票。如果按当时 6 港元/股的市值来计算，约合 3.75 亿港元。

至此，摩根士丹利、鼎晖投资和英联国际三家风险投资机构进入蒙牛以来，共投入约 5 亿元人民币，中方股东投入约 0.46 亿元人民币。如果按照 2005 年 4 月的股价来看，双方均可获得 20 多亿元的投资回报！

2005 年 6 月 13 日，三家风险投资机构行使全部剩余可转债。摩根士丹利、鼎晖投资和英联国际三家风险投资机构共出售了 1.94 亿股股票，蒙牛管理层及其员工出售了 1.21 亿股股票。此次售价为 4.95 港元/股，总共套现 16 亿港元。在这次减持后，三家风险投资机构持有蒙牛股份的数量仅剩 100 多万股。其中摩根士丹利、鼎晖投资和英联国际分别持有公司 877 820 股、273 776 股和 159 123 股，分别占公司股份的 0.06%、0.02%和 0.01%，三家风险投资机构合计持股比例则由之前的 14.27%骤减至 0.18%。

表 11—12　　风险投资机构退出信息

	时间	售出股份	套现金额
IPO 时	2004 年 6 月	约 1 亿股	3.92 亿港元
第一次转股	2004 年 12 月	约 1.8 亿股	10.2 亿港元
全部转股后	2005 年 6 月	约 3.16 亿股	15.62 亿港元

至此，摩根士丹利、鼎晖投资和英联国际三家风险投资机构基本完成了对蒙牛的股权投资，以 IPO 的方式退出，并获得了超额的投资收益。三家风险投资机构从 2002 年到 2004 年共向蒙牛投入风险资金 6 120 万美元，折合 4.78 亿港元，通过蒙牛上市获得现金 29.74 亿港元，两年获利 5 倍之多！

5　案例总结

通过风险投资机构的投资与支持，牛根生带领蒙牛的管理团队，使蒙牛从一个初创的中小企业，以“蒙牛速度”成长为一个步入成熟的大中型上市企业。风险投资机构对蒙牛的发展功不可没：不仅在蒙牛需要资金注入的时候给予了资金支持，解决了蒙牛的融资问题，同时为蒙牛的管理提供增值服务，提升了企业的国际化水平，最终使蒙牛如愿进入资本市场。

然而，在蒙牛获得风险资本支持的同时，蒙牛以牺牲企业所有权、控制权及收益权的风险为代价，承受三家风险投资机构开出的各种限制性条件，总结如下：

（1）对蒙牛管理层售股的限制

本来《上市规则》对新上市公司控股股东设有 6 个月的禁售期，而且在禁售期满之后的 6 个月内也不允许其因减持而失去控股地位。上述规定根本无法满足三家投资机构对蒙牛管理层售股的限制欲，他们分别对金牛和银牛的股东制定了限售规则。对金牛股东出售股票的限制极为严苛：售股比例永远不得高于三家机构的售股比例且累计出售股份不得高于 6 330 万股（2004 年 5 月 14 日金牛持有股份数的 30%）。也就是哪怕三家机构仅持有一股蒙牛股票，金牛股东所持股票的 70%就不能变现。对银牛股东售股限制略有松动：上市第一年内不得售股，第二年最多可出售 1 亿股，第二年加第三年合计共可售 2.68 亿股。上市满三年后银牛股东才可自由出售所持的股票。蒙牛管理层被牢牢拴在资本的战车上，与资本共进退。

（2）可换股债券

三大风险投资机构选择持有蒙牛的可转股债券，反映了他们和“蒙牛”博弈过程中的游刃有余：

其一，暂时不摊薄“蒙牛系”实际控制“蒙牛股份”67%股权的现实，保证管理层对蒙牛股份控制权的稳定。

其二，不摊薄每股盈利，保证公司每股经营业绩稳定增长，维持上市前财务数据的可看性。

其三，换股价格远低于 IPO 股价，锁定了三家风险投资者的投资成本，保证规避一旦蒙牛业绩出现下滑时的投资风险。

另外，这笔可转换证券是以毛里求斯公司的全部股权为抵押的。如果股价不尽如人意，该证券将维持债券的模式，蒙牛有义务还本付息。并且，此可换股债券还设有强制赎回及反摊薄条款。

三家机构按约定可在蒙牛上市 12 个月后转为约 3.684 亿股。如果蒙牛业绩继续保持增长势头，三家机构通过转换股票后将持有总股本的 34.9%，而管理层持有的股份从 54%被稀释到 39.5%。这样管理层就失去了绝对控股地位，只以 4.6%的优势保住了第一大股东地位。而三家机构通过债转股既分享了蒙牛的成长，又加强了对其的控制。如果蒙牛业绩不理想三家机构可放弃转股，由上市公司赎回票据并支付利息。

（3）重新估值

三家投资机构为了进一步保护自己的利益，设计了所谓重新估值方案。蒙牛 2004、2005、2006 三个年度的复合利润增长率如果超过 50%，金牛股东将按超额完成的情况获得投资机构奖励的股票。反之，金牛股东要割让股份给三家机构。奖惩股票最高数额为 7 830 万股。如果管理层被罚 7 830 万股，他们合计所持的股份将由 5.4 亿股降至 4.6 亿股，所占比率相应地由 39.5%下降到 33.8%。同时，三家投资机构合计所持的股票将由 4.77 亿股上升到 5.55 亿股，所占比率由 34.9%上升到 40.6%。此消彼长，管理团队将失去对上市公司的控制权而投资机构就有了罢免他们的主动权。如果管理团队能使利润每年增长 50%，2006 年度利润将达 6.75 亿元。管理团队得到奖励的 7830 万股，双方的股权分别为 45.2%和 29.2%，管理团队的控股地位得到巩固。三家机构虽然割让了所持股份的 16%，股价却可望飙升至 10 元以上，投资机构所持股票的市值超过 40 亿元。

（4）服务限制

2004 年,牛根生对三家机构承诺,至少 5 年内不跳槽到别的竞争对手公司去或者新开设同类乳业公司,除非风险资本减持上市公司股份到 25%以下。这样一来,牛根生即使在"蒙牛"被风险资本流放,他也不能再出去创业了。

牛根生承诺,10 年内,风险资本随时随地可以净资产价格或者 2 亿元人民币的"蒙牛股份"总作价中较高的一个价格,增资持有"蒙牛股份"的股权。这样,即使牛根生将来有二心,操纵金、银牛,对抗风险资本,风险资本也可以轻松地增持"蒙牛股份"的股权,从而摊薄金牛、银牛对"蒙牛股份"的控制力,架空牛根生。

(5)获取蒙牛股份的认购权

2004 年,三家国际投资机构取得了在十年内一次或分多批按每股净资产(摊薄前为 1.24 港元/股)购买上市公司股票的权利。认购权涉及的数额没有披露,但三家投资机构对蒙牛资产和股权的觊觎不得不防。

2005 年 6 月时,"蒙牛"的真正股权结构中,只要把外资系各股东的股份数量乘以当时的股价,就可以轻松地计算出外资系各股东可以得到的巨额回报。需要注意的是,金牛、银牛和牛根生的股票是有禁售期限制的,而届时外资系的全部股份都没有禁售期。并且,所谓的公众投资者,大多是摩根士丹利亲自推荐的机构,他们和摩根士丹利一致行动的可能性极大。那么,代表风险资本的股权将高达 60.5%,谁掌握有"蒙牛"的真正控制权,自然不言而喻。

6 补充材料

6.1 三家风险投资机构简介

(1)摩根士丹利(Morgan Stanley)

摩根士丹利是一家全球领先的国际性金融服务公司,业务范围涵盖投资银行、证券、投资管理以及财富管理。公司在全球 37 个国家设有超过 1 200 家办事处,公司员工竭诚为各地企业、政府机关、事业机构和个人投资者提供服务。早在 80 年代中期,摩根士丹利就已进入中国,并于 1993 年开始在中国进行长期直接投资业务。1995 年,摩根士丹利成为首家入股中国国内合资投资银行的跨国银行。中国国际金融有限公司(简称中金公司)就是摩根士丹利与中国建银投资有限责任公司和几家国内外实体联合组成的合资公司,摩根士丹利是第二大股东,持有公司 34.3%的权益。

摩根士丹利直接投资部负责对经营性企业做长期的投资业务,现管理大约 100 亿美元的资金。这笔资金来自摩根士丹利、公司员工及其他机构与个人投资者。从性质上来说,这一部门就是一个风险投资管理机构。自 80 年代中期至今,这一机构在全世界范围内已投资了 100 多家公司,其投资理念是对业绩优秀的企业做长期的投资。通常来说,该基金不参与公司的日常管理,而是通过董事会层面与管理层充分沟通配合,并有效地利用摩根士丹利在全球的资源及金融专识以帮助其所投资的公司长期稳定发展。

迄今,摩根士丹利直接投资部已在中国对多家成功的企业进行了投资,并为它们的发展提供了多方面的协助。在国内的投资企业包括平安保险、南孚电池、蒙牛乳业、恒安国际、永乐家电、山水水泥、百丽国际等多家行业龙头企业。这些企业都是在国内乃至全球同行业中业绩最优秀的佼佼者,并且通过摩根士丹利在全球范围的资源整合协助,得以快速、全方位地与国际接轨,通过在海内外资本市场上市融资,利用全球资本谋求在发展上更上一层楼,成为具有国际水平的一流企业。

(2)鼎晖投资(CDH)

鼎晖投资基金管理公司的前身是中国国际金融有限公司(CICC)(简称“中金公司”)的直接投资部。中金公司是摩根士丹利与中国建银投资有限责任公司和几家国内外实体联合组成的合资公司,是中国最早开展直接投资业务的投资银行。在中金公司期间,管理团队在五年的实践中,取得了令人瞩目的投资业绩,主导投资总额达到1.2亿美元,投资的年均收益率超过30%,并培养了一支有丰富经验的管理团队。2001年中国证监会发布了禁止证券公司从事风险投资业务的规定,中金公司决定将其直接投资部及投资业务进行分拆。

2002年鼎晖投资基金管理公司成立,这也是中国省级基金参与的第一家有限合伙性质的私募股权投资基金。鼎晖投资的成功投资案例包括了李宁、鹰牌陶瓷、南孚电池、分众传媒和永乐家电等知名企业。

(3)英联国际(CIC)

英联国际成立于2000年6月,由英国最大的保险集团商联保险(CGNU)和英国联邦投资集团(CDC Capital Partners)各出资50%设立。英联投资管理着72家投资者的资金,管理的基金总额达27亿美元。其中中国团队是英联全球网络的一部分,于2000年在北京成立办事处,目前管理着2.26亿美元的基金。英联投资是为数不多的在中国设立办事处的国际性直接投资公司之一,在中国境内赫赫有名。英联的投资项目均为传统项目,包括中海油、宁夏红、厦门进雄(一家户外旅游产品企业)、禹华通讯(一家手机设计企业)和国人通讯(2006年初在纳斯达克上市),此外,英联国际还曾投资了著名的太阳能应用企业——无锡尚德(在美国纽约证券交易所上市获得巨大成功)。

三家风险投资机构选择集合投资,更像是一种对分散风险需要的反映。通过信息的分享和互通,从而降低投资风险。

6.2 开曼群岛和毛里求斯开设公司的优势

开曼是被全球各大证券交易所认可的上市公司注册地,比如港交所、纳斯达克、纽交所、新加坡交易所等交易所。因此,注册开曼公司基本都是因为国内证券市场进入门槛高,并且出于海外融资上市的目的。国内民企海外上市基本都会选择开曼公司作为上市主体,注册开曼公司之后,再以开曼公司控股国内实体资产,最终以开曼公司实现上市目的。

成立开曼群岛公司的优点在于:开曼群岛完全没有税收,无论是对个人、公司还是信托行业都不征任何税。所以开曼群岛被称为一个真正的税务避风港。开曼群岛在1978年获得一个皇家法令,法令规定永远豁免开曼群岛的缴税义务,目前这个法令继续有效。免除公司还可申请一个20年有效的免除证书更进一步保证了其无须缴税的地位。没有利润税、财产税,唯一之税项为印花税,任何转让或按揭房地产均需缴付印花税。没有附加条例限制贸易发展。没有外汇管制,资金可灵活调动。

在蒙牛上市过程中,设立毛里求斯公司的关键在于利用了双边税务协定:

(1)由于中国政府针对毛里求斯公司在中国的投资利润征收的预提税比较低,为6%～7%;而从毛里求斯公司向开曼返回利润,是不征税的。

(2)假设蒙牛开曼的上市公司以开曼公司直接控制国内子公司,预提税则高达20%。

(3)尽管目前很多公司以“关联交易”来替代“利润回流”,但这在法律上是有潜在风险的,属于灰色地带,尤其对于上市公司而言,更需要以合理的离岸结构来做合法避税。

启发思考题

1. 蒙牛为什么能吸引风险投资机构?什么样的民营企业能吸引风险资本?

2. 请分析蒙牛引入风险投资的利弊。

3. 你怎么看待蒙牛与风险资本的“对赌”协议,如果你是牛根生,你会接受这样的对赌协议吗?为什么?

4. 为什么风险资本提前废除与蒙牛系的对赌协议?

5. 蒙牛不同发展阶段采取的融资方式有哪些?

6. 你觉得蒙牛有没有被贱卖?

案例五

纳斯达克上市的“成熟孩子”:斗鱼 TV 的商业模式演化之路

摘　要:随着第五代移动通信技术(简称 5G)时代的到来,互联网技术迎来了新的发展。借此机会,以互联网技术为依托的直播行业也迎来了新的春天。2019 年 7 月 17 日,斗鱼 TV 在美国纳斯达克上市(股票代码:DOYU),这不得不让我们惊叹是什么使这个仅出生 5 年的“孩子”在市场上有了较“成熟”的发展。本案例选择在直播业界具有代表性的斗鱼 TV 作为案例对象,回顾斗鱼 TV 的创业历程,分析使其得以发展的市场环境、商业战略和创新路径,回答斗鱼 TV 成功的商业模式是如何构建的问题,多轮融资在斗鱼 TV 商业模式演化的过程中发挥的作用是什么。案例侧重启发引导学员从环境、营销、融资等方面探究斗鱼 TV 商业模式的形成,利用商业模式九要素模型,帮助学员了解和认识动态调整创业企业商业模式的必由之路。

关键词:斗鱼 TV;直播+泛娱乐;商业模式;创业融资

0　引　言

2019 年 7 月 17 日,对于武汉斗鱼网络科技有限公司(本案例简称为“斗鱼 TV”)来说,这是个令人激动的大日子。这一天,斗鱼 TV 在美国纳斯达克上市了,其股票代码为“DOYU”,市值 37.33 亿美元,约 256 亿元人民币。这是湖北首家本土孕育的海外上市互联网企业,也是湖北乃至华中地区首次出现市值超过 250 亿元的互联网企业。斗鱼 TV 的上市是其自身的突破,斗鱼 TV 创始人、CEO 陈少杰在上市致辞时表示:这是一个激动人心的时刻,也是公司发展历程中最具有关键意义的里程碑。陈少杰说:“过去五年间,我们把握了直播行业的发展契机,也经受住了种种困难与考验。如今,斗鱼已经成长为中国最大的以游戏为核心的直播平台,也是中国电竞领域的先锋。”敲钟现场,陈少杰对平台上的 6.5 万主播和 2.5 亿用户表示了感谢,并称那天是斗鱼的“高光”时刻,但绝不是“巅峰”时刻。海阔凭鱼跃,斗鱼将锐意进取,不断为用户和股东创造更多价值。而在这短短 5 年就迅速上市的背后,是什么支撑斗鱼 TV 一路前进的呢?是什么使其成长如此之快?是运气还是实力?是巧妙的商业模式还是强大的资金支撑?抑或是其他复杂因素的共力作用?

1 厚积薄发，扶摇直上

1.1 携手创业，开拓蓝海

这是一个在没有深入交谈时很容易忽视的年轻人，他十分腼腆，在员工面前不善言谈，也不喜欢客套。可一旦他打开话匣子，他对行业的敏锐观察力和对产品的极致追求就显露无遗。这是斗鱼TV创始人、CEO张文明给人的第一印象。他出生于1984年，江苏省沛县人，2006年毕业于武汉理工大学。斗鱼TV的另一位创始人陈少杰是张文明的发小。起初，陈少杰在一家游戏公司负责产品研发，在工作的过程中，陈少杰萌生了创业的想法。他认为游戏行业是一片尚未开发的蓝海，在互联网时代背景下，游戏行业未来有很大的发展空间，于是他游说好友张文明一起创业。湖北政府和光谷创业园为创业公司提供场地、资金和诸多政策保护，为两人的创业提供了契机。

回到武汉的张文明与陈少杰共同开启了创业之路，并推出了“掌门人”游戏对战平台。后来盛大游戏收购“掌门人”，陈少杰成为盛大边锋武汉分公司总经理后，任职期间，他收购了当时不为人知的A站，并在其中持有一小部分股份。

1.2 发掘需求，瞄准商机

在网游行当深耕的过程中，张文明和陈少杰发现，喜欢打游戏的玩家也喜欢观看游戏高手对决。作为一个游戏迷，陈少杰感受到了游戏直播行业的发展潜力，便在A站推出游戏直播ACFUN生放送栏目。游戏直播具有互动性的特点，玩家观看自己喜欢的主播玩游戏时，可以通过“弹幕”与主播、观众和各路大神交流，沟通游戏技巧，这样及时的反馈和实时的互动性是下载、观看游戏录像所不能达到的。此外，大多数游戏直播的观众出生于80、90年代，他们大部分从小就接触电子游戏这类娱乐工具，由于这群观众受到了互联网的巨大影响，所以他们擅长利用互联网平台展现自己，善于在网络上寻找与自己兴趣相投的人，构建基于游戏的社交关系。游戏直播带来的认同感对游戏玩家有强大的吸引力，很容易吸引具有超强黏性的受众群体。

2014年，游戏直播势头上升明显，陈少杰和张文明也嗅到了商机，他们及时将生放送直播从A站独立，正式更名为斗鱼TV。起名灵感来自泰国斗鱼，这种鱼以好斗闻名，两雄相遇必有一场决斗，它们互相冲击挑衅、撕咬，直到一方死亡。斗鱼TV继承了A站的弹幕风格，视频加弹幕的有趣形式成为斗鱼TV的特色。

1.3 把握机遇，厚积薄发

对于初创型公司来说，资金问题是最大的困难。张文明回忆，斗鱼TV创立之初，许多国内风投并不看好，因为大多数投资人看不懂游戏直播这个行业。当斗鱼TV陷入资金困境时，大洋彼岸传来了亚马逊9.7亿美元收购Twitch的消息，令国内资本方看到了游戏直播的前景，于是在斗鱼TV成立一年内，就获得了来自奥飞动漫、红杉资本等资本方的陆续投资。张文明说：“要不是亚马逊要收购这家游戏直播网站，刺激到国内的资本方，斗鱼还要继续等待”。获得投资后，斗鱼TV迅速着手进行平台建设和开拓市场，迅速占据了行业高地。

当机会来临时，斗鱼TV总能审时度势，勇敢把握，明确前进的风向标，迎风而立。从内容到市场,它总是走在行业的前列,也许这也是投资方青睐斗鱼 TV 的原因。根据斗鱼 TV 上市前夕披露的数据可以发现,斗鱼 TV 已经成为用户基数最大的游戏直播平台,注册用户达 2.809 亿,平均月活跃用户 1.59 亿,领先于虎牙的 1.238 亿。无论是 App 渗透率还是用户活跃度,斗鱼 TV 都稳居第一。由此可见,斗鱼 TV 的迅速成长并不是凭借运气,而是厚积薄发的结果。

2 深耕电竞,多管齐下

在游戏直播行业中,一介平民出身的斗鱼 TV 毫无疑问是个苦孩子,但它却能在一众具有先天优势的直播平台中脱颖而出,斗鱼 TV 依靠的正是它对电竞产业的深耕,对平台建设游戏直播内容的专注,具体举措包括冠名电竞俱乐部、签约和培养游戏主播、自制电竞游戏赛事等,如图 11—15 所示。

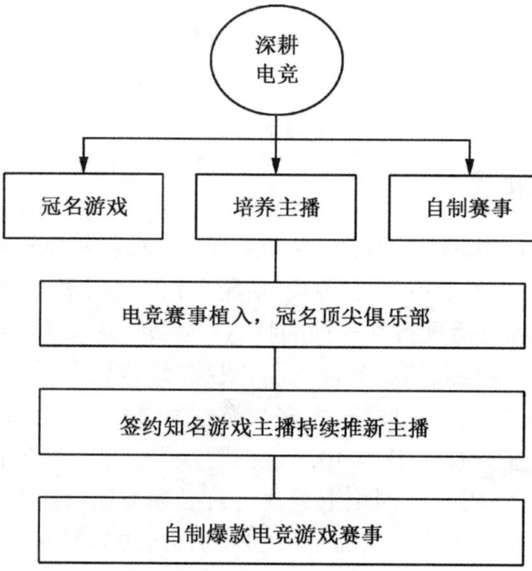

图 11—15 斗鱼 TV 深耕电竞产业链

2.1 冠名俱乐部,提升知名度

陆续获得融资的斗鱼 TV 开始签约游戏赛事直播权,冠名电竞俱乐部,进行赛事植入。在斗鱼 TV 发展的初期,这些营销手段使其知名度迅速提升,初步开拓了市场。

从 2014 年至今,斗鱼 TV 已经累计冠名了 AG、HGT 等 8 家顶尖的电竞俱乐部,其中已经有许多在国内国际电竞赛事中先后获得过冠、亚、季军,这也极为符合斗鱼 TV 的企业品牌的定位——做国内游戏直播行业的领头羊。游戏直播行业的佼佼者与国内电子竞技领域的顶尖俱乐部强强联合,带来了一番游戏直播热潮。多家电竞俱乐部在斗鱼 TV 的冠名赞助下出战赛事,提升了品牌曝光率,形成了品牌规模效应,电竞俱乐部的队员也会在比赛之余为斗鱼 TV 用户带来精彩直播,为平台吸引了众多游戏玩家。斗鱼 TV 与电竞俱乐部的合作为电竞提供了强有力的传播平台,另一方面,借助这些俱乐部参加的赛事,使斗鱼 TV 名气大增。对于双方来说都大有裨益，何乐而不为呢？

2.2 签约主播，培养新秀

除了对赛事赛制的植入，斗鱼 TV 也十分重视对知名游戏主播的签约。2014 年 10 月，斗鱼 TV 高价签约著名 LOL 解说小智和前 LOL 职业玩家若风。直播行业对小智签约价为 1 500 万元的消息纷纷热议，为斗鱼 TV 赚足了话题，做了免费的宣传。此后，斗鱼 TV 还陆续签约了骚白、旭旭宝宝、PDD 等自带粉丝群的超人气主播，为平台吸引了巨大的流量，签约费也频创新高。

同时，斗鱼 TV 集中力量培养新秀游戏主播，投入 10 亿元开展“主播星计划”，发掘主播，进行培养扶持和宣传包装。张文明认为平台要具备持续推出新主播的能力，主播这一职业已经形成行业生态，并获得投资，未来非职业化的主播很难再突围。“现在主播的工作室有策划剧情的、负责道具的，还有宣传团队和群众演员。”斗鱼 TV 为一些有潜力的主播设立公司，给予大力支持以确保主播和平台都能盈利，以此促进新主播的涌现，激发更多主播的创造热情，形成良性循环。游戏主播在强大的平台流量下迅速成为重量级明星预备役，赋能给斗鱼另一个“职业经纪人”的新人设，先后培养妃凌雪、17shou 等新秀游戏主播。

斗鱼 TV 签约和培养的众多游戏主播凭借自身的实力以及公司的包装吸引了大量粉丝，为斗鱼 TV 的知名度提升做出很大贡献，也形成了企业的核心人力资源与核心竞争力。用户去平台观看直播的很大原因是想看自己喜欢的主播，尤其是一些热门和实力强劲的主播，斗鱼 TV 大量签约和培养主播无疑给平台带来了新鲜的血液。

2.3 自制赛事，大获全胜

在冠名电竞和签约游戏主播后，斗鱼 TV 并不止步于此，而是继续深耕电竞产业链，以求纵向发展做精做好做深。平台先后加持推出了斗鱼超级联赛以及斗鱼黄金大奖赛等热门游戏赛事，还特为获胜者设置了高达 46 万元的赛事奖金，吸引了参与者的目光。这些爆款游戏赛事一经推出，就引发了业界和水友的高度关注，不管是参加人数还是举办效果，都属行业顶级。斗鱼超级联赛仅开赛三周，在线观看人次达 5 100 万，弹幕条数超过 220 万。斗鱼黄金大奖赛的海选赛总热度就已突破千万记录，一度被看作是“国内最大规模绝地求生电竞赛事”。斗鱼 TV 游戏赛事制作上的大获全胜也给了这条“鱼”更多的信心。

凭借在国内电竞直播领域的先发优势，斗鱼 TV 不仅拥有广泛的用户基础，并且拥有高度的用户参与率，高品牌知名度和诱人的商业机会，初步构建了商业模式，形成了游戏开发商、赛事主办方、职业选手、电竞主播和粉丝观众之间的融合发展格局。同样是在深耕电竞价值链的途中，斗鱼 TV 发现市场背景悄悄发生了变化。“互联网＋”的发展为直播行业提供了广阔的发展空间，国家文化产业政策支持发展电子竞技等新业态，深耕游戏直播已经成为直播行业人尽皆知的事情，市场上涌现出了越来越多的直播平台，也出现了许多强劲的竞争对手，例如虎牙、企鹅电竞、熊猫 TV 等。当下人口红利缩减，用户增速变缓。直播逐渐走入人民生活，人民对直播行业的需求增加，对直播质量、平台技术水平的要求更高；短视频的出现也对游戏直播产生了巨大的冲击。在其他竞争对手继续深耕游戏直播的情况下，斗鱼 TV 一味深耕游戏直播带来的只有两败俱伤。思索过后，斗鱼 TV 又开始继续寻找属于它的新征程。

3 线上转型,万花齐放

创业两年后的斗鱼TV凭借市场渗透率、用户规模、收入水平等方面居于行业领先地位,这与斗鱼TV前瞻的目光和独特的商业战略息息相关,也为转型泛娱乐综合直播平台积累了资源。斗鱼TV在深耕电竞的基础上调整商业模式,丰富价值主张,积极布局“直播+”,向泛娱乐转型,致力于打造“每个人的直播平台”。

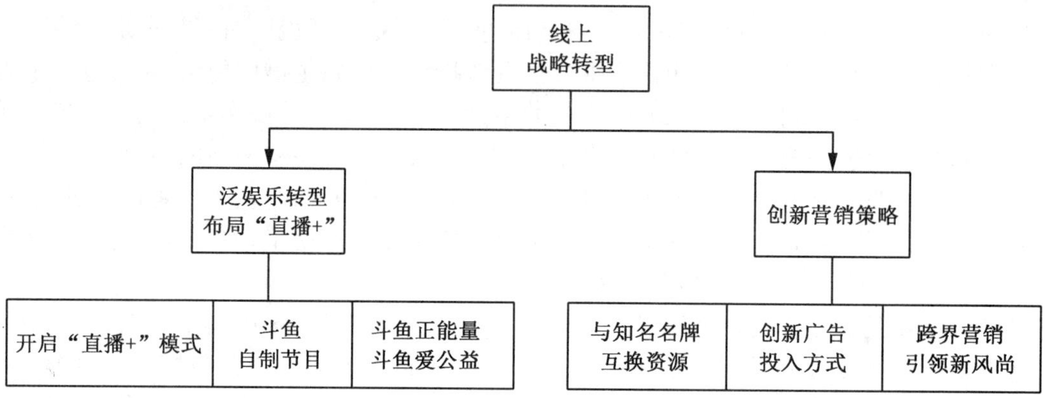

图11—16 斗鱼TV线上战略转型

3.1 转变价值主张,布局泛娱乐转型

(1)布局“直播+”泛娱乐

不满足仅制作游戏领域直播的斗鱼TV,在探索全民电竞的基础上转战布局泛娱乐,开始了属于它的商业模式转型之旅。推出游戏、真人秀、综艺、科技、体育、音乐、影视、教育等综合性360度全方位的直播内容,布局以“游戏直播”为核心的“直播+”模式。

陈少杰表示,斗鱼TV将布局“直播+”战略,走直播多元化、内容精品化的发展道路,降低电竞自身的竞技属性,提高电竞与娱乐结合的程度和电竞的娱乐化水平,这将是“全民电竞”的又一发展态势。张文明也在接受《长江日报》采访时表示,斗鱼TV致力于打造一个平民及全民的泛娱乐直播平台,直播内容从游戏直播拓展到体育、生活和娱乐等方面。这也不难看出斗鱼TV的商业模式正在发生改变。直播+电竞、直播+音乐、直播+电商、直播+航天……“直播+”模式正在成为斗鱼TV甚至整个直播行业实现创新突破的可靠路径和主要方式。泛娱乐模式促进直播行业向产业链各端渗透,促进内容创新和产品创新。同时,直播行业具有互动强、传播快、变现快的特点,这将为其他行业带来新的增长点。泛娱乐的纵深发展有利于直播平台与其合作行业实现双赢。随着互联网通讯技术和智能移动设备的进步,人们可以随时随地发起直播和观看直播,直播内容也更加泛生活化,斗鱼TV打造“每个人的直播平台”的价值主张逐渐成为现实。在“直播+”模式的帮助下,斗鱼TV拥有直播界最多的优质主播资源,以及最高忠诚度的粉丝,斗鱼TV华丽转身,“直播+”战略深得市场需要。

(2)自制节目助力转型

对于白热化竞争的直播行业,经历了资本厮杀和主播、版权资源的争夺后,越来越多的直播平台意识到了优质、丰富的内容是其发展之基，是差异化优势的核心所在。作为引领行业发展的头部平台斗鱼TV，在抢先获得资本和获取优质用户后，在平台的自制内容上又一次走在了前面。

2016年，直播行业还处在野蛮生长时期，斗鱼TV就率先开启了自制内容之路。斗鱼TV分别推出了首档直播综艺节目《饭局的诱惑》和首档跨界旅游主题的直播综艺节目《鱼乐星之旅》。其中，《鱼乐星之旅》首次尝试多机位直播，借鉴了传统电视综艺节目的表现手法，在表现形式和内容展示上实现了多元创新，弹幕形式也使综艺嘉宾和观众之间实现了即时互动。与马东团队合力打造的《饭局的诱惑》是斗鱼TV自制节目的杰作之一，蔡康永、侯佩岑等综艺大咖加盟其中，观众们在“第二现场”以实时互动的方式参与到直播综艺中。比如节目嘉宾在游戏中输了，观众可以通过实时互动决定嘉宾接受的惩罚内容。“直播＋点播”的创新模式拉近了明星和粉丝之间的距离，将综艺节目的娱乐性巧妙地融入直播这一形式中，也为平台的直播内容注入了新的活力，扩大了平台的受众。首期《饭局的诱惑》便收获了近600万的观看量，微博话题阅读量排名综艺节目话题榜第一位。此外，斗鱼TV还自制《花漾大爬梯》、《超神偶像》、《鱼塘星音乐》等节目，再次加码泛娱乐布局转型。

斗鱼TV的自制节目中也包含许多公益和充满正能量的内容，2018年以来，走进军营系列和温暖回家路系列直播收获了不俗的成绩。走进军营系列展现了铁骨铮铮的军人形象，淋漓尽致地表现了真实的军旅生活，激发民众爱国爱家的情怀，曾创下2 113.93万直播累计观看人数、2 799.87万累计弹幕条数的纪录。此外，由主播成立的正能量“网红党支部”发起温暖回家路的系列直播，受到了2 000万用户的关注。主播们把无数游子在春节期间返乡过年的感人景象传递到直播间，引起了观众的极大共鸣。

3.2 推动重要合作，创新营销策略

(1)与知名品牌资源互换

2015年，斗鱼TV开始探索与国内外知名手机品牌的重要合作，全程直播苹果、三星和小米等品牌发布会。在知名手机品牌的影响力辐射下，斗鱼TV的品牌形象迅速提升。在线上活动营销方面，斗鱼TV聚合头部流量资源，联合淘宝、腾讯视频、饿了么、大麦等20多个平台深度合作，打造全方位立体化传播，将活动信息覆盖文娱、游戏、电商、生活服务等多领域，实现跨平台曝光量近10亿。年轻群体是数码、游戏、动漫和快消品行业的消费主力，而斗鱼TV的粉丝群体较为年轻化，巨大的流量价值是斗鱼TV获得知名品牌青睐的重要原因，与其他品牌进行资源互换既丰富了直播内容，也提升了平台的知名度。

(2)跨界营销引领新风尚

随着跨界营销的兴起，斗鱼TV也开始做直播界的跨界营销领航者，与肯德基、必胜客、蔡林记联手打造嘉年华主题店，再一次引领直播新风尚。走进武汉光谷新天地肯德基餐厅，它别致的装饰风格令人眼前一亮，首先映入眼帘的是玻璃上贴满了斗鱼嘉年华的卡通形象，其中担当C位的是代表斗鱼TV的墨镜小鲨鱼，再配以卡通形象的美味食物，让人仿佛进入了二次元的世界。这是斗鱼TV在斗鱼嘉年华前夕与肯德基门店的跨界营销，不仅宣传了斗鱼嘉年华的活动，更是为斗鱼TV做足了宣传，对于新风格的肯德基门店来说，也吸引了众多消费者。

在2018年的“618”年中大促活动中，斗鱼TV与京东开展了一场深度合作。在“618”期间，京东邀请斗鱼TV的618位网红主播同时在线直播，为“618”购物节造势，从美妆、美食、电器黑科技等多方面立体化地展现购物节。强强联手的效果必然是“1＋1＞2”，6月18日当天，

斗鱼端最高热度 969 万,位居斗鱼 TV 当日第一热榜,京东+斗鱼联合的节目推荐资源总曝光达 1.83 亿,直播总观看人次高达 4 327 万。这次与知名电商的跨界营销为平台赚足了流量,也为斗鱼 TV 的商业战略部署迎来了新的方向。

4 线下发力,全面布局

2018 年,斗鱼 TV 登上中国独角兽企业价值榜,并在当年获得腾讯独家战略投资。斗鱼 TV 如虎添翼,由起初的单一游戏直播平台转型为泛娱乐综合内容直播平台,并将"直播+"战略推广到线下,通过内容、形式的整合和延伸探索商业模式的创新,取得了良好的效果。斗鱼 TV 线下战略布局如图 11—17 所示。

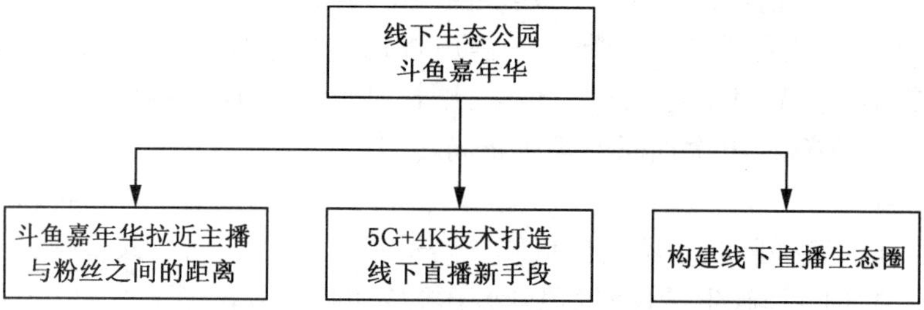

图 11—17 斗鱼 TV 线下战略布局

4.1 上下联动,打造直播产业链闭环

腾讯在斗鱼 TV 身上看到了商业前景,而斗鱼 TV 也从未让人失望过。斗鱼 TV 并不止步于线上的直播和优质运营,而是打破思维惯性和原有的商业模式,在线下完善泛娱乐产业布局,打造关键 IP。在线下举办"直播+主题公园"和"斗鱼嘉年华","游戏 IP+国漫 IP+美漫 IP+日漫 IP+展会 IP"的多维 IP 矩阵,配合嘉年华多元化的内容纵深,构建了豪华的泛娱乐线下聚会,再一次开创了行业首例。

斗鱼 TV 将线上布局与线下活动联动一体,走在了众多直播平台的前列,带领用户从"虚拟"世界走入"现实"世界,拓宽了产业链的延伸方向,巧妙地形成了产业链闭环。挖掘关键业务的深度和多元应用场景,为用户提供更多价值,给用户带来了新鲜的体验,同时丰富了直播行业立体化商业模式的内涵。在"互联网+"时代,诸多直播平台线上发力,却忽视了线下市场,而斗鱼 TV 逆其道而行之,线上+线下形成产业链闭环,对直播行业商业模式的构建提供了诸多启发。

4.2 自我造血,锻造全新 IP

2016 年 7 月,直播届首个线下主题乐园"斗鱼嘉年华"在众多主播与用户的翘首期盼下隆重开启,内容涵盖游戏、影视、科技、时尚、二次元、体育、音乐等多维度,3 000 多位知名主播在此汇聚,超过 8 万名游客入园。2019 年 6 月的第四届斗鱼嘉年华上,1 500 名主播、200 多家知名厂商、41 万人次的现场水友、3.1 亿人次的在线观众,共同打造出一个万众瞩目的泛娱乐盛典。斗鱼 TV 结合新科技、新通讯,展开了 5G+4K 的科技创新直播方式,采用 360 度全景 VR 镜头,将每一帧画面都实时地传递给了无法亲临现场的斗鱼 TV 用户,大大提升了用户的直播观看体验,使其充分地感受到现场的热情。本次斗鱼嘉年华活动连接了广大线上、线下用户的热情,真正地实现了多维度直播、多维度欢乐的联动。它巨大的流量吞吐能力吸引了国内顶级厂商的青睐,福特汽车、游族网络曾为斗鱼嘉年华首席赞助和冠名,腾讯、英特尔等国内外顶尖公司纷纷参与到嘉年华中谋求合作。

如今,斗鱼嘉年华已经成为直播行业影响力最大的线下狂欢盛会,也是武汉最具代表性的大型娱乐盛典,每年都吸引了众多游客的目光。这里是直播水友的朝圣地,是主播与粉丝近距离沟通的平台,也是众多直播行业从业者关注的焦点。从第一届崭露头角到2019年的空前盛况,无论是阵容规模,还是内容维度,都在一次次刷新行业标准。斗鱼嘉年华作为斗鱼TV落地到线下的产物,是线上泛娱乐模式的线下延伸,并且探索到了线上平台无法触及的领域。网红主播在现场举办演唱会或个人见面会,这实质上是将主播“明星化”。通过斗鱼嘉年华这个沟通和互动的平台,网红主播走到线下与粉丝们近距离接触,调动用户热情和参与度。

直播依旧是斗鱼嘉年华的核心内容,但斗鱼TV在泛娱乐方面的探索获得了众多年轻人的关注和喜爱,为平台赢得了更多用户,也为直播行业探索了一条多元化的新型发展道路。直播行业作为互联网的衍生产业,已经探索出游戏联运、打赏提成、广告、会员增值服务、直播节目收费、商业推广、网红孵化等多种变现途径,但存在缺乏核心收入来源,未形成支柱性收入的问题。大多数直播平台被带宽成本、主播签约费用、主播分成和运营推广成本四座大山压迫,导致直播行业发展痛点明显,而斗鱼嘉年华在线下转型布局泛娱乐模式,能带来一系列联动效应,例如吸引投资赞助、获取合作资源等,为这一问题的解决提供了新思路和可靠方案。

5 资本簇拥,给予新生

在商业模式备受争议的直播领域,资本市场对直播行业总体保持冷静态度,而斗鱼TV却一直在资本的簇拥下阔步前行。回顾斗鱼TV的融资历史可以发现,它在资本的助推下进入了发展的快通道。据粗略估算,通过前六轮融资,斗鱼TV总融资额达11亿美元,约合73亿元人民币,具体融资情况如表11—13所示。

表11—13　斗鱼TV融资大事记

序号	日期	融资轮次	金额	投资方
1	2014—04	天使轮	2 000万元人民币	奥飞娱乐
2	2014—09	A轮	2 000万美元	红杉资本
3	2016—03	B轮	1亿美元	腾讯投资、红杉资本、天神娱乐、南山资本
4	2016—08	C轮	15亿元人民币	凤凰投资、腾讯投资、红杉资本、南山资本、国中创投、嘉远资本、时尚资本、融玺创投、深创投
5	2017—11	D轮	约10亿人民币	招银国际、南山资本
6	2018—03	E轮	6.3亿美元	腾讯投资
7	2019—07	IPO融资	8.91亿美元	公开发行

资料来源:企查查,天眼查,新浪财经2019—07—19。

5.1 斗鱼出海,获天使轮融资

2014年1月,斗鱼TV正式成立。斗鱼TV的成长速度很快,规模与日俱增。A站本是主推二次元主题的平台,起初A站内部对于游戏直播的发展想法产生了分歧。于是,一心开拓游戏直播行业的陈少杰决定集中精力致力于斗鱼TV的发展,并将自己在A站的股权转让。刚成立的斗鱼TV在初期建设上投入了大量资本,急需资金进行带宽建设和版权采购。正在陈少杰和张文明为资金问题一筹莫展时,奥飞动漫的2 000万元人民币天使轮投资如雪中送炭一般解决了斗鱼TV的燃眉之急,而奥飞娱乐的董事长也是A站的大股东蔡东青。

5.2 伯乐识"鱼",红杉资本助力

"谁能带着斗鱼的名号打上国服第一就给20万",这是斗鱼TV刚刚上线时的响亮口号和宣传,也体现了斗鱼TV拓展国内市场和烧钱的冰山一角。一个多月的时间,蔡东青投资的2 000万元花去了大半,其中大多数用在了互联网带宽的建设和直播内容版权的采购上。2014年8月底,Twitch以9.7亿美元的价格卖身亚马逊,给斗鱼TV和国内的投资方带来了很大的启示。"我们想找寻一家这类业态的公司,看了很多家都不够好,经朋友介绍了解到陈少杰、张文明团队。我们感觉到这就是我们要找的人,经过商议迅速达成了投资。"时任红杉资本中国基金董事总经理的曹曦说。红杉资本2 000万美元的A轮投资及时有效地解决了斗鱼TV的资金困难,满足了平台建设的需求。对于尚未完成B轮融资的项目,这一惊人的资金投入也间接影响了资本市场对于整个直播行业的关注与投放规模。

5.3 逆袭之路,武汉首家独角兽

2016年3月,斗鱼TV完成B轮融资1亿美元(约6.7亿元人民币),其中腾讯出资4亿元人民币领投,红杉资本追加投资,南山资本和天神娱乐跟投。融资完成后,斗鱼TV估值达10亿美元,问鼎武汉首家互联网独角兽企业。同时,斗鱼TV在转型中丰富个性化直播内容,构建创新的商业布局,也都获得了国内直播市场和行业用户的一致认可,保持着70%的市场份额。腾讯投资总监余海洋表示:"斗鱼TV从游戏直播领域入手,在创业的一年多时间内发展迅猛,也有大量的非游戏内容在平台上涌现,我们很认可。"

5.4 弹药充足,赢战千播之役

2016年8月15日,斗鱼TV完成C轮15亿元人民币融资,由腾讯、凤凰投资领投,红杉资本中国、南山资本、国中创投、深创投等跟投。此消息一出,行业震撼。斗鱼TV在半年内完成两轮融资,一年内融资超20亿元人民币。2016年的直播领域正在上演"千团大战",C轮融资后,几乎可以确定斗鱼TV在直播市场的领导者地位。除了本身体量庞大,腾讯对其在资本和资源上的加持也是非常关键的一点,斗鱼TV逐渐成为腾讯泛娱乐生态链中的重要一环。独角兽和互联网巨头的合作将会促使直播市场呈现马太效应,使强者愈强,弱者恒弱。直播行业即将开启没有硝烟的"资本竞赛",全行业进入下半场激烈的淘汰赛阶段。

5.5 估值百亿,"国家队"入局

2017年11月,斗鱼TV完成D轮融资,成为国内首家实现盈利并迈入D轮的直播平台。此轮融资由真正的"国家队"领投,三个投资方为湖北长江招银成长股权投资、深圳市招银共赢

股权投资以及苏州工业园区元禾南山股权投资。招银国际的“银行系”背景能为斗鱼 TV 开发优质客户资源、挖掘更灵活的融资方式。而国资的进入能有效地为企业背书,显著提升品牌影响力。有消息称此轮融资金额达 10 亿美元,至此,斗鱼 TV 估值已超过 100 亿元人民币。

5.6 鱼跃未来,迈进新征程

2018 年 3 月 8 日,斗鱼 TV 完成 E 轮融资,由腾讯独家投资 6.3 亿美元(约 39.8 亿元人民币),此时距离上一轮融资仅有 4 个月。马化腾曾在 3 月 7 日表示,社交、效果广告及直播领域都是腾讯未来较大的增长点。话音刚落,腾讯就独家投资斗鱼 TV 近 40 亿元人民币,进行了深度战略绑定。经过腾讯的战略加持,斗鱼 TV 估值在 150 亿～200 亿元之间,稳坐直播领域头把交椅。仔细梳理斗鱼 TV 的融资历程我们可以很清楚地发现,2014 年全年获得 1.3 亿元融资,到 2018 年初已斩获 40 亿元投资,短短四年的成长,融资的金额扩大了 30 倍,可谓是增长速率惊人。在市场和资本对直播行业整体保持谨慎和冷静的情况下,斗鱼 TV 融资成绩斐然,可见资本市场对斗鱼 TV 十分看好。斗鱼 TV 也将不负众望,在直播行业加速洗牌的后劲中乘风破浪。

5.7 成功上市,进军华尔街

2019 年 7 月 17 日晚,斗鱼 TV 在美国纳斯达克交易所挂牌上市,发行价为每股 11.5 美元,平台对应估值约 37 亿美元。此次 IPO 融资规模约为 8.91 亿美元,是 2019 年以来中概股最大规模的赴美 IPO。上市募集资金后,斗鱼 TV 将为平台用户提供更多优质电竞和泛娱乐直播内容,优化用户体验,提升运营效率,提高品牌影响力。

同时,斗鱼 TV 在招股说明书中还披露了股东的持股信息,具体情况如表 11—14 所示。

表 11—14　　斗鱼 TV 股东持股信息

股东名称	首次公开募股前		首次公开募股后	
	持股数量	持股比例	持股数量	持股比例
腾讯全资子公司 Nectarine Investment Limited	12 068 104	43.1%	12 068 104	37.2%
斗鱼 TV 创始人、首席执行官兼董事 陈少杰	4 323 857	15.4%	4 323 857	13.3%
斗鱼 TV 联合创始人、联席首席执行官兼董事 张文明	892 402	3.2%	546 827	1.7%
红杉中国及其他机构成员	2 940 792	10.5%	2 940 792	9.1%
蔡东青附属公司 Aodong Investments Limited	2 679 672	9.6%	779 009	2.4%
Phoenix Fuju Limited	1 806 049	6.0%	1 806 049	5.6%

资料来源:斗鱼 TV 招股说明书,新浪财经 2019—07—17。

6 海外荣光,蓄力再发

如今,斗鱼 TV 已在美国纳斯达克交易所上市。回想当年,斗鱼 TV 从光谷佳园路上的基建办公室起步，只有 30 多名员工，总办公面积仅 300 平方米；而今天，武汉、北京、上海广泛分布着斗鱼 TV 的 600 名工作人员，企业办公环境也今非昔比，仅在光谷软件园总部就占据了 5 层半、将近 8 000 平方米的办公场地，这些巨大的变化不禁让人感慨万千。斗鱼 TV 创始人张文明表示，在斗鱼 TV 没有一定“地基”时，只想埋头干事，但谁也不曾想到，这样一个草根创业者能成功地在纳斯达克上市。2019 年 7 月 17 日现场，创业伙伴陈少杰和张文明共同敲响了上市钟声并表明斗志，正如陈少杰所说，上市是斗鱼的高光时刻，但不是斗鱼的巅峰时刻。斗鱼 TV 的商业战略和商业模式依旧在时代的发展中不断变化和创新，上市并不能满足它的野心。在武汉发力中国互联网第四极的道路上，斗鱼 TV 提供了强有力的支撑。而对于“互联网第四极”的梦想，张文明曾做过直接描述，就是“希望在 BAT 后面加个 D”，这个“D”，就是斗鱼 TV。

启发思考题

1. 斗鱼 TV 为什么要在深耕电竞的基础上进行泛娱乐转型？
2. 分析斗鱼 TV 从深耕电竞产业链到泛娱乐转型过程中的商业模式转变。
3. 相比其他直播平台，斗鱼 TV 商业模式的创新之处在哪里？
4. 分析斗鱼 TV 多轮融资与其商业模式构建之间的关系。
5. 通读案例，勾画出斗鱼 TV 的商业模式画布。

附录A　创新创业大赛文件

A.1　关于举办第六届中国国际“互联网＋”大学生创新创业大赛的通知

教育部

2020年6月3日

各省、自治区、直辖市教育厅(教委)，新疆生产建设兵团教育局，有关部门(单位)教育司(局)，部属各高等学校、部省合建各高等学校，国家开放大学：

为全面落实习近平总书记给中国“互联网＋”大学生创新创业大赛“青年红色筑梦之旅”大学生的重要回信精神，深入推进大众创业万众创新，引领创新创业教育国际交流合作，加快培养创新创业人才，促进创新驱动创业、创业引领就业，定于2020年6月至11月举办第六届中国国际“互联网＋”大学生创新创业大赛。现将有关事项通知如下。

一、大赛主题

我敢闯、我会创

二、大赛目的与任务

以赛促学，培养创新创业生力军。大赛旨在激发学生的创造力，激励广大青年扎根中国大地了解国情民情，锤炼意志品质，开拓国际视野，在创新创业中增长智慧才干，把激昂的青春梦融入伟大的中国梦，努力成长为德才兼备的有为人才。

以赛促教，探索素质教育新途径。把大赛作为深化创新创业教育改革的重要抓手，引导各类学校主动服务国家战略和区域发展，深化人才培养综合改革，全面推进素质教育，切实提高学生的创新精神、创业意识和创新创业能力。推动人才培养范式深刻变革，形成新的人才质量观、教学质量观、质量文化观。

以赛促创,搭建成果转化新平台。推动赛事成果转化和产学研用紧密结合,促进"互联网+"新业态形成,服务经济高质量发展,努力形成高校毕业生更高质量创业就业的新局面。

三、大赛总体安排

第六届大赛将力争做到"五个更"。一是更国际。立足粤港澳大湾区,融入全球创新创业浪潮,汇聚世界一流大学,打造同场竞技、相互促进、人文交流的国际大平台。二是更教育。深化创新创业教育改革,构建德智体美劳"五育平台",培养学生敢闯的素质、会创的能力;助力脱贫攻坚,提升学生社会责任感和担当精神。三是更全面。做强高教、国际、职教、萌芽各版块,探索形成各学段有机衔接的创新创业教育链条,实现区域、学校、学生类型全覆盖。四是更创新。广泛开展大学生和中学生创新活动,助推科研成果转化应用,服务国家创新发展。五是更中国。以大赛为载体,推出创新创业教育的中国经验、中国模式,提升我国高等教育的影响力、感召力和塑造力。

第六届大赛将举办"1+6"系列活动。"1"是主体赛事,包括高教主赛道(详见附件1)、"青年红色筑梦之旅"赛道(详见附件2)、职教赛道(详见附件3)、萌芽赛道(详见附件4)。"6"是6项同期活动,包括"智闯未来"青年红色筑梦之旅活动、"智创未来"全球创新创业成果展、"智绘未来"世界湾区高等教育峰会、"智联未来"全球独角兽企业尖峰论坛、"智享未来"全球青年学术大咖面对面、"智投未来"投融资竞标会。

四、组织机构

本届大赛由教育部、中央统战部、中央网络安全和信息化委员会办公室、国家发展改革委、工业和信息化部、人力资源社会保障部、农业农村部、中国科学院、中国工程院、国家知识产权局、国务院扶贫开发领导小组办公室、共青团中央和广东省人民政府共同主办,华南理工大学、广州市人民政府和深圳市人民政府承办。

大赛设立组织委员会(简称大赛组委会),由教育部部长陈宝生和广东省省长马兴瑞担任主任,教育部副部长钟登华和广东省副省长覃伟中担任副主任,教育部高教司司长吴岩担任秘书长,有关部门(单位)负责人作为成员,负责大赛的组织实施。

大赛设立专家委员会,由中国工程院原常务副院长潘云鹤担任主任、国家知识产权局原局长田力普担任副主任,行业企业、投资机构、创业孵化机构、大学科技园、公益组织、高校和科研院所专家作为成员,负责参赛项目的评审工作,指导大学生创新创业。

大赛设立纪律与监督委员会,对大赛组织评审工作、协办单位相关工作进行监督,对违反大赛纪律的行为予以处理。

大赛总决赛由中国建设银行冠名支持,各地教育部门可积极争取中国建设银行分支机构对省赛的赞助支持。大赛由相关组织参与协办(名单经大赛纪律与监督委员会认可后另发)。

各省(区、市)和新疆生产建设兵团可根据实际成立相应的机构,开展本地初赛和复赛的组织实施、项目评审和推荐等工作。

五、参赛项目要求

1. 参赛项目能够将移动互联网、云计算、大数据、人工智能、物联网、下一代通讯技术、区块链等新一代信息技术与经济社会各领域紧密结合,服务新型基础设施建设,培育新产品、新服务、新业态、新模式;发挥互联网在促进产业升级以及信息化和工业化深度融合中的作用,服务新型基础设施建设，促进制造业、农业、能源、环保等产业转型升级；发挥互联网在社会服务中的作用，创新网络化服务模式，促进互联网与教育、医疗、交通、金融、消费生活等深度融合（各赛道参赛项目类型详见附件）。

2. 参赛项目须真实、健康、合法，无任何不良信息，项目立意应弘扬正能量，践行社会主义核心价值观。参赛项目不得侵犯他人知识产权；所涉及的发明创造、专利技术、资源等必须拥有清晰合法的知识产权或物权；抄袭、盗用、提供虚假材料或违反相关法律法规一经发现即刻丧失参赛相关权利并自负一切法律责任。

3. 参赛项目涉及他人知识产权的，报名时须提交完整的具有法律效力的所有人书面授权许可书、专利证书等；已完成工商登记注册的创业项目，报名时须提交营业执照及统一社会信用代码等相关复印件、单位概况、法定代表人情况、股权结构等。参赛项目可提供当前财务数据、已获投资情况、带动就业情况等相关证明材料。在大赛通知发布前已获投资 1 000 万元及以上或在 2019 年及之前任意一个年度的收入达到 1 000 万元及以上的参赛项目，请在全国总决赛时提供相应佐证材料。

4. 参赛项目根据各赛道相应的要求，只能选择一个符合要求的赛道参赛。已获往届中国“互联网＋”大学生创新创业大赛全国总决赛各赛道金奖和银奖的项目，不可报名参加本届大赛。

5. 各省（区、市）教育厅（教委），新疆生产建设兵团教育局，各有关学校负责审核参赛对象资格。

六、比赛赛制

1. 大赛主要采用校级初赛、省级复赛、全国总决赛三级赛制（不含萌芽赛道）。校级初赛由各校负责组织，省级复赛由各地负责组织，全国总决赛由各地按照大赛组委会确定的配额择优遴选推荐项目。大赛组委会将综合考虑各地报名团队数、参赛院校数和创新创业教育工作情况等因素分配全国总决赛名额。

2. 全国共产生 1 600 个项目入围全国总决赛（港澳台地区参赛名额单列），其中高教主赛道 1 000 个（中国大陆参赛项目 600 个、国际参赛项目 400 个，中国港澳台地区参赛项目数量另定）、“青年红色筑梦之旅”赛道 200 个、职教赛道 200 个、萌芽赛道 200 个。

3. 高教主赛道每所高校入选全国总决赛项目总数不超过 4 个，“青年红色筑梦之旅”赛道、职教赛道、萌芽赛道每所院校入选全国总决赛项目各不超过 2 个。

七、赛程安排

1. 参赛报名（2020 年 6 月）。参赛团队通过登录“全国大学生创业服务网”（cy. ncss. cn）或微信公众号（名称为“全国大学生创业服务网”或“中国互联网＋大学生创新创业大赛”）任一方式进行报名。报名系统开放时间为 2020 年 6 月 11 日，截止时间由各地根据复赛安排自行决定，但不得晚于 8 月 15 日。国际参赛项目通过全球青年创新领袖共同体促进会官网（www. pilcchina. org）进行报名（具体安排另行通知）。赛事咨询请通过“中国互联网＋大学生创新创业大赛”微信公众号进行咨询，参赛团队可在“全国大学生创业服务网”（cy. ncss. cn）资料下载板块，下载学生操作手册，指导报名参赛。

2. 初赛复赛（2020 年 6－9 月中旬）。各地各校登录 cy. ncss. cn/gl/login 进行大赛管理和信息查看。省级管理用户使用大赛组委会统一分配的账号进行登录，校级账号由各省级管理用户进行管理。初赛复赛的比赛环节、评审方式等由各校、各地自行决定。各地各校要正确研判当地的疫情形势,原则上采用线上路演的方式开展校级初赛和省级复赛,尽量减少线下同期活动,并做好相关疫情防控预案。大赛组委会已组织有关单位加紧开发免费的网上路演平台(另行通知),各地各校可根据自身情况选择使用。各地在 9 月 15 日前完成省级复赛,遴选参加全国总决赛的候选项目(推荐项目应有名次排序,供全国总决赛参考)。国际参赛项目的推荐遴选工作另行安排。

3. 全国总决赛(2020 年 11 月上旬)。大赛专家委员会对入围全国总决赛项目进行网上评审,择优选拔项目进行现场比赛,决出金奖、银奖、铜奖。

大赛组委会将通过"全国大学生创业服务网"为参赛团队提供项目展示、创业指导、投资对接等服务。各项目团队可以登录"全国大学生创业服务网"查看相关信息。各地可以利用网站提供的资源,为参赛团队做好服务。华为技术有限公司将为参赛团队提供多种资源支持。

八、评审规则

评审规则将于近期公布,请登录"全国大学生创业服务网"(cy. ncss. cn)查看具体内容。

九、大赛奖项

大赛设金奖、银奖、铜奖和各类单项奖;另设高校集体奖、省市组织奖和优秀创新创业导师奖(详见附件)。

十、宣传发动

各地各校要认真做好大赛的宣传动员和组织工作。各省级教育行政部门要做好统筹协调,高教、职教和普教职能处室共同参与,组织做好省内比赛和项目推荐工作。各校要认真组织动员团队参赛,为在校生和毕业生参与竞赛提供必要的条件和支持,做好学校初赛组织工作。鼓励教师将科技成果产业化,带领学生创新创业。根据情况组织师生观看大学生创新创业题材电影,激励更多学生了解"双创"、投身"双创"。

各地各校要坚持以赛促学、以赛促教、以赛促创,积极推进学生创新创业训练和实践,不断提高创新创业人才培养水平,为建设创新型国家提供源源不断的人才智力支撑。

附件

第六届中国国际"互联网+"大学生创新创业大赛高教主赛道方案

第六届中国国际"互联网+"大学生创新创业大赛设高教主赛道。同时将原国际赛道并入高教主赛道。具体实施方案如下。

一、参赛项目类型

1. "互联网+"现代农业,包括农林牧渔等;

2. "互联网+"制造业,包括先进制造、智能硬件、工业自动化、生物医药、节能环保、新材料、军工等;

3.“互联网+”信息技术服务，包括人工智能技术、物联网技术、网络空间安全技术、大数据、云计算、工具软件、社交网络、媒体门户、企业服务、下一代通讯技术、区块链等；

4.“互联网+”文化创意服务，包括广播影视、设计服务、文化艺术、旅游休闲、艺术品交易、广告会展、动漫娱乐、体育竞技等；

5.“互联网+”社会服务，包括电子商务、消费生活、金融、财经法务、房产家居、高效物流、教育培训、医疗健康、交通、人力资源服务等。

参赛项目不只限于“互联网+”项目，鼓励各类创新创业项目参赛，根据行业背景选择相应类型。

二、参赛方式和要求

1. 大赛以团队为单位报名参赛。允许跨校组建团队，每个团队的参赛成员不少于3人，原则上不多于15人(含团队负责人)，须为项目的实际核心成员。参赛团队所报参赛创业项目，须为本团队策划或经营的项目，不得借用他人项目参赛。

2. 根据参赛团队负责人的学籍或学历确定参赛团队所代表的参赛学校，按照参赛学校所在的国家和地区，分为中国大陆参赛项目、中国港澳台地区参赛项目、国际参赛项目3类。国际参赛项目和中国港澳台地区参赛项目可根据当地教育情况适当调整学籍和学历的相关参赛要求。

3. 所有参赛材料和现场答辩原则上使用中文或英文，如有其他语言需求，请联系大赛组委会。

4. 参赛项目不得含有任何违反《中华人民共和国宪法》及其他法律、法规的内容。须尊重中国文化，符合公序良俗。

三、参赛组别和对象

根据参赛项目所处的创业阶段、已获投资情况和项目特点，分为创意组、初创组、成长组、师生共创组。具体参赛条件如下：

(一)创意组。参赛项目具有较好的创意和较为成型的产品原型或服务模式，在2020年5月31日(以下时间均包含当日)前尚未完成工商登记注册，并符合以下条件：

1. 参赛申报人须为团队负责人，须为普通高等学校在校生(可为本专科生、研究生，不含在职生)。

2. 学校科技成果转化项目不能参加创意组(科技成果的完成人、所有人中参赛申报人排名第一的除外)。

(二)初创组。参赛项目工商登记注册未满3年(2017年3月1日后注册)，且获机构或个人股权投资不超过1轮次，并符合以下条件：

1. 参赛申报人须为初创企业法人代表，须为普通高等学校在校生(可为本专科生、研究生，不含在职生)，或毕业5年以内的毕业生(2015年之后毕业的本专科生、研究生，不含在职生)。企业法人代表在大赛通知发布之日后进行变更的不予认可。

2. 初创组项目的股权结构中，参赛企业法人代表的股权不得少于10%，参赛成员股权合计不得少于1/3。

3. 学校科技成果转化项目(不含基于国家级重大、重点科研项目的科研成果转化项目)可以参加初创组，允许将拥有科研成果的教师的股权与学生所持股权合并计算，合并计算的股权不得少于51%(学生团队所持股权比例不得低于26%)。

(三)成长组。参赛项目工商登记注册3年以上(2017年3月1日前注册);或工商登记注册未满3年(2017年3月1日后注册),获机构或个人股权投资2轮次以上(含2轮次),并符合以下条件:

1. 参赛申报人须为企业法人代表,须为普通高等学校在校生(可为本专科生、研究生,不含在职生),或毕业5年以内的毕业生(2015年之后毕业的本专科生、研究生,不含在职生)。企业法人代表在大赛通知发布之日后进行变更的不予认可。

2. 成长组项目的股权结构中,参赛企业法人代表的股权不得少于10%,参赛成员股权合计不得少于1/3。

3. 学校科技成果转化项目(不含基于国家级重大、重点科研项目的科研成果转化项目)可以参加成长组,允许将拥有科研成果的教师的股权与学生所持股权合并计算,合并计算的股权不得少于51%(学生团队所持股权比例不得低于26%)。

(四)师生共创组。基于国家级重大、重点科研项目的科研成果转化项目,或者教师与学生共同参与创业且教师所占权重比例大于学生(如已注册成立公司,教师持股比例大于学生)的项目参加师生共创组进行比赛。并符合以下条件:

1. 参赛项目如已注册成立公司,公司注册年限不得超过5年(2015年3月1日后注册),师生均可为公司法人代表。企业法人代表在大赛通知发布之日后进行变更的不予认可。股权结构中,师生股权合并计算不低于51%,且学生参赛成员合计股份不低于10%。

2. 参赛申报人须为普通高等学校在校生(可为本专科生、研究生,不含在职生),或毕业5年以内的毕业生(2015年之后毕业的本专科生、研究生,不含在职生)。

3. 参赛项目中的教师须为高校在编教师(2020年6月1日前正式入职)。

四、比赛赛制

1. 中国大陆参赛项目采用校级初赛、省级复赛、全国总决赛三级赛制。校级初赛由各校负责组织,省级复赛由各地负责组织,全国总决赛由各地按照大赛组委会确定的配额择优遴选推荐项目。大赛组委会将综合考虑各地报名团队数、参赛院校数和创新创业教育工作情况等因素分配全国总决赛名额,每所高校入选全国总决赛项目总数不超过4个。全国共产生600个项目入围全国总决赛高教主赛道,通过网上评审,产生150个项目进入全国总决赛现场比赛。

2. 中国港澳台地区参赛项目通过当地合办赛伙伴选送全国总决赛,通过网上评审,产生20个项目进入全国总决赛现场比赛。

3. 国际参赛项目通过驻外使领馆面向全球征集、合办赛伙伴征集选送、国内高校发动,共产生400个项目入围全国总决赛高教主赛道,通过网上评审,产生100个项目进入全国总决赛现场比赛。

中国大陆参赛项目、中国港澳台地区参赛项目、国际参赛项目同场参加全国总决赛现场比赛,统一打分,分类排名。

五、奖项设置

高教主赛道中国大陆参赛项目设金奖50个、银奖100个、铜奖450个,中国港澳台地区参赛项目设金奖5个、银奖15个、铜奖另定,国际参赛项目设金奖40个、银奖60个、铜奖300个。另设最佳带动就业奖、最佳创意奖、最具商业价值奖、最具人气奖各1个;获奖项目将由大赛组委会颁发获奖证书，提供投融资对接、落地孵化等服务。

设高校集体奖 20 个、省市优秀组织奖 10 个（与职教赛道合并计算）和优秀创新创业导师若干名。

六、其他

本附件所涉及条款的最终解释权归第六届中国国际“互联网＋”大学生创新创业大赛组委会所有。

A.2　关于组织开展第十六届“挑战杯”全国大学生课外学术科技作品竞赛的通知

共青团中央办公厅

2019 年 4 月 10 日

各省、自治区、直辖市团委、科协、教育厅（教委）、学联，新疆生产建设兵团团委、科协、教育局、学联：

“挑战杯”全国大学生课外学术科技作品竞赛（以下简称“挑战杯”竞赛）至今已成功举办十五届。竞赛创办以来，始终坚持“崇尚科学、追求真知、勤奋学习、锐意创新、迎接挑战”的宗旨，在推动广大高校学生参与学术科技实践、发现和培养创新型人才、深化高校素质教育等方面发挥了积极作用，促进高校立德树人，体现了鲜明的导向性、示范性和群众性，在高校和社会上产生了广泛、良好的影响。

为深入学习贯彻习近平新时代中国特色社会主义思想，学习贯彻党的十九大和十九届二中、三中全会精神，进一步引导广大高校学生努力培养科学精神和科学态度，积极学习科学知识和科学方法，踊跃投身创新驱动发展战略，为全面建成小康社会贡献青春力量，共青团中央、中国科协、教育部、社科院、全国学联决定共同主办第十六届“挑战杯”竞赛。根据第十五届“挑战杯”竞赛全国组委会决定，第十六届“挑战杯”竞赛由北京航空航天大学承办，将于 2019 年 6 月上旬开始报送作品，决赛将于下半年在北京举行。目前，第十六届“挑战杯”竞赛领导小组和全国组织委员会已经成立，各项筹备工作全面展开。为切实组织好第十六届“挑战杯”竞赛，现就有关事宜通知如下。

一、健全机构，加强领导

各地要建立由省级团委、科协、教育厅（教委）、学联等部门和单位组成的组织协调委员会，负责本地竞赛的组织和评审工作。各参赛高校要组成由本校主管领导牵头，团委、教务、科研等部门和学生会、研究生会共同参加的组织协调机构，做好竞赛组织的有关工作。

二、深入发动，精心组织

各地、各高校要突出竞赛的学术性、科技性和普遍性，进一步巩固和完善校、省、全国的三级赛制，鼓励更多的高校举办校级竞赛。特别是校级竞赛阶段，要通过设立专门机构、完善保障政策、运用媒体手段等方式，发布竞赛消息，接受学生咨询，进行广泛动员，使更多的学生参与到竞赛中来。要坚决杜绝以学校科研项目冒充学生作品的现象,如有发现将严肃处理。要坚持选拔与培养并重的原则,对于未进入省级竞赛的作品要进行研究思路和研究方法的指导,帮助参赛学生提高科研能力。有条件的高校可对重点项目在经费和指导力量上给予支持。

三、坚持宗旨,完善机制

各地、各高校要坚持育人宗旨,把人才培养作为“挑战杯”竞赛的首要目标,不断完善创新人才培养模式和创新型人才激励机制;各高校团委要建立直属的专门组织或社团,负责学生科技活动的组织工作,制定长期规划,保证活动的经常性开展。有条件的地区和高校可设立学生学术科技活动基金,制定学生参与学术科技活动奖励办法,更好地扶持、激励学生参与课外学术科技活动;设立指导教师人才库,将指导教师的工作计入教学工作量;尝试建立参赛作品转化服务机制,争取本地各类科技园区、工业园区、高新技术园区等支持,为参赛和获奖项目的转化提供服务,推动学生科技成果与市场、资本等方面实现更加紧密、有效结合。

四、加强宣传,扩大影响

各地、各高校要积极协调各类新闻媒体,全方位、多层次、有重点地做好竞赛的宣传工作,使“挑战杯”的品牌在高校中和社会上产生更为广泛、深远的影响。要注重做好竞赛前的前期宣传工作,为竞赛组织发动和有序开展打好基础。要广泛宣传竞赛中涌现的典型事迹和典型人物,引导和激励更多高校学生积极投身学术科技创新实践。

解放军所属院校的参赛事宜,可由学校所在省(自治区、直辖市)组织协调委员会统一协调。

附件:1. 竞赛章程

2. 评审规则

附件 1

竞赛章程

第一章　总　则

第一条　“挑战杯”全国大学生课外学术科技作品竞赛是由共青团中央、中国科协、教育部、社科院、全国学联、省级人民政府主办的大学生课外学术科技活动中一项具有导向性、示范性和群众性的竞赛活动,每两年举办一届。

第二条　竞赛的宗旨:崇尚科学、追求真知、勤奋学习、锐意创新、迎接挑战。

第三条　竞赛的目的:引导和激励高校学生实事求是、刻苦钻研、勇于创新、多出成果、提高素质,培养学生创新精神和实践能力,并在此基础上促进高校学生课外学术科技活动的蓬勃开展,发现和培养一批在学术科技上有作为、有潜力的优秀人才。鼓励学以致用,推动产学研融合互促,紧密围绕创新驱动发展战略,服务国家经济、政治、文化、社会、生态文明建设。

第四条　竞赛的基本方式:高等学校在校学生申报自然科学类学术论文、哲学社会科学类社会调查报告和学术论文、科技发明制作三类作品参赛;聘请专家评定出具有较高学术理论水平、实际应用价值和创新意义的优秀作品，给予奖励；组织学术交流和科技成果的展览、转让活动。

第二章　组织机构及其职责

第五条　竞赛设立领导小组，由主办单位和承办单位的有关负责人组成，负责指导竞赛活动，并对全国组织委员会和全国评审委员会提交的问题进行协调和裁决。

第六条　竞赛设立全国组织委员会，由主办单位、承办单位和联合发起单位（含高校、新闻单位、相关企业）的有关负责人组成。主办单位和承办单位分别委派有关负责同志作为组委会成员，各联合发起单位推荐 1 名主管领导作为组委会成员。全国组织委员会设主任、副主任若干名。获得 3 次“挑战杯”的高校将获得持续担任组委会副主任成员的资格。

第七条　全国组织委员会的职责如下：

1. 审议、修改竞赛的章程。
2. 筹集竞赛组织、评审、奖励所需的经费。
3. 投票表决竞赛承办高校。
4. 议决其他应由组委会议决的事项。

第八条　全国组织委员会下设秘书处，负责按照全国组委会通过的章程组织竞赛活动并向全国组委会报告工作。秘书处设秘书长、副秘书长若干名，由主办单位、承办单位有关领导担任。

第九条　竞赛设立全国评审委员会，由主办单位聘请的相关学科具有高级职称的非高校专家或高科技企业的技术骨干组成。

全国评审委员会设主任 1 名，常务副主任 2 名，副主任若干名，秘书长 1 名。

全国评审委员会经主办单位批准成立，有权在本章程和评审规则所规定的原则下，独立开展评审工作。

第十条　全国评审委员会职责如下：

1. 在本章程和评审规则基础上制定评审实施细则。
2. 终审决赛环节实行公开答辩制，答辩前评审委员可以到参赛作品集中展示区审看参赛作品及其演示。
3. 确定参赛作品获奖等次。

第十一条　竞赛设立作品资格评判委员会，在全国组委会第二次全体会议召开时成立，由全国评审委员会常务副主任 1 名、评审委员 3 名（根据被评判作品学科分布选定）、主办单位各 1 名代表、全国组织委员会高校委员中抽签产生的 10 名代表组成。资格评判委员会主任由全国评审委员会常务副主任担任。资格评判委员会会议由资格评判委员会主任负责召集。

第十二条　作品资格评判委员会职责如下：

1. 授权全国组委会秘书处在预审开始至终审决赛结束前接受参赛学校和学生、评委、社会各界人士对参赛作品资格的质疑投诉。
2. 在终审决赛结束前，如出现被质疑投诉作品，资格评判委员会应召开会议，对被质疑投诉的参赛作品的作者及所属学校进行质询。
3. 投票表决被质疑投诉作品是否具备参赛资格。

第十三条　全国组委会秘书处对质疑投诉者的姓名、单位予以保密。质疑投诉者需提供相关证据或明确的线索。资格评判委员会开会时，到会委员超过 2/3 方可进行表决；表决时实行回避制度;若参加表决委员中有2/3以上认为该作品不具备参赛资格,则评委会对该作品不予评审,其参赛得分随之取消。全国组委会秘书处不受理匿名质疑投诉。

终审决赛结束后,对作品的质疑投诉继续按本章程第三十七条执行。

第十四条　主办单位根据团体总分优先原则,确定上届竞赛总分前70名的学校为联合发起高校,并可根据终审决赛规模、地区平衡、学校类别及代表性、承办地区等因素作部分调整。

第十五条　各省(自治区、直辖市)、各高校应举办与全国竞赛接轨的届次化的学生课外学术科技作品竞赛。各省(自治区、直辖市)团委、科协、教育部门、学联联合设立省级组织协调委员会和评审委员会,负责本省(自治区、直辖市)竞赛的组织协调、参赛作品资格审查和作品初评等有关工作。

第三章　参赛资格与作品申报

第十六条　凡在举办竞赛终审决赛的当年6月1日以前正式注册的全日制非成人教育的各类高等院校在校专科生、本科生、硕士研究生(不含在职研究生)都可申报作品参赛。

第十七条　申报参赛的作品必须是距竞赛终审决赛当年6月1日前两年内完成的学生课外学术科技或社会实践活动成果,可分为个人作品和集体作品。申报个人作品的,申报者必须承担申报作品60%以上的研究工作,作品鉴定证书、专利证书及发表的有关作品上的署名均应为第一作者,合作者必须是学生且不得超过2人;凡作者超过3人的项目或者不超过3人,但无法区分第一作者的项目,均须申报集体作品。集体作品的作者必须均为学生。凡有合作者的个人作品或集体作品,均按学历最高的作者划分至本专科生或硕士研究生类进行评审。

增加作品自查环节,申报学校签订承诺书,承诺作品符合“挑战杯”竞赛申报作品的要求,接受竞赛组委会抽查。对不符合申报要求或严重违规作品的惩戒措施详见第六章。

本校硕博连读生(直博生)若在决赛当年6月1日以前未通过博士资格考试的,可以按硕士生学历申报作品。没有实行资格考试制度的学校,前两年可以按硕士学历申报作品。医学等本硕博连读生,按照四年、二年分别对应本、硕申报,后续则不可申报。

毕业设计和课程设计(论文)、学年论文和学位论文、国际竞赛中获奖的作品、获国家级奖励成果(含本竞赛主办单位参与举办的其他全国性竞赛的获奖作品)等均不在申报范围之列。

第十八条　申报参赛的作品分为自然科学类学术论文、哲学社会科学类社会调查报告和学术论文、科技发明制作三类。自然科学类学术论文作者限本专科生。哲学社会科学类社会调查报告和学术论文限定在哲学、经济、社会、法律、教育、管理6个学科内。科技发明制作类分为A、B两类:A类指科技含量较高、制作投入较大的作品;B类指投入较少,且为生产技术或社会生活带来便利的小发明、小制作等。

第十九条　参赛作品涉及下列内容时,必须由申报者提供有关部门的证明材料,否则不予评审。

动植物新品种的发现或培育,须有省级以上农科部门或科研院所开具证明。

对国家保护动植物的研究,须有省级以上林业部门开具证明,证明该项研究的过程中未产生对所研究的动植物繁衍、生长不利的影响。

新药物的研究须有卫生行政部门授权机构的鉴定证明。

医疗卫生研究须通过专家鉴定,并最好附有在公开发行的专业性杂志上发表过的文章。

涉及燃气用具等与人民生命财产安全有关用具的研究,须有国家相应行政部门授权机构的认定证明。

第二十条　参赛作品必须于申报前将作品项目名称、参赛学生和指导教师等关键信息在校内官方网站主页上进行不少于 5 天的公示，并将公示截图随作品一同报送。

第二十一条　参赛作品必须由两名具有高级专业技术职称的指导教师（或教研组）推荐，经本校学籍管理、教务、科研管理部门审核确认。

第二十二条　每个学校选送参加竞赛的作品总数不得超过 6 件，每人限报 1 件，作品中研究生的作品不得超过作品总数的 1/2。参赛作品须经过本省（自治区、直辖市）组织协调委员会进行资格及形式审查和本省（自治区、直辖市）评审委员会初步评定，方可上报全国组委会办公室。各省（自治区、直辖市）选送全国竞赛的作品数额由主办单位统一确定。每所发起学校可直接报送 3 件作品（含在 6 件作品之中）参加全国竞赛。

第四章　展览、交流、转让

第二十三条　全国评审委员会推荐通过预审的一定比例的自然科学类学术论文、哲学社会科学类社会调查报告和学术论文及全部科技发明制作类作品参加展览。科技发明制作类作品须有实物或模型参展。

第二十四条　全国组委会将在竞赛的终审决赛阶段组织多种形式的学术交流和工作交流活动，并适时举办单项展示赛或邀请赛等丰富“挑战杯”竞赛的活动。

第二十五条　全国组织委员会在终审决赛期间，举办成果转让活动；成果是否转让不作为作品评审获奖的依据。

第二十六条　全国组织委员会拥有组织转让获奖作品的优先权。成果产权及利益分配由学校和作者协商确定。全国组织委员会可结集出版竞赛获奖作品及评委评语。

第五章　奖　励

第二十七条　参赛的自然科学类学术论文、哲学社会科学类社会调查报告和学术论文、科技发明制作三类作品各设特等奖、一等奖、二等奖、三等奖。各等次奖分别约占各类入围作品总数的 3%、8%、24%和 65%。本专科生、硕士研究生两个学历层次作者的作品获奖数与其入围作品数成正比例。科技发明制作类中 A 类和 B 类作品分别按上述比例设奖。全国评审委员会对各省级组织协调委员会和发起高校报送的参赛作品进行预审，评出 80%左右的参赛作品入围获奖作品，评出入围作品中的 65%获得三等奖，其余 35%进入终审决赛。在终审决赛中评出特等奖、一等奖、二等奖。

第二十八条　入围获奖的作品，确认资格有效的，由全国组织委员会向作品颁发证书（证书须体现作者和指导老师姓名）。参加各省（自治区、直辖市）预赛的作品，确认资格有效而又未进入全国竞赛的，由各省（自治区、直辖市）组织协调委员会向作品颁发证书（证书须体现作者和指导老师姓名）。

第二十九条　竞赛以学校为单位计算参赛得分，团体总分按名次排列，按位次公布。团体总分由“现场作品得分”和“校级赛事组织得分”两部分组成。最高荣誉“挑战杯”为流动杯，授予竞赛团体成绩最佳的学校，如遇团体总分并列第一，以获特等奖的数量排序，以此类推至三等奖。设“优胜杯”若干，分别授予除“挑战杯”获得高校之外团体总分前三十一名的其余学校，及位列本省份第一名的高校中、除去团体总分前三十一名高校后排名前十名的其余学校。累计 3 次获得“挑战杯”的学校，可永久保存复制的“挑战杯”一座。

第三十条　各等次奖计分方法如下：特等奖作品每件计 100 分，一等奖作品每件计 70 分，二等奖作品每件计 40 分,三等奖作品每件计 20 分,上报至全国组委会但未通过预审的作品每件计 10 分。

第三十一条　校级赛事组织得分采取加分制,主要考察出台激励学生创新政策,联合教务、科研等部门举办校级赛事,校级赛事学校重视、指导教师积极参与、广泛覆盖学生、组织实施、氛围营造及宣传等情况。全国组织委员会秘书处负责制定《校级赛事组织得分实施细则》。

第三十二条　竞赛设 10 个左右省级优秀组织奖和获得入围作品高校数 30%左右的高校优秀组织奖,奖励在竞赛组织工作中表现突出的省份和高校。省级优秀组织奖由主办单位评定,报全国组织委员会确认,主要考察联合教育、科技等部门举办省级赛事,省级赛事高校参与率,省域内校级赛事举办情况,省域内赛事对学生的覆盖等情况。高校优秀组织奖由各省(自治区、直辖市)组织协调委员会提名,主办单位评定后报全国组织委员会确认,评选标准依照《校级赛事组织得分实施细则》。

第三十三条　为鼓励各高校对参赛项目进行持续支持与跟踪培育,推动竞赛由短期开展向日常活动的转变,提升竞赛育人功能,竞赛设立累进创新专项奖,奖给在过去 2 届全国竞赛中入围获奖且在后续有较大创新提升的作品。

第六章　惩　戒

第三十四条　参赛作品存在舞弊、抄袭、作假,将国家课题、教师科研成果包装成学生项目的,均视为严重违规行为。

第三十五条　参赛作品在公示环节,知情公众如发现作品不符合申报要求或存在严重违规行为,各高校要严肃对待、一经查实取消作品参赛资格。

第三十六条　参赛作品如在参赛环节被抽查或经举报核实发现作品不符合申报要求,取消作品参赛资格,该学校不得补报作品;被抽查或经举报核实发现作品存在严重违规行为,取消作品参赛资格,该学校不得补报作品,该学校团体总分为零,并取消该学校参评"优胜杯"及其他集体奖项的资格,视情节严重取消该学校下届联合发起单位资格或参赛资格。

第三十七条　竞赛结束后,对获奖作品保留一个月的质疑投诉期。若收到投诉,竞赛领导小组将委托主办单位有关部门进行调查。经调查,如确认该作品资格不符者,取消该作品获得的奖励,重新计算作者所在学校团体总分及名次;如确认作品存在严重违规行为,该学校团体总分为零,取消该学校所获得的"优胜杯"或其他集体奖项,视情节严重取消该学校下届联合发起单位资格或参赛资格,并通报全国组织委员会成员单位。

第七章　附　则

第三十八条　承办竞赛的高校应按当届组委会通过的申办办法,申请承办下一届竞赛活动;获得历届"挑战杯"和"优胜杯"的学校具有承办下届竞赛的优先权;当届组委会通过一定的民主程序产生下届承办单位。

第三十九条　竞赛承办单位有权以全国组织委员会名义寻求赞助。最高荣誉"挑战杯"不得用于寻求赞助。

第四十条　http://www.tiaozhanbei.net/为"挑战杯"竞赛专用网站,由主办单位和承办单位共同建设。

第四十一条　本章程自全国组织委员会审议通过之日起生效,由竞赛主办单位及全国组委会秘书处负责解释。

附件 2

评审规则

一、本规则依据《“挑战杯”全国大学生课外学术科技作品竞赛章程》制定，全国评审委员会依据本规则制定评审实施细则

二、全国评审委员会的组成

1. 全国评审委员会由主办单位聘请非高校的具有高级职称的 40 名左右自然科学领域的专家或高科技企业的技术骨干和 20 名左右哲学社会科学领域的专家组成。

2. 全国评审委员会设主任一名，常务副主任二名，副主任若干名，秘书长一名。下设若干专业组，各组设组长一至二名。

3. 全国评审委员会下设由秘书长领导的秘书处，负责对参赛作品分类、统计、送阅和评审的组织服务工作。

4. 全国评审委员会成员名单(正、副主任、秘书长除外)在终审完毕之前实行保密，在终审结束后可以公布。

5. 全国评审委员会在向全国组织委员会报告终审结果后解散。

三、评审工作的基本原则

1. 参赛作品分自然科学类学术论文、哲学社会科学类社会调查报告和学术论文、科技发明制作三类。自然科学类学术论文的作者限本专科生。哲学社会科学类社会调查报告和学术论文限定在哲学、经济、社会、法律、教育、管理六个学科内。

2. 评审过程中综合考虑作品的科学性、先进性、现实意义等方面因素。其中，自然科学类学术论文侧重考核基础学科学术探索的前沿性和学术性，哲学社会科学类社会调查报告和学术论文侧重考核与经济社会发展热点难点问题的结合程度和前瞻意义，科技发明制作侧重考核作品的应用价值和转化前景。

3. 全国评审委员会的评审工作分预审、终审两阶段进行。预审要评选出省级组织协调委员会和发起高校报送的 80%左右的作品入围获奖作品；评出入围作品中的 65%获得三等奖，其余 35%进入终审决赛。终审决赛评出特等奖、一等奖、二等奖。

参赛的自然科学类学术论文、哲学社会科学类社会调查报告和学术论文、科技发明制作三类作品分别按照入围作品 3%、8%、24%、65%的比例评出特等奖、一等奖、二等奖、三等奖。科技发明制作类中 A 类和 B 类作品分别按上述比例设奖。各奖励等级之间的标准是相对的。

4. 评审注意本专科生、硕士研究生在学识水平和科研能力上的差异，两个学历层次作者的作品各等奖的获奖比例与其进入终审的比例基本一致。

5. 涉及需由有关部门出具证明材料的参赛作品，须按章程第三章第十九条的规定严格把关。

6. 评审实行回避制度和保密制度。评委不得参与其本人亲属、学生或与其有直接利益关系的个人和单位的有关作品评审工作。在评审结束之前，任何评委不得以任何方式对外宣布、

泄露评审情况和结果。

7. 全国评审委员会的评审工作按《评审实施细则》规定执行。

四、评审程序

1. 各省(自治区、直辖市)的组织协调委员会要按照《“挑战杯”全国大学生课外学术科技作品竞赛资格及形式审查实施细则》的规定,对报送的作品进行严格的资格和形式审查,省(自治区、直辖市)评审委员会对报送作品进行认真的初评。

2. 全国组织委员会秘书处对各省(自治区、直辖市)组织协调委员会报送和发起高校直送的参赛作品进行资格及形式审查,不合格的作品取消参赛资格。

3. 自然科学类学术论文和科技发明制作类的作品在承办单位所在地进行预审,预审要提出是否进入终审和获奖等级初步意见,哲学社会科学类社会调查报告和学术论文在全国评审委员会负责哲学社会科学类作品评审工作的常务副主任的主持下先期进行评审,选出一定比例作品赴承办单位所在地进行展示。

4. 终审决赛期间,评委在组委会安排的专门时间集体到展厅审看发明制作类作品的实物。

5. 终审决赛一律实行公开答辩制。

6. 评委可以对所评审的作品的资格提出质疑,并提出质疑理由、证据或线索。受到评委质疑的作品,将提交竞赛作品资格评判委员会按程序评定其参赛资格。

7. 评委会应于终审开始时在主任的主持下召开评委会全体会议,听取组委会对竞赛活动情况的通报。

五、各省(自治区、直辖市)初评工作,由该省(自治区、直辖市)评审委员会参照上述规则主持

六、本规则由竞赛主办单位负责解释,并由主办单位根据全国组委会的意见修改

附录B　国家支持创新创业资金的政策和法规(节选相关部分)

B.1　关于有效发挥政府性融资担保基金作用切实支持小微企业和“三农”发展的指导意见

国务院办公厅

2019年1月22日

各省、自治区、直辖市人民政府，国务院各部委、各直属机构：

近年来，各地区、各部门认真贯彻落实《国务院关于促进融资担保行业加快发展的意见》(国发〔2015〕43号)，按照全国金融工作会议关于设立国家和地方融资担保基金、完善政府性融资担保和再担保体系等要求，进行了积极探索，推动政府性融资担保基金(机构)不断发展壮大。但融资担保行业还存在业务聚焦不够、担保能力不强、银担合作不畅、风险分担补偿机制有待健全等问题。为进一步发挥政府性融资担保基金作用，引导更多金融资源支持小微企业和“三农”发展，经国务院同意，现提出以下意见：

一、总体要求

(一)指导思想。以习近平新时代中国特色社会主义思想为指导，全面贯彻党的十九大和十九届二中、三中全会精神，坚持和加强党的全面领导，坚持稳中求进工作总基调，坚持新发展理念，紧扣我国社会主要矛盾变化，按照高质量发展要求，紧紧围绕统筹推进“五位一体”总体布局和协调推进“四个全面”战略布局，坚持以供给侧结构性改革为主线，规范政府性融资担保基金运作，坚守政府性融资担保机构的准公共定位，弥补市场不足，降低担保服务门槛，着力缓解小微企业、“三农”等普惠领域融资难、融资贵，支持发展战略性新兴产业，促进大众创业、万众创新。

(二)基本原则。聚焦支小支农主业。政府性融资担保、再担保机构要严格以小微企业和“三农”融资担保业务为主业，支持符合条件的战略性新兴产业项目，不断提高支小支农担保业务规模和占比,服务大众创业、万众创新,不得偏离主业盲目扩大业务范围,不得为政府债券发行提供担保,不得为政府融资平台融资提供增信,不得向非融资担保机构进行股权投资。

坚持保本微利运行。政府性融资担保、再担保机构不以营利为目的,在可持续经营的前提下,保持较低费率水平,切实有效降低小微企业和“三农”综合融资成本。

落实风险分担补偿。构建政府性融资担保机构和银行业金融机构共同参与、合理分险的银担合作机制。优化政府支持、正向激励的资金补充和风险补偿机制。

凝聚担保机构合力。加强各级政府性融资担保、再担保机构业务合作和资源共享,不断增强资本实力和业务拓展能力,聚力引导金融机构不断加大支小支农贷款投放。

二、坚持聚焦支小支农融资担保业务

(三)明确支持范围。各级政府性融资担保、再担保机构要合理界定服务对象范围,聚焦小微企业、个体工商户、农户、新型农业经营主体等小微企业和“三农”主体,以及符合条件的战略性新兴产业企业。其中,小微企业认定标准按照中小企业划型标准有关规定执行,农户认定标准按照支持小微企业融资税收政策有关规定执行。

(四)聚焦重点对象。各级政府性融资担保、再担保机构要重点支持单户担保金额500万元及以下的小微企业和“三农”主体,优先为贷款信用记录和有效抵质押品不足但产品有市场、项目有前景、技术有竞争力的小微企业和“三农”主体融资提供担保增信。

(五)回归担保主业。各级政府性融资担保、再担保机构要坚守支小支农融资担保主业,主动剥离政府债券发行和政府融资平台融资担保业务,严格控制闲置资金运作规模和风险,不得向非融资担保机构进行股权投资,逐步压缩大中型企业担保业务规模,确保支小支农担保业务占比达到80%以上。

(六)加强业务引导。国家融资担保基金和省级担保、再担保基金(机构)要合理设置合作机构准入条件,带动合作机构逐步提高支小支农担保业务规模和占比。合作机构支小支农担保金额占全部担保金额的比例不得低于80%,其中单户担保金额500万元及以下的占比不得低于50%。

(七)发挥再担保功能。国家融资担保基金和省级担保、再担保基金(机构)要积极为符合条件的融资担保业务提供再担保,向符合条件的担保、再担保机构注资,充分发挥增信分险作用。不得为防止资金闲置而降低合作条件标准,不得为追求稳定回报而偏离主业。

三、切实降低小微企业和“三农”综合融资成本

(八)引导降费让利。各级政府性融资担保、再担保机构要在可持续经营的前提下,适时调降再担保费率,引导合作机构逐步将平均担保费率降至1%以下。其中,对单户担保金额500万元及以下的小微企业和“三农”主体收取的担保费率原则上不超过1%,对单户担保金额500万元以上的小微企业和“三农”主体收取的担保费率原则上不超过1.5%。

(九)实行差别费率。国家融资担保基金再担保业务收费一般不高于省级担保、再担保基金(机构),单户担保金额500万元以上的再担保业务收费,原则上不高于承担风险责任的0.5%,单户担保金额500万元及以下的再担保业务收费,原则上不高于承担风险责任的0.3%。优先与费率较低的融资担保、再担保机构开展合作。对于担保业务规模增长较快、代偿率较低的合作机构,可以适当返还再担保费。

(十)清理规范收费。规范银行业金融机构和融资担保、再担保机构的收费行为,除贷款利

息和担保费外,不得以保证金、承诺费、咨询费、顾问费、注册费、资料费等名义收取不合理费用,避免加重企业负担。

四、完善银担合作机制

(十一)明确风险分担比例。银担合作各方要协商确定融资担保业务风险分担比例。原则上国家融资担保基金和银行业金融机构承担的风险责任比例均不低于20%,省级担保、再担保基金(机构)承担的风险责任比例不低于国家融资担保基金承担的比例。对于贷款规模增长快、小微企业和“三农”主体户数占比大的银行业金融机构,国家和地方融资担保基金可以提高自身承担的风险责任比例或扩大合作贷款规模。

(十二)加强“总对总”合作。国家融资担保基金要推动与全国性银行业金融机构的“总对总”合作,引导银行业金融机构扩大分支机构审批权限并在授信额度、担保放大倍数、利率水平、续贷条件等方面提供更多优惠。省级担保、再担保基金(机构)要推动辖内融资担保机构与银行业金融机构的“总对总”合作,落实银担合作条件,夯实银担合作基础。

(十三)落实银担责任。银担合作各方要细化业务准入和担保代偿条件,明确代偿追偿责任,强化担保贷款风险识别与防控。银行业金融机构要按照勤勉尽职原则,落实贷前审查和贷中贷后管理责任。各级政府性融资担保机构要按照“先代偿、后分险”原则,落实代偿和分险责任。

(十四)实施跟踪评估。各级政府性融资担保机构要对合作银行业金融机构进行定期评估,重点关注其推荐担保业务的数量和规模、担保对象存活率、代偿率以及贷款风险管理等情况,作为开展银担合作的重要参考。

五、强化财税正向激励

(十五)加大奖补支持力度。中央财政要对扩大实体经济领域小微企业融资担保业务规模、降低小微企业融资担保费率等工作成效明显的地方予以奖补激励。有条件的地方可对单户担保金额500万元及以下、平均担保费率不超过1%的担保业务给予适当担保费补贴,提升融资担保机构可持续经营能力。

(十六)完善资金补充机制。探索建立政府、金融机构、企业、社会团体和个人广泛参与,出资入股与无偿捐资相结合的多元化资金补充机制。中央财政要根据国家融资担保基金的业务拓展、担保代偿和绩效考核等情况,适时对其进行资金补充。鼓励地方政府和参与银担合作的银行业金融机构根据融资担保、再担保机构支小支农业务拓展和放大倍数等情况,适时向符合条件的机构注资、捐资。鼓励各类主体对政府性融资担保、再担保机构进行捐赠。

(十七)探索风险补偿机制。鼓励有条件的地方探索建立风险补偿机制,对支小支农担保业务占比较高,在保余额、户数增长较快,代偿率控制在合理区间的融资担保、再担保机构,给予一定比例的代偿补偿。

(十八)落实扶持政策。国家融资担保基金,省级担保、再担保基金(机构)以及融资担保、再担保机构的代偿损失核销,参照金融企业呆账核销管理办法有关规定执行。符合条件的融资担保、再担保机构的担保赔偿准备金和未到期责任准备金企业所得税税前扣除,按照中小企业融资(信用)担保机构准备金企业所得税税前扣除政策执行。

六、构建上下联动机制

(十九)推进机构建设。国家融资担保基金要充分依托现有政府性融资担保机构开展业务,主要通过再担保、股权投资等方式与省、市、县融资担保、再担保机构开展合作,避免层层下设机构。鼓励通过政府注资、兼并重组等方式加快培育省级担保、再担保基金(机构),原则上每个省(自治区、直辖市)培育一家在资本实力、业务规模和风险管控等方面优势突出的龙头机构。加快发展市、县两级融资担保机构,争取三年内实现政府性融资担保业务市级全覆盖,并向经济相对发达、小微企业和“三农”主体融资需求旺盛的县(区)延伸。

(二十)加强协同配合。国家融资担保基金和省级担保、再担保基金(机构)要加强对市、县融资担保机构的业务培训和技术支持,提升辅导企业发展能力,推行统一的业务标准和管理要求,促进业务合作和资源共享。市、县融资担保机构要主动强化与国家融资担保基金和省级担保、再担保基金(机构)的对标,提高业务对接效率,做实资本、做强机构、做精业务、严控风险,不断提升规范运作水平。

七、逐级放大增信效应

(二十一)营造发展环境。县级以上地方人民政府要落实政府性融资担保、再担保机构的属地管理责任和出资人职责,推进社会信用体系建设,强化守信激励和失信惩戒,严厉打击逃废债行为,为小微企业和“三农”主体融资营造良好信用环境。要维护政府性融资担保、再担保机构的独立市场主体地位,不得干预其日常经营决策。完善风险预警和应急处置机制,切实加强区域风险防控。

(二十二)简化担保要求。国家融资担保基金和省级担保、再担保基金(机构)要引导融资担保机构加快完善信用评价和风险防控体系,逐步减少、取消反担保要求,简化审核手续,提供续保便利,降低小微企业和“三农”主体融资门槛。

(二十三)防止风险转嫁。各级政府性融资担保机构要严格审核有银行贷款记录的小微企业和“三农”主体的担保申请,防止银行业金融机构将应由自身承担的贷款风险转由融资担保、再担保机构承担,避免占用有限的担保资源、增加小微企业和“三农”主体综合融资成本。

(二十四)提升服务能力。各级政府性融资担保、再担保机构要充分发挥信用中介作用,针对小微企业和“三农”主体的信用状况和个性化融资需求,提供融资规划、贷款申请、担保手续等方面的专业辅导,并加强经验总结和案例宣传,不断增强融资服务能力,提高小微企业和“三农”主体融资便利度。

八、优化监管考核机制

(二十五)实施差异化监管措施。金融管理部门要对银行业金融机构和融资担保、再担保机构的支小支农业务实施差异化监管,引导加大支小支农信贷供给。加强对支小支农业务贷款利率和担保费率的跟踪监测,对贷款利率和担保费率保持较低水平或降幅较大的机构给予考核加分,鼓励进一步降费让利。对政府性融资担保、再担保机构提供担保的贷款,结合银行业金融机构实际承担的风险责任比例,合理确定贷款风险权重。适当提高对担保代偿损失的监管容忍度,完善支小支农担保贷款监管政策。

(二十六)健全内部考核激励机制。银行业金融机构和融资担保、再担保机构要优化支小支农业务内部考核激励机制。提高支小支农业务考核指标权重,重点考核业务规模、户数及其占比、增量等指标,降低或取消相应利润考核要求。对已按规定妥善履行授信审批和担保审核职责的业务人员实行尽职免责。银行业金融机构要对支小支农业务实行内部资金转移优惠定价。

(二十七)完善绩效评价体系。各级财政部门要会同有关方面研究制定对政府性融资担保、再担保机构的绩效考核办法,合理使用外部信用评级,落实考核结果与资金补充、风险补偿、薪酬待遇等直接挂钩的激励约束机制,激发其开展支小支农担保业务的内生动力。

各地区、各部门要充分认识规范政府性融资担保机构运作的重要意义,把思想、认识和行动统一到党中央、国务院决策部署上来,强化责任担当,加大工作力度,完善配套措施,抓好组织实施,推动政府性融资担保机构发挥应有作用。财政部要会同发展改革委、工业和信息化部、农业农村部、银保监会等部门,加强统筹协调,对本意见执行情况进行督促检查和跟踪分析,重大事项及时向国务院报告。

B.2 关于新时期支持科技型中小企业加快创新发展的若干政策措施(相关部分)

科技部

2019年8月5日

科技型中小企业是培育发展新动能、推动高质量发展的重要力量,科技创新能力是企业打不垮的竞争力。为深入贯彻习近平总书记在民营企业座谈会上的重要讲话精神,切实落实中央办公厅、国务院办公厅《关于促进中小企业健康发展的指导意见》,加快推动民营企业特别是各类中小企业走创新驱动发展道路,增强技术创新能力与核心竞争力,现就支持科技型中小企业创新发展提出以下政策措施。

一、总体思路

以习近平新时代中国特色社会主义思想为指导,全面贯彻党的十九大和十九届二中、三中全会精神,以培育壮大科技型中小企业主体规模、提升科技型中小企业创新能力为主要着力点,完善科技创新政策,加强创新服务供给,激发创新创业活力,引导科技型中小企业加大研发投入,完善技术创新体系,增强以科技创新为核心的企业竞争力,为推动高质量发展、支撑现代化经济体系建设发挥更加重要的作用。

二、主要措施

(二)强化科技创新政策完善与落实。

4. 加大政策激励力度。推动研究制订提高科技型中小企业研发费用加计扣除比例、科技型初创企业普惠性税收减免等新的政策措施。

(三)加大对科技型中小企业研发活动的财政支持。

6. 加大财政资金支持力度。通过国家科技计划加大对中小企业科技创新的支持力度,调整完善科技计划立项、任务部署和组织管理方式,对中小企业研发活动给予直接支持。鼓励各级地方政府设立支持科技型中小企业技术研发的专项资金。

(五)扩大面向科技型中小企业的创新服务供给。

11. 推广科技创新券。支持地方设立科技创新券专项资金,以政府购买公共服务方式对各类服务科技型中小企业的服务载体进行奖励或后补助。

(六)加强金融资本市场对科技型中小企业的支持。

14. 加强创业投资引导。拓展国家科技成果转化引导基金功能,引导地方政府、社会资本成立专门投资科技型中小企业的“双创”基金,培育发展专注投资初创期科技型中小企业的天使投资。

15. 拓展企业融资渠道。开展贷款风险补偿试点,引导银行信贷支持转化科技成果的科技型中小企业。加强科技金融结合试点工作,加快推进投贷联动、知识产权质押、融资租赁等。实施“科技型中小企业成长路线图计划 2.0”,为优质企业进入“新三板”、科创板上市融资提供便捷通道。

B.3 关于促进新型研发机构发展的指导意见(相关部分)

科技部

2019 年 9 月 12 日

为深入实施创新驱动发展战略,推动新型研发机构健康有序发展,提升国家创新体系整体效能,提出如下意见。

十二、鼓励设立科技类民办非企业单位(社会服务机构)性的新型研发机构。科技类民办非企业单位应依法进行登记管理,运营所得利润主要用于机构管理运行、建设发展和研发创新等,出资方不得分红。符合条件的科技类民办非企业单位,按照《中华人民共和国企业所得税法》《中华人民共和国企业所得税法实施条例》以及非营利组织企业所得税、职务科技成果转化个人所得税、科技创新进口税收等规定,享受税收优惠。

十三、企业类新型研发机构应按照《中华人民共和国公司登记管理条例》进行登记管理。鼓励企业类新型研发机构运营所得利润不进行分红,主要用于机构管理运行、建设发展和研发创新等。依照《财政部 国家税务总局 科技部关于完善研究开发费用税前加计扣除政策的通知》(财税〔2015〕119 号),企业类新型研发机构享受税前加计扣除政策。依照《高新技术企业认定管理办法》(国科发火〔2016〕32 号),企业类新型研发机构可申请高新技术企业认定,享受相应税收优惠。

十四、地方政府可根据区域创新发展需要,综合采取以下政策措施,支持新型研发机构建设发展。

(一)在基础条件建设、科研设备购置、人才住房配套服务以及运行经费等方面给予支持,推动新型研发机构有序建设运行。

(二)采用创新券等支持方式,推动企业向新型研发机构购买研发创新服务。

(三)组织开展绩效评价,根据评价结果给予新型研发机构相应支持。

十五、鼓励地方通过中央引导地方科技发展专项资金,支持新型研发机构建设运行鼓励国家科技成果转化引导基金,支持新型研发机构转移转化利用财政资金等形成的科技成果。

B.4 国务院关于推动创新创业高质量发展打造“双创”升级版的意见(相关部分)

国务院

2018 年 9 月 18 日

各省、自治区、直辖市人民政府,国务院各部委、各直属机构:

创新是引领发展的第一动力,是建设现代化经济体系的战略支撑。近年来,大众创业万众创新持续向更大范围、更高层次和更深程度推进,创新创业与经济社会发展深度融合,对推动新旧动能转换和经济结构升级、扩大就业和改善民生、实现机会公平和社会纵向流动发挥了重要作用,为促进经济增长提供了有力支撑。当前,我国经济已由高速增长阶段转向高质量发展阶段,对推动大众创业万众创新提出了新的更高要求。为深入实施创新驱动发展战略,进一步激发市场活力和社会创造力,现就推动创新创业高质量发展、打造“双创”升级版提出以下意见。

一、总体要求

推进大众创业万众创新是深入实施创新驱动发展战略的重要支撑、深入推进供给侧结构性改革的重要途径。随着大众创业万众创新蓬勃发展,创新创业环境持续改善,创新创业主体日益多元,各类支撑平台不断丰富,创新创业社会氛围更加浓厚,创新创业理念日益深入人心,取得显著成效。但同时,还存在创新创业生态不够完善、科技成果转化机制尚不健全、大中小企业融通发展还不充分、创新创业国际合作不够深入以及部分政策落实不到位等问题。打造“双创”升级版,推动创新创业高质量发展,有利于进一步增强创业带动就业能力,有利于提升科技创新和产业发展活力,有利于创造优质供给和扩大有效需求,对增强经济发展内生动力具有重要意义。

三、加快推动创新创业发展动力升级

(六)加大财税政策支持力度。聚焦减税降费,研究适当降低社保费率,确保总体上不增加企业负担,激发市场活力。将企业研发费用加计扣除比例提高到 75%的政策由科技型中小企业扩大至所有企业。对个人在二级市场买卖新三板股票比照上市公司股票,对差价收入免征个人所得税。将国家级科技企业孵化器和大学科技园享受的免征房产税、增值税等优惠政策范围扩大至省级,符合条件的众创空间也可享受。(财政部、税务总局等按职责分工负责)

(七)完善创新创业产品和服务政府采购等政策措施。完善支持创新和中小企业的政府采购政策。发挥采购政策功能,加大对重大创新产品和服务、核心关键技术的采购力度,扩大首购、订购等非招标方式的应用。(发展改革委、财政部、工业和信息化部、科技部等和各地方人民政府按职责分工负责)

四、持续推进创业带动就业能力升级

(十二)健全农民工返乡创业服务体系。深入推进农民工返乡创业试点工作,推出一批农民工返乡创业示范县和农村创新创业典型县。进一步发挥创业担保贷款政策的作用,鼓励金融机构按照市场化、商业可持续原则对农村“双创”园区(基地)和公共服务平台等提供金融服务。安排一定比例年度土地利用计划,专项支持农村新产业新业态和产业融合发展。(人力资源社会保障部、农业农村部、发展改革委、人民银行、银保监会、财政部、自然资源部、共青团中央等按职责分工负责)

六、大力促进创新创业平台服务升级

(二十二)完善“互联网+”创新创业服务体系。推进“国家创新创业政策信息服务网”建设,及时发布创新创业先进经验和典型做法,进一步降低各类创新创业主体的政策信息获取门槛和时间成本。鼓励建设“互联网+”创新创业平台,积极利用互联网等信息技术支持创新创业活动,进一步降低创新创业主体与资本、技术对接的门槛。推动“互联网+公共服务”,使更多优质资源惠及群众。(发展改革委、科技部、工业和信息化部等按职责分工负责)

七、进一步完善创新创业金融服务

(二十四)引导金融机构有效服务创新创业融资需求。加快城市商业银行转型,回归服务小微企业等实体的本源,提高风险识别和定价能力,运用科技化等手段,为本地创新创业提供有针对性的金融产品和差异化服务。加快推进村镇银行本地化、民营化和专业化发展,支持民间资本参与农村中小金融机构充实资本、完善治理的改革,重点服务发展农村电商等新业态新模式。推进落实大中型商业银行设立普惠金融事业部,支持有条件的银行设立科技信贷专营事业部,提高服务创新创业企业的专业化水平。支持银行业金融机构积极稳妥开展并购贷款业务,提高对创业企业兼并重组的金融服务水平。(银保监会、人民银行等按职责分工负责)

(二十五)充分发挥创业投资支持创新创业作用。进一步健全适应创业投资行业特点的差异化监管体制,按照不溯及既往、确保总体税负不增的原则,抓紧完善进一步支持创业投资基金发展的税收政策,营造透明、可预期的政策环境。规范发展市场化运作、专业化管理的创业投资母基金。充分发挥国家新兴产业创业投资引导基金、国家中小企业发展基金等引导基金的作用,支持初创期、早中期创新型企业发展。加快发展天使投资,鼓励有条件的地方出台促进天使投资发展的政策措施,培育和壮大天使投资人群体。完善政府出资产业投资基金信用信息登记,开展政府出资产业投资基金绩效评价和公共信用综合评价。(发展改革委、证监会、税务总局、财政部、工业和信息化部、科技部、人民银行、银保监会等按职责分工负责)

(二十六)拓宽创新创业直接融资渠道。支持发展潜力好但尚未盈利的创新型企业上市或在新三板、区域性股权市场挂牌。推动科技型中小企业和创业投资企业发债融资,稳步扩大创新创业债试点规模,支持符合条件的企业发行“双创”专项债务融资工具。规范发展互联网股权融资,拓宽小微企业和创新创业者的融资渠道。推动完善公司法等法律法规和资本市场相关规则,允许科技企业实行“同股不同权”治理结构。(证监会、发展改革委、科技部、人民银行、财政部、司法部等按职责分工负责)

(二十七)完善创新创业差异化金融支持政策。依托国家融资担保基金,采取股权投资、再担保等方式推进地方有序开展融资担保业务,构建全国统一的担保行业体系。支持保险公司为科技型中小企业知识产权融资提供保证保险服务。完善定向降准、信贷政策支持再贷款等结构性货币政策工具,引导资金更多投向创新型企业和小微企业。研究开展科技成果转化贷款风险补偿试点。实施战略性新兴产业重点项目信息合作机制,为战略性新兴产业提供更具针对性和适应性的金融产品和服务。(财政部、银保监会、科技部、知识产权局、人民银行、工业

和信息化部、发展改革委、证监会等按职责分工负责)

B.5 关于推动民营企业创新发展的指导意见(相关部分)

科技部
全国工商联
2018 年 5 月 18 日

为深入贯彻落实党的十九大精神,实施创新驱动发展战略,深化供给侧结构性改革、激发市场活力、加快建设创新型国家和实现经济社会持续健康发展,支持民营企业提高科技创新能力,做优做强做大做实,制定本意见。

一、总体要求

(一)指导思想。

全面贯彻党的十九大精神,坚持以习近平新时代中国特色社会主义思想为根本遵循,牢固树立创新、协调、绿色、开放、共享的发展理念,贯彻落实《中共中央 国务院关于营造企业家健康成长环境弘扬优秀企业家精神更好发挥企业家作用的意见》精神,按照党中央、国务院科技创新重大决策和部署要求,发挥科技创新和制度创新对民营企业创新发展的支撑引领作用,通过政策引领、机制创新、项目实施、平台建设、人才培育、科技金融、军民融合、国际合作等加强民营企业科技创新能力,充分支持民营企业创新发展,为建设创新型国家和促进经济社会持续健康发展提供坚强支撑。

(二)基本原则。

坚持发挥企业主体作用与政府引导作用相结合。创新是民营企业可持续健康发展的内在要求,要强化企业在技术创新中的主体地位,加强政府引导,激发企业创新发展内生动力,营造民营企业实践创新发展良好氛围,抓好科技创新政策在民营企业的落地实施。

坚持推进产学研深度融合。推动民营企业与高校、科研机构开展战略合作,探索产学研深度融合的有效模式和长效机制。鼓励高等院校和科研院所向民营企业转移转化科技成果,支持科研人员服务企业技术创新。

坚持人才项目基地多要素协同一体化推进。集聚创新资源,加强政策协同、机制协同,形成资金聚力、人才聚力,将创新人才培养、国家重大科技项目实施和创新创业基地平台建设统筹考虑,协同推进,促进民营企业创新向更大范围、更高层次、更深程度发展。

坚持分类指导协调推进大中小企业健康发展。培育一批核心技术能力突出、集成创新能力强、引领产业发展、具有国际竞争力的创新型民营企业。在产业细分领域培育一批“隐形冠军”和“独角兽”企业。完善双创孵化体系和生态,扶持小微企业创新发展。

(十)完善科技金融促进民营企业发展。

针对民营中小微企业融资难、融资贵问题,发展完善科技金融,形成科技创新与创业投资基金、银行信贷、融资担保、科技保险等各种金融方式深度结合的模式和机制,为民营中小微企业营造良好投融资环境。鼓励有影响、有实力的民营金融机构,通过设立创业投资基金、投贷联动、设立服务平台开展科技金融服务等方式,为民营中小微企业提供投融资支持。

参考文献

[1]葛宝山，王立志，姚梅芳，董保宝．经典创业模型比较研究[J]．管理现代化，2008，01：10－12.

[2]赵兴利．四平经济开发区创业成本研究[D]．长春：吉林大学，2007.

[3]卞颖星，赵恺．创业的一般过程、模式及特点分析[J]．职业，2010，27：26－27.

[4]李长安，苏丽锋，谢远涛．影响城市创业活跃度的成本因素分析[J]．山西财经大学学报，2012，10：10－18.

[5]梁靓．生存型创业与机会型创业的行业和路径比较[D]．杭州：浙江工业大学，2009.

[6]李时椿，常建坤．创业基础[M]．北京：清华大学出版社，2013.

[7]龚荒．创业管理[M]．北京：机械工业出版社，2013.

[8]赵伊川，马鹤丹，赵宇哲．创业基础[M]．大连：东北财经大学出版社，2013.

[9]梁巧转，赵文红．创业管理[M]．北京：北京大学出版社，2007.

[10]孙德林，黄林，黄小萍．创业基础教程[M]．北京：高等教育出版社，2012.

[11]张玉利，李新春．创业管理[M]．北京：清华大学出版社，2006.

[12]王会龙．创业者素质与中小企业创业过程研究[D]．杭州：浙江工业大学，2005.

[13]夏正东．创业投资企业代理成本控制：基于企业组织形式的分析[D]．长沙：湖南大学，2005.

[14]姚晓芳．机会型新企业创业过程研究[D]．合肥：合肥工业大学，2008.

[15]董婷．创业过程模型及案例分析[D]．北京：北京交通大学，2009.

[16]王松奇，丁蕊．创业投资企业的组织形式与代理成本[J]．金融研究，2001，12：73－80.

[17]刘霞．创业要素研究述评[J]．商业时代，2010，04：49－50.

[18]房汉廷．中国创业风险投资发展中的七大问题[J]．中国科技论坛，2007，04：3－10.

[19]刘霞．新企业创业要素体系的构建研究[J]．科技管理研究，2010，18：255－257.

[20]李洪彦．高科技创业风险管理的方法与策略[J]．武汉理工大学学报（信息与管理工程版），2007，05：68－71.

[21]姜维益．我国创业风险投资发展问题研究[D]．南宁：广西大学，2008.

[22]万文清．基于 Timmons 模型的创业风险管理研究[D]．南京：南京理工大学，2008.

[23]林强，姜彦福，张建．创业理论及其架构分析[J]．经济研究，2001(9)：85－94.

[24]（美）蒂蒙斯．创业者[M]．周伟民等译．北京：华夏出版社，2002.

[25]（美）蒂蒙斯．创业企业融资[M]．周伟民等译．北京：华夏出版社，2002.

[26]彼得·德鲁克．创新与创业精神[M]．上海：上海人民出版社，2002.

[27]林强，姜彦福，张建．创业理论及其架构分析[J]．经济研究，2001(9)：85－94.

[28]陈震红，刘国新，董俊武．国外创业研究的历程、动态与新趋势[J]．外国经济与管

理,2004(2):7—11.

[29]张健,姜彦福,林强．创业理论与发展动态[J]. 经济学动态,2003[S]:72—74.

[30]王会龙．创业过程研究综述[J]. 商业时代,2006(22):97—98.

[31]谢佩洪．基于过程视角的创业观及研究框架[J]. 市场营销导刊,2008(4).

[32]王洪法．创业者特征、创业环境与创业成功[D]. 杭州:浙江大学,2007.

[33]谢平．互联网金融是第三种模式[J]. 上海经济,2014,07:16.

[34]谢平．互联网金融的基本理论要点[N]. 21 世纪经济报道,2014—03—10(020).

[35]王汉君．互联网金融的风险挑战[J]. 中国金融,2013,24:54—55.

[36]刘明彦．互联网金融,传统银行的掘墓者?——从 P2P 说起[J]. 银行家,2014,01:107—109.

[37]谢平,邹传伟．互联网金融“家族”图谱梳理[N]. 中国经济导报,2014—01—23(B07).

[38]张玉明．小微企业互联网金融融资模式研究[J]. 会计之友,2014,18:2—5.

[39]中国互联网协会．电商小贷创新与发展情况[J]. 互联网天地,2014,10:32—36.

[40]谢平,邹传伟．互联网金融模式研究[J]. 金融研究,2012,12:11—22.

[41]沈冰,龙瑜丹．如何防范互联网金融风险[N]. 光明日报,2014—04—05(005).

[42]谢平．互联网金融的现实与未来[J]. 新金融,2014,04:4—8.

[43]赵昌文．科技金融[M]. 北京:科学出版社,2009.

[44]李心丹,束兰根．科技金融:理论与实践[M]. 南京:南京大学出版社,2013.

[45]房汉廷．关于科技金融理论、实践与政策的思考[J]. 中国科技论坛,2010(11):5—10.

[46]方新,柳卸林．我国科技体制改革的回顾及展望[J]. 求是,2004(5):43—45.

[47]李利明,曾人雄．1979—2006 中国金融大变革[M]. 上海:上海人民出版社,2007.

[48]寇明婷,陈凯华,穆荣平．科技金融若干重要问题研究评析[J]. 科学研究,2018,36(12):60—68+122.

[49]胡奕馨．北京中关村科技金融生态圈模式建设及启示[J]. 中小企业管理与科技(中旬刊),2017(11):64—65.

[50]张明喜,赵秀梅．科技金融中心的内涵、功能及上海实践[J]. 科学管理研究,2016(4):101—105.

[51]拓晓瑞,徐久香．广东省科技金融结合的发展历程与创新实践研究[J]. 科技管理研究,2017,37(24):98—104.

[52]谢乔昕,王斐波．浙江省科技创新与金融协同效应研究[J]. 技术与创新管理,2016,37(3):250—255.

[53]殷贵梅．多方共担风险的科技金融苏州模式研究[J]. 金融纵横,2016(7):77—82.

[54]张明喜,魏世杰,朱欣乐．科技金融:从概念到理论体系构建[J]. 中国软科学,2018,No.328(04):36—47.

[55]张恒龙,袁路芳．科技金融:国际经验与本土挑战[J]. 上海经济研究,2015(5):34—40.

[56]许超．我国科技金融发展与国际经验借鉴——以日本、德国、以色列为例[J]. 经济论坛,2016(10):75—80.

[57]李善民,陈勋,许金花．科技金融结合的国际模式及其对中国启示[J]．中国市场,2015(5):40－47.

[58]李华军,刘贻新．“金科产”融合发展视角下金融资本作用路径及支持效率研究:基于资本形态及创新阶段的比较分析[J]. 科技管理研究,2018,38(14):36－43.

[59]汤炎非,谢达理．企业融资理论与实务[M]. 北京:高等教育出版社,2013:95－110.

[60]吴文华．论融资租赁的财务决策[J]. 中国外资,2012,24:89－90.

[61]雷淑琴．浅析企业融资租赁决策[J]. 沿海企业与科技,2006,02:87－88.

[62]房友军．融资替代的有效途径:莱芜融资租赁案例[J]. 金融发展研究,2011,04:43－46.

[63]蔡修胜．浅谈融资租赁方式及决策研究[J]. 经济视角(下),2011,08:113－114.

[64]赵淑敏,陈哲,胡金星．创业融资[M]. 北京:清华大学出版社,2009:225.

[65]刘亚娟,孙静,徐弥榆．创业融资[M]. 北京:中国劳动社会保障出版社,2010:176.

[66]罗丹阳．创业融资[M]. 北京:中国金融出版社,2009:154.

[67]程诺,汤谷良．运用供应商融资及其风险控制策略——基于格力、美的电器的案例[J]. 财务与会计,2008.(11):22－24.

[68]武春友,王国红,唐丽艳．创业管理[M]. 北京:高等教育出版社,2008:279.

[69]张玉利,陈寒松,薛红志．创业管理[M]. 北京:机械工业出版社,2013:245.

[70]邹琪．创业融资[M]. 上海:复旦大学出版社,2008:272.

[71]任淮秀．项目融资[M]. 北京:中国人民大学出版社,2013:258.

[72]朱学义．谈银行短期借款成本率的计算方法[J]. 广西会计,1997,(2):26－27.

[73]丁建伟,李学东．商业信用融资问题探讨[J]. 财会通讯,2012,(10):14－15.

[74]邓立治．商业计划书:原理、演示与案例[M]. 北京:机械工业出版社,2018.

[75]刘亚娟,孙静,徐弥榆．创业融资[M]. 北京:中国劳动社会保障出版社,2010.

[76]沈宇庭．融资路演,讲好故事[M]. 北京:中国经济出版社,2018.

[77]陈工孟,孙惠敏．商业计划书[M]. 北京:经济管理出版社,2017.

[78]邬金涛．客户关系管理[M]. 武汉:武汉大学出版社,2008.

[79]闫丽霞．市场营销学[M]. 上海:立信会计出版社,2008.

[80]高孟立．市场营销学[M]. 西安:西安电子科技大学出版社,2018.

[81]王舒．新编商业计划书写作一本通[M]. 北京:中国致公出版社,2007.

[82]李伯亭,王祖文．商业计划书:创业融资的敲门砖[M]. 北京:新时代出版社,2004.

[83]邓立治．商业计划书:原理与案例分析[M]. 北京:机械工业出版社,2015.

[84]陈德智．创业管理[M]. 北京:清华大学出版社,2001.

[85]马运来．创业家与风险投资家精华读本[M]. 北京:中国档案出版社,2002.

[86]张金若. 担保借款与信用借款配置问题研究[M]. 北京:中国经济出版社,2014.

[87]张玉喜,赵丽丽. 政府支持和金融发展、社会资本与科技创新企业融资效率[J]. 科研管理,2015,(11):55－63.

[88]李新春,潮海晨,叶文平. 创业融资担保的社会支持机制[J]. 管理学报,2017 (1):55－62.

[89]王丽辉. 金融科技与中小企业融资的实证分析——基于博弈论的视角[J]. 技术经济与管理研究,2017,(2):93－97.

[90]江湧，闫晓旭，刘佐菁，杜赛花. 基于 DEA 模型的科技金融投入产出相对效率分析——以广东省为例[J]. 科技管理研究，2017，37(3)：69—74.

[91]罗茜，高蓉蓉，曹丽娜. 高校科技成果转化效率测度分析与影响因素扎根研究——以江苏省为例[J]. 科技进步与对策，2018：1—9.

[92]张璞，于玲. 科技金融对区域创新发展的影响研究[J]. 经济研究导刊，2018，(23)：54—56.

[93]范方勇，沈俊，刘元林 . 武汉市科技金融生态发展研究[M]. 武汉理工大学出版社，2018.

[94]任立华，柏亮. 融资租赁法律风险防范指南[M]. 北京：中国经济出版社，2018.

[95]张玉利. 创业管理[M]. 北京：机械工业出版社，2018.

[96]本书编委会. 融资租赁案件解析与实践指导[M]. 北京：中国经济出版社，2018.

[97]罗琦. 控股股东投融资决策[M]. 武汉：武汉大学出版社，2018.

[98]张敏. 外部治理环境与企业融资决策[M]. 沈阳：辽宁大学出版社，2018.

[99]邓立治. 商业计划书：原理、演示与案例(第 2 版)[M]. 北京：机械工业出版社，2018.

[100](美)卡尔·J. 施拉姆. 烧掉你的商业计划书：不按常理出牌的创业者才能让企业活下去[M]. 李文远译. 杭州：浙江大学出版社，2018.

[101]唐丹，庄新田. 基于区块链债转平台的供应链融资决策[J]. 系统工程，2019，37(6)：58—66.

[102]丁川，李爱民. 基于战略风险投资的融资契约设计及融资决策[J]. 管理科学学报，2019，22(1)：57—79.

[103]吕正英，顾锋. 融资租赁利率设计与企业运营决策[J]. 系统管理学报，2019，28(2)：354—360.

[104]徐虔，罗丽媛. 融资租赁迎来统一监管[J]. 银行家，2019，(8)：101—103.

[105]陈晋，胡安安，沈旻旭. 众筹平台对创业融资的影响：前沿研究述评与未来展望[J]. 科技进步与对策，2019(18)：154—160.

[106]孙龙，雷良海. 地方政府促进科技成果转化的财政政策研究——基于上海市 46 份政策文件的量化分析[J]. 华东经济管理，2019，33(10)：27—32.

[107]代军，颜辛，柳德才. 区域科技金融与科技创新协同机制构建：湖北案例[J]. 武汉金融，2019，(4)：22—26.

[108]李俊霞，温小霓. 中国科技金融资源配置效率与影响因素关系研究[J]. 中国软科学，2019(1)：164—174.

[109]申康达. 互联网金融[M]. 北京：中国财政经济出版社，2019.

[110]史蒂文·霍夫曼. 让大象飞[M]. 周海云，陈耿宣译. 北京：中信出版社，2017.

[111]爱德华·布莱克韦尔. 商业计划书要这样写[M]. 张楚一译. 北京：中信出版社，2019.

[112]崔佳宁，史燕平. 我国融资租赁行业风险的阶段性特征——来自不完全合同与演化博弈的解释[J]. 技术经济，2020，(5)：149—155.

[113]何苗. "一带一路"背景下融资租赁企业发展思考[J]. 财会通讯，2020，(4)：137—142.

[114]何凌云，马青山. 互联网金融促进了企业研发创新吗？[J]. 科技进步与对策，2020

:20—27.

[115]王子瑄.风险投资、盈利能力与企业创新策略[J].财会通讯,2020(8):60—63.

[116]刘艳平.互联网金融信息偏在的生成机理与制度克服[J].学术交流,2020 (3):96—107.

[117]贺炎林,曾祥辉,马宏玫.论风险投资对技术创新的影响?[J].财会月刊,2020(5):13—19.

[118]赵婉婷.高新技术企业风险投资退出机制的国际比较[J].财会通讯,2020(12):156—160.

[119]王黎明,周羽中,王宁,李凯.基于生命周期的中国科技金融支持体系研究[J].科技管理研究,2020(10):36—41.

[120]陶立祥,沈俊,刘元林.武汉市科技金融发展效率研究——基于BC2模型和Malmquist指数法[J].科技管理研究,2020(6):114—120.

[121]张鹏,张静.基于网络数据包络分析的科技金融相对效率评价研究[J].科技管理研究,2020,40(6):83—92.

[122]巩鑫,唐文琳.我国上市公司融资决策的同伴效应研究[J].经济问题,2020,(1):54—63.

[123]乔建伟.创业板企业融资决策对企业创新绩效的影响[J].科技进步与对策,2020,37(12):90—98.

[124]程国平,罗玲.管理学原理(第四版)[M].北京:高等教育出版社,2020.

[125]Robert Ronstadt. Entrepreneurship. Lord Publishing,1984:28.

[126]Hogan,Teresa&Hutson,Elaine. Information asymmetry and capital structure in SMEs:new technology-based firms in the Irish software sector[C]. workingpaper,2005.

[127]Barringer B R. Preparing Effective Business Plans:An Entrepreneurial Approach:International Edition[J]. Pearson Schweiz Ag,2008.